善道同行

嗇色園黃大仙祠百載道情

辛丑年春 李光富

嗇色園 SIK SIK YUEN

中華書局

黃大仙師寶像

威靈感應黃赤松大仙寶像

● 目錄 ●

赤松先師自序[1]

予初乃牧羊之孩，驅羊於浙江金華府城北之金華山。金華之名，乃金星與婺女星爭榮，故名也。此山之北，有赤松山焉，予即居於此。此地遊人罕到，林木參差，雲霞障漫，青翠巍峨，岫深隱其中，有洞名曰金華，乃洞天福地中三十六洞之一也。予少家貧，炊糠不繼。八歲牧羊，至十五歲幸得仙翁指示，引至石室中，藥煉回生，丹成九轉；凡塵之事，一概拋閒，後四十餘年，兄初起尋之，不獲；適遇道士善卜，乃得兄弟相見。兄問羊何在？予曰：「在山之東！」注視之，第見白石磊磊而已，予叱石，竟成羊焉。兄從此修真，亦列仙班。予本姓黃，名初平，晉丹谿人，因隱於赤松山，故號曰赤松仙子，與前張良從遊之赤松子有異也。予不言，爾等亦莫知之，故自為之序。

此木刻版自序乃嗇色園眾弟子敬獻，並置於黃大仙祠主殿內

1　此篇原題為〈赤松先師自序〉，據說是光緒二十三年（1897）黃大仙師在廣東番禺大嶺普濟壇降筆寫成。現刻製於黃大仙祠大殿主壇之背面，「黃大仙師成道圖」的下方，此頁之文字即以此版本為依據。

釋　文

　　我原本是一位牧羊的小孩，在浙江金華府城的北面山頭之「金華山」上牧羊。「金華」名字的由來，是由於高峻之山峰上，有金星與婺女星，閃爍爭妍，因而得名。在金華山以北，另有一座赤松山，我便是隱居於此處。這裏遊人罕至，林間樹木雜亂不齊地生長着，彩霞遮蓋及遍佈滿天。山上樹木青翠，而且山峰高大聳立；另有不少幽深山洞隱藏其中。當中有一個山洞，稱為「金華」，乃道教三十六小洞天、七十二福地之中的第三十五個小洞天。

　　我年少時候，家庭貧困，經常連米糠也沒有。八歲時我開始牧羊，到十五歲時因緣際會有幸遇上一位仙翁指引，帶領到赤松山上的一間石室之中，煉丹製藥以回復生機，最後丹成九轉而證道。過往凡塵世俗的事，我已全部拋開而悠閒靜養。

　　四十餘年後，兄長黃初起仍在到處尋找我的下落，但都沒有消息。後來，他遇到了一位善於占卜的道人，指出了我的位置，終於我們兩兄弟得以相見！兄長問我，當日的羊在哪裏呢？我說：「在這山的東面！」於是一同前往視察，但見眾多白石罷了，我便向白石叱喝一聲，頓時全部變成羊群！兄長從此跟隨我一起修真煉仙，亦位列仙班。

　　我本來姓「黃」，名「初平」，晉代蘭溪黃湓村人，因長年隱居於赤松山修煉，所以亦有名號稱為「赤松仙子」，與前朝跟隨張良優遊世間的赤松子是不同的。我不告知這些生平事跡，你們亦不會知道吧！所以我為此而撰寫自序。

黃大仙頌

作曲：李叔同
填詞：李元炳

大 哉 黃 仙 隱 蹟 赤 松 叱 石 顯 玄 風

憫 世 危 微 弘 揚 道 宗 燃 燈 苦 海 中

大 慈 大 願 濟 凡 庸 救 無 量 瘵 痌

育 才 興 學 導 致 中 庸 以 正 養 童 蒙

贊 化 育 與 天 同 一 炁 遍 太 空

威 靈 顯 恩 澤 隆 萬 方 沐 聖 功

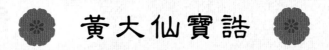 黃大仙寶誥

志心皈命禮

金華得道，童法修真。得葛仙引渡，苦行四十年。茯苓充飢，鍊道成真。施法塵寰，普渡眾生。法顯昭靈，英華俊才。有叱石化羊之妙，頑疾得以霍然。巡遊三界，解劫消災，正道闡揚。孝悌忠信仁義禮惠廉節。大悲大願，大聖大慈，勅封玄妙普化養素淨正帝君赤松仙翁。

 釋 文

真心虔敬頂禮黃大仙師。

黃大仙師在浙江金華山洞修道，孩童時已明修道成真的方法。後獲得葛仙翁引領渡化，在金華山上苦志虔心修行四十年。期間以茯苓為主要食糧，清心寡欲，最後修煉成仙真。黃大仙師證道後，並沒有離開世間，而是走入塵寰世俗，施展法力，普渡一切有緣眾生。顯示神異的靈驗聖跡，法力顯揚四海；具有志潔崇高的德行和卓越的智慧。此外，黃大仙師曾施展叱石成羊的妙法，更可瞬間醫治好奇難雜症；並經常在天、地、人三界遍遊巡察，為眾生解救劫難，消災解厄，闡揚正道，及弘揚孝、悌、忠、信、仁、義、禮、惠、廉、節等十項美德。擁有大悲憫心、大宏願心、大智慧、大慈愛心，受帝皇敕封為「玄妙普化養素淨正帝君赤松仙翁」的聖號。

❀ 黃大仙寶經[1] ❀

懷胎十月苦劬勞，睡濕眠乾苦自徒。長大成人如忤逆，問心真個不如無。
棠棣花開三兩枝，椿萱堂上舞斑衣。隨行後長方為弟，不弟猶如不孝兒。
受君之祿代君憂，方是為臣體自修。亂則辭官平則仕，問他忠字意何由。
心中本德便為仁，恤寡憐孤又贈貧。念注慈祥恭且敬，不私自己大公人。
處世交朋義貴先，英雄氣概志怡然。莫將豪惡為真義，須顧奸雄手段牽。
治家萬事廉為本，富厚都由此積來。不可常存今貝念，一身清淨樂何哉。
為人最怕不知羞，奸詐邪淫起念頭。若得臭名留萬古，奚如芳字紀千秋。
人世無非處五倫，禮當行者貴遵循。若教自僭兼常犯，到底何分疏與親。
耿介操持志立堅，貞忠自守對皇天。切莫心如風擺柳，事無兩可理當然。
輗軏難離大小車，為人無信一相如。返躬自問心何愧，是是非非莫妄施。

1　此段經文亦摘取自《赤松黃大仙師寶懺》之經本內。此經為前壇（普濟壇）扶乩之作。

　　母親懷胎十月不辭辛勞、甘願受睡濕眠乾之苦去養育子女。若子女長大成人卻忤逆不孝，捫心自問不如當作沒有生育過這孩子了。

　　棠棣的花蒂兩兩相生甚為美麗，猶如兄弟情真。若能存有古人「戲彩娛親」的孝心，令父母安樂無憂，那便家庭和樂。在行為禮節上，所謂「長兄為父」，古人習慣在兄長背後緩緩跟隨，以示敬重兄長，這是禮讓兄長的表現。若我們僭越兄長及時常爭執，實在等同不孝兒。

　　領受政府俸祿，定當盡心竭力地工作；並為管治者分擔憂困，這才是身為公僕應有的責任和修為。當社會紛亂時，作為公僕不但沒有協助解困，反而辭官或退隱；而在太平盛世的時候，才出仕為官又攀緣上任，試問這個「忠」字的意義應該如何闡釋呢？

　　內心常存道德善念即是「仁」，並須體恤、憐憫社會上有需要幫忙的人，及經常施惠於貧苦。此外，內心常存慈悲，恭敬禮待他人，從不為了私欲，才是真正公平無私。

　　立身處世與人交往要以「義」為根本，互相鼓勵，猶如英雄義士交友般，氣概宏大而不錙銖必較，相處欣悅自得。不過，我們要切記分清善惡，不要將狡詐欺世的行為也視為真正的「義」；也要顧及奸狡之人賣弄手段，以大義為藉口，欺騙及誘使我們做出不義的行為。

　　處理家中所有事務，要以廉潔自守為根本。富貴豐厚的生活都是由節儉的美德一點一滴去儲蓄而成。不可心存貪念，就算錢財不多，身心清淨已是何其快樂的事啊！

　　做人最怕是沒有羞恥之心，所有奸險、狡詐、邪惡、荒淫的念頭都會因此而湧現。倘若所行惡事遭揭發，經歷萬代也洗脫不了臭名；何不多行善積德，留下美名為後人千秋景仰？

　　人生在世，人與人交往離不開君臣、父子、兄弟、夫妻和朋友五種關係。在不同的倫理關係中，都應遵循「禮」為行為準則。倘若時常讓自己犯錯及僭越禮教，那麼怎去分清親疏尊卑的倫常秩序呢？

　　處世做人應當正直不阿，有節操且有堅定遠大的志向。蒼天在上，要時刻堅守正道及本性良知。切勿輕易動搖意志如風吹柳擺一樣；大事大非前絕不模棱兩可，合理的就要堅持。

　　輗和軏是大車和小車不可或缺的車轅及車衡相連零件，缺之必不可行。正如人與人之間一樣，無誠信便不能處事待人。做人不能像司馬相如一樣失信於卓文君。我們應當時常反思有否信守承諾，問心無愧？所有是是非非的指控，不要妄自加諸別人，令人失信！

黃大仙真經[1]

南無皈依南無道，南無皈依南無諦。人間不少大神仙，仙亦凡人修煉去，惟是仙師則不修行，八歲牧羊成道去。無他，前世幾生修得來，故得金華洞裏住。仙師勸世間有姓人，存乎本來天性：孝、悌、忠、仁、義、廉、恥、禮、節、信。皇天不負此賢人，自有臨頭報應。近則報己身，遠報兒孫命。生前富貴享榮華，死後為神為仙玄妙證。須知積不善之家有餘殃，積善之家有餘慶。試思仙師，晉朝修道至清來於今方成名。

　　蒙

玉旨封仙師顯聖，天地不少神與仙，亦無不以普濟存心於人世，惟是有職者不能閒，無職者非玉皇帝命。普慶壇成普濟功，驚迷夢書成經細訂。仙師願世間誦仙師經者，從仙師言，莫以口徒誦而心無定。恍惚遁行故事者，不如自加餐高臥為貴也。仙師以孝、悌、忠、仁、義、廉、恥、禮、節、信而詳言之。

1　此黃大師真經，乃摘取自《赤松黃大仙師寶懺》，此經亦為扶乩之作。

　　誠敬皈依大道，誠敬皈依真諦。人間有很多得道成仙的神明，都是由凡人修煉而證道成仙。不過，黃大仙師不只是今生的修行，亦有前世因緣的，在八歲牧羊時，便巧遇仙人的指引；這正是前世幾生修道種下的善緣種子，所以能夠在金華山洞中修道成仙。

　　仙師勸勉世人，要本着天生的本性，奉行：孝、悌、忠、仁、義、廉、恥、禮、節、信的美德。上天是不會辜負這些擁有美好德行之人，他們必會得到善報。因果承負的報應，快則報應在自己身上，遠則報應在子孫後代的命運上。有大福報的修行人，在生時能享受榮華富貴，死後亦可位列仙班，證達玄妙之法道。世人必須明白到沒有行善積德，而多行不義的家庭，災禍必定降臨在子孫身上；而行善積德的家庭，恩澤必定惠及子孫。

　　回想仙師在晉朝修道成仙以來，直到清朝才聲名顯赫，全因是得到玉皇上帝的旨意，仙師才現聖蹟。天地間有許多神仙都以普渡眾生、濟世為懷的善心去救渡世人。不過，授封聖職的神明因職責在身，需要顯聖濟世，絕不能閒散；而未受封聖職的神明，若非得到玉皇上帝的命令，便不可隨意顯現於凡間。

　　「普慶壇」的建立是成就仙師普濟勸善的功德，而《驚迷夢》匯集了眾仙佛的訓語，乃經過多年編訂而成。仙師祈願世人，誦讀仙師經文時，要依從仙師訓示，不要只用口誦讀而不植入心田，將經義忘記。倘若精神不集中，敷衍誦讀經文，而且惡習因循如故，那麼不如多吃幾餐飽飯、多睡一覺好了。仙師是以孝、悌、忠、仁、義、廉、恥、禮、節、信等十種美德，而詳加解說及勸勉世人的。

「普濟勸善」寶訓

金華洞化　眾聖傳經　驚迷「普濟」救羣生　「勸善」達人心
頂禮師祖　萬劫盡消除　朝禮
運元威顯普濟勸善大天尊[1]

淺　釋

　　「普濟勸善」乃黃大仙師於前壇（普濟壇）扶乩降下之訓示乩文。往後於黃大仙信仰的發展上，道壇皆傳承此「普濟勸善」的寶訓，亦為本園普宜壇所秉承之宗旨。

　　「普濟」就是普施法雨，濟渡眾生。「普」有普遍、無分別之意；其慈悲心無處不在，廣遍世間，而且無分彼此，一視同仁。「濟」即救濟、超拔，當中又可分為財施及無畏施。財施，即是物質上的救濟，包括財物、食物、棺槨等有形的捐助。無畏施，即以關心及呵護，減輕眾生的恐懼及苦憂；或透過宗教儀式拔濟超昇，得大自在。進一步說，醫生、護士救急扶危，或用心照料病人，或傳授保健常識；社會服務者給人適時的安慰，生活的照顧，使人內心得到寧靜，使家庭和諧，社會安寧；凡此種種令人得益，雖說有程度深淺的不同，但都可以說是無畏施，亦是「普濟」的精神。

1　此段經文引自《赤松黃大仙師寶懺》內之〈大仙讚〉。此經亦為扶乩之作，也是承傳自前壇，為玄門弟子於進行「拜懺科儀」（拜仙師懺）之經本。

　　「勸善」就是勸善規過，使人修德積福，這是一種法施，即是將所學的知識及心法，薪火相傳，慧命相續；並曉以大義，使人明白因果，善惡報應。《黃大仙寶經》內便提出了人生十訓：孝、悌、忠、仁、義、廉、恥、禮、節、信，勸人謹守道德倫常，不欺暗室，這樣的修養才是「善」的表現。仙師乩示的《驚迷夢》有云：「近日治疫方刊太多，無一不能治，亦無一能治。吾之方，只一『善』字可治矣。」[2]人要真正藥到病除，除了一般藥物外，更要懺罪積福，戒惡遷善。只要內心、行為、言語仍有一絲不善，邪氣永不消滅，疾病亦難根治。

　　本園作為本港一大型之慈善機構，提倡黃大仙師「普濟勸善」的寶訓，就是要對社會弘道闡教，宣揚正能量，勸善教化。另一方面，更要積極參與公益慈善，廣興善業，無私服務大眾。贈醫施藥是救人的身體，而更重要的是要救人的心靈，這也是道教的教義「承負」的意義所在。所謂：「積善之家，必有餘慶，積不善之家必有餘殃。」[3]勸人止惡從善，行善積德，以免殃及子孫，貽害社會。對於個人修身來說，「普濟勸善」是要求我們端正言行，以仙師十訓為教誨，時刻不忘向善，道與德齊修。不只是為個人，更要有大悲心去關顧身邊的人，廣結善緣，利益大眾，做到「勸善達人心」。如此，方為實踐赤松黃大仙師之宗旨，真功真行者也。

2　見《驚迷夢》（上卷）（二集）頁32，原版於民國十三年（1924年）歲次甲子季冬，廣州第八甫，汝文堂印刻。嗇色園七十周年紀慶普宜壇重印。

3　此為《易經》之經典名句，但於《赤松黃大仙師寶懺》內〈黃大仙真經〉亦有提及。

引言

馬澤華（華知）

「弘道百載，不忘勸善初心。惠澤萬民，承傳普濟精神」，這句嗇色園一百周年紀慶標語正好道出了黃大仙師「普濟勸善」的宗旨，而這本《善道同行——嗇色園黃大仙祠百載道情》書冊記載的內容便是本園一百年來宗教及慈善發展足蹟，見證「普濟勸善」的仙師寶訓得以在香港弘揚四方。

回想本園百年來的歷史進程，當中以近二十年的發展最為關鍵及突破。我十分感謝我師父（嗇色園監院李耀輝博士），多年來董事會在他的帶領下，及得到歷屆董事局成員、全體經生會員等支持，本園近二十年來各方面的善業服務及園務發展都得到重大的變革和創新。此外，由2011年太歲元辰殿的落成，到2021年全園殿堂大翻新、財神宮及黃大仙信俗文化館的相繼落成啟用，各項的工程使人感覺殿宇煥然一新；而本園編整的上表祈福拜太歲文化及貼金箔拜財神文化等，現已成為本港的信俗文化之一。本書「嗇色園歷史回顧」的第五章「改革創新」部分，便提到了李監院在「弘道宣法」、「開辦經懺科儀文化班」、「大獻供科儀」、「皈依冠巾證盟科儀」、「禮斗法會」等方面的貢獻，對本園的宗教發展及革新帶來了重大轉變。

2014年本園申請的「香港黃大仙信俗」榮列國家級非物質文化遺產名錄，此後我們更關注宗教及文化兩方面的發展工作，包括：舉辦一系列的宗教大型活動、文化學術研討會、文化展覽、各地文化交流，及宗教文化書籍出版等。2018年本園董事會更增設「文化委員會」，加強文化保育工作，並整理了本園收藏的文獻、相片及向外徵集文物，為本書提供不少珍貴資料。

另外，本園的文化事業發展歷來得到不少專業顧問的支持，兩岸四地的道教宮觀領導多年來亦為本園的宗教文化發展時加指導；而此書亦有幸得到各位大德及學者惠賜鴻文，讓社會大眾更了解本園百年來的宗教及善業發展；並豐富了黃大仙信俗的學術文化內容，為此書增添光彩，也給大家留下一個美好的回憶！在此，本人謹表謝意！

本人撰寫這篇引言時，正值全球新冠疫情肆虐，香港各界都在積極抗疫中，祈願黃大仙師繼續於獅子山下保佑港人，本園眾道侶亦會繼努力發揚黃大仙師「普濟勸善」的精神，堅持以「善心、善意、善行」陪伴港人渡過難關。這本書正好印證了本園百年來與港人同步成長，一起善道同行的足跡，相信我們明天會更好！最後，感謝為此書出力的每一位同道，祝福大家龍馬精神！身體健康！仙師庇佑！

嗇色園主席 馬澤華（華知）

辛丑孟夏於悟道堂主席辦公室

序章

嗇色園普宜壇，源於番禺乩壇，花埭建祠，西樵闡
揚，香江顯聖，再扎根竹園，普濟勸善，輾轉百載矣。於
此，至誠感恩 太上道祖的庇佑與 黃大仙師的運化！

在這百年來，嗇色園黃大仙祠在九龍獅嶺下的竹園村建壇
弘道，幾經風雨，茁壯成長；百年來黃大仙祠與港人同步同榮，
善道同行；我們見證了香港社會成為國際金融貿易的大都會的每段歷
史，亦見證了香港道教發展的百載道情。《善道同行──嗇色園黃大仙
祠百載道情》的編纂緣起，為的是要把黃大仙祠的歷史與文化，就其發展的各
個時期、每個層面的狀況和視野，通過每段歷史、每張照片及每項舊資料、文
物等，以宏觀的歷史脈絡，詳加分析、整理，期望給讀者對香港黃大仙祠的歷
史與黃大仙信俗文化等內容，有較全面及深入的了解。

李耀輝（義覺）

其實，黃大仙祠在九龍獅嶺下之竹園村的建壇弘道，並不是一個道壇簡單的發展史；站在歷史文化的
視角上，它是別具「本地文化」特色的道教宮觀。百年來，黃大仙信仰文化已融為各階層港人生活的一部
分，「黃大仙有求必應」已是有口皆碑，蜚聲寰宇了。每到新年的頭炷香、投燈祈福或大仙寶誕等日子，
大仙祠內到處人頭湧湧，人流如鯽。百年來，黃大仙師與港人皆有感應，恩澤社群，靈驗神蹟處處。我
想，黃大仙信仰的流傳，「不是一對一，或一次性的神明降臨，便可以流傳下去，而是持續不斷的相互的
結果」（Paul R. Katz）。所以此書的組稿，除了前人留下的乩文、筆記、碑文、典籍文獻、匾額、對聯
與舊相片等史料外，並附加了近年與本園有交流之學者文章及一些老道口述歷史的材料等。所以此書不
單是本園百年來之歷史文化記錄，亦是「香港道教史」的縮寫本。

本園的前壇始創於 1915 年，是年得力於梁仁菴與梁鈞轉道長把黃大仙畫像帶到香港，並於 1921 年立
壇竹園村。這一段時期的歷史資料含蘊甚豐，它們主要包括：早期帶進香港的廣東地區科儀、經本；早期
道壇的交往、啟建醮會及往來文書；前期組織「建壇立教」的老道長及草創期之核心道長之身份、社會地
位、三教思想；前期的道教文化交流痕跡……皆值得我們一一去搜集、發掘、爬梳、辨析與整理。

嗇色園黃大仙祠創立後，我們曾經是香港殖民地政府管制下的道教宮觀，也迎上了不少的挑戰與合
作。於 1928 年政府為管理本港的所有廟宇，訂立了《華人廟宇條例》（第 153 章），本園縱使於地方上
有實踐仙師寶訓「普濟勸善」之訓示，進行贈醫施藥、施棺、施寒衣及派米等予貧苦大眾的賑濟，可是礙
於政府對傳統宗教的管束，本園只能閉門作「私人清修道場」，沒有開放予公眾人士。於廟內除了平時的
習經、拜懺及賀誕科儀等外，並有定時舉辦大型醮會，演法「陽樂陰安」的法會。抗戰時期，香港淪陷之
前（1941 年前），由於大量難民湧入，在糧食及醫療短缺之情況下，宗教的施濟也為貧苦的多數解決了
生活的難關。「日據期間」，黃大仙祠成為了附近村民的避難所，期間大仙更多次顯現神蹟，除了保護村

民，縱使敵機不斷轟炸毗鄰的啟德機場，廟宇仍奇蹟地未被波及，仍保存完好。

踏入五十年代，由於大量內地移民來港，其中不少新移民遷移到黃大仙祠附近定居，他們無間斷地前來禮拜大仙，雖然大多數善信只能於門外跪拜，但仙師的護佑與靈籤的指引，令「有求必應」之名傳揚遐邇。及後，由於人口的不斷增加，黃大仙祠的附近地方也大規模地建設了新徙置區。翻查舊報章，1953年有報道涉及黃大仙資訊的：「竹園村闢新徙置區，黃大仙平房暫不受影響，港九新徙置區在擴展中。」（《工商晚報》，1953年10月18日）五十年代，嗇色園碰上了政府收地的問題，最後由本園黃允畋主席協調而獲得圓滿的結局。從此本園正式開放，廣迎十方香客善信參訪祈福，而竹園村的籤檔、中藥舖（據「仙方」而去配藥）也圍繞黃大仙祠逐漸林立。此時，嗇色園在社會上更積極配合政府，參與社區上的教育、醫療、安老等範疇的各項服務，一直緊貼社區的發展步伐。由免費贈醫施藥的中藥局，到黃大仙區的「社會服務大樓」投入服務；由第一間可立中學起，發展至後來的十六間中小學幼稚園等；由可觀自然教育中心暨天文館，到建立生物科技流動實驗室；由早年西貢的安老院，發展到於本港各區有十六所耆英、護老中心等。這一系列之多元社會服務，是隨着社會的需求與配合政府的政策，隨籌隨建，使本園逐步成為本港一間具規模之宗教慈善團體，於中國道教界內部更被同道推舉為「香港四大宮觀」之一。

在建設上，本園據仙師的乩示，插竹為記，尋得這「鳳翼吉地」，從而建設成現在莊嚴的宮觀。以竹棚開始，先建大殿，接着是孔廟佈局的「麟閣」；隨後增建奉祀釋家燃燈佛的「盂香亭」，亭外四周至今仍保留有一班太史公的墨跡、對聯，彌足珍貴。及後，園內「五行建築」齊備，隨即更發動啟建「鳳鳴樓」、「從心苑」及「九龍壁」等宗教建築群。

從九十年代始，本人更投入更多時間在嗇色園的管理上，後來於董事會的管理架構內，增設了「監院」一職，專責傳承及發展園內「宮觀文化」的建設。此管理模式之轉變，更成為香港道教宮觀管理制度的典範。本人擔任監院一職以來，留意到園內道長出現「青黃不接」之現象，自此對於園內之「硬件」與「軟件」方面，進行了大規模的改革。在硬件上，為各殿堂進行粉飾、裝修，增建「太歲元辰殿」、「月老殿」、「財神殿」、「藥王殿」及「靈官殿」等，以回應善信的夙願及順應時代的需求；在軟件方面，除本身的自我增補，參訪名山大川，大德高道，學道取經，也為本園經生、會員，開設道教知識及道教經懺科儀等課程，培育科儀人才。舉辦大型的法會、科儀，如：大獻供、祈福禮斗大法會、開筆禮、上契黃大仙師科儀及入道冠巾科儀等。此外，於2014年，更請來學者協助成功將「香港黃大仙信俗」，申請為「國家級非物質文化遺產」。近年，由於園務的不斷發展，行政地方的不敷應用，又動議於園內後花園的部分空地，增建行政大樓「悟道堂」。邁向百周年紀慶，本人忝當籌委會主席，故又着手在全園進行維修，並在園內的點香區，增建一座「黃大仙信俗文化館」及於館的上層擴建「財神宮」，把原來的財神殿堂，改為「碧霞元君殿」以奉祀泰山娘娘。

此書在籌稿的過程中，本人特別提議，載錄近十年來與本園有交往的一些道教內外學者、專家的文章，藉着他們的學識與名氣，既為本書充實了內容，也提升了黃大仙信仰文化的地位。其實，「道教宮觀文化」是一大課題，本人在推廣黃大仙信俗文化之餘，也希望藉以推廣本地的社會風俗文化，尤其是在香

港這個「多元文化」的社會，香港的粵劇、神功戲、新界打醮、舞火龍、全真道樂、舞麒麟、古琴製作等本地的文化遺產，也要我們去弘揚、保育及承傳下去的。

專為此書撰稿的學者甚多，他們的文章主要分為「道教文化篇」與「香港黃大仙信俗研究篇」兩大範疇。文稿中，首先是現屆中國道教協會李光富會長的一篇賀辭，李會長對於武當山「玄天上帝文化」之弘揚，給予本人很大的啟示；文中提及了本園之多元化的慈善服務，更鼓勵、讚揚本園過去為內地之道教文化之交流與合作作出貢獻。

書中亦邀請我國道教研究的老前輩陳耀庭教授撰稿；陳教授是本人的大師兄，他的父親（陳蓮笙大師）亦是本人的恩師。陳教授向來支持本園舉辦的學術會議及出版等事宜，記得上次，本園將要出版饒公（宗頤教授）的《道學文集》時，本人邀他為文集賜序，他爽快應允，更迅速傳來稿件。此次陳教授從黃大仙流傳千載之仙蹟「叱石成羊」談起，更帶出道教之神學理論。陳教授的大作《道教神學概論》為我教之神學系統先河之作，書內創建道教神學理論基礎，居功厥偉。

此書亦請來了近幾年為本園出版《道教儀式叢書》系列的兩位研究道教科儀及中國民間宗教研究的學者——勞格文（John Lagerwey）及譚偉倫教授，惠賜鴻文。此次勞格文教授以"Why Makes Daoism Important?"為題，文章提到，通過他對我國地方社會（local society）的很多習俗、儀式及文物等進行研究，發現更多的是受了在上者帝王的影響而來的，尤其於唐、宋及明等三代，所以研究中國的地方道教，是了解中國社會的最實在、直接的方法。至於譚偉倫教授則以本園科儀的歷史和意義撰文。譚教授向來於我國民間宗教的調查、研究頗有心得，今特地對本園的科儀之歷史文化進行探究，認為前壇（普慶壇）已重視科儀，更派弟子前往羅浮山學習科儀，往後本園普宜壇於創立伊始，已時常舉辦大型的科儀、法會等。文章內提及科儀的本質：誠、敬、畏，這也是我教科儀文化意義之所在也。

另外，書中亦邀得台灣的道教學者蕭登福教授為此書撰稿。蕭教授是本人的老朋友，十多年來，無論本人在構建「太歲元辰殿」或是近年的「財神宮」，皆請來了蕭教授協助本園弘揚此方面的道教文化，他前後已為本園撰寫了《太歲元辰與南北斗星神信仰》及《財神信仰研究》兩書。此次他以「道文化」為題，認為道教是隨着本地化發展而成的宗教，至於東漢創教的教主張道陵只是道教歷史洪流中的一個宗派，於張道陵之前，道教之「經書」、「修行法門」及「宗教科儀」等均已存在。

最後，亦請來了本人早年於理大碩士班的教授、前孔子學院的院長朱鴻林教授賜稿；幾年前，本人於園內增設有「文化委員會」，當時請來了朱教授擔任學術顧問，並義務弘揚儒、釋、道三教文化。朱教授此文主要提出，除了儒家有《孝經》外，道教也有自己的《孝經》，名為《文昌帝君孝經》。他認為此經的「說孝」比儒家說的「孝」，更明白更具體，更易於檢索參考，及更具有普遍性和社會現實性等。朱教授還指出《文昌帝君孝經》所教人重孝的在「體親心」的高層次表現上，人於立身處世，只要能體貼親心，用心去做，社會便會安和樂利，國家便會富強穩定，世界便會萬國咸寧了。

書中有關學者文章的另一內容為「香港黃大仙信俗研究篇」，有關文章，本人主要邀來近十多年專注

於「黃大仙信俗」的多位學者、教授來為此書撰稿。我們知道「信俗」這個詞彙的涵義是有信仰及習俗的意思，書內的學者皆是於此範疇頗具成就的學者。過去由於對歷史遺下的信仰文化，不予重視，尤其像黃大仙之信仰、歷史與文化一類，有關其傳播南下之路線、地方區域的崇拜、經典及科儀等廟宇宮觀文化，我們皆了解有限，或更多的已是湮沒無聞，造成傳承上的缺失。近代，世界各國開始關注到各地歷史、文化的傳承問題，而我國學界及地方政府，關於「黃大仙文化」的討論議題也開始「熱」起來，這是由於內地一段時間的信仰文化的「中斷」，而香港黃大仙信仰輾轉流傳香港後的繼續興盛，而有「傳承」回去浙江金華、蘭溪之說。

近十幾年來，更有以研究黃大仙信仰文化為題而申請為國家級「非物質文化遺產」項目：先有黃大仙成道之地方，金華市政府於 2008 年，以「黃大仙故事」列入「非遺」；後有 2014 年，本園以「香港黃大仙信俗」等，皆同獲殊榮。本書內也盛載了多篇有關黃大仙研究的文章，如金華黃大仙文化會的陳華文教授及陳晨博士等。陳華文教授提及黃大仙信俗是一種活態的承傳，黃大仙靈驗事蹟、宮觀建設、儀式及慈善等，皆是保護及承傳黃大仙信俗的一種方法，未來更可加強世界各地黃大仙信仰組識的聯繫，共同申請黃大仙信仰為「世界級」的人類非物質文化遺產。另一篇是來自中國人民大學的陳晨博士。陳博士於攻讀博士時，已由牟鍾鑒教授推薦來本園作實地考察調查。此次她寫來了一篇長文談及「嶺南黃大仙信仰的形成與香港嗇色園的創建」，文章對本園過去在國內廣州、西樵山等三壇（普齊壇、普慶壇及普化壇）的歷史、文化作了詳盡的疏理與闡述，尤其是三壇與地方風俗文化關係，舉如：嶺南扶乩治壇之文化、普慶壇的社會善業的建設及早年之管理模式等，這是之前學人由於歷史資料欠缺等條件限制下而未涉及的，陳博士運用宗教學的研究方法，並加進一些實地之調查、口述歷史及民間流傳風俗等，為本園建壇的前後歷史、文化作出了研究。

書中最後請來了多位本港學者，皆為本地之「黃大仙之信俗」作出了大貢獻的學者、專家撰文。先是香港的歷史學家蕭國健教授。本園近十多年來，每次召開「黃大仙學術會議」，皆請來蕭教授、游子安教授等之「香港歷史文化研究中心」及珠海學院合作的。此次，蕭教授為此書寫了〈赤松黃大仙祠嗇色園之創立與發展〉，文中蕭教授為本港黃大仙信仰的歷史發展作一考究，尤其是關於 1915 年的那段歷史，最初梁仁菴、梁鈞轉等把黃大仙師畫像帶進香港後，先設壇於中區之「乍畏街」及「大笪地」，最後才找到九龍城一帶的竹園村，立壇闡教。蕭教授於文中把本園早年的多個名號的由來皆有探究：由「金華別洞」到「赤松仙館」，再到「嗇色園」的每段歷史，娓娓道來，巨細無遺。黃大仙研究文章亦邀來長期與本園合作的三位專家：游子安教授、危丁明博士及鍾潔雄女士，他們三人對於過去本園的出版、會議及申請非遺等事情都予以熱心協助，為香港的黃大仙信俗文化貢獻不少心力。書中游子安教授以〈獅子山下譜傳奇——滄海桑田成地標：從黃仙祠肇建到黃大仙區之定名〉為題，先從多張老照片談起，詳究本園如何背枕獅山，地以神名；由一私人壇堂而演變為香港人生活的一組成部分，並發展善業，繼續臻善黃大仙的信仰傳奇。文中提及「黃大仙區」於 1969 年因祠名而定名及「申遺」的成功等，這皆是黃大仙信仰在香港落地生根的標誌。而「三劍俠」之一的危丁明博士，則以〈佛者覺也：黃大仙信俗與香港佛教〉為題，介紹本園一向奉行儒、釋、道三教思想的傳統。據危博士的考究，本園於早年立壇時，先以「佛」為主導及

奉行「三教思想」。本壇三教的歷史脈絡，全由危博士予以釐清了。至於鍾潔雄女士，本園之「申遺」成功，她出力不少，先予感謝。她撰寫的〈黃大仙信俗的育成與傳承〉，認為「香港黃大仙信俗」是以「社會實踐」方面為內容，並以此申報國家級「非遺」及成為黃大仙信仰的百年傳承的文化定位。

書中結尾部分為本人的一篇拙作：〈《普慶幽科》的三教思想探究〉，主要述及本壇前期科儀來自廣東西樵山的普慶壇。《普慶幽科》為本園於上世紀二十至六十年代的法會所用的科本。據本人考究，經文充滿儒、釋、道三教的思想，而經本乃改編自前壇（普慶壇）西樵山鄰近道壇所用之《三教幽科》，採用之誦經腔口為「禪腔」（釋家腔口）。於本港之壇場，近代已流行道家之《先天斛食濟煉幽科》。本壇此科本已成為歷史，但傳承下來，可證本壇奉敬三教神明，傳承三教思想則為本港黃大仙信俗之一大特色。

此書在編輯過程上，實在要感謝很多大德、專家的協助。學者專家們的惠賜鴻文，實在無限感激。感謝中華書局（香港）有限公司的黎耀強副總編輯、繆九英小姐（Kitty）、編輯黃杰華先生等為此書所做的一切。還要感謝本園文化委員會的董事們、委員們及同事們，感謝他們為本園百周年紀慶活動所做的所有籌備事宜。

最後，願黃大仙師庇佑國泰民安！祝願眾善信福壽康寧！祝願我道教文化、百年香港黃大仙信俗，廣播全球，福蔭萬民！

嗇色園監院　李耀輝（義覺）

庚子立秋序於悟道堂監院辦公室

第一部分

園務發展與
歷史回顧

第一部分
園務發展與歷史回顧

前言

香港「嗇色園赤松黃大仙祠」坐落於九龍獅子山下，其上感天、下應地，黃大仙師坐鎮其中，庇蔭香江；雄山持護，有泰然安穩之勢。嗇色園整體面積達十數萬平方尺，既有古色建築亦有環保園林，乃現時黃大仙信仰最具代表與影響力之道教廟宇。

嗇色園主要供奉赤松黃大仙師，同時尊崇「儒、釋、道」三教尊神，以「普濟勸善」為核心精神，廣推善行。自 1921 年建祠伊始，黃大仙祠經過道侶們百年悉心經營，園林景緻清幽，殿堂金碧輝煌，大殿在 2010 年更被香港古物古蹟辦事處評定為「香港一級歷史建築」。

嗇色園初為道侶之清修道場，至 1956 年才作恆常開放讓公眾人士入內參拜。主殿供奉之黃大仙師寶像乃木刻硃砂拓印，於 1915 年由梁仁菴道長等從廣東西樵山攜帶南下到香江。此外，黃大仙師籤文靈驗、有求必應，常年吸引世界各地善信及遊客前來參拜祈福，求籤問事，日均訪客超過一萬人次。2014 年，嗇色園推動的「香港黃大仙信俗」成功列入國家級非物質文化遺產名錄。

在弘揚道教文化方面，嗇色園經常舉辦大型法會及活動，包括大獻供、讚星禮斗、廟會巡遊、上契儀式及啟蒙開筆禮等；亦會不定期舉辦不同的學術研討會、文化講座、文化展覽等，獲得海內外信眾與同道之稱頌。除弘揚宗教文化外，嗇色園也是本港極具規模的慈善團體之一。百年來秉承及發揚黃大仙師「普濟勸善」之宗旨，開辦教育、醫療及安老護理服務善業；從而興學育才、安老護耆及救疾扶傷，其中開設藥局贈醫施藥的傳統，由上世紀二十年代一直延續至今，救人無數。

回顧嗇色園百年歷史，跌宕迂迴，起伏有致，幸賴仙師庇佑，勸善群黎，普濟天下。欲窺其歷史全豹，必先從仙師生平及仙蹤說起。現就其發展序列，分章論述；並配以珍貴歷史圖片，冀能於回顧歷史之餘，亦可對嗇色園百載道情，有所感悟。

▌ 2011 年嗇色園大獻供

黃大仙師生平

黃大仙師，俗名黃初平，又號「赤松子」。根據東晉葛洪《神仙傳》及嗇色園《赤松先師自序》（黃大仙師於光緒二十三年廣東番禺菩山「普濟壇」降乩）記述，仙師是東晉丹溪（蘭溪）人士，少時家貧，牧羊於我國浙江金華府赤松山。十五歲時得遇仙翁引渡，以茯苓充飢，苦行四十年，終於九轉丹成，得道成仙；並曾施展叱石成羊之法術，顯示神通。

1897 年，赤松仙師憫世道之紛亂，憂神州之陸沉，遂「駕鶴」來遊，透過飛鸞闡道。先於廣東番禺大嶺村開展「普濟壇」弘揚仙師道法，並流傳法脈至西樵山稔崗之「普慶壇」。期間，仙師開示「普濟勸善」寶訓，希望可驚醒世人之迷夢。繼而於 1915 年，指示梁仁菴道長南下香江設壇，以啟山林。1921 年又乩示建道場於香港九龍獅子山下，園名「嗇色」，壇號「普宜」。從此香江顯蹟，玄門洞開，萬古留馨。

仙師又留下仙方治病濟世，而且籤文靈驗，有感必孚，有求必應。《黃大仙真經》云：「仙師勸世間有性人，存乎本來天性：孝、悌、忠、仁、義、廉、恥、禮、節、信。」希望世人以此為立人之本；做人當行善，便可積德免災愆。

黃大仙師神蹟初現

黃大仙信仰由來已久，從晉代伊始至清朝末期，在江浙、廣東等地區已有流傳。晉代葛洪所著《神仙傳》卷二為最早記載「赤松黃大仙師」生平，以及成道事蹟之典籍：

> 皇初平者，丹谿人也。年十五而家使牧羊。有道士見其良謹，便將至金華山石室中。四十餘年，忽然不復念家。其兄初起入山索初平，歷年不能得見。後見市中有道士善卜，乃問之曰：「吾有弟名初平，因令牧羊失之，今四十餘年，不知死生所在，願道君為占之。」道士曰：「金華山中有一牧羊兒，姓皇，名初平，是卿弟非耶？」初起聞之驚喜，即隨道士去尋求，果得相見，兄弟悲喜。因問弟曰：「羊皆何在？」初平曰：「羊近在山東。」初起往視，了不見羊，但見白石無數。還謂初平曰：「山東無羊也。」初平曰：「羊在耳，但兄自不見之。」初平便乃俱往看之，乃叱曰：「羊起！」於是白石皆變為羊，數萬頭。初起曰：「弟獨得神通如此，吾可學否？」初平曰：「唯好道便得耳。」初起便棄妻子，留就初平。共服松脂、茯苓，至五千日，能坐在立亡，行於日中無影，而有童子之色。後乃俱還鄉里，親族死亡略盡，乃復還去。臨去以方授南伯逢。易姓為赤，初平改字為赤松子，初起改字為魯班。其後傳服此藥而得仙者數十人焉。

「叱石成羊」這一本領，已成為流載千載的赤松黃大仙師之獨有典故及標誌。現時嗇色園大殿主壇背面之《赤松先師自序》及「黃大仙師成道圖」所載的內容，也細緻展現出仙師成道過程之全貌。

■ 嗇色園大殿主壇背後之《赤松先師自序》，及「黃大仙師成道圖」金漆木雕。

此外，赤松黃大仙師成道之浙江金華山乃道教名山，為「三十六洞天」之一。[1] 東漢末年左慈所傳之《金丹仙經》中，將金華山（古稱長山）與「五嶽」齊名並列；稱可在其山「精思修煉，合作仙藥煉丹」。[2]

歷史上記載，自晉而今，金華赤松宮興廢之事不可勝數，尤以宋代規模最為恢宏，香火極為鼎盛，有「江南道流冠冕」之名。另，南宋倪守約《金華赤松山志》、明代王懋德及陸鳳儀纂修《金華府志》等眾多史籍也明確記載有大量有關浙江金華黃大仙宮之歷史資料。

1　杜光庭：《洞天福地嶽瀆名山記》。《道藏》第十一冊。北京：文物出版社、上海書店、天津古籍出版社，1988 年影印本，頁 55。

2　東晉葛洪：《抱朴子內篇‧金丹》。《道藏》第二十八冊，頁 187，北京：文物出版社、上海書店、天津古籍出版社，1988 年影印本。

金華赤松宮遺址出土的銅鐘

金華赤松山志

二皇君

丹谿皇氏婺之隱姓也皇氏顯然東晉上祖皆隱德不仕明帝太寧三年四月八日皇氏生長子諱初起是為大皇君咸和三年八月十三日生次子諱初平是為小皇君二君生而穎悟俊拔秀發有異相小君年十五家使牧羊遇一道士愛其良謹引之入於金華山之石室蓋赤松子幻相而引之小君即煉質其中絕棄世塵追求象罔且謂朱髓之訣卿弟那遂同至石室此赤松子幻相而引指事而可明上帝之庭鞠朐而自致積累功踰四十稔大君念小君之不返巡歷山水尋兔蹤跡而不得見後於市中復遇一道士善卜就占之道士曰金華山中有牧羊兒非君之兄弟相見且悲且喜大君問曰羊何在小君曰近在山東及大君往視了無所見惟見白石無數遂謂小君曰無羊在耳但兄自不見便俱往山東小君言叱咤於是白石皆起成羊數萬頭今卧羊山即是其所

以下摘錄部分歷史文獻記載有關「金華赤松宮」之資料內容：

- 《晉書》卷十五《地理志》載曰：「東陽郡（金華古名），吳置。統縣九，戶一萬二千。長山（金華山古名），有赤松子廟」。

- 唐代末期，赤松子廟改名為赤松宮；是時赤松宮住持舒道紀，寫有〈題赤松宮〉詩。

- 《南宋金華赤松山志》載：「二君既仙，同邦之人相與謀而置棲神之所，遂建赤松子廟，偕其師赤松子而奉事焉。召學其道者而主之。自晉而我朝，香火綿滋，道士常盈百，敬奉之心未有涯也」。

- 宋孝宗所頒《二皇君誥》稱：「為巋然仙宮，赫然廟貌，一方所恃，千載若存」。後宋真宗御筆賜額「寶積觀」。

- 明代萬曆《金華府志》卷二十四〈寺觀〉載：「赤松宮昔年宮殿、臺亭、廊廡、碑碣、誥敕、御墨及名公巨卿，題跋墨蹟，為江南道流冠冕。」

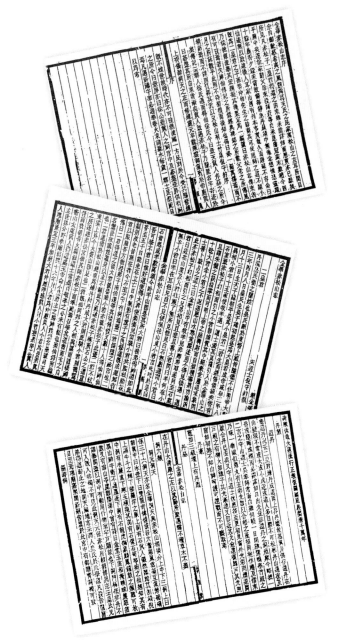

南宋倪守約《金華赤松山志》

▌浙江金華赤松黃大仙宮今貌

　　據資料顯示：金華市於 1958 年，政府於金華山赤松宮原址建造山口馮水庫，附近所有房屋皆須拆遷他處，赤松宮之原址遂淹於水庫之下；千年古剎，只存一大鐘和部分石碑等遺物。1993 年，金華市政府於大仙湖北岸赤松宮遺址旁，重建「二仙殿」，以奉祀黃初平及黃初起等兩位神仙。殿中存有民國丁巳年（1917 年）鑄造之原赤松宮銅鐘及供台等遺物；殿前豎立了「赤松宮遺址」碑。[3]

　　如今易址重建的赤松黃大仙宮，於 1996 年 9 月，紀念黃大仙誕辰 1668 周年盛典之際建成，又名「黃大仙祖宮」。新「黃大仙祖宮」乃位於鹿田湖東側山腰，海拔 562 米，坐北朝南，枕山襟湖，佔地 7.9 公頃，廟堂呈七進佈局，宏偉壯觀。[4]

　　此外，歷史上亦有不少騷人墨客撰述及記錄了有關黃大仙事蹟，包括唐末五代時期高道杜光庭所撰之《洞天福地嶽瀆名山記》[5]、宋代江陰靜應庵道士陳葆光所撰之《三洞群仙錄》[6]、明代洪自誠編撰《消搖墟經》[7]卷一之〈黃初平〉、清代《古今圖書集成》[8]等。除歷史典籍外，黃大仙師「叱石成羊」的故事和「普救群生」的情懷也被歷代文人墨客所喜愛：李白、蘇軾、文天祥及吳景奎等著名詩人皆留下頌讚仙師之詩詞章句。

　　綜上所述，可知清代以前，黃大仙信仰之傳播範圍基本上以江浙地區為主，繼而逐漸向外擴散。惟神仙蹤跡難覓，學者只能於疏散的史誌典籍或地方上的詩詞雜文類中，盡力爬梳尋求。故此「嶺南黃大仙信俗」之緣起，亦只能從零散的史料及田野調查等方法中尋找其發展歷程。

3　赤松宮道長陳金鳳口述，收錄於石夫主編：《赤松黃大仙》。廣州：南海出版公司，1995 年，頁 133。

4　〈金華黃大仙金華宮規劃設計〉，《景觀設計》，大連理工出版社 2005 年第 F11 期，頁 84。

5　杜光庭：《洞天福地嶽瀆名山記》。《道藏》第十一冊。北京：文物出版社、上海書店、天津古籍出版社，1988 年影印本。

6　《三洞群仙錄》：乃陳葆光所作之神仙故事集，共二十卷，收入《正統道藏》正一部（上海書店、天津古籍出版社、北京文物出版社，1988 年，第 32 冊，頁 287）。全書搜集神仙故事一千五十四則，始自盤古，迄於北宋。該書網羅九流百氏之書，下逮稗官俚語之說；凡載神仙事者，皆彙集入編。

7　《逍遙墟經》：為明初道士洪自誠編撰。共二卷，收入《正統道藏》（上海書店、天津古籍出版社、北京文物出版社，1988 年，第 35 冊，頁 375。）此經又名《仙記》，乃道教神仙人物之傳記。書中所收六十三位神仙人物，上起太上老君，下至明初張三丰，皆為逍遙方外之仙人，故名《逍遙墟經》。

8　《古今圖書集成》：乃胤祉奉康熙之命與侍讀陳夢雷等編纂的一部大型類書，康熙皇帝欽賜書名，雍正皇帝寫序，歷時兩朝二十八年，將中國一萬五千多卷經史子集的典籍融合為一。正文一萬卷，目錄四十卷，共分為五千二十冊，一億六千萬字。凡在六合之內，巨細畢舉；其在十三經、二十一史者，隻字不遺；其其稗史子集者，亦只刪一二。《古今圖書集成》與《永樂大典》、《四庫全書》並列為中國三部皇家巨作。

《顧愷之畫黃初平牧羊圖贊》
宋·蘇軾

先生養生如牧羊，
放之無何有之鄉。
止者自止行者行，
先生超然坐其旁。

《送張道士其一》
元·吳景奎

羊山踏碎白雲堆，不見仙翁未肯回。
小有洞中持節待，大羅天上散花來。
丹崖翠壁參差見，琳館瓊宮迤邐開。
藉以初平雙白鶴，日明騎卜素華臺。

　　清末，社會動盪，疾病橫行，而嶺南地區的黃大仙信仰便在如此的背景下產生的。最初在廣東番禺菩山深柳堂的書齋，一群讀書人或鄉紳等因為「乩緣」而聚集，偶然更請求黃大仙師降鸞諭示，及乃遵師命創壇普濟群生，於焉「普濟壇」形成。隨後遷移至廣州花埭建立「黃大仙祠」；進而又於南海西樵山設立分壇——「普慶壇」；再輾轉南下至香江設立「普宜壇」。歷經百年演變，黃大仙信仰逐漸傳播至世界各地。

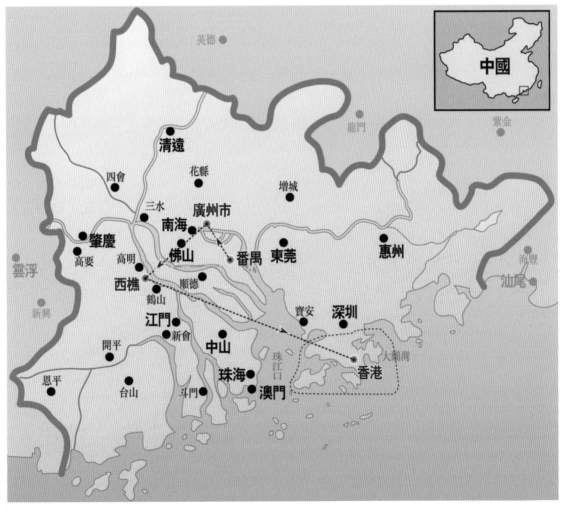

清末民初黃大仙信仰傳播圖。

第一章 創壇緣起（1921 年前）

（一） 菩山名村 首創普濟

廣州番禺區石樓鎮，有一座村莊名為「大嶺」。此村莊滿佈大小祠堂及古塔，具有濃郁的嶺南水鄉風貌，是國家級「中國歷史文化名村」。

「大嶺村」原名「菩山村」，始建於北宋宣和元年（1119 年）；由陳氏及許氏家族共同開發。據悉，開村之人為廣東始興郡皇后之父許氏；而陳氏一族源於江西省泰和縣柳溪鄉，北宋時期遷至廣東高雄，再於高宗南渡時遷居至此。

「大嶺村」具有崇文重教之傳統，充滿書香氣息：有清一代，共出了 1 位探花、34 位進士、53 位舉人；有品級的官員多達 100 餘人。清朝末期嶺南黃大仙信仰之首個道壇「普濟壇」即建立於此。[1]

▌ 番禺菩山大嶺村陳氏大宗祠

（二）扶鸞遣興 仙師臨壇

光緒年間，「普濟壇」創始人陳啟東出生於一戶書香世家，屬大嶺陳氏家族竹洲一脈，家有書作《勸學法則》及《勸學文》傳世。受家庭環境影響，陳啟東從小接受良好的教育，飽讀詩書，博學多才，本是一位儒生，後於村內私塾當一名教書先生。在陳氏族譜中可以看到陳啟東之先祖乃一名舉人，當過知縣；及至陳啟東這一代，科舉制度已成明日黃花，故未能尋得有關其獲取功名之記錄。

據園內收藏之文獻《普濟壇同門錄》記載，陳啟東乃唯一一人於「現業」中填寫「士」之名號。可見，雖然社會環境有所不同，但他依然深受儒家思想影響，對自身之「士人」身份甚為重視。

---

1 陳華佳：《大嶺村歷史與文化》。廣州：番禺碧彩紙類製品有限公司承印，2004 年，頁 69。

據《驚迷夢》[2]記載，於光緒二十三年，歲次丁酉（1897）9 月 29 日夕，深秋，陳啟東帶領着自家陳姓子弟，並聯袂其他友人，在自己家中（深柳堂）進行扶乩儀式。依書中所云：「是壇在番邑菩山深柳堂，乃於光緒丁酉年，扶鸞以遣興始也。」是次扶乩乃黃大仙師於書齋深柳堂之首次臨壇，當時乩手乃陳啟東之侄子陳裕恬及兒子陳中居。陳啟東等人當時扶乩所問何事已無從考究，但推測應與混亂的社會環境以及讀書人的出路等問題有關。廣州地區自鴉片戰爭開始，多次陷入戰亂。對於當時知識分子而言，最大心願即「保身、保家、保國」。

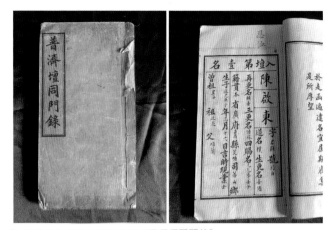
香港嗇色園黃大仙祠所藏《普濟壇同門錄》

《驚迷夢》初集載及之〈赤松大仙普濟壇賦〉曰：

> ……方今人心多變，天怒重干，癘風擾擾，瘴氣漫漫。為善則災殃可免，為惡則劫數難寬。為救生民苦劫，故來此地扶鸞。苦口勸來，欲眾生同登彼岸。存心普渡，聚諸友而設斯壇。

又，《驚迷夢》下卷首頁之〈運元普濟勸善赤松仙師命序〉中又云：

> ……赤松仙師閔世道之昏亂，憂神州之陸沉，駕鶴來遊，詳降乩語，廣勸群生，勉為善士。悲酣睡之未熟，乃大聲疾呼。欲以拯陷溺之人心，救羸瘵於將死。諄切誥誡，莫匪善言。倘能將此說，體而行之，清夜捫心，回頭未晚，可以保身，可以保家，可以保國。

大嶺村深柳堂舊址

2017 年 8 月 14 日，番禺石樓鎮大嶺村舉行了隆重的重建「赤松宮普濟殿」動工儀式，標誌着黃大仙信仰在大嶺村的復興。此項目由廣州市道教協會主辦，石樓鎮人民政府、大嶺村委員會協辦，廣州市番禺區赤松宮籌建委員會承辦，預計於 2022 年竣工。

由此可見，「普濟壇」之初建乃是一班共同信仰之鄉里士紳，由於對亂世之無奈，加上黃大仙師之乩緣勸戒眾人，拯救生民，普濟群生，因而促成「普濟壇」之成立。

2　《驚迷夢》為嗇色園所藏，記載有關早期普濟壇的扶乩等乩文之善書，是書於本園七十周年時，以合訂本上、下兩卷重印出版。

同年 10 月 6 日夕，陳啓東等人再次扶鸞，求請黃大仙師賜予壇名。仙師回應眾人：

> 余本不才，試以此劇之，試用「普濟壇」三字可否。詩曰：普救群生理本然，濟人危機是神仙。壇開亦為行方便，臺畔諸生志貴堅。普濟壇臺，樂哉樂哉！眾人再求仙師造一對聯試助雅興，仙師云：「普渡眾生登彼岸，濟施時疫設斯壇」。[3]

由此，赤松黃大仙師第一座道壇「普濟壇」正式得名。

「普濟壇」創立初期乃家族性乩壇，整個活動場所面積不足 100 平方米，與一般人家之庭院無異：進門第一間為大約面積 15 平方米之「醒迷覺夢堂」，即眾人扶乩著書之所在；院內地面以青磚鋪砌，並栽種了一些綠色植物；院內右側為專門供奉黃大仙師之廂房，門前有台階三級，略高於其他房間，其內供奉寫有仙師名諱之紅紙一張；房間旁邊有一條紅磚小道，連接一道後門通往昇平大街兆和里。當時創壇成員約 10 餘人 ——以陳啟東為首之大嶺村陳姓家族子弟以及幾位親朋好友。[4]

關於當日仙師臨壇還有一個戲劇性傳說：是日眾人雲集於深柳堂內扶乩所請的神仙並非黃大仙師。當時眾人點燃香火，恭迎仙駕，可是等了很久也不見神仙降鸞。直至土地公來報：眾人所請神仙因事無暇臨壇。此時恰逢赤松子雲遊經過此地，眾人恭請再三，土地公有所感動，便邀請赤松子代為臨壇。赤松子本不願，但見眾人真心摯誠，便下壇指點迷津。（參考《香江顯迹》頁十八）

普濟壇創始人名錄（前七位）

	姓名	字	號	道名	生更名	再更名	三更名	四賜名
1	陳啟東	君顯	礽白	朴	善悟	輔善	悟緣	元元導善子
2	陳裕恬	定湮	養齋	樂	樂善	悟真	烈性子	始原道名
3	陳中居	定環	北所	信	醒善	悟非	守思子	原派道者
4	陳迪芳	吉萬	漱六	念	覺善	悟了		
5	陳萬青	明義	伯雅	配	從善	悟心		
6	陳裕赓	定誠	少象	庬	想善	悟勇		
7	陳柳衣	定甲	子染	修	善為			

菩山普濟壇創壇弟子之名號為「善悟」、「樂善」、「醒善」等，其名號之中皆有一個「善」字，這與黃大仙師之「普濟勸善」宗旨密切相關。道教許多典籍均強調以善為先，行善才能積累功德，是修煉成仙之重要因素。

3　《驚迷夢》上卷，嗇色園七十周年紀慶普宜壇重印，頁 10。《驚迷夢》成書於 1899 年，撰寫於菩山普濟壇「醒迷覺夢堂」，為記錄普濟壇神仙降鸞作出指示語錄的合集，是研究關於黃大仙歷史和信仰的重要參考資料。
4　陳華佳：〈大嶺村「菩山」與黃大仙〉。《番禺日報》2014 年 1 月 4 日。

參考資料一：
道教的扶乩儀式

鸞鳥是中國古代傳說中的神鳥，負責傳遞神明的訊息。

扶乩是中國傳統的一種與神明溝通的儀式，又稱為「扶鸞、揮鸞、飛鸞、拜鸞、降筆、請仙」等等。有關扶乩的記載最早為南朝劉敬叔的《異苑‧卷五》中，記述紫姑降鸞之事。道教承襲了這種儀式，在扶乩過程中，「鸞生」（俗稱「乩手」）與神明溝通感應，寫出文字或畫出圖像，從而傳達指示或解答問題。

扶鸞時有「正鸞、副鸞」各一人，另有「唱生」二人，「記錄」二人；用一支「Y」形桃柳木組合成的木筆，於沙盤（乩盤）上揮動成字；唱生依照字跡唱出，再由記錄生寫成詩詞文章，最後對記錄下來的資訊作出解釋。

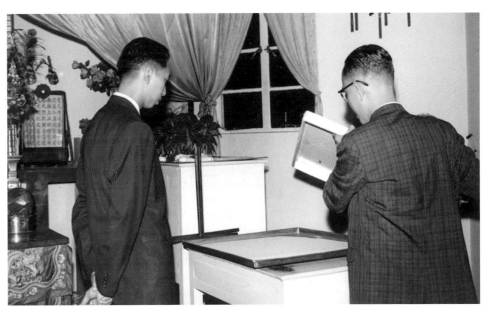

▌ 早期嗇色園普宜壇「飛鸞臺」內的乩盤和乩筆。

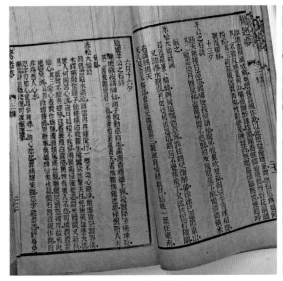

▌ 香港嗇色園黃大仙祠所藏《驚迷夢》

（三）花埭建祠　仙方濟世

《驚迷夢》記：「……示方濟世。遂首其事也。族人有患病者久窮於治。試為壇暨遇羽客，而俾以方。及壇布而吾師臨。……如其方以治，隨手奏效，歷歷應驗……問事者日環其門，莫不有求皆應，而於醫一道尤神。得其方者，無不立愈」。「普濟壇」創立之後，迅速得到廣大信眾支持，除了其弘揚「保家衛國、止惡揚善」的精神信念之外，更因黃大仙師以乩方治病救人；並且分文不取，故世人又將黃大仙師尊為「醫藥神」。

1898 年，廣東地區疫病橫行，前來求醫問藥之善信絡繹不絕，乩方供不應求；此時以「家庭式乩壇」形式設立之「普濟壇」已未能滿足民眾之實際需要。1898 年農曆八月二十三日仙師壽誕時，眾人向仙師詢問擇地擴建道壇一事，希望可以救助更多民眾。得仙師指引，《驚迷夢》載：「癘疫流行，篤請仙師出而濟世，果允其請。乃於番禺屬之花埭，辟地數畝，為之立祠」。最終確定於臨城花埭（清末屬於南海和番禺，如今名為花地）建立新祠。

新祠從確定遷壇至修建完成，只用了一年時間，「普濟壇花埭黃仙祠」於 1899 年農曆六月二十一日開光。新壇之佈置由仙師所指示，下至楹聯、匾額，亦由仙師乩筆指示，如《驚迷夢》四集序提到：

> 門額可用「黃仙祠」三字；門口聯，可用「叱石成羊、煉丹回春」八字；屏風聯，可用「為善豈無門，即此可登歡喜地；向前還有路，不妨再上大羅天。」廿四字；園門額，可用「金華別洞」四字；聯可用「超以向外，得其環中」八字；曬書台，可用「大羅天」三字；聯可用「放眼盡觀世界，置身如在蓬萊」十二字。

香港嗇色園黃大仙祠藏《仙方冊》

「花埭黃仙祠」對求籤看病者實行「隨緣樂助」，病貧者可以免費，由是迅速聲名遠播。1900 年，《普濟壇同門錄》記錄之道長增至 115 人，進一步擴大了黃大仙信仰的影響。1904 年左右，花埭黃仙祠進行重建。重建之新祠建築雄偉，為「三進」院落，[5] 整座廟宇共佔地 130 畝。

花埭黃仙祠標有年代的石刻文物——光緒三十一年（1905 年）

5　院落的「三進」：「口」字形稱為一進院落；「日」字形稱為二進院落；「目」字形稱為三進院落。其中三進院落的四合院乃明清時期最標準之四合院結構，佈局最為合理、緊湊，其形式被民間大量採用。

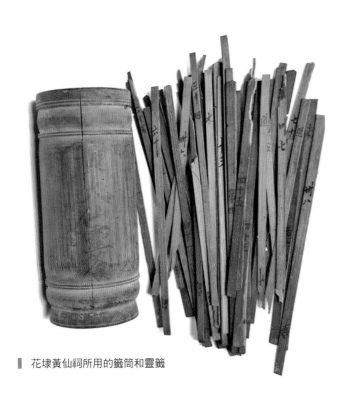
花球黃仙祠所用的籤筒和靈籤

隨着辛亥革命爆發,清朝最後一任兩廣水師提督李準在虎門投降,廣東進入民國時期。花球黃仙祠與各地的寺廟一樣,受到來自各方面之逼迫打壓,最終於 1913 年以徹查賬目為由,被警察廳沒收,改為教養院附屬幼兒園。至此,「普濟壇」從菩山建壇到最終蒙塵,只有短短 15 載。不過,正是於此短暫歷程中,創立和奠定了黃大仙信仰之重要基礎,包括:

- 確立了「普濟勸善」的核心宗旨
- 傳承黃大仙藥籤和靈籤
- 傳承黃大仙師畫像

(四) 普慶弘道 樵嶺同聲

梁仁菴道長,原名梁華興,字敬孚。來港後仙師乩示,道名為元覺。梁道長是仙師早期信仰者之一,排在《普濟壇同門錄》中第十八位。梁仁菴道長的家鄉,是廣東省南海縣江浦司稔崗鄉,位於道教名山「西樵山」附近。居於此地的民眾大多對道教有極其深厚的信仰。由於此地醫療水平落後,疾病猖獗,生活困難;不少人被迫背井離鄉,留下老弱病殘舉步維艱之輩。1901 年,梁仁菴道長決定回到家鄉弘揚黃大仙師信仰,於焉設立藥局贈醫施藥。

梁仁菴等人繼承「普濟壇」之傳統,於西樵稔崗鄉建立新的以「乩壇」為核心之黃大仙祠,得仙師賜名為「普慶壇」,翌年更受玉皇上帝賜封為「玉靈寶洞」。為了在當地更好的弘揚黃大仙信仰,普慶壇除繼承發揚贈醫施藥之傳統外,並作出一些因地制宜之改變,如:

1. 允許女子進祠參拜。
2. 增加供奉的神仙。(除黃大仙師外,並奉及仙師三代仙親、文昌帝君、關聖帝君、齊天大聖及當地城隍)
3. 建立自己本身的道號系統,排列為道、果、德、修、誠。

1904 年農曆四月初五至五月十五日,梁仁菴道長親自執乩,列仙在黃大仙師及呂祖仙師的主持下,紛紛臨壇垂訓。此次扶乩歷時一月有餘,所得之全部乩文收錄成書,書名《醒世要言》。此乃於《驚迷夢》後,關於黃大仙信仰之又一重要著錄。

光緒年間成書《醒世要言》,香港嗇色園重印。

隨着「普濟壇」被警察廳沒收的消息傳來，遠在西樵的「普慶壇」眾人感到事態嚴重，迅速籌劃應對之法。在仙師指引下，普慶壇進行了一系列改變，才得以在之後的風雨飄搖中屹立不倒，包括：

- 迴避與「普濟壇」的關係，收斂鋒芒，對外以「普慶善堂」的名義出現。
- 加強社會慈善事業，得呂祖乩示成立「海勝益善會」收殮浮屍；並得南海縣政府支持，備受肯定和保護。
- 加強宗教建設，派出弟子前往羅浮山一帶求師學道，研習科儀；並組建自己的經師隊伍，被當地道教界視為泰山北斗。
- 承擔「普濟勸善」的使命，開枝散葉，來港建立分壇，使黃大仙信仰得以薪火相傳。

刻有「普慶壇」字樣的經櫃。

直至 1949 年以後，社會情況發生巨大變化：戰亂結束，軍人復員，子弟歸鄉，導致農村人口結構及經濟面貌等發生改變；加上農村的醫療衛生情況得到改善，傳統的贈醫施藥善舉變得次要，「普慶壇」的地位因而逐漸衰落。後來的社會運動和土地改革中，稔崗黃大仙祠終被拆毀，如今只留下一塊石匾，一塊石符，一組經櫃及一顆銅質印章。

另外，1930 年由原「普濟壇」、「普慶壇」弟子於廣州創立之專門供奉黃大仙師的道壇──「普化壇」，也於同一時期（五十年代）被拆毀。

1986 年嗇色園道侶於「西樵稔崗黃大仙祠」尋根之旅留影。

1986 年嗇色園道侶於「西樵稔崗黃大仙祠」遺址尋到重要文物。

「西樵稔崗黃大仙祠」遺留之古跡。

稔崗黃大仙祠之匾額於二十世紀八十年代出土後，當地居民於「普慶壇」原址修黃大仙祠供奉仙師，此匾額依然懸掛於大門之上。

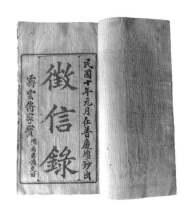

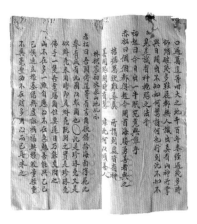

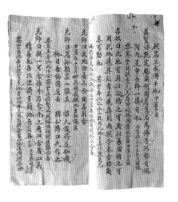

嗇色園藏——民國十年普慶壇《徵信錄》。

（五）南下設壇　以啟山林

　　二十世紀初期，香港雖為殖民地，卻恰恰成為了政治風雲的避難之地。當時的香港信仰自由，社會可以接納各種不同宗教派系，於是許多道侶紛紛南下，在香港建立道堂，使道教可以在這片土壤生根發芽。

　　據梁鈞轉道長的手稿中記載：梁仁菴、梁鈞轉父子得仙師指引，1915 年攜帶仙師寶像（硃砂畫像）南下香港。眾人最初開壇先後在中環乍畏街萬業大藥行和大笪地開壇闡教。1916 年，再遷至灣仔皇后大道東附近（原址為香港電燈有限公司辦公大樓）供奉仙師；並在樓下開設一間藥店，其前廳為店舖，後堂為扶乩求方，名曰「福慶堂」。1918 年末，「福慶堂」不幸遭到火災，導致壇務被迫暫停，梁仁菴道長也回到家鄉居住。不久，幾位在港經商之「普慶壇」同道極力邀請梁仁菴道長回港共同恢復壇務，梁道長遂同眾人一起於灣仔海旁東街 96 號三樓重新設立乩壇，取名「金華別洞」。自灣仔開設乩壇伊始，至九龍獅子山下竹園村（香港嗇色園黃大仙祠現址）正式建祠，共歷時六載。

「金華別洞」創建者名錄

梁仁菴、梁鈞轉、馮萼聯、張殿臣、郭述庭、陳柱石、唐麗泉、
馮其焯、林績臣、楊日南、何星甫、黃蘭生、高浩文、劉宇文、
黎孔昭、莫頌庭、招大發等。

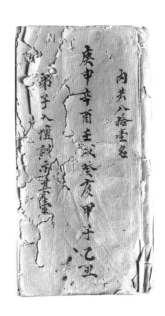

嗇色園藏——歲次庚申至乙丑《弟子入壇訓示部》（1920 年至 1925 年）

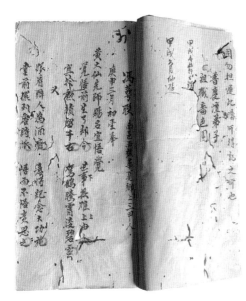

《弟子入壇訓示部》載及馮萼聯（悟覺）道長之書頁，梁仁菴道長仙遊後，壇務全由司理馮悟覺道長執行。

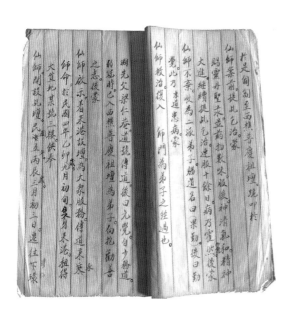

梁鈞轉道長手稿原本，記錄南遷香港之經過

梁鈞轉道長影像及名片
——由梁鈞轉道長之女兒梁耀好女士透過嗇色園文物徵集計劃提供,謹此致謝。

參考資料二:
赤松大仙詩:《勸孝文》

　　放開眼界。觀透世人。無非名利擾擾終身。今夫為人父母者。未有子則*心*慫求之。既有*心*必愛之當其初有也。如瑞草琪花,以為獨得之物。又如珍珠美玉,以為莫比之珍。及其稍長也。教以詩書使之知乎文字。教以禮義使之養其性情。為父母者。未有不欲其子之賢也。唯其當天性漸漓。俗情日長。雖有賢父慈母。亦無可如何。或為盜而劫掠者。有之。或破家亡產者。有之。欲拘之而不能。欲教之而不聽。斯時父母縱深愛之。亦厭其不賢也。所以於世而求一服勞奉養。未足為孝者亦甚難也。況求若古帝王之夔夔齊慄者乎。其或父母有過亦不可悻悻然見於面。故孔子云。事父母幾諫。見志不從。又敬不違。勞而不怨。為人子者。不念父母之劬勞而反薄父母者。與禽獸奚異哉。願學盡孝焉。當以養子之*心*而事親可也。

——《驚迷夢》上卷二集

第二章 草創時期（1921 - 1940）

（一）園名嗇色 壇號普宜

1921 年 4 月，蒙仙師指引，梁仁菴、馮萼聯道長遂往香港九龍城尋覓建祠寶地。二人尋地之過程，錄於嗇色園所藏《本壇以往各事登記部》：

> （兩人）行至蒲崗竹園村之側附近一山，風水甚好，隨後回金華別洞開乩請示。經先師批示，云此乃鳳翼之吉地，最合開壇闡教，其號嗇色花園，內設一所地方，安奉黃大仙寶像，顏其曰：赤松仙館，此乃集合群眾修道之靜室。又蒙文昌帝君乩書嗇色園三字，並指示吉日興工動土。

仙師又乩示：「由九龍城起，往北走三千步可闢地建祠」，梁仁菴同馮萼聯道長二人終至蒲崗竹園村。只見此地五行具備，靈秀所鍾；背枕獅山，面對爐峰；峰下綠波平漾，分東西出海而祥凝瑞聚；配合普濟勸善，誠人間之福地也。黃大仙師指示二人將插竹處右移三尺，再後移三尺，定為新祠大殿之中心。

建祠工程於兩個月之後的農曆六月二十四日迅速啟動，並建「赤松仙館」安奉仙師寶像，當中又建成了大殿、麟閣、辦事處、宿舍、大閘、水井等工程。同年農曆七月二十日進伙陞座，隨即建醮開光及進行奠土超幽科儀五天。計捐助開辦經費及擔任義務者，有張殿臣、唐麗泉、郭述庭等諸道長各捐二千元，陳柱石道長捐一千元等。其時，梁仁菴道長任總理，馮萼聯道長任司理，梁孔昭道長任經懺，劉宇文、招大發、梁鈞轉、莫頌庭、高浩文等諸道長為經生。《普宜壇同門錄》載，最初建壇道侶共 24 人。在進伙後十餘日，梁仁菴道長完成法脈傳承之使命後，便駕鶴仙遊了。

梁仁菴道長之畫像（馮萼聯贈）。

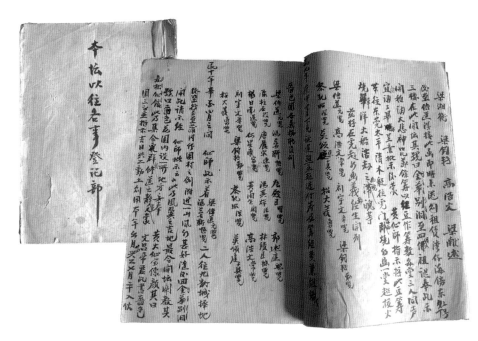

嗇色園普宜壇《本壇以往各事登記部》中的尋地記錄。

1923年竹園村舊貌：建築均用竹棚搭建，一切從簡。由 Alistair Gow 透過嗇色園文物徵集計劃提供，謹此致謝。

乩字：「宜」

1921年農曆八月，初次慶祝仙師寶誕時，蒙玉帝親臨，賜下「普宜壇」以為立壇之號；並蒙文昌帝君乩書「嗇色園」三字作為正式定名，標誌道壇正式成立。「嗇」者，少費也；「色」者，所好之物，有慾之類也。「嗇色」二字有愛精神、致虛靜、省思慮、寡情慾之要義，亦有引導人悟道修行之含義。現時孔道門前對聯：「壇號普宜宜悟道，園名嗇色色皆空」，及三聖堂內有對聯：「嗇節有餘，三教同源承一脈；色空雖幻，眾生樂善自千秋」，皆以「嗇色」及「普宜」作聯以紀之。

（二）尊「儒釋道」三教一體

1921年農曆二月二十五日，黃大仙信仰的傳承者（諸位道長）於灣仔「金華別洞」扶鸞得仙師指引，道壇必須尊三教合一之原則，繼續普濟勸善宗旨，消災解厄救民救國。先建立一座有一定規模的廟宇，隨後因地制宜開辦種種善舉，以「善、慧」吸引有緣人，同修三教。仙師指示，此廟宇將為一切善業之根基，假以時日，必將四海揚名。仙師勉勵眾道侶，應以平地立山之氣魄，不畏艱難，奮力而為。

宋明以來，三教一體已經成為了中國文化的潮流趨勢，雖三教教義各有不同，惟勸人以善之核心思想殊途同歸。因此，嗇色園根據香港地區不同文化混合之社會特質，強調延續傳統，着眼世界；並以「三教並尊」為基礎，站在一個更大的格局下放開「門戶之見」以追求世界大同，將「普濟勸善」提升到一個新的領域。

嗇色園草創時期指示弟子要尊尚三教合一之乩文。

嗇色園珍藏文物—「九龍嗇色園赤松黃大仙印」。寶印為銅製，背面刻有鑄造時間「民國十一年歲次壬戌孟秋吉誕」。

1923 年 4 月（歲次乙丑）萬緣勝會臨時竹搭建築。
——由 Alistair Gow 透過嗇色園文物徵集計劃提供，
謹此致謝。

（三）奉行師訓　設立藥局

自正式開壇起始，「普宜壇」道侶秉承仙師「普濟勸善」的壇訓，開設藥局，實行「贈醫施藥」。早期嗇色園的資金主要是由道侶捐獻，對外募集的善款並不多。身處戰亂、貧窮、疾病肆虐的年代，施贈的推行無疑是仙師對世人的眷顧，以及宗教的教化之功，當屬濟世之舉。大殿前的對聯，清楚表明了「普濟」的主旨：

洞隱金華，丹成九轉，濟眾表忠誠，百世威靈垂宇宙。
名留青史，煉藥回生，痌瘝常在抱，千秋俎豆薦馨香。

1924 年農曆六月十九日，嗇色園於九龍城外西貢道十四號首創贈醫施藥局（今太子道附近）並聘請醫生駐診。因資金有限，每日施贈約為四十人，分文不取。

由此，來嗇色園求醫、求仙方者日益增加，香火逐漸旺盛。「黃大仙藥籤」分為眼、外、男、婦、幼五個科類，病患可親自或請家屬參拜神明後，按照科類求取籤方。全部藥籤共有 500 支。這 500 支藥籤並非全部有藥方，其中含勸誡內容而沒有藥名的藥籤有 43 支；有藥名而具有信仰性質的有 28 支；還有一些食療的方子。1936 年藥局由西貢道遷到長安街。

「黃大仙藥籤」自菩山「普濟壇」伊始，救人無數，有力緩解了多次爆發的疫病。隨着醫療衛生的規範化，仙方現在已停止派發；故如今民眾只知「黃大仙靈籤」極為靈驗，不一定知道「黃大仙藥籤」曾經救民於疾苦。

1924年嗇色園赤松仙館
廣告—《香港華字日報》

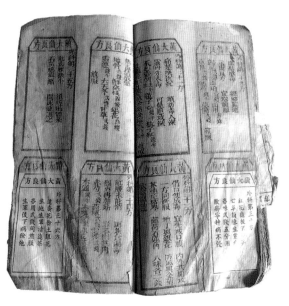

《黃大仙良方冊》

《黃大仙藥籤》

香港嗇色園赤松黃仙祠主殿——1929年。（鄭寶鴻先生提供，謹此致謝）

（四）金華分蹟　寶洞清靈

1925 年，重修嗇色園大殿之際，蒙呂祖乩書，將大殿名稱「赤松仙館」更名為「赤松黃仙祠」五字，此牌匾至今仍懸掛於大殿上方。是年新建「金華分蹟」牌坊，園之四周，圍以竹籬，又新建「第一洞天」大閘（呂祖乩筆）及悟道堂前座，另由林紹銘道長獨資建丹爐一座，唐麗泉道長之女唐棣卿女士獨資建土地廟一座。

1933 年，嗇色園新建盂香亭及安奉燃燈聖佛，而嗇色園又得玉帝賜名「清靈寶洞」。同年，黃大仙師乩示《普宜壇壇規十七條》，為嗇色園弟子之行為守則，亦是園務管理的基本條例。1937 年 4 月，蒙仙師乩示：「謂欲本園永垂久遠，建築須配合五行，謂之五形。鸞台金形，經堂木形，玉液池水形，盂香亭火形，照壁土形。金、木、水、火、土五行齊備，方能鞏固」。嗇色園五行佈局之勢就此形成，沿用至今。

除贈醫施藥、扶貧救災外，嗇色園亦多次舉辦天醮法會以安民心。早年「普宜壇」科儀仍沿襲「普慶壇」之傳統，凡重要法會皆由普慶壇派經生來港代為主持。1938 年廣州失守後，交通受阻，乃禮聘羅山「白鶴觀」道長聯合舉行法會。以下是 1922 年至 1941 年期間嗇色園舉行的天醮或法會：

· 1922 年建醮超度風災幽靈。

· 1923 年釋尊誕辰首建萬善緣法會二十一天，附薦先靈。

· 1926 年農曆四月佛誕日，建天壇醮七晝連宵。

· 1928 年農曆七月首建盂蘭盛會十七天。

· 1932 年農曆四月佛祖誕辰，誦大悲神咒萬餘籌，並以紅豆作籌數，每堂三人同聲合誦。誦畢，蒙黃大仙師指示，將此豆帶往東莞太平，用木艇駛到虎門海面散佈，並舉行水幽一堂，超拔歷年華洋輪船遭劫之幽魂，以安行旅。參加水幽義務經生有劉宇文、梁鈞轉、莫頌庭道長等多人。

· 1941 年農曆七月，仙師命啟建「萬緣勝會」，超薦歷年兵燹水火遇難同胞及海陸空三軍陣亡戰士，並附薦各姓先靈。法會為十四晝夜連宵。

1928 年，香港政府出台政策，規定所有廟宇均須向政府註冊，一律歸「華民政務司」管轄，該司特設「華人廟宇委員會」主理此事，並通過《華人廟宇條例》依法規管。法例實施後，有 200 間廟宇註冊，另有 28 間廟宇被評定為只有商業投機性質，所以要關閉。早期嗇色園屬私家修道場所，當時雖避開被關閉之危機，但不可對外開放，只能閉門作「私人清修道場」，沒有開放予公眾人士。廟內除了日常的習經、賀誕及禮懺科儀等外，亦定時舉辦大型醮會，進行「陽樂陰安」的法會。

1934 年，嗇色園為避免觸犯政府廟宇條例，遂將大殿關閉，如屬嗇色園道侶或其家屬參拜者乃開啟。後由何華生道長轉託周竣年先生向「華民政務司」申請，准於每年正月將大殿開放，供人參拜。1937 年，由於參拜人士太多，嗇色園恐觸犯廟宇條例，由農曆四月起，進而封鎖「第一洞天」大閘，參拜者只得拜於門外之竹樹。是時嗇色園經多次重修，才略有規模，談不上輝煌。不過，「山不在高，有仙則名」，前來遙拜仙師者絡繹不絕，將黃大仙師作為自身之精神寄託。

參考資料三：
《普慶幽科》題記

　　林邊覺因鑑於西樵之道腔有所出入，因窮究之，始知寔無師承所致，常被參觀者譏為不倫不類。如昨年「萬善緣」，報紙載云，所謂經生者，今年又見於九龍採風記，此中嘻笑怒罵，不遺餘力，想各道兄亦必見及，我亦已於昨年元月，上稟　先師，問可否改用禪腔事，蒙　先師批云「上年師伯早已題及糾正，事因本壇初創，故未暇及此，今爾稟問，正如我意」等句，故敢銳意改編，不惜光陰，不憚勞瘁，請教於廣州楞嚴佛學社沈允州先生，以冀得抵於成。用工禪腔，使以後外界參觀者，不特誣無可誣，反生欽羨。近世潮流，趨向佛學，梵音一道，尤屬典盛。演劇者編之於舞台上，唱書者唱於歌台上，留聲機則終日盈耳。上至老成碩望，下至婦女孩童，無不飽衝耳鼓，學此者不可不認真研究，慎勿謂秦無人也。雖屬榮辱關頭，對於佛法本無人我，惟於本壇前途，大有關繫在焉，願學此者，祈諒之，祈勉之。

丙寅冬邊記

普宜壇創立之初，嗇色園道侶於竹棚前之合影。

甲戌歲《宜事略紀錄》（一九三四年）——嗇色園藏

第三章　艱苦過渡（1941 – 1955）

（一）烽火漫天　捨身衛道

　　二十世紀三十年代，中國內地全面陷入抗戰，大量難民南下香港，在糧食及醫療短缺之情況下，宗教的施濟為貧苦大眾解決了生活難關。1941 年農曆七月，嗇色園道侶奉仙師指示，竭盡全力舉辦連續十四晝夜「萬善緣勝會」齋醮科儀，超度陣亡的戰士和遇難的同胞，以上安先靈，下撫民心。

　　1941 年農曆八月二十三日，嗇色園道侶慶賀仙師寶誕時，仙師臨壇賦詩預言：「朦朧月色掛碧天，園外四方起狼煙。但得盂香石一現，漫天烽火化紅蓮」。12 月 8 日，仙師之預言應驗，太平洋戰爭打響。日軍為打擊英國軍隊制空力量，向香港啟德機場實行轟炸，港島亦隨即淪陷。因糧食短缺，日佔政府成立「歸鄉委員會」，大量遣散華人。嗇色園被迫結束長安街藥局，遣散員工，施藥業務暫告停頓。

　　1942 年陷日佔時期，部分道長毅然留守，以身衛道。是年正月，唐福駢道長私人解囊，贈施仙方藥劑，求方者到九龍城仁生堂或澤民藥局，憑方免費領藥一劑，以十五劑為限。後陳精博、馮講菴、梁鈞轉三位道長亦相繼加入資助，每日以施藥五十劑為度。1943 年，大殿東面青雲巷藥局重開，恢復施藥，每日施仙方藥五十劑。期間開方全賴藥籤，施藥而無贈醫。

日軍佔港時期之記錄—梁鈞轉道長手稿

（二）威靈顯赫　時望所歸

　　日軍於 1942 年 2 月 20 日宣佈香港為日本佔地，設立總督部進行統治，並欲將香港「皇民化」：如更改昭和年號、學校必修日語、在香港舉行日本儀式及慶祝日本節日等等。當其時，日軍多次到嗇色園視察，欲索取汽油、竹樹等，並計劃徵用嗇色園及附近數十鄉村的土地。在這段時期，黃大仙祠亦成為附近村民的避難所，期間大仙更多次顯現神蹟，除保護了村民，也使廟宇在敵機不斷轟炸下仍保存完好，未有破損。當中諸多黃大仙師彰顯威靈之傳說，包括：

- · 1941 年夏曆十一月，日軍到來，欲在嗇色園駐兵，但大殿及各處門戶均關閉，日軍命梁鈞轉道長開大殿門，入門儼於仙師神樓前之銅劍豪光閃耀，不敢談及駐軍，只索取蚊帳及棉被而去。

- · 1942 年四、五月間，日軍入園遊覽，行經飛鸞臺欲除取「飛鸞臺」三字匾額；梁鈞轉道長婉拒，日軍強自登上取之，方欲動手竟失足跌下，只得向仙師鞠躬罷手而去。九、十月間，日軍欲伐取園內青竹為擴建機場之用，梁鈞轉道長請求雙方訂價作買賣，日軍不敢蠻幹，竟然照值付錢。

- · 1944 年五月間某夜，日軍入園搜查，要嗇色園各人齊集經堂，並檢閱身份證件；其時有一員工受驚離園外出，另一員工則未帶備身份證。正當日軍向梁鈞轉道長盤問之際，盂香亭側忽然閃出紅光，日軍即不再追查而離去。

- · 1945 年正月，日軍為改建機場，徵用嗇色園及附近數十鄉村，聲言限年初遷出，否則以抗令論罪。梁鈞轉道長即偕同各鄉民至地區事務所請願，陳述理由：嗇色園崇奉黃大仙師，居民一致崇拜，凡貧病來求仙方醫治者，免費按方施藥，是一慈善機構，求免徵用。區所所長乃令各鄉長於正月初七早同至機場候見山下所長，視察再定。請願畢，返園齊集大殿，求籤卜吉，得賜上籤，群眾之心稍安。初七早各鄉長與梁鈞轉道長同到場等候，不久見插紅旗之汽車駛來，乃山下所長，怎料下車時失足仆地；隨後插藍旗之汽車亦至，乃區所所長，見山下仆地，即下車往扶之，竟又滑在地上。二人均擦傷面部，渾身泥濘，無暇理及徵用之事，謂延期再定，着令回去。

「盂香亭」一九三六年舊貌

　　神仙顯威靈之傳說一般都出現在危難之時。事雖巧合，亦足見仙靈顯赫也。1945 年 8 月，計淪陷期間，梁鈞轉道長住園三年零八個月，備極辛勞，且飽受虛驚，幸喜平安無事，深感仙師庇護也。

　　於此艱難歲月，市民依然會來嗇色園參拜仙師，期間亦約有 17 位弟子入道。道教團體與民眾患難與共，與香港人民之緊密關係經此形成，是為民眾於苦難中之引路慈航。

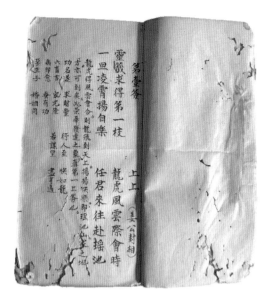
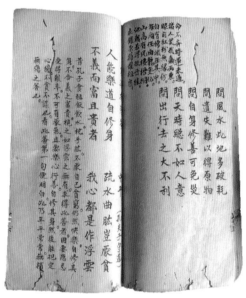
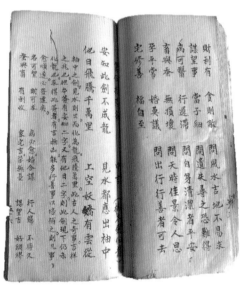

《黃赤松大僊靈籤詳解》—1934 年

（三）舉步維艱 同舟共濟

1945 年 8 月 15 日，日本宣佈無條件投降，英國軍艦重新駛入香港。是年農曆十月嗇色園舉辦祈福消災法會，酬答天恩，並超度在淪陷中遇難的先靈。嗇色園道侶陸續回園，廟務日漸恢復；次年農曆八月二十三日，嗇色園舉行了戰後第一個黃大仙師寶誕；園內亦進行了修復工程，香火更加旺盛，大門前解籤檔以及銷售參神用品之攤位不斷增加。

自香港重光，實現和平後，嗇色園香火更盛。1947 年初，嗇色園設有數個「普濟箱」於大閘門外，供人捐助。另外，大仙祠門外攤檔及賣齋品香燭者甚多，來參拜之士甚眾。

同年農曆二月，嗇色園收到來自「華民政務司」之來函：「承謂光復後，未見申請註冊。嗇色園屬私人道場，但來者甚多，與廟宇管理條例不符。嗇色園必須作出選擇，或註冊廟宇，由政府統一管理；

或改變現狀，不對外開放。如申請特殊理由，則聽由嗇色園自辦，但一切須遵條例辦理。」眾人討論再三，終未有應對之法，架構模式及管理方式亦無法協調。無可奈何之下，1948年一把大鎖將這片聖地與外間相隔絕，只於正月間，開方便之門，其餘時日，均不予開放。

1954年下元節，以唐福駢為首的七位道長召開特別會議，最終由唐福駢道長出任新一屆廟務總理；同時管理層的委任由扶乩制改為杯卜制，根據社會發展實際情況需要，啟動傳統宗教團體現代化改革。同年12月，竹園聯合村的藤織廠起火，黃大仙門前兩旁解籤檔攤大多焚毀，嗇色園門前字跡及鐵欄亦被燒黑，此次火災引起港府極大關注，並計劃整頓附近環境。

▌ 1946 年嗇色園同人舉行仙師寶誕時留影

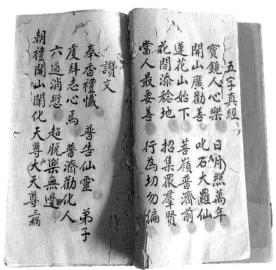
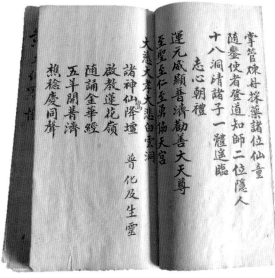
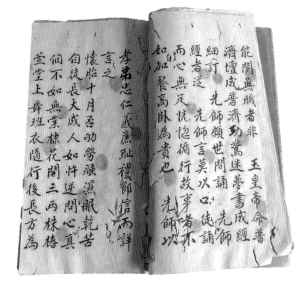

▌ 嗇色園普宜壇藏本之《黃大仙寶懺》

1955年農曆二月，嗇色園恢復贈醫施藥善業，聘請義務中醫師二人，常駐園內贈診及施贈藥劑。同月，花墟及老虎岩兩地先後大火，嗇色園迅即集款賑災及派送棉衣。

農曆三月，總理唐福駢、陳立道長等發起籌款，重建「金華分蹟」牌坊及增建贈醫施藥局。同年農曆十月下元節，援例杯卜下屆管理層人員。黃允畋道長在二十二位候選人中排列末位，以自身道籍膚淺，未諳園務為由，謙辭不已。黃道長後悉杯卜過程，乃由第一位卜至廿一位，仍未有杯卜三勝者，最後應眾人鼓勵上前一試，竟連得杯卜三勝遂知仙機奧妙，於是拜受師命，出任下屆總理。

1955年嗇色園因尚未正式註冊，礙於法例，大門重新關上。園門告示：「非我同人，請勿亂進。」

參考資料四：
黃允畋道長簡介

黃允畋（1920-1997），祖籍廣東省南海官窰人，出生於香港西環太白台附近，大專商科畢業。於1952年秉承乃翁意旨，由衛仲虞、吳廣智道長介紹，加入嗇色園為道侶，仙師賜名友覺。

黃允畋道長乃各種慈善活動之活躍分子，於1956年擔任嗇色園主席，同年亦擔任東華三院首總理；而且他亦是華人廟宇委員會委員、香港佛教聯合會副會長、香港道教聯合會顧問、孔教學院主席等等；並在多所學校擔任校董。

黃道長於1985至1994年擔任黃大仙區區議會議員。通過議會活動，他更深入了解市民及社會需求，有效協助政府處理地區問題，與社區同政府機關建立良好關係，使嗇色園的園務和善業進一步發展。

▌黃允畋道長影像

1955 年嗇色園金華分蹟牌坊，隱約可見赤松黃仙祠大殿牌匾

第四章 穩定發展（1956 – 2004）

（一）柳暗花明 玄門洞開

1956 年 4 月，工務當局以「嗇色園所用土地自 1921 年起係屬批約性質，由政府租與嗇色園，逐年批用。今因戰後人口激增，政府為解決住房問題推進廉租屋計劃，園址鄰近廉租屋宇地盤，影響建屋工作」為由，亟欲收回園地以作公用，並以此事商諸華民政務司憲。

黃允畋總理聞悉後，立即奔走呼號於華民政務司憲鶴健士先生、首席副華民司杜德先生、副華民司區偉森先生、華人代表羅文錦及周埈年兩位爵紳，及與華人廟宇委員會委員鄧肇堅先生之間，蒙允予協助。

六十年代起，九龍半島擴展開發，黃大仙祠附近城鄉毗鄰。

後來，黃允畋總理獻議，邀請與東華三院合作（黃允畋道長於 1956 年為東華三院當年首席總理），凡入園善信，納費一角，多惠者聽，全數撥充東華三院學校經費，並請求政府批准許予開放。經過五個月時間，內外斡旋，卒獲成功。

1956 年仙師寶誕前兩天，即農曆八月二十一日，時任東華三院主席龍炳棠先生偕首總理張鎮漢先生親臨嗇色園大殿，在鐘鼓齊鳴下，與嗇色園代表吳儔覺、黃允畋等道長簽署合約，並表示東華三院對嗇色園之一切主權及規則絕對尊重。至於黃大仙祠外的解籤檔，則由東華三院規範管理。由是政府收地之危機遂告消散；而嗇色園同人等深信此乃仙師之靈應，遂委命黃允畋總理出任此艱巨任務，故早有主宰云。

收地危機得以圓滿解決，嗇色園亦於合約簽訂之日起正式對外開放。與東華三院合作首年，收到善款達 7 萬餘港元，每位入園善信繳費一角，可知當年入園者約有 70 萬人次[1]。

1958 年農曆正月，嗇色園的競投勝燈除往年之「丁、財、壽」三大勝燈外，是年特別加添小燈六盞即：「如意、吉祥、康寧、平安、福祿、興隆」，以祈福平安。同年，總理黃允畋道長秉承先翁之命，捐資重修嗇色園內之意密堂神龕；並邀得劉體平畫師繪畫「觀音菩薩、呂祖仙師、關聖帝君」之莊嚴寶相，於是年四月在意密堂陞座。另外，嗇色園由該年開始，每年清明及重陽節日，為羽化道侶舉行春秋二祭，以表追思。

1959 年農曆正月，嗇色園成立「建設基金保管委員會」，公推黃允畋道長為主任，陳汝錡、陳立、黃水、盧佐榮、吳廣智、方蔭庭等道長為委員。本着「善與人同」之信念，嗇色園除繼續發展藥局傳統之贈醫施藥服務外，亦開始進行長遠的社會慈善服務規劃及廟宇重建構想，包括：籌建第一所學校、籌建第一間安老院、重修廟宇等工作陸續開展。

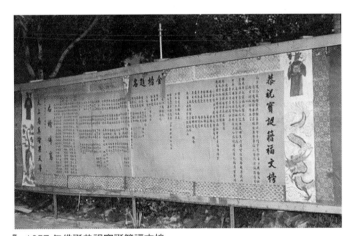

赤松黃大仙祠入口「每位一毫」錢箱舊貌——由東華三院提供

1957 年佛誕恭祝寶誕籤福文榜

現時供奉嗇色園羽化道侶之意密堂舊貌

---

1 數據摘自東華三院：《香港東華三院百年史略》上冊，香港：東華三院，1970，頁 223。

讀書乃「立人之本」，故嗇色園社會慈善服務規劃中，將教育事業作為首要落實項目。1961 年，嗇色園成立「籌建學校委員會」，公推黃允畋道長為主任，方蔭庭道長為副主任，委員有陳立、黃水、陳汝錡、唐子良、衞仲虞、吳廣智、馬成德等道長；向政府申請撥地助款，興建中學一所。

1961 年嗇色園註冊有限公司籌備委員會記錄

1963 年仙師寶誕晚宴上，其中一位發言者是普宜壇乩手——衞仲虞道長。

1960 年東華三院總理至本園交流訪問，恭賀仙師寶誕。

同年，嗇色園亦成立「社團法人註冊小組」，公推黃允畋道長為主任，委員有陳立、黃水、方蔭庭、衞仲虞、湯仰魁、陳汝錡等道長；並交託律師樓代向有關當局申請註冊。

▌ 嗇色園道侶進行普選所提交的志願服務書

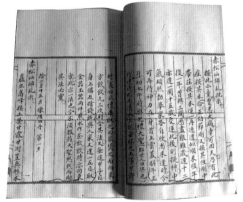

▌ 嗇色園藏——陳立覺道長乩示部

　　1965 年 6 月 15 日，嗇色園迎來了百年發展歷程中具有重大意義之轉捩點：正式註冊成為法人團體，以董事會形式代替舊有管理模式，實現傳統宗教團體走向現代化宗教慈善機構之轉變，及後並蒙政府核准豁免「有限公司」稱號。

　　伴隨打開園門向公眾開放，嗇色園全面配合香港政府「以港為家」之觀念，開拓與發展更大規模的慈善事業，同時於組織形式與管理模式上逐漸走向現代化革新。

▌ 公司註冊證書

1965 年於大殿內舉行的仙師誕晚宴。當晚副華民政務司黃廣文先生及東華三院主席林繼振先生暨總理同人等亦有出席。圖為黃允畋主席致辭。

　　嗇色園轉型為現代化宗教慈善機構後，依然繼承發展黃大仙師「普濟勸善」之核心思想，同時秉承最初「普濟壇」創立者關注社會的意識以及社會責任心，並融入適應時代發展之嶄新理念開展一切園務。

　　嗇色園發展得以擴展的重要因素之一，乃與政府建立良好密切之合作關係，每一新策略的推行都緊隨社會發展步伐；每一項善舉都與港人生活緊密相連。黃大仙信仰深入香港本地文化，因順應社會需求而得到民眾充分肯定與支持。

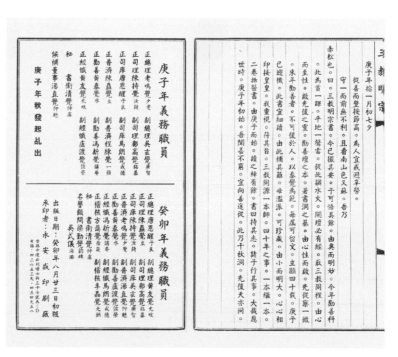

1963 年，嗇色園印刷二千本《三教明宗》，書內收錄歷年來由衛仲虞道長主鸞之黃大仙師及三教仙聖乩語。此書與《驚迷夢》及《醒世要言》等為研究黃大仙師信仰之三大重要著錄。

黃大仙信仰在香港的傳播愈發廣泛，信眾絡繹不絕。

參考資料五：

《普宜堂記》盧湘父撰（1964）

　　九龍嗇色園，中奉黃大仙，旁有盂香亭，奉燃燈古佛，更有麟閣，以祠大成至聖先師孔子，是蓋崇奉三教，一致信仰，而為慈善之一大團體也，開辦四十餘年，以普濟勸善為主旨，故凡贈醫施藥，施棺派衣，與夫興學育才諸善舉，成效卓著，固已有口皆碑矣。中華民國四十八年，孔教學院，方議遷建於新蒲崗，與嗇色園密邇，黃允畋先生，乃孔教學院主席，亦為嗇色園道侶，以三教同源，理當捐助，乃與道侶議，請命於黃大仙，以杯卜之法，決定捐助港幣四萬圓。西曆一九六〇年一月十六日，由黃允畋主席，陪同盧湘父，以院長名義，接受捐款，時則道侶十餘人，肅具道服。在殿前大鳴鐘鼓。稟告神明，乃行接受，湘父隨即報以謝函，亦由黃允畋主席，跪向神座朗誦。湘父隨叩，並向各道友致謝，然後禮成。噫，孔子所謂敬事而信者，吾於道侶見之矣。嗇色園游客日眾，黃允畋主席暨陳立道長等乃於丙申年與東華三院總理龍炳棠等合作，申請政府，設錢箱於門首，凡游園者人納一毫，多寡者聽，此數雖微，然積小至鉅，今已每年獲十餘萬圓，以之撥助東華三院義學，其功德可謂無量哉。夫孔子專言仁，孟子則多言仁智，或言仁術，蓋仁而加之以智術，則其為用更廣也。孔子又言可與立未可與權，蓋立者守其常，權者應其變，辦事而知權變，是又非高才博識者不能為之。黃允畋先生與道侶諸君，誠過人遠矣，嗇色園道侶，初嘗設普宜壇於灣仔。故以普宜堂為名，今茲捐款，即用之於禮堂之建築，而名之曰普宜堂，昔者陳煥章博士，嘗出席於日內瓦之世界宗教和平會，與各國各教之人士，發揮各教之宗旨，以協同救世，孔子曰，有教無類，又曰，道並行而不相悖，宗教大同之日，即世界大同之日也，不禁鼓予望之也。

孔曆二五一五年歲次甲辰孟春穀旦孔教學院院長盧湘父謹誌

（二）適時應化　弘道安民

　　黃大仙祠所在的竹園村，自六十年代開始向新型社區發展，1969年成為九龍半島六區中的一個行政區，並以「黃大仙區」命名。香港各個城市中，不乏一些以神名來命名之街道，但將一個行政區以神名命名，黃大仙區乃首例。說明黃大仙祠作為地標性名勝，與香港社會相互融合，成為市民生活中的一個重要組成部分。

　　隨着黃大仙區的發展，公路鐵路不斷完善，民眾出行更加方便快捷。來園參拜的人數日益增多，黃大仙師「普濟勸善」、「有求必應」的靈應在香港廣為傳頌。嗇色園由六十年代開始，所收善款以及贈藥之數量大幅增加，更加促進嗇色園社會服務項目之開展。所謂「受之善信，用之社會」，嗇色園將教育事業作為首先落實項目：興建學校以應校荒之需，教學育人以正社會之本。之後數十年間，嗇色園於社會發展上，大力配合政府政策，進行醫療、教育、安老扶幼等等一系列社會服務；而此等社會服務機構均以仙師乩示之「可」字命名。

　　伴隨社會慈善服務大幅度發展，園內建築之修繕重建工作也陸續展開，包括重建大殿、重修主體建築，擴建參神平台，新建花園及「第一洞天」門樓等等，園內的路徑也進行了修葺。無論如何變化發展，黃大仙信仰依然是嗇色園團體的核心。在重要時日，嗇色園道侶皆舉行法會，祈求社會安定，撫慰世道人心。

朝拜仙師之善信絡繹不絕

　　1968年，東華三院在嗇色園南面園地興建兩列解籤棚。農曆十二月廿七日，東華三院主席廖烈武先生邀請嗇色園主席黃允畋道長，一起主持剪綵儀式。園外籤檔紛紛遷入，原有的木屋籤棚拆除一空；而園外範圍的面目全新，善信稱便。

藥局外等待就醫的市民

道長繞園普施甘露，造福十方三界。

昔日嗇色園普宜壇授與新入道弟子的道牒（左）。2010 年經過嗇色園監院李耀輝（義覺）道長修訂後，現時統一使用的新道牒（右）。

1968 年東華三院兩列解籤棚落成之剪綵典禮

嗇色園門外，東華三院所建之解籤棚舊貌。

1969 年 9 月 1 日，嗇色園轄下之可立中學正式開課。先辦英文中一級至中三級，共十二班，下年續辦中四、中五及大學預科各級，均受政府津貼經費。1971 年，嗇色園黃允畋主席克承父親黃梓林「為善最樂」之訓，於可立中學設立「黃梓林獎學金」以嘉獎每年度品學最優秀之同學；並將可立中學大禮堂命名為「黃梓林堂」，以紀念其父黃梓林公生前對慈善及教育之貢獻。

嗇色園同人為響應政府擴充中小學學額，1969 年再向教育司署申請興辦中小學各一間。獲時任香港教育司司憲許予玉成，於新界葵涌梨木樹區撥出公地為第二中學校址；並獲得撥助建校經費百分之八十，定名為可風中學。另外，教育司司憲又將油塘新區新建六層校舍一座，撥給嗇色園興辦可正小學。

▌ 1968 年（歲次戊申）黃大仙師寶誕

▌ 1969 年 9 月 1 日，嗇色園主辦可立中學開幕典禮

參考資料六：
黃梓林居士生平

黃梓林（1872-1962 年），原籍南海官窰，晚清廣東南海縣秀才。法號圓因居士，道號了因山人。香港本德置業按揭有限公司創辦人及董事長。少時從學於晚清兩位太史：區大典及張學華，24 歲考中秀才。黃公精通三教義理，並且敦詩明禮，生平所做善事無數。

黃公在廣州時，有「官窰三大善人」的稱號，曾慷慨捐款，與老師張學華太史重建文廟，光大孔教。及後來到香港，又結合同道善長，創辦孔聖堂，並出錢捐印善書幾十種，宣揚三教。曾用「三樂堂」名義捐款倡助孔教學院，及籌建大成中學，又捐辦三樂學校；並先後捐出鉅資為孔教學院印送《孔學臆測》及《儒學淺解》等書以宣揚孔道。

1920 年代，黃公又將香港堅尼地城太白台的部分物業捐給「抱道堂」遷壇，還參與了「香港道德會福慶堂」和「香港興德會福興堂」的創立；並支持「學海書樓」的成立。黃公又甚為重視家教，勉勵子女要繼承他的慈善事業，尊奉孔聖先賢，又命兒子黃允畋加入嗇色園為道侶，影響至巨。1962 年 9 月 16 日，抱道堂為已羽化之黃梓林進行「誥封儀式」，封為「果慧至善黃厚光真人」。

1968 年 11 月 5 日，東華三院與嗇色園合建之龍翔道天地鍾靈大牌坊落成，由鄧肇堅爵士主持剪綵儀式。

（三）仙祠修繕 萬象革新

　　嗇色園位於九龍獅子山之鳳翼吉地，自建園至五十年代末期，乃交通極為不便之山坡農地，善信乘車後仍需步行半小時才可抵達廟宇。直至六十年代香港實行房屋政策改革，黃大仙祠附近區域轉變為公共房屋地區，原居住於獅子山附近簡陋木屋的村民紛紛遷入至此，交通亦日益便捷。民眾感謝仙師庇佑使生活環境顯著改善，仙師「有求必應」之口碑被廣泛宣揚，前來嗇色園參神之民眾不斷增多。

　　七十年代開始，嗇色園踏入金禧紀慶，隨即開展長達十餘年之建築改造工程：包括重建大殿、擴充平台、增建石壁流泉及花圃、重修盂香亭及建造鳳鳴樓等一系列工程。

　　1971 年正月，重建仙師新殿地基工程告成，並於 10 月 7 日邀請時任民政司陸鼎堂先生為嗇色園重建赤松黃大仙祠主持奠基典禮。出席者有：民政司陸鼎堂伉儷、鄧肇堅爵士等名人；民政司署、教育司署、徙置事務處等機關長官；東華醫院、保良局、樂善堂、博愛醫院總理；及儒釋道三教團體代表等共千人。

1971 年「嗇色園大殿重建工程」簽約時留影

1971 年 10 月，嗇色園隆重慶祝五十周年金禧慶典，並於仙師寶誕當天在「慶相逢酒樓」舉行聯歡宴會。

1971 年嗇色園赤松黃大仙祠重建奠基典禮。

1972 年末，嗇色園三聖堂落成，恭迎三教之「觀音菩薩、關聖帝君及孚佑帝君」到三聖堂陞座。1973 年正月，大殿裝飾工程全部竣工；為配合殿宇莊嚴，嗇色園特別委託精藝公司鄭于一先生繪製儒釋道三教圖畫及經文裝裱壁上。除《黃大仙真經》及《寶誥》外，佛教有「蓮池海會」、「楞嚴法會」及「五時說法」三圖，經文有《般若波羅蜜多心經》。道教有「老子出關圖」及老子《道德經》摘錄、《太上感應篇》摘錄及《孚佑帝君治心經》摘錄等。孔教有「杏壇講學圖」及《禮運·大同篇》與《孟子·天降章》。其他圖畫有「群仙祝壽」、「琴高乘鯉」及「王喬跨鶴」等，神采活現，極備莊嚴。

參考資料七：

黃允畋《嗇色園園務回顧與前瞻》[2]

今園中樓閣，足擅勝場；四時花木，各自為春，已極園林之大觀矣，加以新建牌坊，雄鎮一方，美奐美輪，顯示鍾靈福地，宏開大道禮門，觀瞻所在，令人蕭然起敬，但仙師大殿，年湮久遠，規模簡陋，未能與園中精巧結構，等量齊觀。因有籌建大殿之議……期使早觀厥成，屆時盡美盡善，益增本地之風光，加深信士之善念，邦人士女，遊蹤所及，嚮往仙師之精神靈感，明心見性，止於至善，則本園「普濟勸善」之功德，洵無涯涘矣。

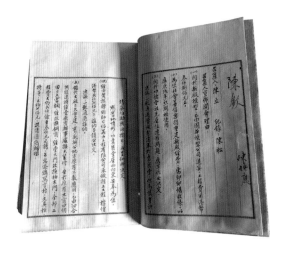

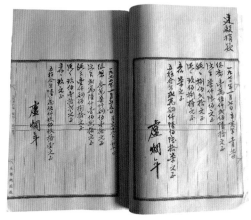

▍ 重建大殿為七十年代嗇色園之重點工程，特設專門小組負責此項目，此為重建大殿小組委員會次會議紀錄。

2 見《赤松黃大仙祠牌坊落成紀念特刊》（1968 年 11 月 5 日）。

位於仙師大殿西側的花園及花鐘，如今已被拆除。

姚連生、陳景福、戴立平、詹誠及王統元夫人等善長合資鑄成大寶鼎，現放置於悟道堂樓梯處。

　　1973 年 5 月，於大殿西面興建花園及裝置花鐘一座，花鐘由太平洋行孫秉樞先生代表雷達錶廠贈送，直徑為二十呎，極為壯觀。是年 8 月，姚連生、陳景福、戴立平、詹誠及王統元夫人等善長合資鑄成大寶鼎一座，鼎高九尺，重達七千磅，置於仙師殿前，供參神善信焚香禮拜。

　　9 月 28 日，嗇色園邀請了時任香港總督麥理浩爵士俞允蒞臨主持新殿開幕典禮，當日出席者還包括時任民政司姬達先生、副民政司湛保庶先生、助理民政司楊永泰先生、政務主任林友棠先生及黃大仙民政主任黃鎮照先生、廟宇委員會秘書曾森先生等，足見嗇色園與香港政府之關係愈來愈緊密。

1973 年 9 月 28 日時任香港總督麥理浩爵士蒞臨主持黃大仙祠新殿開幕典禮

黃大仙祠新殿落成開幕典禮現場

新殿開幕典禮花絮剪影

1991 年，乃嗇色園成立七十周年紀慶，特於 3 月 29、30、31 日一連三天舉行「辛未年新春祈福吉祥法會」，共籌得善款二百二十六萬餘元。8 月 28 日，中國佛教協會趙樸初會長到園並書聯賀嗇色園七十周年紀念。12 月 10 日，後山長廊花園「從心苑」宣告落成。「從心苑」之興建，始建於 1982 年，當時獲政府撥後山地段約 1580 平方米作嗇色園興建長廊花園之用。其後於 1986 年再獲多撥地約 4000 平方米給嗇色園。園內有迂迴長廊，更有小橋、水榭、小亭、瀑布流水及人工湖，環境幽美，為園內增添勝蹟。是年東華三院管理黃大仙籤品哲理中心於農曆正月八日開幕，取代之前的籤棚，更加規範有序。

▍1973 年大殿落成後，於園外正面俯瞰嗇色園黃大仙祠之園景。

嗇色園黃大仙祠正門牌坊及東華三院籤檔

　　1974 年 6 月，嗇色園重修盂香亭的工程完成。11 月，園內的花圃及石壁流泉亦建造完成，可供遊人遊覽休憩。1977 年 1 月 12 日，嗇色園舉行「新建石門樓落成剪綵暨鳳鳴樓新廈奠基禮」。「鳳鳴樓」高二層，為中國宮殿式設計，雕牆峻宇，金碧輝煌，屋頂鋪蓋綠琉璃瓦。「石門樓」所用巨石購自廣東汕頭，再經該地石廠雕刻琢磨，運港安裝；牌樓之四柱擎天，有瑞獅蹲伏，貫以橫額，曰：「第一洞天」。新建石門樓矗立園門，倍增莊嚴勝景。

　　在核心信仰及價值觀取向的堅持下，嗇色園從傳統宗教組織發展為宗教慈善團體，其中的宗教事務發展並未因此受到影響；社會服務與宗教活動更相得益彰，構建起傳統宗教文化與現代社會之橋樑，填補信仰與民眾生活之鴻溝。香港市民在嗇色園所發展之眾多社會慈善服務中，體會到黃大仙師的濟世精神；亦有不少善信因為得到仙師指引，當實現心願後為感謝仙師庇佑，便慷慨捐獻善款給嗇色園；再由嗇色園附屬之慈善機構回饋到社會去，如此大大有利於社會民生，亦見證着嗇色園「普濟勸善」之精神。

　　八十年代，嗇色園加緊進行全方面之重建維修工作。1980 年為配合九龍壁之景觀，特別聘請園藝專家陳鑑德先生設計及承造假石山花園工程。是年嗇色園亦開啟重建經堂、意密堂、麟閣及孔道門工程，直到 1982 年竣工完成。1981 年 4 月 23 日，適逢嗇色園創立六十周年紀慶及醫藥局擴建落成開幕典禮，邀請時任民政署長班禮士議員主禮，揭開慶祝鑽禧第一個序幕。是年 9 月，園內九龍壁安裝完竣，壁身由連州青石雕刻，全長四十二呎，仿北京北海公園造型。國學專家王韶生教授撰寫《九龍壁記》，並由時任嗇色園主席黃允畋及義務秘書李元炳董事合寫《序文》，中國佛教協會會長趙樸初居士署題之「九龍壁」三個大字及賦詩一首。

1977 年 1 月 12 日，嗇色園舉行「新建石門樓落成剪綵暨鳳鳴樓新廈 ‖ 鳳鳴樓建成初貌
奠基禮」。

2018 年建成悟道堂時，將九龍壁重新粉飾着色。

九龍壁背面，中國佛教協會會長趙樸初居士署題之「九龍壁」三個大字及賦詩一首。

（四）宣道弘法　管理改革

　　自嗇色園發展為宗教慈善團體後，其性質不再為純粹的傳統宗教組織，故管理機制與方法亦須走近社會及完善管理架構，以符合法律條例。嗇色園「普宜壇」創立之初，園務管理方式一直遵循黃大仙師降鸞「普濟壇」伊始之「扶乩制」，於五十年代改革為「杯卜制」；再於六十年代實行公司法的改革，並成立董事會全權負責一切園務事宜，董事會成員則由各會員投票選出。

　　經過不斷研究與探索，嗇色園發展出一套適合自身情況，又符合社會要求的管理方式。1984年，嗇色園修改管理章程，新加入六位委任董事，其中一位規定為東華三院主席，其餘五位由華人廟宇委員會委任，董事會成員增加至二十一人；並成立不同小組，專責向不同業務進行管理。嗇色園又於1986年再次調整，除了將會員分為遴選會員及普通會員外，並將董事會成員改為每兩年一任。2000年，嗇色園根據香港中文大學專業人士建議，配合社會實際情況再次改革，將不同小組所管理之業務進行重新分工，成立針對性管理委員會，引進數碼科技，使嗇色園管理水平穩步提升。2009年董事會擴大至26人，再於2018年將人數進一步調整增加為30人，包括董事24人及委任董事6人，使管理機制得以完善。

1968年（歲次戊申）董事就職留影

嗇色園成立七十周年紀慶系列活動照片

▎嗇色園成立七十周年紀慶系列活動照片

1991 年 12 月 17 日嗇色園舉行七十周年紀慶晚會，於「從心苑」進行花燈遊園活動。夜幕下亭臺樓閣交相輝映，美不勝收。

▎ 1991年12月17日嗇色園舉行七十周年紀慶晚會，於「從心苑」進行花燈遊園活動。夜幕下亭臺樓閣交相輝映，美不勝收。

（五）友好交流 緊密往來

　　隨着嗇色園逐漸成為香港重要宗教慈善機構之一，廣泛展開與各界交流往來相互學習印證，積極推進園務及善業。

1986 年 1 月 18 日，時任香港基本法起草委員會副秘書長魯平到訪

1986 年 11 月 5 日，亞洲主教團到訪

1990 年 11 月 21 日，廣東省宗教局代表到訪

1992 年新華社香港分社代表到訪

1992 年時任港督彭定康到嗇色園參觀訪問

1993 年 12 月 7 日，中國道教協會代表到訪

▌1993 年嗇色園訪京道侶拜會佛教密宗高僧

▌1993 年上海市宗教局及道教協會代表訪問嗇色園

▌1993 年時任羅馬天主教教廷代表到訪

▌1994 年 11 月 3 日香港社會福利署署長冼德勤訪問嗇色園

▌1995 年嗇色園道侶出訪滬杭浙

▌1995 年東華三院總理到訪

1996 年嗇色園代表訪問金華蘭溪

1997 年國家教育委員會考察團到嗇色園交流訪問

（六）廣推善業　造福社會

嗇色園之社會服務秉承仙師「普濟勸善」聖訓，站在社會發展需要的角度，配合政府政策積極展開，興學育才、扶老護幼，並取得豐碩成果。由六、七十年代開始，嗇色園已先後創辦了可立中學、可風中學、可正學校、可信學校和可敬護理安老院。八十年代，可仁幼稚園、可欣幼稚園、可慈幼稚園、可德幼稚園及可德幼兒中心、可暉學校等學校相繼成立；安老服務方面，可安、可善護理安老院，及可康、可平、耆英鄰舍中心，可健耆英地區中心，可寧及可慶健康服務中心等亦於八十年代投入服務。

九十年代開始，嗇色園在教育方面的善業繼續擴展，先後創辦了可道中學、可正小學、可正幼稚園、可銘學校、可真幼兒園、可藝中學、可瑞幼稚園、可立小學、可立幼稚園、可愛幼兒園、可譽中學等。1995 年，嗇色園更成立了可觀自然教育中心暨天文館，發展天文及自然教育的新領域。在安老服務方面，九十年代先後成立了可誠、可祥、可蔭護理安老院；及可泰、可頤、可富、可旺、可榮等長者中心亦相繼成立及投入服務，受惠民眾愈來愈多。

1998 年嗇色園社會服務大樓建築工程峻工、可蔭護理安老院正式投入服務；是年嗇色園亦成立了「黃允畋醫療基金」，減輕貧苦大眾的醫療開支。踏入二千年，教育方面嗇色園構思實行「一條龍」教育模式，將原先位於東涌富東邨的可譽中學，遷入東涌健東路新址，並增辦小學部，更名為「嗇色園主辦可譽中學暨可譽小學」，成為嗇色園第一所「一條龍」學校；而可譽幼稚園亦於 2001 年在東涌逸東邨成立，配合可譽中學暨可譽小學一起為東涌新市鎮學童提供全面的中、小、幼基礎教育。社會服務方面，可聚耆英地區中心則於 2000 年創立。

1971 年 12 月 14 日，嗇色園敦請時任副教育司何雅明先生為嗇色園主辦第二間中學——可風中學主持奠基典禮。

1980 年，籌備已久的可敬護理安老院舉行開幕儀式。

1993 年 7 月 9 日，嗇色園於鳳鳴樓禮堂舉行屬下幼稚園聯合畢業典禮。

嗇色園各社會服務活動花絮

1997 年嗇色園耆幼健步慶回歸文藝匯演

1997 年嗇色園開始舉辦道教婚禮後，歷年有不少信眾選擇在嗇色園以道教儀式進行婚禮。

1997 年 6 月 27 日，時任港督彭定康再次訪問嗇色園。

參考資料八：
黃允畋《嗇色園園務回顧與前瞻》[3]

　　……「普濟勸善」仙訓，本園以之定為規章，信受奉行，普濟工作，致力於推行善業，經常贈醫施藥，由中醫二位長川駐診，寒暑無間，年中送出中藥連仙方達十餘萬劑，藥到春回，活人無算，歷年行之，從未間歇。此外施棺助殮，派送寒衣，及社會福利之捐輸響應，無不悉力以赴，勸善工作，主壇奉赤松黃大仙師，闡揚道德，麟閣祀至聖孔子，倡行仁義，盂香亭安燃燈古佛，崇尚慈悲，使儒釋道三教之來遊者，景仰低迴，心焉嚮往……

3　見《赤松黃大仙祠牌坊落成紀念特刊》（1968 年 11 月 5 日）。

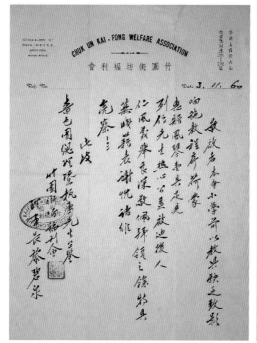

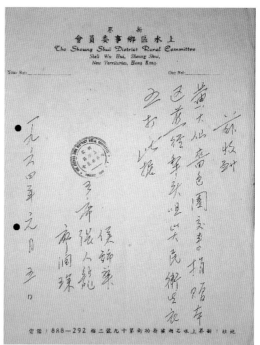

竹園街坊福利會發出的感謝函　　　　　　　　上水鄉事委會發出嗇色園捐贈災民衛生衣收據

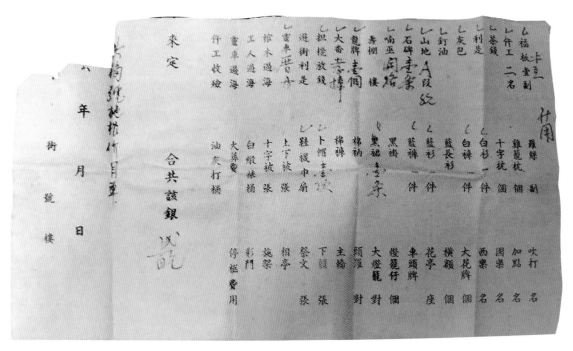

嗇色園進行施棺善舉，由長生店發出之施棺價目月單。

　　1997年，嗇色園舉辦一系列慶祝香港回歸祖國活動，包括祈福法會、植樹紀念、雀鳥放生、亮燈儀式，大殿鳴鐘一百零八響及參加「首屆中國蘭溪彩船節暨迎回歸大團圓」活動等。是年黃大仙祠又獲政府特許為香港唯一合法之道教婚禮場所。

　　黃大仙信仰自番禺菩山「普濟壇」發軔始，百年來以濟世救人為己任，而「普濟」之落實正正就是贈醫施藥。1999年8月3日，藥局大樓裝修工程竣工；及後名曰「普濟樓」。西醫診所遷址至嗇色園社會服務大樓，同時牙醫診所及物理治療中心開始投入服務。是年歲末，嗇色園舉辦了隆重的「普濟勸善迎千禧」嘉年華活動與民眾同樂，大殿鳴鐘一百零八響迎接新紀元來臨。

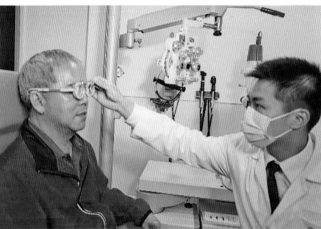

嗇色園轄下醫療服務單位

（七）發揚傳統　與時並進

　　二十一世紀，香港進入一個全新紀元，對社會、經濟、政治、文化等各方面都面臨發展之變局。嗇色園根據香港社會發展之步伐，以及對園務之影響，因地制宜將管理機制再次作出調整。2000 年，嗇色園委託專業團體作出園務改善報告，對所開展慈善事業之前景進行評估，以及於管理模式上提供可選擇之策略。

　　嗇色園於管理機制上作出調整，包括將原本五個管理小組：「財務及發展小組、人事及行政小組、教育小組、醫藥及社會服務小組、宗教小組」轉變為七個委員會以負責不同領域之工作，包括「財務委員會、社會服務委員會、教育委員會、人事及行政委員會、宗教事務委員會、物業管理委員會以及醫療服務委員會」，期望使眾多已開展之善業得以順利進行；並善用資源，確保嗇色園公益服務更加多元化，使各年齡、階層、地域人群可以全面受益，為長遠發展定下策略方針。

　　2001 年，嗇色園舉辦一系列八十周年紀慶活動，包括特備「吉慶燈」供各界人士請領、植樹紀念、息災保安善緣法會、全港學界攝影比賽、服務社群巡迴展覽，黃大仙祠文物展覽等。是年嗇色園亦開辦可譽幼稚園；以及組團訪問上海、金華及蘭溪等地之政府單位及宗教團體。

▎ 2000 年，嗇色園舉辦千禧嘉年華活動，與民同樂。

2001 年，各董事進行八十周年紀慶植樹紀念活動

道長於大殿進行仙師寶誕儀式

2001 年，活力秋菊展繽紛暨黃大仙祠文物展覽

千禧年嗇色園道長為新入道弟子頒發道牒

11 月 30 日，嗇色園舉辦「活力秋菊展繽紛暨黃大仙祠文物展覽」，歷時三星期；並展出珍貴文物四十餘件，照片一百餘張，是首次向外展出嗇色園內部文物的展覽。

2003 年 1 月 17 日，嗇色園舉行壬午年酬答天恩大典。儀式之後，隨即舉行 2003 至 2005 年度當選董事就職典禮，並邀得時任黃大仙民政事務專員鄧仲敏太平紳士頒發委任證書給各當選董事。是年嗇色園亦製作了全新「會員資訊管理系統」，使道長及會員事務管理更加高效便捷。

2004 年初，嗇色園特成立「文化研究委員會」，專門負責推廣及發展嗇色園黃大仙師的信俗文化。是年，嗇色園「社會服務單位員工會」正式轉名為「嗇色園員工會」。9 月，舉行會員周年大會及新一屆理事會（共 11 人）選舉，以制訂來年度工作方向。

另一方面，嗇色園數十年來於教育事業及社會服務中不斷改善，一定程度上使民眾對道教之善業加以肯定。二十一世紀的嗇色園，致力於弘揚道法的同時，亦更重視將道教理念與價值觀融入廣泛的社會環境及民眾生活中。

2002 年回顧

5 月 25 日，中國民政局訪問嗇色園。

嗇色園道長為黃大仙師瓷像進行開光儀式

嗇色園舉辦董事及職員交流營，使同工對嗇色園服務有更深認知。

東華三院代表蒞臨嗇色園

香港道教節文化展覽及聯歡晚會於嗇色園內舉行

第五章 改革創新（2005年至今）

（一）弘道宣法 其命創新

1915年由梁仁菴道長將黃大仙師信仰，從廣東西樵山普慶壇傳入香江，並於1921年創立普宜壇於竹園村的現址。據前輩憶述，嗇色園早年的經懺科儀仍是承襲自前壇科儀，興盛時期經生陣容鼎盛，但於後續發展中，由於部分經生年老隱退，故出現「青黃不接」之情況。直至2005年，時任嗇色園秘書長李耀輝（義覺）道長出任宗教事務委員會主席（2006年擔任「監院」），始大力提倡發展道教科儀文化，並將嗇色園經懺科儀進行全方位革新。

（1）開辦經懺科儀文化班

嗇色園之性質為「宗教慈善機構」，近百年來已成為香港最具規模之慈善機構之一。不過，黃大仙祠之本質乃是以「宗教」為基礎之道教宮觀，當園務已穩定發展，便必須全力開展宗教活動，傳揚道教文化。2005年4月，宗教事務委員會主席李耀輝道長毅然成立「嗇色園經懺科儀文化班」，所有新會員必須經過有系統的培訓方能成為普宜壇弟子。

道教科儀之最大功能，乃可上通三界，下達幽冥；一方面可以祈福迎祥，另一方面亦可超幽度亡。道教科儀文化源遠流長，但時移世易，李耀輝道長認為主管宗教者應當有「改革」思想，使之與急速發展的社會同步；並主張以開明、開放的態度，對道教科儀經本進行取捨、編整，以適應現世應用。嗇色園之科儀主要延續廣州「普慶壇」之傳統，卻不拘泥於門戶之見；亦融合《道藏》及《廣成儀制》[1]等經

2012年廟會出巡前，嗇色園監院李耀輝（義覺）道長（中間紫衣者）與眾經師合照。

嗇色園經懺科儀文化班課堂上，李耀輝道長為眾會員進行培訓。

1　《廣成儀制》：原藏青城山古常道觀，由天師洞抄錄配齊，分二百七十五個標題，收錄各類全真科範，是目前所見最為齊全的全真科儀彙輯，包含：三元大會、九皇醮、接王駕、斗醮、元辰醮儀等全真宮觀中的醮儀，以及度人齋、施食儀等超度亡魂科範，還有為民間所設的各種祈禳醮儀等。

典，編制科儀去繁從簡；並於演繹法事時輔以現代科技，使其更具觀賞價值，亦形成兼具全真道及正一道特點之道教科儀。

（2）大獻供科儀

2006年，嗇色園宗教事務委員會正式成立「朝賀拜懺組」、「外事交誼組」及「經科文化組」等組別，全面開啟嗇色園道教科儀革新及培訓，與宗教交流對話等發展方向。是年1月8日，黃大仙祠首次舉行「大獻供」道教祈福法會。「大獻供」乃依照道教混元宗壇全真道儀軌進行的莊嚴且隆重之敬神科儀；目的是上報天恩，下祈福佑；並祝願世界和平、祖國昌盛，香港繁榮進步。「大獻供」由李耀輝道長取材於道教全真道《廣成儀制》中之《貢祀諸天正朝集》及《迎齋上供全集》等創編，禮儀法規非常嚴格。是次法會同時邀請各方政府官員，以及各宗教、地區領導代表、友好團體領袖攜手參與獻供，為國家祝禱。由於是道教界首次進行「大獻供」法會，儀式立即引起各方關注，為嗇色園改革科儀的第一個重要里程碑。

（3）皈依冠巾證盟科儀

2006年10月4日，嗇色園首次舉辦「皈依冠巾證盟」科儀，是年共有27位新會員加入成為普宜壇弟子，所有弟子必須完成道教經懺文化課程及考試及格，方可入道。

「皈依冠巾證盟」科儀乃大型道教全真派入道儀式，乃每位弟子進入道門之必經之路。這次科儀乃李耀輝道長參考《廣成儀制》所載《冠巾科儀》及《傳度引籙全集》；兼採《道藏》所收眾多經書，再重新編訂，正式成為日後嗇色園新會員皈依入道之重要儀式。

嗇色園道長於黃大仙祠主殿平台舉行全港首創之「大獻供」科儀

嗇色園李耀輝道長擔任大獻供之高功

眾道長持二十八星宿旗佈陣行法

監院李耀輝（義覺）道長為戒子受戒

新進弟子於大殿前進行授袍冠巾

革新後的皈依儀式，凡入道者均稱「戒子」；而「戒子」須由「保舉法師」保薦，由「引禮法師」帶領入壇；再由德高望重之「監度法師」及「證盟法師」宣讀經文及作證。經同門道兄所任之經生帶引誦經，接着本壇高功上稟諸天，以為記錄。至此，「戒子」正式受戒，皈依「道、經、師」三寶；並立下三大慈願，即清靜心、大願心及堅固心。最後授袍冠巾，高功以清規戒尺授戒；並頒授《皈依傳度引籙》（即「道牒」），才告禮成。

嗇色園普宜壇高功上稟諸天，以為記錄

（4）禮斗法會

2006年11月8日，嗇色園首次舉行「嗇色園禮斗延生心經法會」。「禮斗」起源於古老的星斗崇拜，古人相信北斗為掌管世間規則運行之主，故禮拜之。據《史記‧封禪書》載，秦始皇及漢武帝時代，已將南北斗列入國家祀典中。是次「禮斗延生心經法會」之儀範取材自道教古籍《禮斗科儀延生心經》，已失傳百載，由李耀輝道長重新編修，使之重現世間。法會以「上挈日月、下監眾生」之斗姥元君為主尊，由九位經師同時行十方禮。

嗇色園普宜壇經生於大殿前平台進行「禮斗法會」

此外，嗇色園特於黃大仙廟宇廣場佈置斗陣，斗陣上佈紫微垣天陣；下以二十八宿環拱，七曜九皇，並輔以三台華蓋之斗燈居中，均為全港首創。禮斗儀式結束後，由法會高功李耀輝道長仗劍敕令以開紫微垣天陣；並親自帶領到場嘉賓環繞斗陣而行，會場內外數百位市民亦於當晚按指示環繞斗壇，誠心禮斗，場面宏大壯觀。

2006 年 11 月 19 日，嗇色園舉辦八十五周年紀慶活動「園證桑榆情」，為六對結婚逾半世紀之長者夫婦補辦正式註冊手續，邀得時任民政局常任秘書長林鄭月娥太平紳士蒞臨主禮。

（5）其他大型活動

香港道教聯合會為推廣道教經典《道德經》，2007年4月21日於香港大球場舉行「萬人齊誦道德經」活動，共有一萬三千多人參與，成功刷出健力士世界紀錄，嗇色園全力支持及參與其中。同年4月24日至26日於香港文化中心展覽館舉辦嗇色園與甲子書學會合辦《道德經》書法作品展，並邀得時任國家宗教事務局副局長蔣堅永先生、中國道教協會副會長黃信陽道長、民政事務總署署長陳甘美華太平紳士、中央駐港聯絡辦協調部部長王永樂先生及甲子書學會會長蘇樹輝博士等一起主持剪綵揭幕儀式，共有逾百名來自書畫界、政府機構及宗教團體出席。是次活動由甲子書學會五十多位書法名家親筆揮毫，以不同書體書寫《道德經》全文或各篇章；嗇色園更結集書法作品，配以章句釋義，出版《道德經書法作品集》，藉以推廣《道德經》義理及書法藝術。

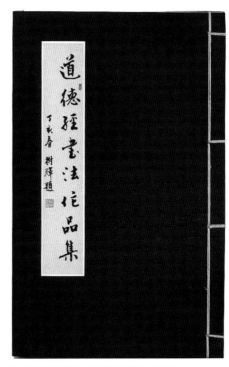

嗇色園出版之《道德經書法作品集》

2007年4月21日於香港大球場舉行「萬人齊誦道德經」活動啟動禮。
——相片由「香港道教聯合會」提供

2007 年 7 月 22 日，嗇色園舉辦「嗇色園百獅匯聚慶回歸暨黃大仙武術節開幕禮」，活動當日，百頭瑞獅齊集廟宇廣場，由嗇色園經師灑淨點睛，寓意風調雨順、國泰民安。嗇色園更於活動當日下午 5 時 30 分後繼續開放予五百位公眾進祠，觀賞醒獅獻瑞。

▌「嗇色園百獅匯聚慶回歸暨黃大仙武術節開幕禮」活動盛況

2007 年 10 月 19 日，嗇色園舉辦「慶十載回歸迎 08 奧運·為全港市民祈福禮斗大典」，由嗇色園與青松觀首次合辦。是次大典於深水埗運動場舉行，並公開派發門券供市民入內觀賞，活動亦獲政府認可為慶祝香港回歸祖國十周年活動之一。這次禮斗大典由 2007 年 1 月成立籌備委員會伊始，籌備超過九個月，總出席人數超過二千人次，共有三百餘位本港及國內外嘉賓出席。

禮斗法會上，高功進行揚旛，包括「斗姥旛」及「九皇旛」。上面分別寫有「聖德巨光天后圓明道姥元君」及「中天大聖北斗九皇上道星君」。

四位高功齊集「禮斗星台」，點燃「十二星曜」。斗燈一轉，寓意延齡添福。

開啟紫微垣天陣，禮斗科儀功成圓滿，眾經師引領嘉賓及善信入陣行大運。祈願誠心禮斗，奉達上蒼。

2008 年 2 月 3 日，嗇色園宗教事務委員會成立「宣道小組」，並安排轄下「經科文化小組」負責籌備及協調禮斗法會的工作。由於 2007 年嗇色園舉辦的禮斗法會帶來很大迴響，各方善信都請求再辦，故於 2008 年再度舉行，與眾共沐神恩。是次法會由監院李耀輝（義覺）道長修訂科範儀軌、經文內容、壇場威儀；並以恪守傳統，虔敬神明為大前提。另外，法會除了一直設有以七曜九皇二十八宿組成的禮斗燈陣及紫微天陣外，更增設「禮斗燈台」、「龍鳳富貴平安橋」、「九色珠盤」及「辟邪大利劍」等，讓廣大善信得以窺探傳統道教儀範之菁華。

嗇色園響應四川大地震事故之慈善募捐活動

　　是年5月12日四川省大地震，5月14日嗇色園於黃大仙祠總辦事處內設置賑濟專用善款箱。5月17日，嗇色園參與「眾志成城抗震救災」賑災活動，撥款港幣十萬元予「民政事務局局長法團 —— 捐款」專戶以賑助內地同胞。5月18日黃大仙師懺科儀期間，園內一眾經生及道長為四川同胞祈福。5月19日嗇色園安排祠內人士全體肅立默哀三分鐘，以對遇難者表示深切哀悼。5月30日至6月1日，嗇色園應邀前往成都，參與於四川鶴鳴山舉行之「兩岸四地道教界為5‧12地震災區祈福消災追薦超渡大法會」，並捐出人民幣七十萬元善款。6月20日透過中聯辦九龍工作部將收集到的善款交到災區居民手中。

　　由於壇內老道長陸續羽化，園內道長出現「青黃不接」之現象。嗇色園於2008首次接受公開入道報名，並於2009年3月1日在可立中學禮堂舉行「普通會員入會申請簡介會」，期望募集更多新會員入道。是年開始，申請入會者必須先通過一系列道教文化及經懺課程，考核合格後方可正式皈依入道。新的入會規限，目的是要求各入道弟子重視才德，及持續進修，提升宗教文化水平；並願意實踐仙師「普濟勸善」精神，無私奉獻及服務社群，不斷壯大嗇色園之宣道弘法團隊。

　　經過為期約一年半之公開「入會申請文化課程」，到2010年9月19日，超過140名申請者經筆試、經文唱誦考試及面試等嚴格甄選程序下，共55位新會員最終獲准入會。嗇色園為此特舉辦「皈依冠巾證盟科儀」，安排新會員入道，皈依我教「道、經、師」三寶。各戒子穿戴玄門巾袍，由主科以清規戒尺完成授戒，並頒授道牒。

2009 年 9 月 26 日及 27 日，嗇色園一連兩日舉辦中國傳統大型廟會「廟會——賀祖國甲子紀慶‧迎建太歲元辰殿」。開幕典禮主禮嘉賓包括國家宗教事務局、中國道教協會、香港特別行政區民政事務局及中央駐港聯絡辦公室代表。這次廟會糅合傳統文化與創新思維，繼承傳統廟會「法會」、「出會」、「花會」並重之特色，先後舉行三場「法會」，分別為：「接駕移鑾科儀」、「安鑾登寶座科儀」及「接駕回鑾科儀」。科範儀軌均由監院李耀輝（義覺）道長編修，首先於本祠禮謁赤松黃大仙師，祈請仙師出會，下鑒眾生，與民同樂；慶賀祖國六十周年國慶，祝願風調雨順、災疫不侵，祖國人民及全港市民安居樂業，身體健康。並藉此良機，配合祖國成立之甲子紀慶，預祝嗇色園新建「太歲元辰殿」等順利落成。

2009 年 11 月 22 日，嗇色園應香港教育學院之邀，參與學院舉辦之「觸動心弦音樂交流晚會」。是次音樂晚會以「觸動心弦」為主題，並以音樂藝術為媒介，藉著各同宗教團體之表演，讓教育界同工、家長、學生及社會大眾，了解宗教音樂所承載之文化內涵及心靈境界。當晚嗇色園以《生與死——香港道壇仙樂的誦奏》為題，以胡琴、古箏、長笛、鑼鼓及魚磬演出全真道醮儀音樂。正如監院李耀輝（義覺）道長於演奏前所說：「道教音樂源遠流長，其內容不外超生與度死兩大範疇，超生者頌讚神明，祈福人世；度死者，哀悼下界，超劫消災」。嗇色園眾經生於晚會上向大眾演示了「禮十方」儀式、禮拜十方神明，並誦唱《四字真經》、《祝壽讚》等經文；期望藉此推廣道教齋醮音樂文化。

▌ 2010 年嗇色園「皈依冠巾證盟科儀」大合影

2009 年嗇色園慶祝國慶 60 周年舉辦中國傳統大型廟會之「接駕移鑾科儀」

為增加廟會聲勢與營造節日喜慶氣氛，嗇色園特別邀請多個具有道教文化特色之表演團體來港，以弘揚宗教及文化為主調，傳承中國傳統信仰與風俗。

廟會精彩剪影

2009 年「觸動心弦音樂會」上，全體經師唱誦《四字真經》及《祝壽讚》

（二）群星閃耀　日月同輝

2011 年 1 月 9 日，適逢嗇色園成立九十周年紀慶，籌備及興建三年之「太歲元辰殿」揭幕，並於 1 月 12 日正式開放予公眾人士參拜。「太歲元辰殿」內供奉主神「斗姆元君」、「六十太歲」及「六十元辰」；其設計融合中國傳統道教及現代色彩，契合我國古代天圓地方之世界觀。[2]「太歲元辰殿」內每天都有義務道長當值，於壇內為善信書寫「表文」，為善信向斗姆元君「上表」祈福。

「太歲元辰殿」的佈局是以「斗姆元君」寶像為中心，順時針環繞六十太歲神像，所有太歲神像均為中國傳統生漆的脫胎技法製成，此方法在香港早已絕跡，嗇色園專程邀請寧波的藝術師傅親手打造。此外，每尊太歲神像前有一塊刻有蝙蝠、梅花鹿及白鶴之神牌，寓意福、祿、壽。同時，神像設計特別強調神像之動感形態，使年青善信更覺親切感，為太歲神之正義、善良精神面貌所感召，有別於一般正襟危坐之造形。殿內之太歲神像分別有文官及武官，武官舉戟按劍，文官則捧書細讀，部分神像更手掐道教手印，驅邪蕩穢。

太歲簡介

道教沿用我國傳統紀年方法，每六十年一個循環；而每一年都由一位「值年太歲神」主管人間的禍福壽夭，這六十位「太歲神」均屬道教星君之列。關於道教對「太歲」觀念和解釋，這是完全符合我國傳統曆法。古人把黃道附近的一周天，區分為十二等分，並以十二地支來表示方位。「木星」（或稱歲星）由西向東運行，十二年可運行一周天。「太歲」和「木星」的運行方向相反，是順時針方向運行。不過，「太歲」是一顆隱星，人的肉眼是看不到的。

此外，「太歲」亦是每一年的值年神，「元辰」則是每個人的本命神，主管我們一生的吉凶命運。現時嗇色園黃大仙祠的「太歲元辰殿」既有供奉「太歲」，亦有「元辰」壁畫，是香港少有兼奉「太歲」和「元辰」的道觀。

2　天圓地方：指功能而非形狀，天周而復始故為圓，地承載萬物故而方。

大殿及太歲元辰殿揭幕禮

　　「太歲元辰殿」亦積極引入節能環保概念，善信之祈福表文均投入太歲座前收集箱內，然後紅光照頂，雲霧蒸騰；代表星官下鑒，接收善信心願。嗇色園之道長亦於每日「太歲元辰殿」關閉後，收集當天之祈福表文，並安排每月擇吉日進行「祈福化表科儀」，為善信焚化表文，禮讚神明，唱誦經誥；藉此代眾等善信上奏祈福心願，感格星官，並謝天恩。

　　此外，除擴建大殿及新建「太歲元辰殿」，2011年同時亦新建財神殿、藥王殿、福德殿，王靈官殿、月老及佳偶天成神像。10月1日，為慶祝九十周年紀慶，嗇色園舉行首個「黃大仙祠開放日」，開放多個殿堂供民眾參觀及禮拜，當日吸引逾十萬人次蒞臨嗇色園。

2011 年「香港道教節開幕典禮暨花車大巡遊」

2011 年 3 月 13 日，嗇色園響應「香港道教聯合會 2011 香港道教節開幕典禮暨花車大巡遊」盛舉。是次巡遊乃首次奉請「赤松黃大仙師」分身登座，安排一部主花車及兩部開篷巴士，進行跨區大巡遊，由深水埗楓樹街球場出發，沿彌敦道向南行至佐敦道，再右轉出廣東道南行往尖沙咀梳士巴利道「星光行」為終點。嗇色園花車上安奉了「赤松黃大仙師鑾座」。除了仙師聖號主旛外，更設有鎮壇十八兵器、五嶽真形旗、鳳儀、羅傘等儀仗法物以作威儀。

花車以嗇色園參神平台作設計藍本，迎面以「金華分蹟」牌樓裝飾，兩旁按照參神平台長廊設計，仙師鑾座以四大龍柱圍繞，車尾亦裝有象徵仙師「叱石成羊」神蹟，並參照嗇色園從心苑的「仙鄉吉羊群」漢白玉雕塑製作之立體裝飾。當日嗇色園安排了兩部開篷雙層巴士參與巡遊，由園內道長於車上沿途唱誦仙師寶經；而嗇色園屬校可藝中學步操銀樂隊成員則作現場演奏，增添歡慶氛圍。

2012 年 9 月 22 日，嗇色園舉辦「慶回歸十五周年黃大仙廟會」。是次廟會由四百餘人之表演隊伍伴隨仙師鑾輿出巡，沿途表演助慶；另加入嗇色園經樂團、轄屬聯校步操樂隊、舞蹈表演團隊、制服團隊以及黃大仙康體會表演團隊等。巡遊隊伍陣容鼎盛，吸引大批市民及遊客參觀。

▌ 嗇色園參加「香港道教聯合會 2011 道教節開幕典禮花車大巡遊」

嗇色園舉辦「慶回歸十五周年黃大仙廟會」盛況

2012 年活動剪影

2012 年 1 月 8 日「嗇色園九十周年紀慶閉幕晚宴暨 2012-2014 年度董事就職典禮」

2012 年 9 月，「尊道重禮——道教經壇文物展」在嗇色園鳳鳴樓舉行，為全港首個國家級的道教經壇文物展。

　　2014 年 9 至 10 月，適值中華人民共和國成立六十五周年，嗇色園舉辦了「道藝相融，微妙玄通——當代道教書畫展」。這次展覽展出了國學大師饒宗頤教授、中國神像畫大師戴敦邦先生多幅珍貴作品外，亦展出國內不同高道之道教書畫作品，令展覽更富道教文化色彩。

　　2014 年 2 月 14 日，嗇色園又首次舉辦「情人一線牽祝願儀式」，儀式於祠內月老像前舉行，有近百位情侶出席祝願儀式，在月老見證下為另一半繫上紅繩，寓意締結美好良緣，情定終生。這是嗇色園首次進行的姻緣祈願活動，也是香港道教界首次舉辦的同類型活動，別具意義。

嗇色園舉辦「道藝相融，微妙玄通——當代道教書畫展」

嗇色園舉辦姻緣祈願活動——「情人一線牽祝願儀式」

（三）綠色生活 環保參神

中國傳統宗教文化，大多以香火是否鼎盛作為判斷道場興旺與否的標準，故諸多廟宇內煙霧瀰漫，空氣質素十分不理想。嗇色園自 1973 年重建大殿落成之際起，就發出重要通告：「為保持殿宇莊嚴起見，由即日起，凡各界善信駕臨參拜，均請憑心香一瓣，至誠感格，定沾庇蔭，寶燭油類礙難處理，除檀香外請勿攜帶入園。統祈合作是幸」；1989 年，全面實行「禁止焚燒元寶蠟燭」之規定。

嗇色園於 2004 年正式提出「環保廟宇」概念，希望透過種種措施改善環境污染問題，包括：實行全園綠化工作、禁止在園內焚燒元寶蠟燭等貢品、禁止「燒高香」（即點燃大型、粗型香枝）；每位入園的善信只可在園內燃點 9 支清香，並只能夠於「大殿」、「三聖堂」及「盂香亭」三處設有「香爐」之位置上香等等。上香之目的乃使神明得知至誠心意，與香枝大小粗細並無關係；修行之根本為修心，無須太在乎外在表現形式。另外，園內專門設置了點香區和香枝收集箱，善信攜帶的多餘香枝可放置在此，讓其他參拜者可以善加利用，避免浪費。

本園於 2011 年得到「環境及自然保育基金委員會」撥款支持推行一系列環保項目，逐步於黃大仙祠和醫療、教育及社會服務單位推行各項綠色項目。計劃內容包括把黃大仙祠發展成「綠色廟宇」、於轄屬學校興建綠化天台及節能與再生能源裝置、於安老院改建綠色廚房、更換節能照明裝置等，更於社區舉辦多項教育活動，提升大眾環保意識。所有環保項目已於 2018 年完成，過程中得到不少專業團體協助，以及環境及自然保育基金和環境保護運動委員會的支持，令本園黃大仙祠這個百年廟宇能夠展示出環保與傳統習俗的共容，並以這個平台向世界各地的宮觀廟宇相互借鏡與參考，共建美好的綠色生活。

煙香減少及除味系統

「煙香減少及除味系統」位於本園大殿平台，該系統安裝靜電除塵機（Electrostatic Precipitator）去除懸浮微粒 PM10 及 PM2.5，另利用沸石及活性碳對吸附有機化合物，做到零黑煙排放。

環保化香爐

三聖堂及盂香亭分別裝置兩部「乾式環保化香爐」（圖右）及一部「濕式環保化香爐」（圖左）。「乾式環保化香爐」以超高溫燃燒香枝，配合高溫濾芯和靜電除塵器，能夠去除飛灰和懸浮粒子 PM10 及 PM2.5，做到零黑煙排放。「濕式環保化香爐」以兩台靜電除塵器配合文丘里式灑水系統及循環水缸，不但能處理大量香枝，整體除煙及除塵率亦有 70% 以上。

▌ 放置於三聖堂前的「環保化香爐」

從心苑微型生態系統

從心苑於嗇色園創壇七十周年時落成，取孔聖「七十而從心所欲」句內的「從心」二字命名。全苑採用中國傳統園林結構的建築模式，小橋水榭、瀑布奔流、人工池塘，綠意盎然，環境幽美。從心苑在

▌ 嗇色園「從心苑」一景

建築上充分考慮到不同品種動植物的生活環境，故建有淺水區、河流靜水區、蝴蝶區等各種生態區。2016 年亦在「環境及自然保育基金」的資助下，進一步增建生態池系統，以水生植物及過濾系統改善池水水質，從而為池塘中的動植物提供優良的休憩和繁殖環境。

生態池系統由一連串的環保設備支撐

（四）仙師信仰　非遺見證

嗇色園於 2013 年末以「香港黃大仙信俗」申請列入國家級非物質文化遺產；2014 年 3 月至 6 月期間，又籌備四場內容環繞黃大仙信俗之非物質文化遺產講座，至 2014 年 12 月榮獲國務院通過申請成功。2015 年 6 月 11 日，嗇色園代表接受「香港黃大仙信俗」非物質文化遺產頒授儀式。典禮中，由中華人民共和國文化部副部長王鐵先生頒發紀念牌匾，時任嗇色園主席陳東博士及宗教事務委員會主席余君慶董事代表接受。

2014 年 12 月 4 日及 5 日，嗇色園與珠海學院「香港歷史文化研究中心」合辦國際學術研討會，主題為「1894－1920 年代：歷史鉅變中的香港」，以推動「香港黃大仙信俗」傳承。

2015 年 10 月 1 日，嗇色園參與「港澳道教文化非物質遺產匯演」，並安排經師示範「步罡踏斗」。此科儀示範由嗇色園監院重新編排，讓道教科儀精萃展現於大眾面前。

除嗇色園黃大仙祠外，香港不少廟宇均有祀奉黃大仙以供民眾參拜。隨着港人外移，黃大仙信俗已於全球諸多華人社區以祠廟、基金會或文化研究會之形式流傳，並引起外國學者之興趣與研究。近年，嗇色園開始調查及收集相關文物資料，積極籌備成立「黃大仙信俗文化館」。

自「香港黃大仙信俗」榮列國家級非物質文化遺產名錄後，嗇色園隨即舉辦多場國際學術研討會和文化講座、出版學術文化書籍、舉辦「普道文化」活動日及各類文化課程、與各地文化學術單位交流經驗等，使「香港黃大仙信俗」從學術、普及兩方面，得以廣泛發展與傳播。

「香港非物質文化遺產代表作名錄」開幕典禮上，嗇色園文化委員會代表與時任非物質文化遺產辦事處館長鄒興華先生於花牌前合照。

「頭炷香」信俗

　　新春「頭炷香」習俗乃黃大仙信俗最具代表性特色之一。每年除夕當晚，嗇色園皆會通宵達旦開放，並安排農曆正月初一子時（晚十一點）開始讓善信上新春「頭炷香」。以近十年為例，當晚由嗇色園監院李耀輝（義覺）道長擔任高功，帶領一眾董事、經生、會員道長及各方嘉賓，鳴鑼開道，列班進入大殿，舉行正月初一奉香科儀。當進入午夜 12 時正，伴隨鐘鼓齊鳴，醮師樂韻，由高功帶領上「頭炷香」，祈求新年國泰民安，承蒙仙師庇佑本港百業興旺，嗇色園上下同人福慧具足。每年的除夕晚，黃大仙祠「普宜壇」都燈火通明，職員通宵達旦工作，善信絡繹不絕；祈求闔家平安、身體健康、事事順意等。

每年黃大仙祠普宜壇的除夕奉香科儀，殿內都站滿一眾道侶，向黃大仙師參拜。

除夕晚踏正午夜 12 時正，一眾善信立即向黃大仙師上香祈福。

文化委員會

　　嗇色園「文化委員會」於 2018 年成立，分成不同專組，負責出版、編輯、活動、檔案、推廣、資訊傳播等文化工作。各專組於不同領域推動嗇色園之文化發展，使嗇色園文化發展更趨多元化，並協助「香港黃大仙信俗」之傳承。文化委員會不僅傳播道教信仰與黃大仙信俗，更從各個不同領域多方位弘揚中國傳統文化，包括：舉辦文化展覽、文化考察等。另外，文化委員會邀請了多位香港知名文化界學者擔任顧問，開展多個傳統中華文化講座。

嗇色園文化委員會邀請「菲凡文化工作室」創會會長梁驍菲老師，於 2019 年 8 月至 10 月期間，在嗇色園主講三場「一起認識《三字經》」講座，與大眾分享傳統修身處世的要義。

2019 年嗇色園文化委員會籌設首個古琴社——「善道琴社」，通過古琴音韻推廣道教及中華文化，並深入各文化領域交流及合作。古琴導師鄭子君小姐任教古琴課程，學員為嗇色園董事、道長、經生及女學員家屬等。

嗇色園與香港理工大學人文學院合辦「道教勸善書的孝順教導」講座，邀請朱鴻林教授與大家分享孝道文化。

嗇色園舉行「敦煌藝術」講座，邀請香港中文大學駱慧瑛博士於講座中暢談佛教藝術。

文化圖書室及「文物徵集計劃」

　　嗇色園過往一直搜羅不同宗教文化及研究書籍，為了使一眾會員有機會可以閱讀及參考，加深對道教文化及不同宗教文化認知，嗇色園文化委員會特於悟道堂成立「文化圖書室」；並於 2019 年正式投入服務，同時特設「黃大仙研究」專櫃，收藏嗇色園出版刊物及有關黃大仙信俗的研究書籍等。文化委員會為鼓勵更多會員閱讀，2019 年開始定期舉辦「讀書會」，讓會員彼此分享讀書心得。

　　2019 年，文化委員會展開了「文物徵集計劃」，向海內外信眾徵集文物及文獻等工作，期望善信能捐贈或借出與嗇色園黃大仙祠（或屬下機構）有關之文物、資料文獻等。搜集之各類文物，經過嗇色園專業編整及處理，可作日後籌建之展覽館內向大眾展示，讓嗇色園百年來發展之史料重現眼前。

「文物徵集計劃」善信捐贈之七十年代出版的《黃大仙良方》。

「文物徵集計劃」善信捐贈之嗇色園 50 周年紀慶鎖匙扣。

「文物徵集計劃」善信捐贈之黃大仙祠郵票

（五）玄門科儀　洗滌心靈

　　為使道教理念得以融入社會民眾生活，嗇色園一直以來舉辦了不同的免費公開講座、培訓與活動，使市民可以參與其中。此外，嗇色園每年舉行的恆常賀誕及禮懺科儀共 40 次以上，2018 年增加至 49 次；部分科儀更邀請民眾一起參與朝拜，可讓善信近距離參與莊嚴的儀式，洗滌心靈。

2015 年香港道教日開幕典禮暨萬人祈福讚星禮斗大法會

　　2015 年 3 月 8 日，為慶賀道祖誕辰及慶祝一年一度的「香港道教日」，嗇色園與香港道教聯合會於紅磡香港體育館合辦一次大型慶典——「香港道教日開幕典禮暨萬人祈福讚星禮斗大法會」。是次法會乃道教界首次於香港體育館內面向民眾進行公開演法，而儀式極其莊嚴而隆重。另外，嗇色園「宗教事務委員會」轄下之「文化發展組」與「宗教資訊及文化研究組」為配合大型法會的推廣，特別出版以祈福禮斗為主題之宗教文化書籍——《奉道參神：祈福迎祥・讚星禮斗》，並於法會當日派贈結緣，令大眾更了解道教星斗信仰文化。

「香港道教日開幕典禮暨萬人祈福讚星禮斗大法會」，全場信眾一起步行祈福燈陣。

廣結善緣祈福習經班第二期畢業典禮上全體經生及學員大合照

「廣結善緣祈福習經班」及「道修營」

2015 年 6 月，嗇色園首次開設「廣結善緣祈福習經班」，讓普羅大眾認識普宜壇的經懺科本內容，從中學習道教基本奉道參神的儀軌知識。是年 7 月，嗇色園首次主辦「香港道教宮觀管理與慈善事業」的課程，邀請了五十六位上海道教學院的應屆學員和帥生來港，進行為期一周的道教宮觀管理課程與考察交流活動。吉宏忠院長在結業禮上表示，香港道教於宮觀管理上，有其獨特及值得學習、借鏡的地方，很適合現代社會的發展。同年 12 月，嗇色園為提高園內之道教文化涵養與素質，並進一步落實「現代道

教徒的生活操守及修行」，首次於饒宗頤文化館舉辦「道修營」活動，並邀請中國道教協會副會長孟至嶺道長為嘉賓講者，讓同道會員了解道教徒的清修生活。

「道修營」學員與中國道教協會副會長孟至嶺道長（中間右四）、嗇色院監院（中間右三）及一眾董事合照。

上契結緣

2016 年 9 月 11 日，嗇色園適逢九十五周年紀慶，首次舉辦「黃大仙師上契結緣儀式」。「上契神明」簡稱「上契」，亦稱為「契神」，乃我國傳統之祈福習俗。父母以子女過契予仙聖，藉與仙聖建立關係、結下善緣，祈求神明護佑，使孩童健康成長。

嗇色園「普宜壇」上契科儀乃由嗇色園監院參考傳統道教科儀典藏，增刪編修而成。凡年滿三歲至六十歲孩童及信眾，不論男女，無分種族，凡與仙師有緣者，皆可與黃大仙師結緣，成為契子女；同沾恩澤，保佑平安，亦藉此弘揚傳統文化信仰，推廣仙師「普濟勸善」之精神。

嗇色園按照道教科儀規範，以集體形式進行「黃大仙師上契結緣儀式」。儀式當日，眾人齊集於黃大仙祠大殿平台，面向大殿，齊向「黃大仙師聖像」行三跪九叩禮；並由嗇色園監院登壇開示，講解黃大仙師「十訓」要義。上契者須對黃大仙師信仰有堅定及虔誠的心，方可成為仙師契子女；並於儀式期間恭領經由園內高功法師誦經開光及灑淨的「仙師上契信物」及「契書」。此外，嗇色園「宗教事務委員會」轄下之「宣道弘法組」則負責往後的契子女活動，向廣大善信傳遞正向人生觀及弘揚仙師「普濟勸善」之精神。

普宜壇賀誕與禮懺科儀

2016 年 9 月 21 日，嗇色園藉着 95 周年園慶，首次對外開放讓善信參與「黃大仙師寶誕科儀」，讓大眾可以參與祝賀大仙寶誕儀式，並一起為仙師祝酒。是次活動共有三百多人報名參與。

另一方面，嗇色園現時每月都會舉辦一次公開禮懺科儀，免費讓善信登記及參與。「禮懺」乃弟子及信眾向列聖仙真懺悔過錯，求取赦罪祈福之科儀。在世之人均有孽障，或前世所做之錯失，或今生所犯之罪業。透過「懺悔」，祈願可以感召神明，真心檢討，反省過錯；從而滅罪增福，消災解難。

嗇色園現時最常唸誦的懺本是《赤松黃大仙師寶懺》，此乃「普宜壇」之專用禮懺科儀，簡稱《仙

師懺》。科儀中由高功帶領眾經生、道長及善信誦讀懺本經文；並唱誦有關「赤松黃大仙師」仙跡及教誨等讚頌，誠心懺悔，祈求仙師赦罪賜福。同時高功亦為網上祈福之善信上稟，請仙師加以庇佑。儀式完畢，眾道長派發「大仙利是」予園內善信，寓意將禮懺功德與眾分享。

三百多位善信跪在參神平台，一起向黃大仙師祝壽。

參與香港「羅天大醮」

2017 年 11 月 24 日及 25 日，嗇色園獲邀參與香港道教聯合會舉辦的「羅天大醮」及承壇「斗姥殿」，期間進行普宜壇各個禮懺科儀；並於 11 月 29 日晚進行大型禮斗大法會——「丁酉年太上金籙羅天大醮·為全港市民祈福禮斗大法會」。

羅天大醮是道教大型綜合儀禮的名稱。羅天，即大羅天，道教指三界以上的極高處。以「羅天」設醮之名，是極言其請降神靈數量之多（應供一千二百醮位），品位之高，以及設醮時間之長，規模之大，參與醮儀的道士和祭祀、奉獻的道教徒人數眾多。行儀的目的是為國泰民安、懺罪謝恩、祈壽延生、拔幽薦祖等等。每天所行科儀均不相同，因此內容十分豐富。

萬世師表孔聖先師戊戌年啟蒙開筆禮

2018 年 9 月 29 日，嗇色園首度舉辦「萬世師表孔聖先師戊戌年啟蒙開筆禮」。「開筆禮」乃中國古代孩童開始識字習禮之儀式，俗稱「破蒙」。古代孩童必經開筆破蒙方可入學讀書，是以稱為「人生第一大禮」。舊日「開筆禮」儀式多於開學首日舉行，祭拜大成至聖先師孔子，期望以儒家道德文化薰陶孩童，並激發其求學求知的上進心，培養其對知識及傳統文化的神聖感情。「開筆禮」儀式極為隆重，對學子而言意義重大，故被尊為「人生四大禮」之一。

嗇色園籌辦開筆禮儀式別具特色，凡當年入讀小學一年級之孩童，無論性別、國籍，皆可報名參加。嗇色園監院於開筆禮儀式中先上表孔聖仙師，再為小孩硃砂開智；並帶領小童往麟閣參拜孔子聖像、上

香等。嗇色園屬校老師則在現場派發證書及毛筆，並由各老師協助學子書寫「人」字。「人」字之結構一撇一捺，兩筆畫互相支撐，希望孩童在學知識的同時，堂堂正正學做人。

> 啟蒙開筆禮吸引近 400 名小一學子及家長參與，祈獲孔聖先師啟蒙，反應熱烈。

普宜樂坊

關於道教音樂方面，嗇色園經樂團醮師組於 2018 年正名為「普宜樂坊」，目標為培育嗇色園道教醮師；並協助園內的禮懺、賀誕及法會等科儀奏樂。樂坊成員來自嗇色園的道侶及家屬，設立中樂培訓班於每周進行集體培訓與綵排，提高學員道教音樂知識與演奏技巧，致力於通過法會科儀、宣道演奏等活動，以藝術方式宣揚嗇色園「普濟勸善」宗旨。為加強監督管理，2019 年樂坊特別成立了四個小組：經懺組、文宣組、音樂組及總務組，統籌樂坊各方面培訓及推廣工作。

自「普宜樂坊」成立後，已參與了嗇色園各賀誕科儀、禮懺科儀、婚禮科儀、入道科儀、上契科儀及開筆禮科儀等的協奏，使現場宗教氣氛更莊嚴與神聖。現時樂坊已完成陸續編訂科儀經樂曲譜。另外，樂坊亦會隨着宣道弘法組「長者誦經隊」到嗇色園屬下護理安老院舍探訪，協助宣道工作，也負責演奏道樂，給長者接觸道教的藝術文化。

「普宜樂坊」參與嗇色園開放日之演出

入道培訓及科儀課程

　　嗇色園為培訓道門科儀人材，及提升嗇色園道教科儀文化，宗教事務委員會特於 2019 年禮聘顧芳貞（景一、顯善）老師義務執教科儀進階課程——「二、三手訓練課程」。經過嚴格的評核考試後，再分班授課；並按照不同程度教授相關唱頌及法器運用技巧，以培訓二、三手經生。此外，嗇色園黃大仙祠監院李耀輝（義覺）道長計劃於 2020 年開辦高功科儀班，由監院及國內高功法師一同教授道教文化及儀式，進一步提升科儀人才之專業水平及道學修養。

▌ 2019 皈依冠巾證盟科儀。

（六）共生明月　四海比臨

　　嗇色園自 1956 年對外開放起，便經常接待各方來賓互訪交流，逐漸成為香港香火最鼎盛的道教宮觀之一。過去經年，國內廟宇曾出現衰落之景，但如今伴隨「中華傳統文化復興」之浪潮，各廟宇已陸續恢復昔日盛況。嗇色園黃大仙祠亦把握機會，與眾多地區之道教宮觀及廟宇進行交流及對話。自 2005 年宗教事務及普宜壇科儀規範改革後，嗇色園亦積極展開對外的宗教交流活動，與國內外眾多道觀寺廟（包括儒、釋、道、耶、回等）經常進行互訪，舉行道教科儀，彼此保持緊密聯絡，汲取各方之所長；並主動與世界各地的宗教及文化團體接觸及交流，期望將「香港黃大仙信俗文化」傳播到全國乃至世界各地。

2007 年 11 月 3 日至 7 日，嗇色園黃大仙祠安排 40 位經生的代表團往訪湖南，出席在「中國湖南首屆道文化節暨陶公廟 1500 周年慶典」。

2008 年 10 月，監院李耀輝道長拜會國家宗教局及中國道教協會，並應邀出席於北京故宮博物院神武門展覽廳舉行的「陶鑄古今——饒宗頤學術・藝術展」。

2010 年 6 月 28 日至 7 月 2 日，嗇色園應台北指南宮之邀，組織「台灣道教文化交流團」，出席「孚佑帝君成道 1130 周年紀念大會暨海峽兩岸三地聯合祈福大會」。嗇色園交流團於歡迎晚宴上與時任國家宗教局蔣堅永副局長（前排左二）、中國道教協會任法融會長（前排右三）及台北指南宮高忠信主任（前排右二）等嘉賓合影留念。

2011 年 9 月 24 日至 26 日，由監院李耀輝道長（左七）帶領一行十二人，應澳門道教協會之邀，出席其主辦的「澳門道教文化節暨澳門道教協會成立十周年」活動。

2011 年 6 月，嗇色園應泰國暹邏代天宮之邀請，出席「暹邏代天宮：迴廊、拜亭、五門、萬善堂，廟史館落成典禮」。嗇色園代表先後前往「呂帝廟」及「天華慈善醫院」進行拜謁、誦經及參訪，又到玉佛寺、皇宮進行上香及參觀，並出席暹邏代天宮揭幕儀式。

2013 年 12 月 3 日，嗇色園李耀輝監院為高功，帶領一眾董事、經生、會員等近百人，出席茅山乾元觀紫光殿的開光大典；乾元觀觀主尹信慧道長代表獻供。當日盛況空前，吸引近萬香客上山朝聖。

2015年10月7日至11日，嗇色園近150人前往黃大仙師誕生地浙江蘭溪及成長地（金華市），進行「拜謁、開光、大獻供」等科儀活動。並於2016年4月15日至18日，監院李耀輝（義覺）道長率領40多名經生、會員，前往蘭溪「源緣園黃大仙宮」演法「赤松黃大仙師寶懺」科儀。自1995年以來，「嗇色園」先後幫助祖庭蘭溪「源緣園黃大仙宮」興建了「普濟堂、勸善堂、藏經閣」等建築，奠定了當地黃大仙宮發展之堅實基礎。

嗇色園監院李耀輝（義覺）道長（中間白袍者）攜眾經生於蘭溪「源緣園黃大仙宮」進行廟宇擴建奠基禮。

嗇色園經生道長於蘭溪「源緣園黃大仙宮」演法「赤松黃大仙師寶懺」科儀。

嗇色園蘭溪交流團代表與蘭溪市領導於「黃大仙故里文化節」開幕儀式合影

嗇色園園監院（中間紫袍者）及眾經生道長於蘭溪「源緣園黃大仙宮」主殿前合影

2015 年暑假，嗇色園主辦「香港道教宮觀管理與慈善事業」的課程，邀請五十六位上海道教學院的師生來港交流學習。畢業禮上，上海道教學院吉宏忠院長（前排左五）、王馳老師（前排右五）及一眾師生，與嗇色園監院李耀輝（義覺）道長（前排右六）及各董事合照。

2016 年 8 月，嗇色園董事、經生、會員及香港理工大學中國文化學系碩士班同學共九十三人參與此次道教文化之旅。團隊先後到訪武漢長春觀、雲霧山黃陂思源觀及武當山上各著名宮觀，並登上金頂朝拜「真武玄天上帝」。同時，團隊獲中國道教協會李光富會長接見及安排拜訪武當山博物館、玉虛宮、淨樂宮和武當山道教學院。

2016 年 4 月開始，嗇色園宗教事務委員會安排禮懺組代表，前往馬來西亞檳城的斗母宮教授基本科儀禮儀及誦經知識；並於同年 9 月安排三十多位經生在斗母宮示範禮斗科儀，傳承香港普宜壇的科儀文化。

2017年6月，嗇色園應澳門大三巴哪吒廟值理會的邀請，藉澳門哪吒寶誕，首次虔請黃大仙師「移鑾」，參與「澳門祈福迎祥獻供大法會」及「飄色大巡遊」，為澳門居民祈福。是次活動吸引數萬民眾前來共沐神恩。

2017年5月，嗇色園董事、會員及女學員等展開五日四夜之「泰山、三孔文化交流」之旅。先後前往北京後海醇親王府舊址拜會「國家宗教事務局」、「中國道教協會」及「北京白雲觀」，並遠赴泰山「碧霞祠」、孔聖人出生地曲阜等地進行文化交流及考察。

2018年1月13日，馬來西亞沙巴州政府舉行黃大仙廟奠基科儀，嗇色園監院李耀輝（義覺）道長（中間黃袍者）率領一眾經生道長遠赴當地設壇，祈求黃大仙師福佑沙巴州。祈使黃大仙信仰在馬來西亞落地生根，仙師恩澤遍及四方，廣推善行。

2018年6月，嗇色園組成「絲綢之旅敦煌文化與藝術交流團」，前往古時中西兩地的交匯要道——絲綢之路。團隊沿絲綢之路穿越敦煌（鳴沙山、月牙泉、莫高窟）、嘉峪關、蘭州（敦煌研究院、蘭州白雲觀）、炳靈寺、麥積山及西安（大雁塔、陝西歷史博物館）等地。行程完畢，嗇色園隨即舉辦一系列相關的敦煌文化活動，包括相片展覽、文化講座等，並出版《光影千年——嗇色園敦煌尋蹤》一書。

巴蜀、齊魯與三晉為中國上古三大文化體系；古蜀仙道文化亦是道教的主要來源。嗇色園宗教事務委員會和文化委員會籌組「四川道教文化交流團」，於2019年3月前往四川成都，探訪道教文化發源地：「三星堆、雲台觀、青羊宮」，及四川大學「道教與宗教文化研究所」。圖為交流團與「青羊宮」監院助理張至波道長（右四）進行親切會談。

湖南是佛道文化交融之宗教勝地，嗇色園於2019年5月先後拜訪「南岳大廟」、「黃庭觀」及「南岳坤道學院」等道教宮觀名勝；並於坤道學院進行座談分享及文化交流。

2019 年 12 月 24 日至 26 日，嗇色園宗教事務委員會獲台灣佛光山邀請，出席佛光山舉辦的「2019 年世界神明聯誼會」活動。此行嗇色園共組團一百人出席，期間更有 32 位經師進行「禮十方」科儀演法及 28 位道長手持廿八星宿旗參與儀式，與台灣各地宗教團體互相交流及聯誼。圖為一眾經生道長於佛光山菩提廣場演法「禮十方」科儀。

嗇色園監院（前排右九）及佛光山住持心保法師（前排右十）與普宜壇眾經生道長在佛光山禮敬大廳前合照。

（七）現代管理　善與人同

　　嗇色園秉承黃大仙師之訓誨，一直以弘法宣道、興學育才、安老護幼、救疾扶傷為己任。觀乎歷屆董事常察民之所需，凡事務實而為，開辦種種善業，以善行與「普濟」之本。2005 年以來，嗇色園更加注重以現代管理廟務及發展善業，不斷與時俱進，從最早以乩治壇及至以「董事會」形式管理，到如今善用科學技術，建構全面數碼化平台，並應用於各項善業中，均為嗇色園積極引進現代化管理之概念與方法之體現。2009 年開始，嗇色園董事會成員改為每三年一任，更有利政策的施行與延續。

2009 年 11 月，嗇色園會計部及採購部進行認證審核，成功取得 ISO9001:2008 版品質管理認證。2011 年 8 月，監院李耀輝帶領「五常法督導工作小組」一同出席由「香港五常法協會」主辦的證書頒發典禮暨研討會。證書頒發典禮上，「嗇色園黃大仙祠」及「嗇色園太歲元辰殿」均獲頒五常法認證合格證書，其中「太歲元辰殿」更取得「Zero Non-Compliance 零項不符合點」獎項。

醫療服務

「贈醫施藥」一直是黃大仙師濟世的首要善行。自嗇色園建壇以來，醫療善業始於中醫藥服務為核心，並輔以藥籤和乩方，施藥濟眾。直至 1977 年，嗇色園為順應社會發展需要，決定引入西醫系統。據《嗇色園年紀（1921-1981）》記載，園方於 1977 年 11 月決定：「本園本着 仙師普濟勸善宗旨，於東邊大門口入口處籌建一醫藥局，該局分為二層……上層保留本園一貫傳統，作為中醫診所，聘有中醫師三名駐診，下層則用作西醫診所……」[3]，1980 年秋季，嗇色園醫藥局落成，中藥局首先啟動服務，同年 10 月西醫診所開始對外服務。

1998 年，嗇色園社會服務大樓竣工，是為嗇色園擴展其醫療服務的重要里程碑。1999 年，西醫診所遷至社會服務大樓地下，佔地六千餘平方呎，設有三間診症室、配藥房及診療室，設備完善；同年又開辦牙醫診所和物理治療中心，拓展不同醫療服務。2000 年，醫藥局大樓更以「普濟樓」為名，作為中醫診所。此外，嗇色園醫療服務更設立「黃允畋慈善基金（醫療）」及「免費化驗基金」，為有需要的人士提供津貼及援助，並提供部分醫療服務項目優惠。多年來，嗇色園配合政府公共醫療政策，協助減輕公營醫療系統的負擔，目標是守護大眾的健康，為社會基層提供可靠的支援。

嗇色園中藥局義診醫師與嗇色園監院（前排右五）、董事合影。

2010 年 11 月，醫療服務屬下各單位包括中藥局、西醫診所、牙醫診所、物理治療中心、中醫服務中心及醫療服務統籌處進行品質認證。經過公正嚴密考核，上述醫療服務單位均成功通過驗證，並取得「ISO9001:2008」資格。

---

3 《嗇色園六十周年鑽禧紀念暨鳳鳴樓九龍壁落成揭幕典禮》，1981 年 11 月，頁 41。

嗇色園一直向市民提供多元化基層醫療服務，尤其關注弱勢社群的健康，百年來以「普濟勸善」精神及「救疾扶傷」使命為服務宗旨。目前醫療服務單位已有：中藥局、中醫服務中心、西醫診所、牙醫診所、物理治療中心以及與香港理工大學協作之眼科視光學中心等，為香港民眾提供更廣泛之醫療服務。

中藥局

嗇色園於 1924 年已開辦中藥局，一直向基層市民提供免費中醫診療及送藥服務。時至今日，中藥局仍維持一貫贈醫送藥的宗旨，每日可為百多名病人提供醫療服務。由 2007 年 12 月開始，中藥局醫師會定期到嗇色園轄下之長者中心提供外展服務，使出行不便之長者享有醫療保障。2011 年 7 月起，中藥局增設網上預約服務，市民可通過嗇色園網頁預約中藥局的贈醫送藥服務；亦於 2016 年 7 月 25 日推出電話預約服務使市民就醫更加便利省時。2020 年 7 月 20 日，普濟樓中藥局以全新診症配備及環境投入服務。

預約網址：https://services.siksikyuen.org.hk/onlinereservationweb/

電話預約：2356 4500

中藥局藥房配備超過 360 多種濃縮中藥顆粒沖劑藥物

大堂設有電視屏幕播放本園的最新資訊及醫療講座精華

全新裝修後的中藥局增設輪候叫籌系統

中醫師以「望、聞、問、切」四診合參為服務使用者提供內科診療服務。

西醫服務

嗇色園 1980 年因應社會需求開設西醫診所，四十年來不斷提升及擴充服務，至今辦有「普通門診、耳鼻喉專科門診及痛症專科門診」，以平民化收費為社會大眾提供多方面的醫療服務及復康援助。2019 年 6 月，嗇色園開始為西醫診所分階段進行內部裝修，並添置更多治療儀器及用品，2020 年農曆新年已全面啟用並投入服務。

嗇色園「西醫診所」

嗇色園的西醫診所設有黃允畋慈善基金（醫療），凡領取綜合援助或傷殘津貼之貧病人士，均可向此基金申請豁免診金及基本藥物費；如需作各項病理化驗，亦可向免費化驗基金申請津助化驗費用。另外，西醫診所亦參與政府的醫療券及疫苗資助計劃，在 2013 年更獲甄選為政府資助長者健康評估先導計劃的其中一所服務提供機構。為提高市民對健康教育的認識，診所又經常舉辦健康教育展覽及檢查，並舉辦醫療講座及派發有關健康常識的單張及手冊，使大眾對身體健康常識有進一步的了解。

嗇色園「牙醫診所」

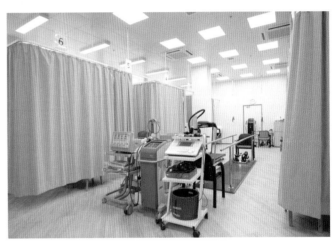

嗇色園「物理治療中心」

「嗇色園──香港理工大學眼科視光學中心（黃大仙教學中心）」

2009 年 1 月，「眼科視光學中心」正式投入服務。眼科視光師為求診者提供詳細綜合眼科視光檢查，並根據個別情況作轉介或跟進。為照顧有經濟困難之市民，凡經嗇色園認可之機構轉介之合資格人士可獲津助部分費用。「眼科視光學中心」為嗇色園首個與高等學府協作之醫療項目，亦是先進醫療技術引進社區健康應用之實證。另一方面，嗇色園亦開展眾多眼科醫療保健方面知識講座，加強基層市民對護眼之認知，以達「防盲」目標。

嗇色園──香港理工大學眼科視光學中心（黃大仙教學中心）

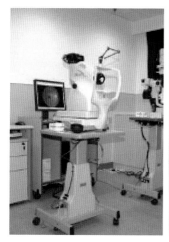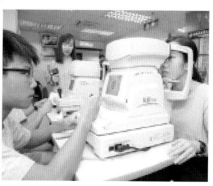

嗇色園——香港理工大學眼科視光學中心
（黃大仙教學中心）

　　嗇色園屬下醫療服務單位，服務香江百年，每年有近十萬名市民受惠。為提升市民健康質素，嗇色園積極推動健康教育，每年舉行「健康普查日」身體檢查活動；同時於社區中進行各類型的健康公益講座，藉以提升民眾之健康意識，養成定期驗身的好習慣。

醫療服務機構一覽表
Email：msinfo@siksikyuen.org.hk

嗇色園中藥局 （創立於 1924 年）	九龍黃大仙竹園邨二號 （黃大仙祠內普濟樓下層）	電話：2352 8447 預約：2356 4500
西醫診所 （創立於 1980 年）	九龍黃大仙鳳德道 38 號 嗇色園社會服務大樓地下 C	電話：2328 4929 預約：2356 4503
牙醫診所 （創立於 1999 年）	九龍黃大仙鳳德道 38 號 嗇色園社會服務大樓地下 C	電話：2321 3389
物理治療中心 （創立於 1999 年）	九龍黃大仙鳳德道 38 號 嗇色園社會服務大樓地下 C	電話：2329 4262 預約：2356 4504
嗇色園——香港理工大學 眼科視光學中心 （黃大仙教學中心） （創立於 2009 年）	九龍黃大仙鳳德道 38 號 嗇色園社會服務大樓一樓	電話：2329 8622
中醫服務中心 （創立於 2010 年）	九龍黃大仙鳳德道 38 號 嗇色園社會服務大樓一樓	電話：2326 2110 預約：2356 4501

20 周年回歸紀慶：中醫健康講座系列之「常見慢性病的中醫防治方法」。

2018 年「健康普查日」開幕禮，嗇色園董事與嘉賓大合影。

教育服務

興學育才半世紀

　　教育對一個人的未來，以至整個社會的發展，都有莫大影響，重要性可謂不言而喻；所以「辦學」一直是嗇色園最重視的工作之一。嗇色園自 1969 年創辦第一所學校「可立中學」伊始，至今已開辦 4 所中學、3 所小學、1 所連貫式中小學及 6 所幼稚園及幼兒中心；以及可觀自然教育中心暨天文館和嗇色園生物科技流動實驗室等共十六個教育機構，範圍涵蓋中、小學基礎教育、學前幼兒教育、環境教育、天文科學及生物科技教育。嗇色園轄下之教育機構全部屬非牟利性質，為香港學童提供多元化的教育服務。

　　嗇色園的教育事務由董事會轄下「教育委員會」全權領導。委員會制訂本園的辦學總方向，並透過委任校監及校董，管理及監察各屬校事務，確保本園各項教育政策得以貫徹執行。教育委員會亦會根據各項政策的性質，成立專責小組籌謀策劃，而具體的工作則由學務統籌處負責執行及協調。本園奉行「以校為本」的管理模式，因此各屬校的日常運作，俱由校董會直接管理。本園轄下各中、小學及幼稚園均已成立校董會，每年制定校本教育目標及計劃，兼顧不同持份者的意見，促進學校的教育發展。

嗇色園屬校每年均舉辦不同的交流活動，以擴展學生視野。

多元化的藝術活動讓學生盡展所長。

為切合現今社會的需要，嗇色園各屬校除了培訓學生在學業上達致一定的水平外，更重視學生在身心各方面的均衡發展，因此經常組織各類型課內、外活動，讓學生各展所能、發揮所長；亦透過制服團隊或領袖訓練，讓學生鍛鍊精神意志，從而建立積極健康的人生觀。此外，各屬校強調跳出課室框框，讓學生走出校園，以參觀訪問、專題研習等形式進行學習；亦會舉辦不同的外訪交流活動，讓學生藉著親身觀察及體驗，領悟人生，反思如何提升自身的質素，增強競爭能力。除本地辦學外，嗇色園亦響應「同齡同心慶金禧」的活動，於 1999 年便曾捐助中國河北省縣紫荊關興辦「紫荊關嗇色園學校」，後於 2005 年交由當地政府繼續營運。

打破課室拘束，探索自然科學

嗇色園於 1995 年開辦的「可觀自然教育中心暨天文館」為香港獨有的郊野研習及天文教育中心，以推廣通識天文教育及探究式野外考察為教育目標，為全港不同學習階段的學生提供「自然科學、地理、物理、生態、環境及天文」等課程。「可觀中心」每年舉辦的課程及活動均深受學界及社會人士歡迎，其專業及學術地位備受肯定；報章及媒體不時會就天文及自然現象向「可觀中心」諮詢專業意見，每年亦有不同學術團體邀請「可觀中心」合作。

「可觀自然教育中心暨天文館」為香港學生開辦環境教育課程

國際知名天文學家楊光宇先生於 2010 及 2011 年，將他發現的兩顆小行星（編號 64629 及 110077），分別以「可觀 HoKoon」及嗇色園學校校訓「普濟勸善 Pujiquanshan」命名，以表揚可觀中心多年來對天文及環境教育付出的努力，以及嗇色園於辦學領域之成就的認同。

普及生物科技，培育專業人才

嗇色園生物科技流動實驗室連續多年應邀參與在科學園舉辦的創新科技嘉年華

近年香港社會致力於科學及科技教育的普及化，而嗇色園早着先機，在 2004 及 2009 年已分別設立了全港首間「生物科技教研室」及全亞洲首台於巴士車架上建設的「生物科技流動實驗室」，以期推廣本地的生物科技教育。「嗇色園生物科技流動實驗室」內設達大學實驗室水平的儀器設備，可直接駛到校園，為全港中、小學老師及學生服務，由專家教授生物科技、基因工程、微生物學等高階知識。流動實驗室自 2011 年開始，多次應創新科技署邀請，參與「創新科技嘉年華」InnoCarnival，為公眾人士舉辦不同程度的免費工作坊。透過建立流動實驗室，本園期望能打破交通上的阻隔，將尖端的生物科技知識送達香港各區，為社會培養高技術人才獻一分力。

建設綠色校園　珍惜環境資源

嗇色園各屬校早於 20 年前已開展環保教育，除了在校園進行綠化及節能設施改善工程，亦透過校本課程及不同形式的活動，提升學生對自然生態及可持續發展概念的認知。至今，各校已進行了諸多項目，例如綠化天台、建設園圃及溫室、建立能源教室、實施廚餘回收、參與有機耕作、推廣健康飲食、培訓學生大使等，使學生從實踐中學習珍惜自然資源。各校亦邀請家長及坊眾參與綠化工作，將環保及可持續發展的概念推展至家庭及社區層面。

嗇色園各所屬校均取得綠色學校殊榮

嗇色園各屬校推動環保教育成果豐盛，屢次在綠色學校比賽中獲獎，得到各方肯定。其中嗇色園屬校於 2018 年「第 16 屆香港綠色學校獎」中囊括金、銀、銅獎，「可銘學校」勇奪被譽為「香港環保奧斯卡獎」的「2018 年香港環境卓越大獎」學校界別金獎（小學），成績斐然。

推動救急扶危、顧己及人精神

為了推動屬校拓展拯溺及急救技能訓練，及提升師生水陸安全意識，嗇色園在 2007 年初成立「嗇色園學校拯溺／急救活動拓展小組」，專責推動屬校進行系統化的拯溺及急救技能訓練，資助師生、家長裝備基本的求生及急救技能。至 2020 年 8 月底，嗇色園已舉辦超過 350 項培訓活動，累計為 1500 多名教職員、近 2 萬名學生及逾 300 名家長提供了正規的拯溺及急救技能訓練。

嗇色園亦透過籌辦不同的活動，將「救急扶危、顧己及人」的精神帶入社區。例如在 2010 年，與消防處合作，展開「嗇色園學校認識救護服務推廣計劃」，向學生灌輸「慎用救護資源」的正確觀念；2011 年，與消防處救護總區合辦「千人齊做 CPR」大型 CPR 演練活動；2015 年及 2017 年，嗇色園三所屬校成為醫療輔助隊少年團地區中隊的訓練基地；2019 年，嗇色園再次與醫療輔助隊 AMS 合作進行「中學生心肺復蘇及急救訓練計劃」，安排經驗導師到校，教授各校同學心肺復蘇法（CPR）、使用自動體外心臟去顫機（AED）及基本急救技巧。

2010 年 10 月嗇色園與消防處合辦「嗇色園學校認識救護服務推廣計劃」啟動禮

發展藝術教育 豐盛孩子人生

藝術可以培養想像力及創作力，亦有助自我成長及與人溝通；為此，嗇色園各屬校均開辦有不同的藝術課程，包括音樂、樂器、美藝、舞蹈及戲劇等，以期豐富學生在藝術方面的經歷。而嗇色園亦不時舉辦大型聯校演藝計劃，例如在 2008 年 3 月有大型話劇匯演「善道人生」，參與舞台演出的包括屬校近三百名學生，另有數十名師生協助典禮、攝錄、化妝、及後台管理等工作。2017 至 2019 年，嗇色園連續 3 年與專業舞團「城市當代舞蹈團」合作，為屬轄中、小學組織有系統的舞蹈培訓，讓同學體驗肢體動作如何表達思想感情，感受舞蹈帶來的滿足感。

2018 年 4 月，嗇色園獲 CCDC 頒發「城市當代舞蹈達人」獎項。

此外，嗇色園亦經常舉辦學生作品展覽，為學生提供公開展示才華及創意的機會。例如，2010 年 7 月，嗇色園在元朗區舉辦「創藝成長路」聯校學生視藝作品公開展覽，展出嗇色園中、小、幼學生視藝作品約 200 份；2012 年 7 月，嗇色園在黃大仙祠鳳鳴樓禮堂舉行「創藝薈萃黃大仙——嗇色園學生藝術作品展」，展出嗇色園學生近 400 件藝術作品；2016 年在黃大仙祠舉辦「童畫『油』蹤——學前教育機構聯校畫展」，向公眾展示 800 多幅幼稚園學生的個人創作或合作畫作。

大學合作夥伴

2015 年 8 月，嗇色園與香港大學教育學院簽訂合作協議，成為研究合作夥伴。

本港學童患上聲線問題的情況日趨普遍，為了解引致學童患有聲線問題的因素，2015 年嗇色園與香港大學教育學院簽訂合作協議，成為研究合作夥伴，計劃在屬校進行大規模校本科研項目，研究範圍包括聲線及言語問題的發病機制、診斷、治療及預防等。研究計劃將提供數據予臨床治療，達到以實證及科研為本的評估及治療。香港大學亦定期派出師生團隊，為嗇色園師生提供聲線及發音評估、以及用聲工作坊，以增進各人對聲線和言語健康的認知。

而為了提升大眾對聲線健康的認知及了解，每年的「4.16 世界聲線關注日」，嗇色園與香港大學聲線研究所會合辦「聲線日香港區活動」，透過專題講座、音樂會及展覽等不同形式的活動，將維護聲線健康的訊息傳揚開來。

傳承中華文化，推廣道德教育

青少年的品格及德育培養向來是社會關注的議題，嗇色園尊崇儒、釋、道三教，早於 1969 年已於轄下中學推展道德教化工作，透過教導學生孔孟、佛陀及老莊的思想學說，弘揚中國傳統道德觀念及倫理觀，讓學生修養品德，培養對個人及群性發展有重要影響的價值觀及生活態度。嗇色園又在小學及幼稚園全面推行兒童誦讀經典計劃，從《弟子規》、《三字經》、《道德經》、及《論語》等選材，讓學生從小透過經典的薰陶，培養正向健康的思維及品格；亦藉着朗讀及背誦經典著作，逐步建立良好的語文基礎。

2014 年 10 月，逾 7000 名嗇色園屬校師生、家長及校友齊集，合力締造最多人同步抄寫《道德經》的世界紀錄。

2007 年 9 月及 10 月，嗇色園在屬轄中學舉行了「道德經書法作品學校巡迴展覽」，讓屬校學生藉着欣賞中國書法藝術，對中國歷史上首部完整的哲學著作《道德經》有初步的接觸。2014 年 10 月，嗇色園舉辦「齊抄《道德經》共創新紀錄」大型活動，逾 7,000 名屬校師生、家長及校友等齊集香港紅磡體育館，在榮譽見證人立法會主席曾鈺成議員的監證下，同步抄寫《道德經》，合力締造了屬於香港人的世界記錄。另外，2019 年，香港中文大學國學中心推動「粵港澳大灣區（香港）中華禮儀教育」計劃，嗇色園是該計劃的協辦單位，監院李耀輝（義覺）道長亦獲邀擔任了「活動顧問」；而嗇色園主辦可信學校亦是其中一間先導學校，將會配合禮儀文化的推廣，讓下一代知書識禮，了解更多中華傳統美德。

教育服務機構一覽表		
可立中學 創立於 1969 年	九龍新蒲崗爵祿街十五號	電話：2322 2229 Email：hlc-mail@apps.halap.edu.hk
可風中學 創立於 1974 年	新界上葵涌和宜合道 448 號	電話：2425 3563 Email：info@hofung.edu.hk
可信學校 創立於 1975 年	新界葵涌梨木樹邨第三座學校	電話：2424 8861 Email：hsps@hoshun.edu.hk
可仁幼稚園 創立於 1982 年	香港仔鴨脷洲邨利添樓 D 座地下	電話：2555 2191 Email: hoyankg@siksikyuen.org.hk
可正幼稚園 創立於 1998 年	新界將軍澳廣明苑 廣寧閣 F 座地下	電話：2178 2244 Email:hochingkg@siksikyuen.org.hk
可德幼稚園及可德幼兒中心 創立於 1989 年	九龍黃大仙竹園北邨松園樓地下	電話：2350 0721 Email: hotakkg@siksikyuen.org.hk
可道中學 創立於 1990 年	新界元朗洪水橋洪順路十一號	電話：2479 9885 Email：mail@hodao.edu.hk
可銘學校 創立於 1992 年	新界元朗天水圍天柏路二號	電話：2445 0101 Email：info@homing.edu.hk
可藝中學 創立於 1991 年	新界屯門愛明里八號	電話：2441 7100 Email：info@hongai.edu.hk

（續上表）

可瑞幼稚園 創立於 1993 年	新界元朗天水圍天瑞邨 瑞勝樓地下	電話：2448 0368 Email:hoshuikg@yahoo.com,hk
可立小學 創立於 1996 年	九龍慈雲山雙鳳街 88 號	電話：2321 6003 Email：hlp-mail@holap-p.edu.hk
可觀自然教育中心暨天文館 創立於 1995 年	新界荃灣曹公潭荃錦公路 101 號	電話：2413 7122 Email：info@hokoon.edu.hk
可立幼稚園 創立於 1997 年	九龍慈雲山慈樂邨樂信樓地下	電話：2324 8201 Email: holapkg@siksikyuen.org.hk
可譽中學暨可譽小學 創立於 1997 年 （2003 年增辦小學）	新界大嶼山東涌健東路四至六號	電話：2109 1001 Email：mail@hoyu.edu.hk
可愛幼兒園 創立於 1997 年	九龍城道 55 至 61 號同興花園地下 1A-B,2A-B	電話：2760 8360 Email: hooikg@siksikyuen.org.hk
嗇色園生物科技流動實驗室 創立於 2009 年	新界大嶼山東涌健東路四至六號	電話：2109 1001 Email：bml@hoyu.edu.hk
備註	可正學校　創立於 1970 年　（1992 年停辦） 可欣幼稚園　創立於 1986 年　（2002 年停辦） 可慈幼兒園　創立於 1988 年　（2006 年停辦） 可暉學校　創立於 1989 年　（2007 年停辦） 可真幼兒園　創立於 1992 年　（2006 年停辦） 可譽幼稚園　創立於 2001 年　（2012 年停辦）	

社會服務

秉承黃大仙師「普濟勸善」之寶訓，嗇色園推行的善業，一開始便是面向整個社會，所以除了贈醫施藥外，亦有拓展慈善救濟的社會服務，例如早年的救濟水災、風災、及火災等；甚至有助貧病、「施棺」等的義舉，這些善業幫助了無數的貧苦大眾，亦為嗇色園贏得良好的聲譽。七、八十年代的香港，由於經濟高速的發展，都市化下的香港社會，也隨之衍生了很多社會民生問題。嗇色園配合社會福利政策的推行，與政府合作於香港多處提供多元化日間社區及院舍服務。

嗇色園自 1979 年起開展扶老護幼的社會服務，四十年來積極貫徹每一個服務項目，對政府規定的服務質素標準認真執行，取得社會各界的一致認同和讚賞。嗇色園關顧年長人士的需要，提供潛能發展的機會；推動長幼共融的關愛精神，宣導和睦共處；以心存善良、尊重的態度，提升重視生命的全方位安老服務。安老護耆善業發展上，嗇色園目前已建有五間護理安老院、八間耆英鄰舍中心、兩間耆英地區中心、兩間健康服務中心及懷傲天地等共十七間社會服務單位。為了能夠真正服務有需要的長者，嗇色園大部分的社會服務單位，均設於長者居住較多的社區內，服務地區包括黃大仙、慈雲山、深水埗、油尖旺、觀塘、沙田、大埔、石籬及屯門等。（早於 1988 年社會服務亦有開辦幼兒服務；2005 年幼兒與教育服務整合轉由教育統籌，社會服務即開始專注於安老服務的工作）。

近年，香港的長者人口上升，隨着年紀漸長，長者的身體機能未必如年輕時好，生活上或健康上都需要支援和關顧。其中有不少的長者依然非常有活力，所以嗇色園除設有安老院舍服務外，更以多角度推行包括健老及弱老，全面的照顧服務。其中的服務重點包括關注長者生命教育、「認知無障礙」服務計劃，長者精神健康服務，及針對隱蔽長者的人道社區關愛計劃等。

「嗇色護理愛同行」社會服務人員大合影

為完善嗇色園對轄下各社會服務機構的管理，嗇色園董事會下設「社會服務委員會」以全面跟進整體工作的管理、實行及對服務做出評估；更設立「社會服務統籌處」以精心策劃各項敬老、護老工作和活動，鼓勵長者積極健康的生活。另外，嗇色園的社會服務管理亦已通過國際質量系統 ISO9001:2015 認證評核。

護理安老院

早於 1979 年，嗇色園主辦的可敬護理安老院已正式於清水灣大澳門投入服務，成為本園首間安老院。

現時，嗇色園轄下有五所護理安老院，均以黃大仙師寶訓「普濟勸善」的精神，並為符合社會福利署合資格入住之長者提供全人照顧，提供服務包括膳食、護理、醫療服務、群體活動及個人輔導等，使院友生活更充實、愉快。

隨着入住安老院舍長者的年齡漸長，身體及需要照護的程度亦持續提升。本園院舍的專業服務團隊，包括註冊社工、護士、職業治療師及物理治療師等全面為長者提供身、心、社、靈不同層面的服務，涉及範疇，包括日常社交、康樂、小組活動、認知訓練等；此外，本園更早於 2010 年起引入言語治療師服務，成為最早提供有關服務的院舍之一。過去十年，嗇色園院舍服務更積極為長者研究特別餐膳，照顧不同吞嚥需要的長者，期望為長者締造優質的晚年生活。

嗇色園「可寧健康服務中心」（2016 年前稱「可寧耆英康樂中心」）長者與職員新春大合影

耆英鄰舍中心及耆英地區中心

人口老齡化所出現的困局已成為普遍社會性問題；社會福利署在 2003 年 4 月把當時的長者綜合服務中心以及大部分的長者活動中心轉型，分別提升為長者地區中心及長者鄰舍中心。轉型工作的目的旨在將當時的長者中心的角色和功能提升至全面和綜合性的服務模式及範疇，包括推廣積極健康樂頤年、輔導和個案管理、透過外展服務和支援網絡服務亟需要援助的長者、發展長者義工以及護老者支援，以迎接人口高齡化的挑戰以及長者不同的需要和期望。轉型工作的另一個目的是要透過由長者地區中心在其分區內提供支援和協調，讓長者地區中心以及長者鄰舍中心互相建構一個更緊密及更有系統的支援網絡，並加強與區內其他單位的協作，從而以綜合的模式提供服務予長者。

嗇色園為配合社會福利署提出的「長者中心轉型計劃」，2003 年起，將轄下的老人中心服務進行整改，將八間原為「老人康樂中心」轉型為「耆英鄰舍中心」，更將兩間「耆英綜合服務中心」轉型為「耆英地區中心」。在政府支持下，嗇色園投入了大量人力和財力資源，將中心進行大規模擴建和搬遷，增設眾多切合時宜的服務，提高服務受眾人數，顯現了嗇色園對社會服務的堅定信念。

「耆英地區中心」在地區層面為六十歲及以上之長者提供一系列適切而便捷的社區支援服務，以協助長者在社區過着健康、受尊重及有尊嚴的生活，並鼓勵長者積極參與貢獻社會。「耆英鄰舍中心」是在鄰舍層面配合「耆英地區中心」的工作，更有效地運用社區資源，共同推動社會大眾建立一個充滿關懷的社區環境。

2009 年社會福利署推出「長者中心設施改善」計劃（IPEC），分階段改善及提升全港長者中心的設施；而同期香港賽馬會慈善信託基金亦推出「賽馬會智安健計劃」（JCEFMS），嗇色園獲額外撥款，以提升及優化中心的環境及設施。截至 2020 年，嗇色園轄下十所耆英中心已完成裝修，以全新面貌及先進設備為地區長者提供適切的服務；另外，中心獲香港賽馬會慈善信託基金捐款添購樂齡科技產品如平板電腦（IPAD），應用軟件如交通、旅遊、新聞攝影、音樂等，從中加強長者與社會的聯繫，讓年輕會員持續學習，保持腦筋靈活。

健康服務中心

社會福利署 2003 年推出老人中心轉型計劃，嗇色園亦擅用機遇及資源，將其中有未能配合轉型要求的老人康樂中心發展成為現時的 2 間「健康服務中心」；為年滿 60 歲或以上長者，提供各類型的健康活動及服務。中心並會定期安排活動及講座，使長者及時獲得中心所提供的最新活動和服務資訊，例如健康講座或運動班等。長者亦可於中心內享用各類設施，閱覽書刊和影音資料，使長者在身心健康上均可得到關注和照顧。另外，中心提供日間照顧服務，為地區上有需要的長者提供護理照顧服務，幫助長者能延後入住安老院舍，以配合「居家安老」的政策。現時中心以「日間社區照顧服務券」的形式為地區上的長者提供日間護理照顧服務，定名為「家心愛」長者社區照顧服務；2019 年，可慶健康服務中心更成功申請為「支援在公立醫院接受治療後離院的長者試驗計劃」之認可服務機構。近年，可寧健康服務中心更持續支援「肺塵埃沉着病補償基金委員會個案」的社區復康服務綜合計劃，以協助肺塵埃沉着病患者接受復康治療計劃。

懷傲運動天地

嗇色園安老服務持續拓展，以回應社會需求，故增設「健體助延年」計劃，開辦全港首個為腦退化長者而設之健身室「懷傲運動天地」，透過運動治療模式為早期認知缺損長者建立恆常運動習慣，以延緩長者身體和衰退情況。本園有幸獲善長司徒碧珠女士慷慨解囊，由成立「懷傲運動天地」開始（2011 年），贊助經費購買運動器材及資助每年營運開支，讓長者走出家門參與運動，以延緩身體機能的退化。

2017 年 10 月 29 日，嗇色園懷傲運動天地舉辦「萬聖節——南瓜批工」活動。

嗇色園社區學院

「嗇色園耆英學院」於 2006 年成立，2015 年正式命名為「嗇色園社區學院」。學院一直提供具趣味及實用性的課程，致力追求學習與長者生活的連繫。透過課程，除了能讓長者於急速轉變的社會中能緊貼時代步伐，運用所學的知識，改善其生活質素，促進與家人的溝通，以發揮「終生學習」及「老有所為」的精神；亦將服務對象推廣至義工及區內人士等，以推廣社區教育。

「嗇色園社區學院」共設有六大學系：包括文化藝術學系、環保養生學系、家政學系、醫護心理及法律學系、資訊科技學系及應急救護學系；課程數目超過 3,990 項，學員人數超過 11,175 人。為肯定及表揚學員所付出的努力，定期舉辦畢業禮及交流活動，讓學員分享及交流學習成果及經驗。

嗇色園社區學院精彩活動剪影

其他特色社會服務

·嗇色園人道社區關愛計劃

　　嗇色園社會服務自 2016 年起推出為期五年的「人道社區關愛計劃」，主要為隱蔽、獨居及缺乏支援的長者提供適切服務，包括支持長者基本生活需要、關顧長者身體及心靈健康，並由各耆英中心的社工協助推展服務項目及跟進個案。計劃開始至今，協作的支持機構由成立最初的 12 間增至現時的 30 間，服務惠及近 800 位長者，義工人數亦累積至 500 餘人，探訪及電話慰問次數接近 26,520 人次。

人道社區關愛計劃義工嘉許禮得獎者與董事及嘉賓合照。

·長者特色餐膳服務發展

　　嗇色園一直以來十分重視長者的飲食樂趣，致力改善長者餐膳質素，並揉合中國傳統四時養生文化的特別膳餐概念，以提供優質膳食予長者。嗇色園每年會舉辦不同的活動，如長者食譜設計比賽；長者四時養生餐膳推廣；樂齡科技博覽暨高峰會長者餐膳推廣及世界吞嚥日等，積極將四時養生文化的特別餐膳概念加以推廣。亦印製《長者四時養生餐膳》小冊子，希望將四時養生概念，以及如何製作「碎餐」及「糊餐」的小貼士與大眾分享，讓大眾輕易在家中亦可預備合適的食材供長者享用。此外，嗇色園轄下安老院舍近年持續舉辦廚師交流活動，提升院舍廚師烹調特別餐之技能及水平，加強各院舍之間的服務交流，共同實踐「善心善意，善待人生」之服務理念。

工作員與長者一同製作優質餐膳。

·復康護理專業培訓暨家居照顧訓練中心

　　為應對未來安老服務於「居家安老」及「院舍照顧」兩大議題上的挑戰，嗇色園可蔭護理安老院於 2018 年成立「復康護理專業培訓暨家居照顧訓練中心」，中心內設有多元化的配備及設施，包括模擬家居設備及模擬臨床護理設備等，以開展不同系列的培訓項目，包括護理技巧培訓、院舍員工照顧技巧培訓及家居照顧技巧培訓等。長者亦能透過實

復康護理專案培訓暨家居照顧訓練中心示範。

境訓練，更有效掌握自我照顧技巧，使服務使用者、照顧者、護理及復康服務前線人員成為更有效率的團隊，以全方位支援並致力維持長者的生活質素。

·長者有明天－長者精神健康支援服務

2011年嗇色園獲香港賽馬會慈善信託基金捐助，推行長者有明天 —— 長者精神健康支援服務。透過「適應性懷緬治療」模式（Instrumental Reminiscence Intervention）以協助出現輕度至中度抑鬱徵狀的長者。計劃主要誘發長者回憶以往解難的經驗；並將這些內在的解難智慧應用於當前的生活問題，令其重拾解難能力、信心和生活自信，從而緩和其抑鬱情緒。

愛生命長者有明天嘉賓與參加者大合照。

計劃亦透過一連串地區精神健康講座、院校分享推廣長者精神健康及治療模式，最後更出版分享冊，與業界一同分享計劃的成果。

·賽馬會情繫友里計劃

嗇色園獲香港賽馬會慈善信託基金捐助，聯同香港大學護理學院，於2018年共同推行為期三年的情繫友里計劃。本計劃目的是透過外展、義工配對及中心活動，讓一些較為被動、支援網絡薄弱，甚至自我孤立的獨居或兩老長者，能夠重新築起與他人聯繫的橋樑，走出孤獨，投入社區，享受豐盛的晚晴人生。

賽馬會「晴繫友里」義工與一眾主禮嘉賓進行誓師儀式。

社會服務擴展

·嗇色園「家心愛」長者社區照顧服務

2013年9月社會福利署開展第一階段長者社區照顧服務券試驗計劃，以「錢跟人走」的模式資助合資格長者因應個人需要，選擇合適的社區照顧服務。嗇色園於第一及第二階段均有參與；並將服務名為「家心愛」長者社區照顧服務，期望提供「以家為本；以心出發；以愛相隨」的貼身服務。黃大仙區之服務更增設為認知障礙症患者而設的日間護理服務，務求「服務內容更具彈性；組合選擇更多元化」，讓更多長者受惠。社會福利署於2020年10月1日推出第三階段社區照顧服務券計劃，嗇色園的單位亦繼續參與此計劃。

家心愛長者於端午節「賽龍舟」兼進行手眼協調訓練活動。

嗇色園轄屬公益服務

嗇色園緊急援助基金

「及早識別—兒童評估資助計劃」
海報。

除了安老服務，嗇色園的社會善業亦深入各層面，並特別設立援助基金，令受惠群眾更廣泛。基金緣於 2003 年成立的「嗇色園黃允畋慈善基金」，主要讓合資格之貧病人士免費享用嗇色園附屬的西醫門診醫療服務。2006 年，「嗇色園黃允畋慈善基金（其他善業）」將援助範圍惠及黃大仙區居民、長者及嗇色園附屬學校的學生及家庭。

為進一步貫徹「普濟勸善」宗旨及發揮憫世解厄精神，嗇色園隨後將多元化社會服務重整。由 2009 年 10 月 1 日開始，「黃允畋慈善基金（其他善業）」正式納入社會服務體系運作，並改名為「嗇色園緊急援助基金」；援助範圍不再局限黃大仙區，而以「緊急援助」為軸及覆蓋面擴大至全港，為更多有需要人士提供及時適切的生活援助。

另外，為回應社會的需要，嗇色園緊急援助基金持續推出不同的援助項目，以協助社會上有需要的人士。於 2018 年 10 月基金正式推展「及早識別－兒童評估資助計劃」，截至 2020 年 12 月 31 日，共撥款 $996,400 援助 270 名有需要兒童接受評估。計劃使受助兒童輪候評估的時間由平均 11.7 個月大減至 0.91 個月。當中更有近 90% 受助人可安排於一個月內完成有關評估。為了進一步優化本資助計劃。自 2020 年 11 月起，基金更會為每位被評估為有特殊學習需要的受助兒童額外撥款不多於 $3,000 作為訓練補助金。讓受助兒童及其主要照顧者可接受即時訓練，以填補現有服務缺口。

嗇色園緊急援助基金時刻關注香港市民需要，面對突發性災危事故或全港性社會需要，基金都會迅速回應市民需要。其中包括於 2018 年大埔道公路交通事故死難者緊急援助、2020 年「嗇色園新型冠狀病毒確診個案援助金」及 2020 年「廣東道火災緊急援助金」等等。自 2009 年 10 月 1 日成立，到 2020 年 12 月 31 日為止，嗇色園緊急援助基金合共撥款 $24,666,348.82，已援助 2,693 宗個案。

嗇色園中央義工團

2003 年，嗇色園的社會服務統籌處成立「義工發展組」，提供途徑給嗇色園會員、職員、校友、家長及學生等參與善業工作，發揮「普濟勸善」精神，助人為樂。2017 年嗇色園董事會再將義工服務範疇擴大，成立「嗇色園中央義工專責組」，整合管理各個專業服務單位及部門的義工，並提供中央統籌的培訓及招募工作，加強義工服務成效。

中央義工團的主要成員為嗇色園會員、會員親屬、黃大仙師契子女及園內職工。服務範圍涵蓋嗇色園的社會服務及祠內舉辦的各項活動等。義工團於 2018 年 6 月正式運作，截至 2019 年底，已登記的中央義工人數已超過三百人，並提供了服務 1283 次，合共服務時數逾 4000 小時。

中央義工專責組於 2019 年 3 月策劃首次義工訓練活動，以「家居探訪」為主題，教授義工們探訪時需要注意的事項及技巧。

嗇色園所有社會服務單位照片合集

嗇色園社會服務單位一覽表		
可蔭護理安老院 創立於 1998 年	黃大仙鳳德道 38 號 嗇色園社會服務大樓地下 A	電話：2321 5580 Email :hoyam-mgr@siksikyuen.org.hk
可安護理安老院 創立於 1986 年	葵涌石籬一邨石寧樓二樓	電話：2421 3038 Email : hoon@siksikyuen.org.hk
可善護理安老院 創立於 1987 年	新界大埔富善邨善景樓地下及二樓	電話：2661 6555 Email : hoshin@siksikyuen.org.hk
可誠護理安老院 創立於 1990 年	新界沙田廣源邨廣楊樓地下	電話：2635 4262 Email : hoshing@siksikyuen.org.hk
可祥護理安老院 創立於 1991 年	新界屯門良景邨良華樓地下	電話：2466 8677 Email : hocheung@siksikyuen.org.hk
可健耆英地區中心 創立於 1989 年	九龍深水埗西邨路 20 號榮昌邨榮傑樓地下	電話：2725 4875 Email : hokin@siksikyuen.org.hk
可聚耆英地區中心 創立於 2000 年	九龍慈雲山慈樂邨樂滿樓 C 翼地下	電話：2321 8813 Email : hohing@siksikyuen.org.hk
可慶健康服務中心 創立於 1987 年	九龍慈雲山慈民邨民裕樓地下	電話：2306 1555 Email : hohing@siksikyuen.org.hk
可寧健康服務中心 創立於 1985 年	葵涌石籬一邨石俊樓低座地下二號	電話：2420 6381 Email : honing@siksikyuen.org.hk

嗇色園社會服務單位一覽表		
可康耆英鄰舍中心 創立於 1983 年	大埔大元邨泰欣樓 22 至 29 號地下	電話：2665 2236 Email：hohong@siksikyuen.org.hk
可平耆英鄰舍中心 創立於 1986 年	九龍橫頭磡邨宏耀樓地下 2 號	電話：2348 7472 Email：hoping@siksikyuen.org.hk
可泰耆英鄰舍中心 創立於 1991 年	沙田廣源邨廣棉樓 B 翼地下	電話：2646 9398 Email：hotai@siksikyuen.org.hk
可頤耆英鄰舍中心 創立於 1992 年	九龍東頭邨盛東樓地下	電話：2718 7171 Email：hoyee@siksikyuen.org.hk
可富耆英鄰舍中心 創立於 1994 年	九龍富山邨富禮樓 L102 地下及富信樓 L13 14 地下	電話：2327 0922 Email：hofu@siksikyuen.org.hk
可澤耆英鄰舍中心 創立於 1986 年	深水埗澤安邨榮澤樓 1-2 及 16-20 號地下	電話：2779 6998 Email：hochak@siksikyuen.org.hk
可旺耆英鄰舍中心 創立於 1996 年	旺角登打士街 23 號嘉興商業中心一字樓	電話：2625 1212 Email：howong@siksikyuen.org.hk
可榮耆英鄰舍中心 創立於 1997 年	九龍秀茂坪寶琳路寶達邨達怡樓 C 翼地下	電話：2709 0622 Email：howing@siksikyuen.org.hk

備註：
· 可敬護理安老院　創立於 1979 年（1998 年停辦）
· 可康耆英康樂中心　創立於 1983 年，地點在大元邨泰怡樓（2003 年轉型改名可康耆英鄰舍中心，2006 年搬至大元邨泰欣樓）
· 可平耆英康樂中心　創立於 1986 年，地點在秀茂坪商場（2003 年轉型改名可平耆英鄰舍中心，並搬至橫頭磡宏興樓，2005 年又搬至橫頭磡宏耀樓）
· 可泰耆英康樂中心　創立於 1991 年（2003 年轉型改名可泰耆英鄰舍中心）
· 可頤耆英康樂中心　創立於 1992 年（2003 年轉型改名可頤耆英鄰舍中心）
· 可富耆英康樂中心　創立於 1994 年（2003 年轉型改名可富耆英鄰舍中心）
· 可澤耆英康樂中心　創立於 1986 年（2003 年轉型改名可澤耆英鄰舍中心）
· 可旺耆英康樂中心　創立於 1996 年（2003 年轉型改名可旺耆英鄰舍中心）
· 可榮耆英康樂中心　創立於 1996 年（2003 年轉型改名可榮耆英鄰舍中心）
· 可健耆英綜合服務中心　創立於 1989 年，地點在深水埗南昌社區中心（2003 年轉型改名可健耆英地區中心，2014 年搬至深水埗南昌邨榮傑樓）
· 可聚耆英綜合服務中心　創立於 2000 年（2003 年改名可聚耆英地區中心）
· 可慶耆英康樂中心　創立於 1987 年，地點在慈雲山慈樂村樂泰樓（2003 年改名可慶健康服務中心，並搬至慈民邨民裕樓）
· 可寧耆英康樂中心　創立於 1987 年（2016 年改名為可寧健康服務中心）

結語　薪火相傳　善道同行

　　自黃大仙師指示以竹園村為「鳳翼吉地」而建廟，嗇色園發展到今天已屆百年。當中的轉變和革新，歷盡艱辛和機遇；惟「普濟勸善」之宗旨，一直堅持及推廣，而且已貫穿到宗教文化及所有慈善服務上。回顧早期之「赤松仙館」，本是「集合群眾修道之靜室」，到後來「嗇色園」的全面開放，成為今日的宗教慈善團體，善信滿佈世界各地；這都印證了黃大仙師的靈應感格，百年來顯跡於香江。更重要的是，黃大仙「普濟勸善」的精神和信俗文化，一直不斷向前及繼承發展；「善業」與「道」的信仰同樣得到重視，更得到大力推展及傳播。總括而言，以下闡述的變遷正體現了嗇色園薪火相傳、善道同行之精神：

（一）維修擴建　見證百年

　　嗇色園初創時，由於資金不足，興建的材料僅以竹、木、鐵皮為材料，難以抵擋風雨所侵。到了1937年仙師乩示，嗇色園建築需要配合金、木、水、火、土五行元素，才可永垂久遠。隨着七十年代重建大殿及規劃九龍壁花園，也代表嗇色園在各方面的重大發展，尤其在各項善業的推廣和落實。2011年是嗇色園發展的里程碑，當年大殿重修、各殿堂的翻新及太歲元辰殿落成等，正代表宗教文化發展更走入大眾人群之中。緊隨着一百周年的來臨，嗇色園亦正進行全園大翻修及新建殿堂（包括財神宮、碧霞元君殿等）、黃大仙信俗文化館等，這也反映嗇色園已由一所靜室，發展為「宗教、慈善、文化」集於一身的道教廟宇。

嗇色園為全園建築物翻新重修，以迎接百周年紀慶。期間每逢農曆初一、十五日晚上開放給善信參觀，在煥然一新的環境下，加上燈飾璀璨，光彩耀目，平添紀慶節日氣氛。

（二）現代管理　完善變革

　　嗇色園今天的善業規模，有着完善的管理架構。從早年乩治和杯卜選出值理會的制度，到後來以票選形式的現代管理要求，這都是為了適應日漸壯大的善業發展所需。當註冊成立有限公司後，嗇色園立即成立董事會，而各工作組織亦隨即成立各個小組，以配合園務發展，這些決策都有利於嗇色園的宗教及善業發展。由二千年開始，嗇色園的不同部門逐步取得「ISO9001:2008 版品質管理認證」及「五常法認證合格證書」，足證園務的管理是有秩序及有規模的，為傳承及發展更長遠的目標打下了穩固的管治基礎。

（三）弘揚宗教　改革創新

　　「善道同行」的「道」是指宗教信仰而言，由上世紀初梁仁菴道長將黃大仙師信仰帶來香港，「普宜壇」作為一所宗教場所為主的角色從來沒變。因着仙師的「有求必應」及「威靈顯赫」的靈應，凝聚了廣大的黃大仙信眾，從而有足夠的善款展開各項慈善事業，而「宗教」與「慈善」的關連是密不可分的。早年嗇色園的道侶雖然以自修為主，但從 1922 建醮超渡開始，一直走入社會普渡有緣。直到 2005 年創辦「經懺文化班」，嗇色園的宗教發展正式走入新的改革道路。除了重編道教科儀及課程，舉辦多場公開大型科儀，走入社區外；更着重學術與文化探究，並舉辦公開課程及講座，目的就是打破道教迷信的錯誤觀念，及將道教文化、黃大仙信俗薪火相傳。

（四）交流合作　和諧共容

　　自 1956 年嗇色園全面對外開放伊始，嗇色園已不再重門深鎖，而是廣結善緣，主動交流及學習。八十年代中國內地開放，嗇色園已經到訪普宜壇祖脈——西樵「普慶壇」；又拜訪了黃大仙師祖庭金華及蘭溪的黃大仙宮，尋找黃大仙信俗之根源。踏入二千年，嗇色園更重視「道」的包容及推展，除了與不同宗教交流外，更多次應邀前往內地各名山宮觀及世界各地道壇訪問；近年更積極與各大專院校合作，將「道」的文化推廣及深入各領域，落實「善道同行」的使命及推展。

（五）贈醫施藥　傳承善業

　　各項善業之中，嗇色園的醫療服務是最早投入的。遠在 1897 年普濟壇在廣州建立，已提供扶乩問仙方的服務。1904 年，西樵普慶壇更設有藥所施贈赤貧者。直到香江設壇後，1924 年嗇色園又在九龍城西貢街開辦贈醫施藥局，惠及社群。嗇色園多年來受助於各善長的捐款，致使今日在中醫、西醫、牙醫、物理治療、眼科護理等服務範疇得到重大發展，提供優質而低廉之診療；更與本地大學合作及發展「義診團」，為廣大市民服務。這些善行都是歷代的管理層及道侶齊心協力，使黃大仙師「普濟勸善」的宗旨可以一直發揚及傳承，也為普羅大眾提供適切及優質的醫療服務。

（六）興學育才　造福社群

　　嗇色園的善業由早期的醫藥局，到後來的多元發展，醫療、教育、安老服務同行，百年來一直服務香港市民。早於 1969 年創辦可立中學後，嗇色園於這五十年間便發展了十五間學校、一所自然教育中心及一台流動實驗室，為香港教育奉獻心力。更重要是，嗇色園不但重視「善」，更重視「道」的教育，多年來配合道德教育及誦讀經典計劃，以期培養學生有正面健康的思維及品格。未來，嗇色園仍會繼續遵循「普濟勸善」精神，致力傳承中華文化及推廣道德教育。

（七）安老扶幼　植根社會

　　普宜壇的善業，可追溯自百多年前「普慶善堂」、「西樵黃大仙福善堂」等的興辦及濟世。上世紀中香港出現不少自然災害及難民潮等社會問題，嗇色園皆有發起「扶貧賑災」的慈善工作。隨着配合政府的社會福利政策，七十年代開始嗇色園陸續創辦了不少安老院及耆英中心，現已在全港各處建有十七間院舍及中心，為各區長者及弱勢社群，提供了多元化的社區服務。今日嗇色園的社會服務範圍已超出九龍黃大仙區，另一方面又積極與本港各大研究機構合作，希望提升社區服務質素，為未來發展提供更完善的服務。

（八）善業發展　邁向多元

　　踏入二千年，嗇色園的善業已走向多元發展，而且服務更深入社會各階層。當中「嗇色園緊急援助基金」及「嗇色園中央義工團」之設立，對象更是遍及全港，真正做到「濟人急難」之旨。每逢遇到突發及緊急個案，「援助基金」便發揮應有的功能；而「義工團」在數年間已有三百多名志願人士加入，走訪各社區義務協助有需要人士，貫徹了嗇色園「普濟」之精神，繼承前賢創壇之旨，亦開創往後更廣更深之善業。

（九）文化保育　承前啟後

　　一直以來，道教信仰給人感覺迷信而不符合現代科學。自從二千年後嗇色園宗教事務的變革，「宗教」與「文化」元素得到重視及發展，尤其在「黃大仙信俗」的文化保育及承傳上，嗇色園一直致力推廣，包括與各大學府的合作、舉辦國際學術研討會及文化講座、開辦經懺文化課程及出版文化書籍等。2014 年「香港黃大仙信俗」榮列國家級非物質文化遺產名錄後，嗇色園多年來的文化工作得到各界肯定。2018 年嗇色園董事會更設立「文化委員會」，專責文化推廣及保育工作。2021 年嗇色園百周年紀慶，亦是「黃大仙信俗文化館」的落成啟用日子，正標誌着為「香港黃大仙信俗」研究注入新的資源，讓這個百年信俗文化得以永久保育及承傳。

綜上所言，今日嗇色園在宗教、文化及各項善業的發展方面，並不是朝夕可成，而是繼承普濟壇、普慶壇早年的善業及「普濟勸善」之精神，一直延伸到香港普宜壇的發展上。因此，1915年梁仁菴道長來香江設壇，不只是攜帶了黃大仙師聖像，更重要是將「黃大仙信俗」的精神及文化在香港落地生根。由1924年設立贈醫施藥局開始，嗇色園的善業從沒間斷，即使在日佔時期，仍維持有限度的施藥服務。到了今天，嗇色園的善業發展已經是全方位及多元化，而且不限於醫療、教育、安老等服務，當中「普施濟眾，勸善奉行」之精神，更深入社會各階層和生活各方面，與香港大眾緊密相連。

另一方面，嗇色園的宗教本位從沒有變更，無論管理模式如何轉變，黃大仙師信仰仍然是主要的核心領域；當中的信俗文化更是傳承的重要代表。由舊日的閉門靜修，到今天的全面開放；而禮懺科儀乃至以向社會的公開參與，嗇色園的宗教事務已經全而走入社會，廣結善緣。配合文化發展、善業的推廣，嗇色園在「善」與「道」的發展將繼續與香港市民一起「同行」，一起跨過百年一瞬之新紀元。

2021年9月25日「嗇色園一百周年紀慶暨辛丑年赤松黃大仙師寶誕慶典」在西九龍戲曲中心四樓大劇院內進行，本園一眾董事及經生，與主禮嘉賓在台上合照留念。

第二部分

道教文化
篇章

道教文化篇章

香港嗇色園黃大仙祠
100周年紀念特刊序

中國道教協會會長　李光富

叱羊傳晉道名揚，駕鶴移鑾到南天。

大道衍澤嗇色園，恩光榮耀香江輝。

今年是嗇色園創辦100周年，這是香港道教界的喜事，也是全國道教界的喜事。值此美好的日子，我謹代表內地道教界表示熱烈的祝賀！

撫今追昔，心潮澎湃。早在1915年，道侶梁仁菴、梁鈞轉、陳柱石等人從廣東西樵普慶祖壇，奉黃大仙寶像來港，在灣仔設教弘道。1921年又在九龍獅子山竹園村興建仙祠，供奉黃大仙。同年，祠廟管理機構——「嗇色園」正式成立。1934年，經政府批准，每年農曆正月向社會大眾開放大殿。1956年，正式對外開放。2008年，嗇色園同道們籌措資金對黃大仙祠進行擴建改造，並在大殿底部修建了一座供奉斗姆和太歲的地下宮殿——「元辰殿」。如今，嗇色園已成為香港規模最大的道教場所之一，香火鼎盛，信眾遍佈海內外。

嗇色園自發軔以來，以普濟勸善為宗旨，致力於為社會大眾提供多元化的慈善服務，在宣法弘道、育才辦學、安老護耆、救急扶傷等方面成績顯著，特別採取積極開放的現代化宮觀管理模式，備受矚目。

嗇色園長期以來不遺餘力地支援內地道教事業的發展，在內地道教宮觀修復、道教文化研究、道教公益慈善等方面給予了很大的幫助，與內地道教界形成了兄弟般的情誼。特別是近年，李耀輝監院不辭勞苦，親自帶團赴內地宮觀和道教院校參訪講學，傳授先進管理經驗，獲得內地道教界的一致讚譽。

道書云：「治人事天，莫若嗇。夫唯嗇，是謂早服；早服謂之重積德；重積德則無不克；無不克則莫知其極，莫知其極，可以有國；有國之母，可以長久。是謂根深固柢，長生久視之道」。「嗇」既是治國安邦的根本原則，又是長生久視之道。嗇色園秉持祖師訓導，不忘初心，在過去100年走過了波瀾壯闊的歷程，取得了輝煌的成就。在成立百年之際，舉辦慶典，回顧歷史，展望未來，相信一定會邁上新的發展台階，為世界道教事業的健康發展作出更大的貢獻！

衷心祝願嗇色園香火鼎盛，道業昌隆，明天更加美好！

堅硬和柔軟都是道──
皇初平「喝石成羊」的神學意義

原上海社會科學院宗教研究所所長　陳耀庭

黃大仙皇初平的神跡，最早記載在相傳一千六百多年前葛洪編纂的《神仙傳》裏。《神仙傳》說：「皇初平者，丹溪人也。年十五，而家使牧羊。有道士見其良謹，使將至金華山石室中。四十餘年忽然，不復念家。」[1] 後來，皇初平的哥哥掛念兄弟，到處尋訪，經人指點，找到了皇初平。「因問弟曰：羊皆何在？初平曰：羊近在山東。初起往視，了不見羊，但見白石無數，還謂初平曰：山東無羊也。初平曰：羊在耳，但兄自不見之。初平便乃俱往看之，乃叱曰：羊起。於是，白石皆變為羊數萬頭。」這就是最早記載的黃大仙神跡故事。

這個神跡故事有兩個令人感興趣的地方：

一個是皇初平被道士帶到金華山石室時，隨行的只是幾頭放牧的羊。而幾頭羊後來變成了「白石無數」。當後來哥哥再次見到皇初平，問他哪裏有羊的時候。皇初平「叱石變羊」，於是，「白石無數」變成了「羊數萬頭」。這個感興趣點是石頭數量增加，也即白羊數量的增加。

另一個就是白羊變成白石，白石又變成白羊，這些都是在皇初平修道成仙後完成的，因此，「變」就是皇初平得道以後的神威和神力。這個感興趣點是從不變到能變。

在世界範圍裏，有許多宗教把石頭作為一個象徵或者崇拜物件。

美國著名的宗教學家伊利亞特（Mircea Eliade）有一部名著，書名叫做《神聖的存在──比較宗教的範型》。這本名著裏面有一章題目就叫〈神石──顯現、符號和形式〉。伊利亞特說：「在原始人的宗教意識中，堅硬、粗糙、持久的物體本身就是一種神顯」，岩石「它的偉力、它的靜止、它的體積以及它奇特的外形與人類絕無共性；它們同時表明存在着某種炫目的、可怕的、富有吸引力的以及頗具威脅的事物。它以其崇高、堅硬、外形狀和色彩，使人類直面某種與他所屬的世俗世界判然有別的實在和力量。」伊利亞特解釋了人類因為堅硬和巨型而對石頭產生敬畏和崇拜的心理，這樣的分析對於西方世界的宗教信徒無疑是確切的。這樣的心態可能也是還沒有入道的皇初平的兄長看見滿山遍野的白石數量的驚訝心態。後來，兄長也跟隨弟弟在山修道了。伊利亞特在文章裏說到了新石器時代的「巨石陣」、神廟和王宮的中心的「石柱」、「石雕」、自天而降的「隕石」、「雷石」等等，在這位西方宗教學家眼裏，「宗教的石頭總是記號，總是代表某種超越於它們的東西。從這些卵石和岩石──總是以其堅硬、牢固和高貴而衝擊人類的心靈」，「宗教的石頭總是一成不變地象徵着某種比人類更加偉大的東西」。[2] 在伊利亞特心中，石頭就是以它的堅硬和巨型成為宗教信仰的象徵。

可是，在皇初平的傳記裏，石頭並非是因為堅硬和巨型而成為信仰對象的，而是因為石頭滿山遍野的數量，也就是後來變化為白羊的數量。因此，這裏白石被賦予了和伊利亞特說的不同的含義，但是，石頭和白羊同樣「衝擊着人類的心靈」。這滿山遍野的白石雖然也堅硬，但是它是由白羊變成的，而白羊在西方人的眼裏卻是柔軟和溫順的，當柔軟的白羊變成白石後，白石的堅硬則來自於柔軟。如果按照伊利亞特的觀點，堅硬的石頭是神聖的符號的話，那麼，在中國道教的神仙事跡裏，堅硬的白石和柔軟

的白羊都是神聖的符號，因為白石和白羊可以變換，白石和白羊體現了一種事物的堅硬和柔軟的二形態和二重性，堅硬和柔軟這二者都是讓人敬畏的神性的標誌。浙江的金華山沒有參天的石柱，也沒有像聳立於海洋中的巨石陣，更沒有類似澳洲沙漠中招搖遊客攀爬的宏偉的「大石頭」，可是，滿山的白石和白羊同樣是中國宗教的神跡而讓信眾無比敬仰和敬畏。堅硬和柔軟都是白石的神性，對於堅硬和柔軟同樣的敬畏，這是中國宗教和西方宗教的神學思想的一個明顯的區別。

其次，太上的《道德經》第二章教導我們，「有無相生，難易相成，長短相形，高下相盈，音聲相和，前後相隨，恒也。」[3] 按照道教的神學思想，白石的堅硬和白羊的柔軟，是相互依順在一起的，它們是對立的，同時又是依存的而且可以變化的。《道德經》說的「恒也」，就是指對立而依存之「恒」，也就是大道變化之「恒」，「神聖」之「恒」。堅硬可以引發人的敬畏，在中國人的眼裏，柔軟同樣能夠引發人的崇敬。堅硬和柔軟之間恒久的變化，是皇初平學道修道以後得到的體悟，也是在修道得道以後才獲得的變化的「神力」。因此能夠認識並引起這個「恒」的變化，這正是道教神靈可學可修可得的標誌。「大道」能夠在神仙施展之中，引導世界上的事物自身發生變化，而不是像有些宗教那樣由主宰者操控，一切僵化不變。這是中國道教神仙神學與某些西方宗教神學思維不同的又一個鮮明特點。這樣的道教神仙神學，在一二百年前西方傳教士的信函中，都被稱之為「巫術」，是他們詆毀和污蔑中國宗教信仰低劣的標誌。不過，在中國道家哲學和道教神學思想中，引起敬畏和崇敬的正是這一恒久的大道「變化」的真理。

皇初平帶着羊群上山修道，其山被尊為道教第三十六洞天。皇初平得道的神跡，也得到歷代詩人的頌讚。叱石變羊的故事傳遍華夏天下。杜恒在《金華十詠》中就有〈赤松羊石〉一首，詩稱：「群羊化石臥山間，雙鶴沖天去不還。歲久未隨煙草沒，春深應長雨苔斑。束薪澗底堪同煮，矯首雲中近可攀。不見黃家兄與弟，桃源流水自潺湲。」[4]

當然，在不同信仰者的眼裏，對於黃大仙的神跡故事會有不同的理解和解釋。《宋高僧傳》記載，唐代太原甘泉寺高僧志賢「游方，見金華山赤松洞，是皇初平叱石羊之地，郁林峻嶺，泉湖百步許。意樂幽奇，既棲巔頂，野老負香秔蔬茹以供之」。[5] 據說，廣東新會還有一個佛教寺廟叫「叱石寺」。寺名「叱石」，自然傳誦的是黃大仙神跡故事。「叱石寺」裏供奉如來佛祖和文殊普賢等菩薩。殿左有廳名叫「小金華」，並設有「黃大仙祠」。該寺有一副對聯說到佛徒以「叱石」為寺名的由來。對聯稱：「叱起三生石，石開萬善門」。對聯作者拋棄了道教神學對「石羊變化」的理解，將黃大仙神跡中的「白石」直指為佛教的「三生石」，還要求信眾不論前世、今生和來世，都要打開「萬善門」。佛教徒以「白石」勸人為善的教化，無疑應該肯定。只是這樣把黃大仙的變石神跡抬高為主管人生三世的「三生石」，這樣就把黃大仙與佛教「三世佛」，也即「三寶佛」並列供奉於一寺內，這一做法，不知道我們道教的黃大仙在天之靈是否願意管人間三世之事，也不知道高踞於西方極樂世界之顛的三寶佛是否會責怪今世佛徒的不敬之罪。善哉！善哉！

1　葛洪編：《神仙傳》（卷二），《文淵閣四庫全書》（第1059冊），台北：商務印書館，1988，頁262。
2　伊利亞特著，晏可佳、姚蓓琴譯：《神聖的存在——比較宗教的範型》，桂林：廣西師範大學出版社，2008，頁221。
3　陳鼓應：《老子注譯及評介》，北京：中華書局，1984，頁64。
4　《金華府志》（明·成化版），台北：學生書局，1965，頁1634。
5　贊寧著：《宋高僧傳》，北京：中華書局，1987，頁207。

為何道教重要？

———————————— 香港中文大學中國研究中心講座教授　勞格文（John Lagerwey）

譯者：郭慧雯

摘要

　　道教是理解中國歷史的基礎，魏晉以來一直都與帝國密切相關，尤其是唐、宋、明三朝。其中，明朝的皇帝不僅為真武修建宮觀，以證天命，而且將皇室福祉和國家安寧寄託在真武身上。明代的道士還取代了士大夫，在國家設立的宮觀中掌管祭天儀式。不僅如此，道教在民間社會也頗受歡迎，天師道和全真道先後在中國的廣泛地區流行就是最好的明證。如今，這樣的傳統體現在地方道士家族所保存下來的儀式和文物中，所以對地方道士的研究，是了解道教在中國社會中實際作用的重要途徑。

正文

　　從地方社會上至朝廷，理解道教對於理解中國歷史是至關重要。早在三國時期的魏國，皇帝就開始非常支持道教；而北魏則實際將道教發展成為國家的首要宗教，北周亦是如此。前述後兩個王朝以及唐朝的三位「武帝」被稱為「三武」，他們都將崇道的政策與滅佛的嘗試聯繫在一起。另一組的三位皇帝——唐玄宗、宋真宗和明太祖都曾為《道德經》作注釋，並將此作為崇尚道教多於佛教政策的一部分。但是，關於帝國崇道的最重要事實是唐、宋、明三朝的天命與道教諸神的聯繫：唐朝的老君、宋朝的黃帝和明朝的真武。

　　這些現在都已是經過充分研究的現象，但是它們對於大多數外行人甚至中國的許多歷史學家來說仍然是未被知曉。所以我們不禁問道：為什麼是這三個神？對於唐朝而言，老君據說是李姓，是皇室的祖先。因此從王朝建立之初，就在長安附近的終南山建造了宗聖觀——這裏被認為是老子授予尹喜《道德經》之地。宋朝沿襲唐朝的模式，把黃帝視為自己趙姓的源頭。

　　但其中最有趣的還是明朝的真武。真武絕非王朝的祖先。他實際上原是一名位階相對較低的神明，是眾多宋朝以來道教日益重要的「元帥」之一。是宋真宗將他的名字由玄武改為真武，並把他尊為「四聖」之一，而「四聖」皆是驅邪的神明。到永樂宮在元朝被建造時，「四聖」已經在位於北牆的巨大壁畫〈朝元圖〉中佔有西北角和東北角的部分。也就是說，他們保護着北面通向最高神明的入口並面朝南方，像皇帝本人南面而坐一樣。元朝在 1269 年營建大都（北京）時，蛇和龜的先後顯現使他們將真武視為保護神，後來他們又在武當山中央山峰的頂端建造了一座銅殿，這在當時已經成為真武崇拜的國家中心。

　　因此，當朱元璋在南京為真武建起一座宮觀時，他很可能是延續了元朝的傳統。但是，正是他那篡位的兒子永樂帝，通過在武當山為真武建造一系列宮觀（建築群現為聯合國教科文組織世界遺產）來專門確定明朝天命與真武的聯繫。他把元朝的銅殿從天柱峰頂移除並在原地新建了一座明朝版本的。他還圍繞山頂興建了城牆，將其變為第二座紫禁城。而在北京紫禁城的最北端，另一位非常堅定的道教徒嘉靖帝為真武建造了一座名為欽安殿的廟宇。永樂帝之後的每位明朝皇帝在登基後都會立刻向武當山發送

「祭文」，向真武宣布新君的即位並祈求得到他的護佑。因此，真武就像是整個中國的城隍：負責保護其領土和皇室。在帝國境內，越來越多祀奉真武的廟宇出現，現在它們更多被稱為北帝廟或上帝廟，這顯然與上述國家政策有關。

但明朝更非比尋常的，是由明太祖本人所提出將天壇祭天的儀式交由道士掌管、執行的政策。這是史無前例的，因為祭天是由漢代的儒士創造並一直被士大夫官員所監督，只有明朝政權對道教的完全認可才能夠解釋為何這種權力被移交至道士。從那時起，道士就在天壇擁有一個龐大的神樂觀。他們在那裏被訓練為舞者、樂師及祭司，以便為皇帝的定期祭天作準備。最令人驚訝的是，儘管儒者不斷反對，但這種安排仍然持續至清代中期。直到 1743 年，乾隆帝最終才將祭祀權交還給士大夫。

唐、宋、明三朝對推廣道教抱有如此熾熱的興趣，是因為道教在中國社會已經十分流行。與佛教相比，道教有多流行雖很難說，但無疑是非常普及。早在宋朝，天師就已經被民間傳說視為最有能力的驅邪人物，他的畫像還會在端午節的時候被掛到門上。從宋朝開始，天師在帝國政策變得越來越重要，在明朝甚至還與皇室聯姻。全真道即使僅僅始創於 1160 年，也很快在整個金朝領土廣為流行。到了明朝其光芒被天師道所掩蓋，在清朝又再次於朝廷中崛起。丘長春與成吉思汗會面的「西遊記」和七真人的事跡成為中國民間文化中最廣為人知的故事之一。

以上所述大多可以從歷史著作中得知，而未能被知悉的是道教在中國社會的實際角色。這是為何在過去的半個世紀，越來越多的專家學者一直在研究地方道士。他們發現的東西往往令人難以置信：大量的儀式抄本、神像、法器和繪畫被全國各地的道士家族保存下來，其中一些是屬於清初甚至明代的。這些道士家族及其儀式傳統已經成為描述他們儀式的書籍及電影的焦點，並出版他們的抄本及繪畫。在某種程度上，可以說這些民族志報告使我們對道教的真實本質有了最深刻的認知，從事這類田野工作的學者都會知道，如果你想全面理解地方的宗教實踐，當地的道士是最好的資料來源。

這類著作很多已由台灣新文豐出版公司出版，首先是與王秋桂的合作，最近則是在嗇色園黃大仙祠的資助下，由呂鵬志和我本人主編。我謹在此感謝嗇色園黃大仙祠對着作成果的支持，這對我們理解道教在中國社會的地位至關重要。

Why Makes Daoism Important?

From local society up to the imperial court, understanding Daoism is essential to understanding Chinese history. Emperors began to seriously support Daoism as early as the Sanguo Wei dynasty, and in the Northern Wei actually made Daoism the preferred religion of the state, as did the Northern Zhou. In the latter two dynasties, and again in the Tang, three "Martial Emperors" (Wudi) linked their policy of Daoist preference to attempts to destroy Buddhism (mieto). Another group of three emperors, as part of their policy favouring Daoism over Buddhism, wrote commentaries on the *Daodejing*, namely, Tang Xuanzong, Song Zhenzong, and Ming Taizu. But the most important fact concerning imperial preference for Daoism is the linking of the Heavenly Mandate of the Tang, Song, and Ming to Daoist gods: Laojun in the Tang, Huangdi in the Song, and Zhenwu in the Ming.

These are all well-studied phenomena now, but they remain unknown to most lay persons, and probably even to many historians of China, so let us ask: Why these three gods? For the Tang, Laojun, said to be surnamed Li, was their ancestor, so from the start of the dynasty an Abbey of the Lineage Saint (Zongshengguan) was built near Chang'an, on Zhongnanshan, where Laozi was thought to have revealed the *Daodejing* to Yin Xi. The Song followed the Tang pattern, seeing Huangdi as the source of their own Zhao surname.

But most interesting of all is Zhenwu in the Ming. Zhenwu was definitely not a dynastic ancestor. He was in fact originally a relatively low-level god, one of the many "marshals" (yuanshuai) who became important in Daoism from the Song on. It was Zhenzong who changed his name from Xuanwu to Zhenwu and honoured him as one of the Four Saints, all of whom were exorcistic gods. By the time the Yonglegong was built during the Yuan, these Four Saints occupied the northwest and northeast corners of the vast mural that represents a *chaoyuantu* or Audience before the Origin painted on the north wall. That is, they protected the entry to the high gods on the north side, facing south, like the emperor himself when in audience (nanmian er zuo). When the Yuan were building Dadu (Beijing), in the year 1269, appearances of a snake and then a tortoise led them to identify Zhenwu as their protector deity, and they actually built a Bronze Hall on top of the central peak of Wudangshan, which was already the national center of Zhenwu worship.

So when Zhu Yuanzhang had a temple built to Zhenwu in Nanjing, he was probably carrying on a Yuan tradition. But it is his usurper son, the Yongle emperor, who specifically identified the Heavenly Mandate of the Ming with Zhenwu by building a whole series of temples to Zhenwu on Wudangshan (the complex is now a Unesco World Heritage site). He moved the Bronze Hall of the Yuan down off the top of the Heavenly Column Peak and put a Ming version in its place. He also had a wall built around the summit, thus making it into a second Forbidden City. In the Beijing Forbidden City, on its far northern end, the Jiajing emperor, another very determined Daoist, built a temple called the Qin'andian or Hall of Imperial Peace for Zhenwu. Every Ming emperor after Yongle, as soon as he ascended to the throne, would send a "sacrificial writ" (jiwen) to Wudangshan, announcing to Zhenwu his accession to the throne and asking for his protection. Thus Zhenwu was like the City God of all China: in charge of protecting its territory and the dynastic house. The appearance, throughout the empire, of ever more temples dedicated to

Zhenwu, now more frequently called Beidi (Emperor of the North) or even Shangdi (Emperor on High), is clearly related to these imperial policies.

But even more exceptional in the Ming was the policy initiated by Taizu himself to put the Sacrifice to Heaven performed on the Altar to Heaven (Tiantan) in the hands of Daoists. This was unprecedented, for the Sacrifice to Heaven was the creation of Confucian literati in the Han and had always been overseen by literati officials. Only the total identification of the Ming regime with Daoism can explain that it was turned over to the Daoists, who thenceforth had a massive Abbey of Divine Music (Shenyueguan) in the Altar to Heaven Park. They there trained as dancers, musicians, and priests in preparation for the regular Sacrifice to Heaven done with the emperor. Most amazing of all, in spite of constant Confucian opposition, this arrangement continued right down to the mid-Qing when, in 1743, the Qianlong emperor finally turned the sacrifice back over to the literati.

If the native dynasties—Tang, Song, Ming—took such an active interest in the promotion of Daoism, it was because Daoism was popular in Chinese society. How popular by comparison with Buddhism is very hard to say, but certainly very popular. Already by the Song, the Heavenly Master had come in folk lore to be seen as the most able exorcist, and his image would be hung up over doors for the Duanwu festival. From the Song on, he became ever more central to imperial policies, even marrying into the imperial family in the Ming. Quanzhen, which only began in 1160, soon became hugely popular throughout Jin territory and, while it was eclipsed during the Ming by Heavenly Master Daoism, it became prominent at court once again during the Qing. The tales of Qiu Changchun's "Journey to the West" to meet Genghis Khan and of the Seven Authentics (Qizhenren) are among the most widely known stories in Chinese popular culture.

Most of what is described above can be known from historical writings. What cannot be known is the actual role of Daoism in Chinese society. That is why, over the last half-century, an increasing number of specialists have been studying local Daoist priests. What they have discovered is often quite unbelievable: vast numbers of ritual manuscripts, statues, ritual implements, and paintings, some from the early Qing or even the Ming, held by Daoist families throughout the country. These Daoist families and their ritual traditions have become the focus of books and films describing their rituals and publishing their manuscripts and paintings. In a way, it could be said that these ethnographic reports give us the deepest insight into the real nature of Daoism, and scholars who do this kind of fieldwork all know that, if you want to get a comprehensive understanding of local religious practices, local Daoists are the best source.

Many such books have been published by Xinwenfeng in Taiwan, working first with Wang Chiu-kuei and, more recently, with financial help from Sik Sik Yuen Wong Tai Sin Temple, with Lü Pengzhi and myself. This is the place to thank Sik Sik Yuen Wong Tai Sin Temple for supporting work that is so fundamental to our understanding of the place of Daoism in Chinese society.

試論以道為主的道教，
兼論老子所傳的道文化

台中科技大學應用中文系教授　蕭登福

道教源於中華文化，原無創教者與創教年代，但它卻定型於老子的道體論及修行法門。老子的思想，自然是有所源承而來，而戰國以後的道教發展，則離不開老子。道教不起源於老子，卻定型於老子。

道教，顧名思義，是以「道」為此教的主要內涵。「道」是宇宙萬物的原理原則，也是通往真理的法門道路。朱熹《四書集注・論語・學而篇》「就有道而正焉」下注：「凡言『道』者，皆謂事物當然之理，人之所共由者也。」道是一切事應當會如此產生及進行的原理原則，也是人們必須共同遵行的方法，道的定義正是如此。

道教，它是本土宗教，隨着本土文化、習俗自然形成，原無創教教主與創教年代。以歷史的演變來看，古老文明所衍生的宗教，通常都是隨着本民族的文化、信仰、民俗逐漸形成宗教，所以找不到教主，其後新出的宗教才會有教主。例如隨印度文化形成的婆羅門教沒有教主，埃及的多神教，以色列的猶太教等等，都找不到教主；同樣地，道教也沒有教主。這些本土宗教，都是隨着各民族本身的文化、習俗、哲學思維，逐漸發展而成，並不是由某人所獨創。至於佛教，它是改良婆羅門教而來；基督教，是由猶太教而來，所以才會有教主。

世人以張道陵為道教創始人，其說肇自北周末隋初的釋道安《二教論》，是佛道相攻時釋徒攻訐之言，在此之前，儒釋道三教的文獻中，皆無張道陵創教說。佛道相攻，始於劉宋，梁朝僧祐《弘明集》所載眾多佛、道二教相爭互相論戰之文，亦皆未見張道陵創教說，而是以孔、老、釋三人分別代表儒、道、釋三教；由於三人中以老子年最長，所以北周的釋道安才會刻意以張道陵代替老子，以便於誇說佛在道前。筆者所撰《周秦兩漢早期道教》一書，曾由宗教定義敘述起，再談論在張道陵之前，道教的經書、修行法門、宗教科儀等均已存在，以此來論述道教不始於張道陵，張道陵僅是道教歷史洪流中的一個宗派。

道教隨着中華文化而逐漸興起，雖然《史記・封禪書》載黃帝且戰且學仙，鼎湖成道，龍迎上天。但畢竟黃帝之事久遠，難以印證，且夏商及西周文獻亦不足，無法溯源。今以現存文獻來看，東周春秋時道教方術及求長生的修煉法門已儼然成形。我們可以由四方面來印證春秋時，道教的修行方法及方術即已盛行於當時。（1）春秋周靈王大臣萇弘，見周室衰微，欲以方術招來諸侯，所用即為道教方術。（2）《史記》載，春秋時長桑子能隱形現形，其弟子扁鵲能洞視臟腑，是已與道教神仙方術不別。（3）《山海經》所載多祀神之方，及不死藥之煉製，《山海經・海內西經》所言崑崙山為天帝之下都，皆和道教神仙說相關。《山海經》的撰作年代，《四庫全書總目提要》說是撰成於周秦間，但以其書中有不死藥及不死民之敘述，卻尚未用及「僊（仙）」字，和戰國書廣用「仙」字者不同；且所述人獸雜混的鬼神形貌，和《左傳》、《國語》、《墨子》等春秋時代之書相同，文字簡樸，《列子》、《莊子》、《楚辭》都暗引其書之說；《山海經》一書的〈山經〉係祭祀鬼神之書，以此看來，《山海經》之撰作，應在春秋時期。（4）《老子》書多言修煉之法，其書被後人視為修仙書，老子其人及弟子，被視為神仙人物。從上述四方面，可以證知在東周春秋時期，道教的修行法門及術儀已流行於當時，不是始自戰國時齊威王、宣王、燕昭王的海外求仙。

《老子》書中有道體論，有修煉之方，有得道境界之敘述，尤其「載營魄抱一」、「專氣致柔」、「滌除元覽」等修心養神及吐納煉形的修煉工夫，更與神仙說關係密切。《老子》書在戰國諸子書中已被當做神仙修煉書來看待，老子其人在諸子書中亦被視為神仙人物。甚至老子的學生如關尹子、尹文子、亢倉子（庚桑楚），其再傳弟子老成子、列子等，在《列子》、《莊子》書中，也都成為神仙人物。這些可以看出老子其人其書，在道教的形成及神仙修煉說上，扮演着重要角色。

《老子》修煉法門，據《文子・下德篇》說：「老子曰：治身：太上養神，其次養形。」即其神仙修煉法門，分養神、養形二者。養神，以恬惔寡慾、清靜無為主；養形，以綿綿不絕的專氣致柔及魂魄抱一為主。其影響而為莊子的心齋坐忘（養神），與熊經鳥伸之說（養形）。《莊子・刻意篇》：

> 吹呴呼吸，吐故納新，熊經鳥申，為壽而已矣；此道引之士，養形之人，彭祖壽考者之所好也。若夫不刻意而高，無仁義而修，無功名而治，無江海而閒，不道引而壽；無不忘也，無不有也；澹然無極，而眾美從之，此天地之道，聖人之德也。故曰：夫恬惔寂寞，虛無無為，此天地之平而道德之質也。故曰：聖人休，休焉則平易矣。平易則恬惔矣。平易恬惔，則憂患不能入，邪氣不能襲，故其德全而神不虧。

《莊子・刻意篇》將修煉之境界分為二種，其一為「吹呴呼吸，吐故納新，熊經鳥申」等養形之人；其一為「恬惔寂寞，虛無無為」「德全而神不虧」的養神之人；莊子認為養神者的境界，遠在養形者之上。而最可注意者，莊子將吹呴呼吸、吐故納新和恬惔寂寞、虛靜無為相並而談，其說，應承自文子，而皆是出自《老子》。此外，屈原在〈遠游〉一文中，也把老子清虛、寡慾、自然、無為、恬澹、靜默、壹氣、和德等老子思想；以及道家思想中「道可受不可傳，其小無內，其大無垠」等道家對於「道」觀念的闡釋，引用到修仙上來。將道家對道的領悟，拿來做為成仙的法門，並且與王喬、赤松等仙人並論，以仙人為得道者。

在周世的修仙法門上，都以養神為主，而兼修養形。兩漢《淮南子》、《周易參同契》、兩部《黃庭經》等都深受老子修行法門的影響。宋後修行以內丹為主，而內丹的分修性與修命，即是承老子養神、養形而來。可以說從老子所處的春秋時代以後，道教的修仙法門都深受老子的啟發與影響。

不僅《老子》為修仙之書，老子的學生，也都成為道教的仙聖人物。《列子・仲尼篇》說：「老聃之弟子有亢倉（庚桑）子者，得聃之道，能以耳視而目聽。」《列子・周穆王篇》說尹文子之師為老聃，尹文之弟子為老成子，學幻於尹文，可以隱形現形（存亡自在），可以改變四季，讓冬天打雷，夏天結冰；能使飛禽變走獸，走獸變飛禽。這些描述已與道教仙人無異。《莊子・天下篇》也說：「關尹、老聃乎！古之博大真人哉！」《莊子・逍遙遊》說：「列子御風而行。」這些說法，證明在戰國之世，已把老子神仙化了。除老子被神仙化外，老子的學生關尹子、尹文子、庚桑子，以及老子的再傳門人老成子、列子，都成為神仙人物。這些人是道家人物，也是神仙人物。因此，東漢・王充《論衡・道虛篇》說：「老子之道，為可以度世，恬淡無欲。」《後漢書・祭祀志下》及《後漢書・襄楷傳》載漢桓帝於宮中立祠祀老子，並於延熹八年遣使至陳國苦縣祠老子；九年以淳金釦器，設華蓋之坐，用效天樂，親祠老子於濯龍，把老子當成天界之主尊來祭拜。正一派的張道陵自說五斗經傳自老子，並闡揚老子修仙之道。自此而後，老子和道教皆息息相關。

道教是隨着中國本土文化發展而成的宗教，本無創教者與創教年代，但以今日所見，文獻較完備者為東周春秋時期，而此時期老子其人其書，都是主導道教的發展與修行法門，從戰國至今，道教的發展皆離不開老子。道教的修行法門，來自老子的養神、養形，老子的學生為道教神仙人物，老子的再傳弟子安期生為方士也是仙人。漢代帝王崇敬老子，張道陵攀附老子。《魏書‧釋老志》說：「道家（道教）之原，出於老子。」即以老子為道教之始源。道教原不始於老子，但以老子對道教經典及修行法門有重大影響，老子及其弟子成為道教神仙人物。老子可以說是使道教定型的重要人物，戰國以後道教的發展，離不開老子，以道教定型於老子而言，視老子為教主，在情感上亦是可行。

禮云禮云，玉帛云乎哉——
淺論黃大仙祠科儀的歷史和意義

香港中文大學文化及宗教研究系教授及系主任（2014-2020） 譚偉倫

《增廣賢文》有云：「百年修得同船渡」。眾道長有幸於大仙第一洞天道場，鳳翼吉地內，沐浴於道風之中，靜心透悟黃庭卷，誠意參拜大羅仙，不可謂沒有百世修來之大好因緣。適逢黃大仙祠舉行百年慶典之際，也是回首百年路，百年風雨百年人之時矣。

關於金華分蹟，清靈寶洞的歷史，前人所說甚詳，尤以子安兄 2006 年的《香江顯迹》最能竭澤而漁，資料翔實，考據最深。大凡從清末番禺菩山深柳堂、花埭大仙祠、南海西樵稔崗普慶壇、廣州芳村普化壇，以至十九世紀末，梁仁菴道長南下香江中環、灣仔，最後座落蒲崗竹園的普宜壇，都交代得清晰無誤，一目了然，於此毋容贅述。

黃大仙祠的歷史，論者愛由十九世紀末廣州流行的乩壇現象說起。不過眾所周知，大仙的傳記早已見於東晉元帝建武元年（317）葛洪撰之《神仙傳》中。游子安《香江顯迹》一書中提到：黃大仙祠的祖宮是浙江金華山的赤松宮，或作赤松觀。吳麗珍 1997 年出版的《香港黃大仙》亦提到：宋大中祥符元年（1008）赤松宮奉詔更名寶積觀。據收於《正統道藏》南宋末倪守約撰《金華赤松山志》，赤松宮「自晉至我朝（宋），香火綿滋，道士常盈百」。若按萬曆《金華府志》之說法，赤松觀是錢武肅王（852-932）所修。如是，赤松觀「道士常盈百」的狀況應是形容唐、宋期間，而非始自晉。值得注意的是，赤松宮更名為「寶積觀」，不知是與浙江佛教自宋以來的興盛相關，抑與大仙向來主張三教同源的理念相關？「寶積」既是佛典名，為釋氏著名的大乘五部經之一。「寶積」亦是佛寺古剎名，為禪家曹洞宗的祖庭，為本寂禪師（840-901）創建於江西撫州宜黃縣。可見黃大仙祠的祖宮一度與禪家曹洞宗的祖庭同名。更有趣的是佛家的寶積寺原是改建自荷玉觀（因位於荷玉山故），足見佛、道交涉在唐、宋之際如何緊密，這也為日後黃大仙祠科儀兼容佛家埋下伏線。

唐、宋之際，黃大仙祠祖宮之「道士常盈百」情況一直維持到今天。這提醒了我們黃大仙祠眾多面向中較少論及的一面：即自古至今，黃大仙祠均是一所道士立身修道的道場。提起黃大仙祠，大抵都令人聯想到大仙的靈籤妙藥、有求必應，大仙早期乩文的普濟勸善；以至在大仙指引下成立的嗇色園之濟世善舉。嗇色園的贈醫施藥、濟貧賑災的公益善業和社會服務，涵蓋醫療、辦學、安老等範疇。子安的另一巨著，2008 年的《爐峰弘善》述之甚詳，亦毋容贅述。不論是大仙的靈籤妙藥，以至大仙透過嗇色園所做的公益事業，均是黃大仙祠面向普羅大眾的一個面向。外籍學人梁景文（Grame Lang）與羅思（Lars Ragvald）曾把大仙稱作「攀上社會階梯的難民神祇」，也是論述了黃大仙祠面向普羅大眾的一面。據兩位學人的觀察，一則大仙填補了香江移民自粵遷徙香江後疏遠廣東故鄉傳統宗教信仰的空白；二則黃大仙祠的發展與香港成功故事平行：由廣東來港的難民，憑勤奮、變通、運氣發財致富與香江大仙祠的蒸蒸日上發展正好同步。昔日的「難民」生活水平隨香港經濟起飛急速變化，生活上大小景遇，特別是竹園區域的居民，多歸功於大仙的庇佑，故云大仙是「難民的神祇」（詳見二人 1993 年名著：*The Rise of A Refugee's God: Hong Kong's Wong Tai Sin*）。這確是一個很有趣和值得參考的觀點。不過黃大仙祠的另一個面向，即黃大仙祠作為祠內一眾入道道士共同立身修道、覺世扶生、勤修善果的一個宗教群體的面向，往往較少受人注意。這也正是接下來本文要淺談的一個觀點。

游子安的《香江顯迹》（頁 66）羅列了〈嗇色園普宜壇列聖誕期一覽表〉。這個一覽表很像今天嗇色園的〈宗教活動行事表〉，比如〈2020 庚子年宗教活動行事表〉，當中便羅列了園中整年的賀誕、寶懺與其他科儀如元辰殿化表、送迎太歲、團拜領燈、祭本園先道侶等科儀。科儀在黃大仙祠中倒不是新鮮事，可上溯至南海普慶壇。1901 年於南海西樵山稔崗村，梁仁菴道長所成立的普慶壇，已有開辦經懺班，並有組織經生隊伍，遠赴廣州羅浮山學習科儀之舉；其時所學稱之為「玄門正法」。1915 年普慶壇以乩文形式，獲仙師降下《黃赤松大仙真經》。1918 年又獲降下《普慶幽科》科儀本。1915 年梁道長南下香江，1921 年正式創辦普宜壇，自此香江普宜壇的科儀活動頻繁，所辦的法會，由普慶壇經生來港主持，用的是「西樵之道腔」。1922 年普宜壇在成立之初，便曾建醮超度風災亡靈。1923-1925 年間，普宜壇每年都要舉辦二十晝連宵的「萬善緣法會」。那是一場萬人簽名聯名上奏天庭，超幽謝恩、誦經禮懺、早晚朝參、供大讚星的周年大法事。1926 年起，普宜壇林邊覺（仲甫）道長得仙師批准，本着「佛法本無人我」之理念，從學於廣州楞嚴佛學社沈允州先生，科儀改用佛家通用的「禪腔」。同時，又由陳程覺道長出資禮聘羅浮山白鶴觀道長，來港協助科儀法事。1926 年普宜壇舉辦了七天佛誕醮事。1928 年又辦十七天盂蘭盤勝會。1932 年到東莞太平虎門海面誦大悲咒，超度華洋輪船水難亡者。1941 年續辦萬善緣會十四天，超度陣亡三軍戰士。1945 年日軍投降、香港重光後舉辦錫福消災法會。1958 年普宜壇由程一強、梁根澤、馮講菴道長合辦經生訓練班。1960 年佛誕舉辦萬善緣法會九天，邀請自 1954 年駐錫於竹園的覺世佛學會樂果老法師協助，並於 1968 年與嗇色園經生共同進行佛誕科儀。1991、1996、2001（八十周年）嗇色園都有舉行大型息災保安善緣法會。以上嗇色園的科儀歷史，已詳見於游子安《香江顯迹》（頁 68-69、76、106-111）一書中。歷史充份說明香江黃大仙祠繼承了南海普慶壇，一直很重視科儀。科儀本指道教中的儀式規範。早期普宜壇的科儀，本着大仙三教同源的教導，以道為主，兼容佛家。嗇色園的科儀，自始除了為眾生提供宗教服務而進行以外，還是入道道長藉以修道悟真的一個重要途徑。

　　1967 年於蘭卡斯特大學（University of Lancaster）創辦世界第一個宗教學系的加州大學（聖塔芭芭拉分校）比較宗教學教授尼尼安・斯馬特（Ninian Smart, 1927-2001）曾指出，宗教有七個不同的面向：儀式面向、經驗面向、故事面向、哲學面向、倫理面向、社會面向和物質面向。宗教的儀式面向雖然重要，卻因為近代人間佛教、生活道教的思潮，容易受人忽略。

　　先說一個《論語・八佾》第三中所記載子貢欲去告朔之餼羊的故事。當時子貢想在祭祀時，省去活羊。孔子卻說：「子貢啊！你愛惜羊，我愛惜禮！」所謂「告朔」乃指天子所頒佈來年的政令書，諸侯將它保管於太廟中，每月初一，即朔日，供奉一只餼羊，也即殺了但未煮熟的腥羊；並由諸侯親自到太廟祭告，稱之為「告朔」之禮。孔子在魯國從政，此時周天子已多年不頒發曆書，諸侯也多年不行「告朔」祭禮，唯獨魯國仍保留「告朔」之祭的供羊形式。於是子貢認為，不舉行告朔之禮卻供羊，大可不必。孔子卻不以為然。論者謂孔子的意思是在禮之「質」消失後，禮之「形」還有意義。通過形式，能引發對「質」的了解。如果能保留「告朔」的形式，則還有促使天子重新頒佈曆書的可能性。春秋「禮壞樂崩」，堅持告朔之羊能帶給後人一些啟示、一點希望。筆者以為除此以外，這個故事還可以引申到孔子對宗教儀式的重視。《論語・陽貨》中子曰：「禮云禮云，玉帛云乎哉？樂云樂云，鐘鼓云乎哉？」禮樂不在乎所用的紙張和鐘鼓，那在乎甚麼？簡單來說是宗教儀式所帶來的三種宗教情操：誠、敬、畏，這是孔子堅持供羊的意義所在。

　　（一）宗教講求誠心，所謂心誠則靈，這是人所共知。《大學》有言：「所謂誠其意者：毋自欺也……誠於中，形於外」。誠則感而遂通，山鳴谷應。宗教的「誠」不能一曝十寒，或是臨急抱佛腳之誠。

「誠」倒也是需要培養。莊嚴肅穆的科儀，正好培養宗教的「誠」。

（二）《論語・憲問》第十四，子路問君子。子曰：「修己以敬」。北宋程頤（1033－1107）提出涵養須用敬。《朱子語類》卷118論及修養的下手工夫時說：「只是要收斂此心，莫要走作，走作便是不敬，須要持敬」。不單是儒者，所有宗教均非常注重「敬虔」的營造。神聖的臨在（numinous），引發人的敬虔，所以孔子說祭神如神在。凜然莊重的科儀，正是要啟發和操練人心的敬虔。

（三）《論語・季氏》說到君子有三畏：「畏天命，畏大人，畏聖人之言。」宗教人士常言道：「舉頭三尺有神明」，這也是要常存「畏」的原因。人有所畏自然知道凡事「有所為、有所不為」。《孟子》卷八〈離婁下〉第八節說：「人有不為也而後可以有為」。不為者，戒也。所以宗教人士必守戒，從而有所畏。宗教的「畏」除了幫助人知道有應該做和不應做的事以外，還有另一層深意，乃是敬虔的畏。這倒非出於恐懼的心或是對神明金剛怒目之相的畏。宗教中的畏和外語的 Awe 較接近。科儀的大用也在營造敬畏的心，feeling of awe。

科儀所培育的誠、敬、畏不只是一種宗教情操，也是人的一種本質。《孟子・離婁下》有云：「人之所以異於禽獸者幾希，庶民去之，君子存之。」可以說，人而不誠、不敬、不畏難為人也！以上淺談黃大仙祠科儀的意義，旨在求教於各善知識。

在黃大仙祠舉行百年慶典之際，謹祝願黃大仙祠眾道人：

道脈永存度蒼生、同沾恩澤入蓬萊。

淺談道教勸善書的孝道之教

香港理工大學中國文化講座教授、長江學者中國古代史講座教授　朱鴻林

　　道教在社會倫理關係實踐上，吸收了儒家和佛教的思想和一些做法，形成自己的修行特色。這從道教的諸多勸善書所載可見。其勸善理論和基本教義，我看到的有以下這幾個：

（1）天上有一個與人間對應的司法系統，對人的行為加以監察和記錄，並且作出是非判斷和相應獎懲，善行必會獲獎，惡行必會受罰。

（2）人的壽命取決於天；天給人的標準歲數（天年）是 120 年，但人的惡行會使這個標準歲數減少，惡行越多越大，減得越多越快，而善行則可以維持歲數不減，善行越多越大，可以令人成真成仙，到達信奉道教有所成就的最高境界。

（3）人的善惡行為有必然的吉凶禍福報應，而善行的福報，不止報於本身，還可以延續到子孫後代；惡行的禍報也一樣，不止會應於本身，還會延續到子孫後代，甚至返溯給父祖先人。

（4）善惡行為的結果是可以互相抵消，所以積極犯惡，自然不會獲得福壽，而改過從善，則可以轉禍為福。問題只在於數量之多少，而數量之多少，又決定於善惡行為的性質；所以一件重大的善行可以抵消多件或大或小的惡行，一件重大的惡行也可以勾銷多件或大或小的善行。

（5）善惡行為的內容，有清楚的類別，也有詳細的條目，人只要心神專注，一定不會不知；知善而行，知惡不行，是人日常行為應有的實質；人如果能夠「諸惡不作，眾善奉行」，必定會有吉星高照，最終還會心想事成，如果以身試法，為非作歹，那就一定凶報不爽。

（6）「行為」不只是見於做出來的事，說出來的話，內心存在的意念和想着的事情也是行為，稱之為「心行」，所以立壞心腸，便是已經作惡。

　　這些教義，有的是源於儒家《易經》之說，最明顯的便是《繫辭傳》「積善之家必有餘慶，積不善之家必有餘殃」的斷言，也有本於《老子》所說「天網恢恢疏而不失」（後人通說為「天網恢恢疏而不漏」）的天道觀念，更有源於戰國時代陰陽家之說而為西漢儒者董仲舒大力主張的「天人感應」論說，還有源於佛教因果輪迴的果報觀念，如「自作自受」的報應之說。這些觀念，在道教最早的經典、東漢末年成書的《太平經》已經出現，到了相傳西晉時成書的《赤松子中誡經》，更加形成了系統，以後在民間口耳流傳，深入人心，成為一種傳統思維和信念。所以我們便有這樣的一些成語和諺語：「人在做，天在看」；「舉頭三尺有神明」；「善有善報，惡有惡報，不是不報，時辰未到；今世不報來世報，本身不報子孫報」等等。至於具體教人行善以及警告人不要犯過、不要作惡的說教，則是見於後代一般統稱為「善書」的道教經籍。

　　眾多善書之中，《赤松子中誡經》可算是根本——《太平經》不算，因為它內容比較龐雜，不專注於勸善——而對後代的信仰和社會道德要求最有影響的，則是近千年前北宋李昌齡的《太上感應篇》，之後

不知作者（或說宋代人或說明代人）的《文昌帝君陰騭文》，近九百年前金朝又玄子的《太微仙君功過格》，不知作者而肯定在明清兩代流行超過五百年的《文昌帝君孝經》，以及清代康熙年間開始流行的《關聖帝君覺世真經》，還有一本是明人袁黃（袁了凡）所作的《了凡四訓》，以袁黃自己的平生經歷，說改過積善和謙虛敬讓以改變命運的「立命之學」，也自明末至今非常流行，影響甚大。袁黃是個典型明末儒道佛三教合一的讀書人，尤其篤信佛教，但《了凡四訓》書末附錄的實踐功課簿《功過格》，卻是源於道教的。

以上諸種道教勸善書，主要是從修行實踐的層面上講怎樣累積功德、完美人生之道，雖然與孝道有關的內容是必有的，但孝與不孝只是眾多善行和惡行的一種，固然重要，但還沒被突出。直到宋明時代（尤其明代）的《文昌帝君孝經》——有時簡稱作《文帝孝經》——才將孝道作為主體闡釋，並且理論與體系俱備，可以說是十足道教版本的《孝經》。

《文昌帝君孝經》此書的作者不知是誰，現存《道藏輯要》本是一個清代重校的刊本，書前有一篇明弘治五年（1492）三月大學士丘濬（1421-1495）寫的序文，書末有一篇其後輩翰林侍讀學士王鏊（1450-1524）寫的跋文。這兩個姓名很可能都是此書刊行者借用的，丘濬、王鏊二人的文集都沒有見過這兩篇文字。丘、王二人之所以在此書前後出現，大概是因為他們都是當時非常有名的學者官員，都是科舉高第和文官精英。丘濬殿試是傳臚，亦即二甲第一名；王鏊更是會元和探花，後來也和丘濬一樣當了大學士。「文昌帝君」是主國家文運、決定士子讀書和考試成績的星君，所以用丘濬、王鏊兩人給這本善書寫序跋，可想刊行者的主要讀者對象就是眾多讀書應舉的士子。丘濬在晚明曾被書商冒名為書籍作者和新書鑒定人，因此《文昌帝君孝經》的丘濬序不必是丘濬所寫，而序文中提及南宋晚期著名儒臣真德秀（西山先生）大讚此書，也不必確有其事；亦即是說，此書不必在真德秀的南宋時代便已產生，可能是因為真德秀確曾為另一本善書《太上感應篇》寫過序，而丘濬則是以寫作補充真德秀名著《大學衍義》的《大學衍義補》一書而享有盛名，又寫過對後代行冠婚喪祭家禮儀式很有影響的著作《家禮儀節》，所以刊行者便將他們兩人連在一起，一個寫序，一個在序中被引用，目的都是在加強此書的地位和流傳能力。

放下此書作者的問題，只從丘濬和王鏊的名字之被用上，便可推測此書大概在十六世紀前期已經出現，而到清代全盛時期又被重新校刊。重校本書末題上「大興朱珪石君敬校，睢陽蔣予蒲夢因重訂」兩行；朱珪（1731-1806）是北京大興人，乾隆十三（1748）年十八歲便中進士，嘉慶中官至體仁閣大學士，也是文官的極品。

《文昌帝君孝經》是道教善書中最集中闡揚孝道之作，全書共有六章：〈育子章〉第一，〈體親章〉第二，〈辨孝章〉第三，〈守身章〉第四，〈教孝章〉第五，〈孝感章〉第六，書前冠以〈開經啟〉。丘濬的序文主要是以自己的科舉成功來說明此書的大用，其中一段這樣說：「濬幼服帝訓，每日持誦是經。一夕靜憩文鏡齋頭，夢帝君告誡曰：『子誠能廣布經文，並勸世人，我當保汝甲第聯雲，位極文臣。』濬因與同人購梓翻刻，廣施凡五千餘卷。闈試之日，見奎斗執筆，挾卷跳躍於前卷上，大書金字曰『文昌孝經』。須臾不見，頓覺祥光滿場屋，異香襲肢體，文思大徹，揮毫如意，果得天選高擢。噫嘻，濬之堅持《孝經》，非以期驗也，乃得奇驗應兆如此，始信帝君為靈赫赫，垂訓凜然，孝與不孝，洞鑒無遺。聖天子至治丕變，以孝為本，孰有加於經文開化之顯著哉？於是載鐫而闡述焉，以見孝宜自盡，為斯人之首務，庶不負帝君之諄諄告誡云。」這是典型以現身說法加強說服力的作法。

王鏊的跋文，則給書中各章的中心教訓和儒家《論語》、《孝經》等書說的孝道做了對比和聯繫；譬如說：「〈育子〉一章，非即〈北山〉生我之詩乎？〈體親〉一章，非即色難、無違之體乎？〈辨孝〉一章，非即養口體、養心志之辨乎？〈守身〉一章，非即臨淵履冰之守乎？〈教孝〉一章，非即入孝出弟之教乎？〈孝感〉一章，非即大德達孝、人無間言之事乎？」主旨是說此書雖然是道教經籍，但和儒家之說並無異義，

都是「吾儒淑身治人、務本行道大學問」，同樣有益人心世道，應該相信學習。

《文昌帝君孝經》比起曾子《孝經》文字較淺，較容易讀，其中〈體親〉、〈辨孝〉、〈守身〉三章更是重點所在，值得細看深思。

從道教修行目的來回顧一下「孝順」對於人在世保生長壽，得真羽化，成仙升天這個期望的意義，就會發現，教人孝順雖然是自古道教勸善的不缺內容，但都是和其他行為一起講的，沒有突出。真正突出孝道，是到宋朝之後。從思想史上看，這反映的是到了宋明時代，道教在讀書人中的影響越來越大，「孝」是維繫社會的真正紐帶，所以儒家有《孝經》，道教也出了《孝經》，而且比儒家說得更明白更具體，更易於檢索參考，更具有普遍性和社會現實性，正如《文帝孝經》內容所反映者。

得真成仙的最根本要求是保生長壽，而保生長壽之能實現，需身化世時有充足的善行，善行的內容很多，而以孝順居於首位。這和儒家傳統說的「百行孝為先」相同。但只有「孝」也還不能成道教之「道」，亦即不能得真成仙。人子只對父母單點到位地行孝，在道教的教義中並不等於「成孝」——真正的孝。成孝是一個人所有行為的總體成果，簡單說便是從「眾善奉行、諸惡莫作」的實踐之中得來的整體成就。在個別和整體、一和多的關係中，道教是算整體為最高和最終的。

從「教孝」上來說，「功過格」的實踐，既符合了儒教傳統「積善之家必有餘慶，積不善之家必有餘殃」的感應或報應信念，也符合了世俗的「將功補過」思維和做法，容許犯過的人悔改，棄惡從善，用積極的行動改變自己的人生和命運。生命最終是一個永恆存在，並不止於人的有生之年，其意義和作用還會超越時空向前向後輻射出去，影響個人的後代和祖先。行孝是為自己，為子孫，為祖先積福，能夠這樣做才是真正的孝順。

其實，「為善去惡」最終也只是一件事。只要「為善」，何來有惡？只要「去惡」，已是遷善。人生實際是這樣的：所行沒有全部完美，所以既在行善，也在作惡，關鍵問題因此只有兩個：

（一）人知不知道什麼是善什麼是惡，從而能夠避免作惡。譬如利己利人之事，無疑就是善事，但有的原意是利己利人的事，卻做了並不能利人，反而是能害人甚至真的害了人，到了這樣的地步，連利己也成為實際上的害己。能否及早避免這樣的作為？（二）善惡的效應能否相抵、互相回報？譬如犯了罪惡，能否用善行來將功補過？行善之功如果大於作惡之過，是否便有更好的回報？

從道教的教義上看，這兩個問題的答案是明顯的。（一）在「知」的問題上，行為上（包括意念上想過或想做的事）什麼是善，什麼是惡，是可以知道的。因為道祖仙真、佛祖、聖人皆有明訓，善惡行為的名目都已載於經典和善書之中，可以學而知之。（二）在「行」的問題上，善的行為是功，惡的行為是過——干犯國法的嚴重罪行另當別論——功過是可以相抵的，而且累積的數量決定結果，功大惡小、功多惡少，可以令人成為「善人」，獲得善報。一時功不抵過，只要繼續為善去惡，累積善行到了某個數量，也可以補過獲功，得到善報。

這種教義有明顯的功利性，但其明顯的自我救贖性也有積極意義。生活上能夠時時鼓勵自己為善，警惕自己不犯過和不作惡，時常自省自反，不欺己欺人，不委過於天地人物，行善不記，知過必改，因而先得心安，才能修真得道。這種教義值得踐履，尤其在現今社會的親子關係上。孝順父母在中國文化之中，儒道佛三教都有教導，道教善書《文昌帝君孝經》教人的孝道首重在「體親心」，而體貼親心的高層次表現是正確的立身處世之道，這和儒家所強調的一樣，努力做到，人便會心身康泰，社會便會安和樂利，國家便會富強穩定，世界便會萬國咸寧。

第三部分

香港黃大仙
信俗的歷史梗概

香港黃大仙信俗的歷史梗概

「香港黃大仙信俗」之緣起

我們知道「信俗」，是指信仰與民俗。當中所謂的「民俗」是指民間的風俗與習慣，舉如：歲時節令及宗教信仰等。[1] 我國自古已有「入國而問俗」（《禮記‧曲禮》）的傳統。回顧 2003 年，聯合國教科文組織通告了「保護非物質文化遺產公約」，而我國也在 2004 年加入了「公約」，至今有四十項世界級的非物質文化遺產，已列入聯合國非物質文化代表名錄。現時我國更擁有一千三百多項的「國家級非物質文化遺產」，包括「香港黃大仙信俗」。所以「香港黃大仙信俗」是因為善信們有黃大仙的信仰，而連帶出一連串與此信仰有關的習俗活動。

隨着香港都市化的進程，黃大仙信仰的傳播更廣泛，信眾趨向年青化。

「香港黃大仙信俗」的歷史發展

「香港黃大仙信俗」是指：因為信奉黃大仙師，而順應引發的香港民間信俗活動。此信仰之歷史源頭，可溯源自我國浙江省金華、蘭溪[2] 等一帶之信仰文化圈；發展下來，此信仰文化圈繼而承傳及擴散至嶺南、廣東珠江三角洲等地區。當中內容包括了信仰價值、奉祀之科儀文化、神明之威靈傳說及相關之信仰習俗等。這些宗教內容，於地方信眾流傳中，更多的形成了歲時風俗與活動、相關儀式、文獻典籍等非物質及物質文化。發展至近代，此黃大仙信俗文化，已輻射到世界很多華人社區內，成為人們共知的黃大仙信俗文化。

黃大仙，為道教一位修煉成仙之仙真。而民間因為黃初平（黃大仙俗名）的修煉成仙，又於民間廣施濟眾，威靈顯赫的仙蹟，而尊稱其為「黃大仙」。最早記載黃

---

1 所謂「信俗」，最初出自「俗信」一詞，由於其內容涉及民間信仰、習俗等，內涵繁雜的活動。最早由烏丙安教授，從「民俗學」的概念上修改自日本民間信仰「俗信」（Zokushin）的概念，以重新認識民間信仰活動，用於新世紀提出的「非物質文化遺產」的保護工作。由於「俗信」的轉化運用，促成了「媽祖信俗」等民間信仰項目成功申遺。後來的「黃大仙信俗」，代為申辦的游子安教授等，亦以此概念而申遺成功了。參考網上之「民俗學論壇」：〈烏丙安、胡玉福：「俗信」概念的確立與「媽祖信俗」申遺—烏丙安教授訪談錄〉，文章發表於《文化遺產》2018 年第 02 期，廣州：中山大學出版社（ISSN：1674-0890）。

2 黃大仙（黃初平）出生地為今天之浙江省蘭溪市黃盆村，修煉成仙之地於今之浙江省金華縣。所以教內流傳有「黃大仙出生於蘭溪，成道於金華」之說。金華，古稱「婺州」，現為浙江省地級市，位處我國長江三角洲中心區域。據記載金華建縣於秦王政廿五年（公元前 222 年）。並有說因其「地處金星與婺女兩星爭華之處」而得「金華」之名。古亦稱「金華」為「婺州」。婺女是古星名，名「女宿」，又名「須女」或「務女」，為天上廿八星宿之一，玄武七宿之第三宿，有星四顆。現有浙江省之地方戲種之一，稱為「婺劇」。

▍ 市民深信黃大仙師「有求必應」，每年除夕晚都會習慣來黃大仙祠上頭炷香，祈求福庇。

大仙的事蹟，只見於東晉葛洪撰寫的《神仙傳》內。歷史上於浙江金華一帶一直已有奉祀黃大仙，而這個傳統信仰濫觴於晉代，直至清代更於嶺南地區再度興盛。近代，於清末的廣東番禺大嶺村、廣州花埭及南海西樵等地區，黃大仙信仰再次流行並普及起來。直至 1915 年黃大仙信俗又輾轉傳至香港；[3] 香港嗇色園黃大仙祠於 1921 年在九龍的竹園村創壇，承傳了嶺南黃大仙信仰和習俗的傳統，發展下來成為香港本土文化的一部分。2014 年，嗇色園更以「香港黃大仙信俗」之名，榮登國家級非物質文化遺產項目。

回顧歷史，自民國以後，浙江金華及廣東等地奉祀黃大仙的道壇先後廢置，香港黃大仙信仰的發展則剛好相反；在中外文化交融的香港，此信仰脫胎換骨，將此大仙的信俗文化弘揚開去，更促使內容趨於多元化，以此輻射及延伸到海內外的華人社群。到了上世紀八十年代，香港的黃大仙信仰更反傳回去內地。[4] 從中也使黃大仙「普濟勸善」的信仰價值及「有求必應」的信仰共識，相輔傳承下去，使香港黃大仙信俗發展成為別具特色，而卓有成效的傳統宗教慈善文化。

3　有關本港於 1915 年前是否已有「黃大仙信仰」，這裏仍有待學者進一步考究。但游子安、危丁明及鍾潔雄等三位學者，已有文章提到「1901年 10 月 8 日，陳天申在《香港華字日報》刊出告白」，告白內有「黃大仙佛爺」等字眼。該「新孖廟」後來已遷拆。見〈海角仙蹤：20 世紀黃大仙信仰在港澳社會的傳播〉一文，載蕭國健、游子安主編，《1894-1920 年代歷史鉅變中的香港》，珠海學院香港歷史文化研究中心、嗇色園出版，2016 年 5 月，頁 223。

4　上世紀九十年代，有學者研究時已有此觀點：認為「黃大仙」是移民的神仙，由內地傳至香港；期間由於政治等因素，曾經於內地停滯沒有傳播，信仰只是保存於老一輩的身上。後來恢復宗教自由後，再反傳回內地。見：Graeme Lang, Lars Ragvald, *The Rise of a Refugee God: Hong Kong's Wong Tai Sin*, Oxford University Press, 1993.

「香港黃大仙信俗」的核心價值

「普濟勸善」是黃大仙信俗的核心價值，早在清末隨着廣東黃大仙信仰的開始，已經確定。到香港嗇色園黃大仙祠（普宜壇）成立後一直奉行。在早期的歲月裏，即使經濟拮据，幾經戰亂風雨，嗇色園仍竭力維持贈醫施藥服務，並向政府的「華人慈善基金」等捐款，以支援社區的福利及教育等善業，弘揚「普濟勸善」的精神。如今嗇色園已發展成為一間擁有教育、安老、醫療及扶危等多元和綜合的宗教慈善團體。

嗇色園承傳「普濟勸善」之宗旨，即使面對早期艱苦創業，戰時慌亂，戰後重建，及後來的經濟起飛等，期間香港普羅大眾受惠於嗇色園營辦的公益事業實在多不勝數。值得一提的是，由於香港黃大仙信俗中凸顯的「有求必應」及「威靈顯赫」口碑，致使市民更尊崇黃大仙的威靈及救濟；而黃大仙祠正是信仰的主要平台，推動廣大信眾齊心行善，從而使黃大仙師成為本港一種宗教慈善的精神象徵，其信俗得到廣大民眾的禮敬和親近。嗇色園作為致力弘揚香港黃大仙信俗的核心團體，其歷史發展體現了香港黃大仙信俗的百載風華。從初期簡樸的清修道場，到戰後前期開門辦道，再發展到經濟轉好時的莊嚴殿堂，大力推行各類慈善事業，嗇色園與所在社區，乃至與香港社會同步成長、共生共榮。

隨着香港社會的發展，香港政府更於 1969 年把嗇色園黃大仙祠所在地區定名為「黃大仙區」，可見黃大仙信俗已植根於香港人的生活裏。事實上，不少市民在家中供奉黃大仙師聖像，祈願家宅安康。此外，駕駛人士也習慣在車內懸掛仙師聖像，以求出入平安。另外，黃大仙區警局內也有供奉仙師聖像，而其他地區的不少廟宇亦有供奉。現時，每年民間的歲末還神，年初的頭炷香，農曆八月廿三的黃大仙寶誕，已成為重要的香港歲時風俗。嗇色園近年推動的多項大型宗教文化活動，如：入道冠巾科儀、上契結緣、開筆啟蒙、月老締結姻緣、大獻供、禮斗祈福法會及廟會等，亦廣為市民接受。

「香港黃大仙信俗」乃香港社會及海外華人社會的重要精神價值，反映出中國文化中對普濟勸善及和諧社會的追求；並有助淨化人心，濟世利人，凝聚社會各階層的向心力。如何正視香港黃大仙信俗，保存、推廣香港黃大仙的宗教及慈善精神；並承傳這項信俗的傳統文化，宣道闡教，是在香港歷史及文化發展中重要的保育課題。

收錄在《四庫全書》內的《神仙傳》（晉代葛洪撰）

▌重建後的穩崗黃大仙祠

▌浙江金華赤松宮

「香港黃大仙信俗」內容

黃大仙師生平

　　黃大仙，俗名黃初平，出生於晉代的浙江蘭溪（今之浙江省蘭溪市黃盆村附近）。少年時代在浙江金華山牧羊，後來遇上仙人指引，在赤松山修煉成仙。東晉葛洪在《神仙傳》亦有記載：「黃初平者，丹溪人也。年十五而家使牧羊。有道士見其良謹，使將至金華山石室中。」黃大仙在深山裏以茯苓充飢，苦行清修四十年，終修道成真；並常施展法力治病救人。其兄黃初起經一位善於占卜的道人協助下，歷四十多年，終在山中找到了黃大仙；其兄追問羊之下落，大仙遂向山頭大聲呼喚，眼前白石盡皆成羊，顯示了「叱石成羊」之神蹟。黃初起深感大道之玄妙，遂與其弟黃初平一起修道，並同列仙班。

信俗區域

　　香港是「黃大仙信俗」的傳承和發揚地方，主要以「嗇色園黃大仙祠」為核心點。由於嗇色園早已於 1921 年創建，歷史悠久，而且附近交通方便，每天前來的信徒絡繹不絕，信徒更遍佈海內外。此外，香港其他地區的道堂亦有主奉黃大仙師，如位於深水埗的愿誠園，呈祥道的元清閣等，亦各有不少信眾。另外，全港亦有不少廟宇設壇奉祀黃大仙師，如港島南區的譚公爺廟和香港仔天后廟；港島東區的筲箕灣譚公廟和天后廟；新界葵青區的天后廟和關帝廟等，遠到大嶼山梅窩的文武廟亦有供奉。民間又有信奉黃大仙師的私人或地區福利會等組織，每年大仙誕日，均會大夥兒一起到嗇色園參禮慶賀。

　　近年，香港黃大仙信俗，已經由香港延伸到全國乃至世界各地，發展成別具特色的神仙信俗，包括了西樵稔崗黃大仙祠（重建於 1980 年代末）、浙江金華赤松宮（重建於 1993 年）、廣州花地黃大仙祠（重建於 1999 年）、澳門三巴門黃曹二仙廟（始建於 1905 年）。此外，還有台灣台中市的「中國道教赤松黃大仙協會」（成立於 2002 年），而海外的黃大仙信仰團體亦遍及東南亞、日本、澳洲、紐西蘭、法國、美國及加拿大等地。

明代《列仙全傳》描繪「叱石成羊」典故

▌ 萬人祈福禮斗延生大法會（2015 年）

▌ 黃大仙師「鑾輿」寶座首次在澳門出巡（2017 年）

■ 國際學術研討會（2018 年）

信俗特點

2014 年 12 月「香港黃大仙信俗」成功申請成為「國家級非物質文化遺產」，嗇色園黃大仙祠作為香港黃大仙信俗的申辦人，亦是「香港黃大仙信俗」的代表機構。「香港黃大仙信俗」的基本內容包括信仰、習俗、科儀、慈善事業等方面。信仰方面包括有：「普濟勸善」的弘道宗旨、「仙師十訓」（孝、悌、忠、仁、義、廉、恥、禮、節、信）的修行方向、贈醫施藥的傳統、出版善書的推廣等；另外，「有求必應」的理念、「威靈顯赫」的神蹟和「三教同尊」的思想等，共融契合，亦是黃大仙師信俗文化的內涵所在。於習俗方面：黃大仙靈籤和藥籤仙方、農曆八月廿三日的黃大仙寶誕、除夕上頭炷香、新春祈福、酬神謝恩、上契仙師、開筆啟蒙等各類慶典活動。科儀方面，包括傳承經本、經懺禮儀、大型法會及宣道弘法儀範等。慈善事業方面，則包括有教育、醫療及社會服務等多元的社區善業發展。

其實，「香港黃大仙信俗」的主要特點是傳統與現代的接軌；既有傳統的信俗文化內涵，亦有隨着社會發展而融入現代社會的文化傳承。此外，「香港黃大仙信俗」也是宗教與慈善的結合，既有仙道貴生的教義推廣，亦有濟世利生的善導，帶動了社會的慈善事業。隨着香港信眾移居海外，黃大仙信俗現已在世界不少華人社區以祠廟、基金會或文化研究會的形式流傳，發揮了普濟勸善、團結和諧的作用，成為香港與世界共享的信俗文化。

「香港黃大仙信俗」的重要價值

綜合香港黃大仙信俗，其重要之價值，主要呈現於以下多方面：

首先，精神價值方面：「香港黃大仙信俗」推動了行善積德、普濟勸善的風尚，有助於提升社會的關愛精神。大眾通過敬神、祈福、求籤、積善等不同方式，期望有一個幸福、安定及和諧的生活，及追

求至善的社會美景。信眾透過崇拜黃大仙師和實踐普濟勸善的宗旨，表現了人世間相互關愛的精神，對推動行善及完善道德等，有其積極的作用，更有助於弘揚社會正能量。

其次，於文化價值上，黃大仙祠的建築融和三教文化，亦體現五行傳統建構；而民間文化的廟會、上契結緣、開筆啟蒙、禮斗祈福、大仙出巡、文化講座及學術研討會等，皆顯示了當代香港黃大仙信俗與現代文化的結合和繼承，亦展現了香港黃大仙信俗作為一個文化平台，對繼承和發揚傳統文化，特別是推動傳統文化與現代社會的結合，有着重要的作用。

此外，於社會價值方面，「香港黃大仙信俗」對於香港社會、教育及醫療等公益事業的推動，有積極正面的成就；而黃大仙師的信仰又可撫慰大眾心靈、激勵人心；亦可團結各社群，構建和諧社會。近年，嗇色園舉行的一系列弘法及慈善活動，更主動與社會需要和民心趨向配合，對於服務社會、安定人心及改善社會氣氛等，有着明顯效果。

最後，在經濟價值上，由於「香港黃大仙信俗」已傳遍海內外，加上交通方便，不少國內信眾及海外華人等，皆專程來香港禮拜黃大仙師。現時，香港旅遊協會更將嗇色園黃大仙祠列為重點旅遊熱點，黃大仙區亦已形成一個宗教文化旅遊的消費圈。

▌黃大仙師上契結緣儀式

▌萬世師表孔聖先師啟蒙開筆禮

第四部分

香港黃大仙信俗
研究文章

香港黃大仙信俗研究文章

赤松黃大仙祠嗇色園之創立與發展

香港珠海學院 中國歷史研究所教授暨香港歷史文化研究中心主任　蕭國健

前言

　　黃大仙祠，全稱赤松黃大仙祠或嗇色園黃大仙祠，為香港著名祠宇，座落九龍城黃大仙區，該地原名「竹園」，1866 年意大利傳教士佛倫特里 Volonteri 繪製之《新安縣全圖》，已標示「竹園 Chuk-Un」之名。1969 年，政府發表《民政主任工作檢討報告書》，以區內之赤松黃大仙祠香火鼎盛、善信眾多，遂將該區名為黃大仙區 Wong Tai Sin District。1979 年 10 月 1 日，地下鐵路觀塘線第 1 段通車，該地之地鐵車站亦名黃大仙站。該祠宇為梁仁菴道長與梁鈞轉道長父子兩人所創建，由非牟利慈善團體嗇色園管理，主祀東晉時南中國道教著名神祇黃初平，配祀儒、釋兩教神祇如孔子、觀音等。該祠宇建築被列作香港一級歷史建築。

廣州花埭黃大仙祠普濟壇創建

　　1897 年，梁仁菴與友好在廣東番禺扶乩，獲黃大仙降乩教導「普濟勸善」，及賜該壇名為「普濟」，他們自此入道，奉黃初平為仙師，執弟子禮，成為道侶，梁仁菴獲賜道號「傳道」，並成為普濟壇主持。普濟壇創設後，黃大仙善信與日俱增。1898 年農曆八月廿三日黃大仙寶誕，菩山道侶開乩請求擇地建觀，普救百姓，在黃大仙「同意及指引」下，於翌年農曆五、六月間，廣東首間供奉黃大仙之祠觀——黃大仙祠普濟壇——在廣州花埭（今芳村）落成。其後，梁仁菴獲黃大仙乩示，指廣州必有動亂，於是在 1901 年返回故鄉廣東省南海縣西樵山稔崗村，成立「普慶」壇，並建黃大仙祠，該祠約於 1903 年竣工。

　　1911 年辛亥革命，翌年宣統退位，民國政府成立，新政府破舊立新，徹底破除封建迷信，廣州市內許多廟宇寺觀遭受破壞，廣州黃大仙祠普濟壇亦被破壞。時因國內政局動盪，社會不穩定，梁仁菴遂返回南海故鄉，後得黃大仙降乩指示，以「此地不宜久留，必須向南遷移」，於 1915 年農曆九月，與子梁鈞轉（勤覺）道長攜黃大仙畫像南遷香港，繼續弘道。1919 年，廣州黃大仙祠普濟壇被國民政府充公，改建為孤兒院。

黃大仙師畫像之南傳香港

　　傳道與勤覺兩道長把黃大仙師畫像南傳香港後，先後在港島中區乍畏街（今蘇杭街）及大笪地開壇闡教，後於灣仔皇后大道東開設藥店，道壇遷設藥店後。1918 年農曆十一月，該道壇遭火燒毀，梁仁菴

道長頗受打擊，遂返回西樵普慶壇，不擬重來。但因在港經商之普慶壇同道力邀下，梁道長重回香港，獲黃大仙師降乩啟示，於港島灣仔海傍一建築物樓上，再設「金華別洞」道壇，安奉黃大仙師。

赤松仙館創建

1921 年，梁仁菴道長與本港紳商李亦梅、譚傑生、郭述亭、張殿臣、陳桂石及唐麗泉等，籌建道壇，命道侶往對岸九龍城一帶相地建殿，道侶來到竹園村附近，見該地靈秀獨鍾，便請示仙師，仙師乩示該地適宜開壇闡教。因此，道侶便於該地（即現址）建祠，名「赤松仙館」，安奉仙師寶像。並賜園名「嗇色」，壇號「普宜」。同年 8 月，成立祠宇管理機構，名「嗇色園」（本園），並以「普濟勸善」為機構宗旨。自此，慕道而來之人士不斷增加，黃大仙信仰自此在香港有蓬勃之發展，甚至傳播至東南亞及美加等一帶。

赤松黃大仙師之生平

本園主祀之赤松黃大仙師，原名黃初平，丹溪人，據宋倪守約《金華赤松山志》載，生於晉成帝咸和三年（328）8 月 23 日，家貧，8 歲時開始於浙江省會稽郡金華縣北部赤松山一帶替人牧羊，貼補家計。15 歲巧遇仙翁指引，到赤松山金華洞內石室修仙，被授以靜修及提煉草藥之術，在山野中潛心修煉 40 年，煉成回生九轉丹，得成仙果。多年來，其兄黃初起四處尋找初平，不遂。40 多年後，獲一善卜道士指示，在金華洞內跟仙師相聚。當兄長詢問羊群下落時，仙師帶領到山崗東面，手指遠方，對白石群呼喝，轉瞬間，石群變成羊群——「叱石成羊」之仙跡。初起對神蹟感到非常驚奇，起修道之心，於是辭別親人，與仙師一起修煉。最後，雙雙得道成仙。因仙師隱於赤松山，故有赤松黃大仙之稱。仙師後因有愈疾、救人、祈晴、祈雨，及隨感、隨通之仙跡，於宋孝宗淳熙十六年（1189）及宋理宗景定三年（1262），獲「養素真人」及「養素淨正真人」兩封號。其生平梗概在《神仙傳》、《黃大仙自序》、《金華府志》、《金華縣志》、《浙江通志》及《蘭谿縣志》皆有記述。

嗇色園之成立與發展

本園成立之初，為道侶私人道場，只供本園道侶及家屬入內參拜。及至 1934 年，經當時華人廟宇委員會委員周峻年向華民政務司請准，本園才獲准許在每年農曆正月初一開放大殿，讓善信入內參拜。香港淪陷期間，本園之藥局被迫解散，1943 年復開。重光後，於 1956 年 8 月 21 日，本園才正式獲政府批准開放予善信參拜。1965 年，嗇色園獲准註冊為宗教慈善團體，並陸續擴展各項善業。本園黃大仙壇堂原已設有醫藥局，提供贈醫施藥服務，其他慈善工作，包括施粥送飯、匿名送錢、施棺助殮、贈送棉衣等。1960 年代中葉後，更把勸善工作融入社會，藉興學育才、護耆安老來播揚道德文化。自 1968 年，本園增建學校，1969 年開辦第一所教育機構「可立中學」，1979 年首座老人福利單位「可敬護理安老院」亦投入服務。多年來，嗇色園善業發展全面，範疇涵蓋宣法弘道、育才興學、安老護耆及救疾扶傷等，積極發揚仙師「普濟勸善」寶訓。1980 年落成之中西醫藥局，提供中醫贈診、西醫診療、注射及配藥的服務；同年更成立「嗇色園醫藥基金會」，接受各界人士的捐輸。今日之嗇色園，已為一所有規模之慈善團體，致力發揮「普濟勸善」之精神，與信仰融為一體，成為黃大仙信仰之核心。

獅子山下譜傳奇 ── 滄海桑田成地標：
從黃仙祠肇建到黃大仙區之定名

香港珠海學院 香港歷史文化研究中心副主任　游子安

一、從 1923 年老照片說起

嗇色園黃大仙祠自 1921 年擇地竹園設壇以來，存世最遠古的照片，是 1923 年嗇色園首建萬善緣法會留影（參見圖 1）。[1] 長期以來，我們以為乙丑年（1925 年）萬緣法會照片已是所知最古老的照片（很多人亦誤認此是嗇色園 1921 年初貌）。由於資金所限，1921 年建成的大部分建築物均用竹棚搭建，翌年風災襲港，即遭吹毀而需重建。1920 年代嗇色園啟建萬緣法會，特以竹及茅草在殿旁築三層高的棚架作法會之用。其時的大殿僅以鐵皮及茅草搭建，極為簡陋，園外的田埂小徑，清晰可見（參見圖 2）。1923 年法會背景及建設由來，據《嗇色園金禧紀慶：赤松黃大仙祠重建奠基典禮》特刊〈嗇色園五十年來概錄〉（1921-1927）記載：1922 年（壬戌）七月「經風災後重修大殿、麟閣、辦事處、工人宿舍，又新建由麟閣至大殿拱橋，大殿四周，圍以竹籬。復由林紹鐘、林紹銘、林紹錄昆仲捐資在本壇建醮超渡風災幽靈。」1923 年（癸亥）四月，釋尊誕辰，首建萬善緣法會二十一天，並附薦先靈。法會後，1924 年嗇色園得以首創藥局、添建客堂及鸞台，可知此法會對黃仙祠刱建的重要性。之前 1923 年啓建萬善緣法會只有文字記載，2019 年始見有實物圖片參照，彌足珍貴。

戰後，內地大量移民湧入，香港總人口劇增接近萬。嗇色園所在位置本屬市郊，此刻迅速成為人口密集地區。黃大仙下邨於 1957 年落成，是七層高的徙置大廈（參見圖 3）。[2] 這些老照片，可見地區面貌之變遷。自 1920 年代至今，嗇色園保存豐富舊照片，足為滄海桑田之地標。

圖 1：1923 年嗇色園首建萬緣法會，特以竹及茅草在殿旁築三層高的棚架作法會之用。相片首見於 photos posted by Alistair Gow in Facebook，現由嗇色園「文物徵集計劃」提供較清晰照片，謹此致謝。

圖 2：1925 年嗇色園再啟建萬緣法會，其時的大殿僅以鐵皮及茅草搭建，園外的田埂小徑，清晰可見。

1　1923 年嗇色園首建萬緣法會相片，首見於 photos posted by Alistair Gow in Facebook，現由嗇色園「文物徵集計劃」提供較清晰照片，謹此致謝。

2　1960 年代初黃大仙徙置區，地理位置及外貌，參見游子安主編，張瑞威、卜永堅合著：《黃大仙區風物志》，香港：黃大仙區議會出版，2003，頁 22 及 54。

圖 3：1969 年，嗇色園與東華三院合建、面向龍翔道的牌坊落成，照片可見周邊之徙置大廈。嗇色園藏。

　　香港黃大仙信俗「申遺」，2014 年列入國家級非物質文化遺產項目，香港地區首次以神仙信俗成功列入國家級「非遺」（其他九個國家級非遺項目多屬節俗、表演藝術類），將譜寫下一章傳奇。以下引用乩文、碑記、對聯、訪問、遊記、特刊等資料，回顧嗇色園上一章百年來集合歷史、文化、社會因素，如何譜寫這一段傳奇？

二、1921 年乩示選址竹園

　　1970 年代中葉之前園內扶乩，對選址、奠基及殿宇建設起了關鍵作用。

　　1915 年，西樵普慶壇梁仁菴及梁鈞轉道長將黃大仙的畫像帶來香港，幾經遷移，1921 年擇竹園村現址設壇，名赤松仙館，以普宜壇為壇號，管理廟宇之慈善機構——嗇色園亦於同年八月正式成立。建成初年僅由竹棚興建，只作為道侶私人潛修的地方。1925 年，定名「赤松黃仙祠」，自始乃不用赤松仙館之名。（注意：大殿區題蒙呂祖降筆「赤松黃仙祠」，是赤松黃仙祠，而非黃大仙祠，因為祠中道眾認為，仙無大小，但是，一般善信仍尊稱為黃大仙祠）。1924 年於九龍西貢道首創藥局，贈醫送藥，及後設藥局大樓，提供免費的診療服務。1934 年，嗇色園獲政府批准，每年農曆正月開放大殿供善信參拜。至 1956 年，正式開放予公眾人士入園遊覽參拜。開放首個農曆新年，香客雲集，許多在地化信俗，如頭炷香等，亦逐漸普及。自此，大仙祠香火鼎盛，嗇色園慈善事業亦與日俱增。

1. 以青竹為「園」界

嗇色園所在位置竹園村，昔日屬於市郊。竹園村，與衙前圍村、大磡村等曾是今黃大仙區古舊村落，古舊村落在近七十年逐一消失，換成多層屋邨。竹園村原有林、李等姓氏聚居，林氏於清康熙年間移居竹園村，戰後竹園村變化很大，1957年政府清拆竹園村，將村民徙置。[3] 1951年東頭村大火，繼而1953年底石硤尾寮屋發生大火，對港府房屋政策有深遠影響。政府興建石峽尾徙置大廈，安置災民。這場大火是1957年政府發展黃大仙區的契機，陸續徵收竹園等村的土地，興建龍翔道和黃大仙徙置區。

嗇色園大殿金華分蹟牌坊的楹聯：「兩徑松陰三徑菊，數聲鳥語一聲鐘」，是園內人間仙境的點染，由衛仲虞侍鸞乩出。[4] 牌坊初建於1925年，1955年重修。重修之前，牌坊對聯是：「香火萬家心一瓣，松風兩岸水三叉」，卻寫出了昔日園外未建屋邨，憑高可遠眺北角「香火萬家」的景象。[5] 此地昔日全境均有竹樹圍繞，故名「竹園」。1921年梁仁菴、馮萼聯道長在此請示仙師，開壇闡教，並插竹為記，以定大殿之中心，主壇之所在，然後麟閣、辦事處、宿舍、大閘、水井等工程才次第展開。草創初期，嗇色園外圍並無圍牆，而是廣種青竹，以為園界。除竹樹外，園內還植有桃花、葡萄、桄榔（盂香亭前）、丹桂（大殿前）等，高樹濃蔭，清雅幽深，滿園花香。昔日用作澆灌和食用的水井今尚存，位在籤品哲理中心內。

一如地名，嗇色園園內外多青竹。1941年12月8日，太平洋戰爭爆發，日本軍機空襲香港啟德機場，信眾趨往嗇色園避難。嗇色園洞開園門收容，盡力協助，每日供應茶水，至避難者陸續自行散去。嗇色園部分道長，如錢遂初、梁鈞轉等，毅然決定留守，保護嗇色園，與日軍周旋，避免道堂即時被沒收的厄運。據《嗇色園五十年來概錄》載：1942年農曆十月，日軍擴建啟德機場，招納民工過萬，負責挖地擔泥，卻缺竹籮裝運。時嗇色園園內有無數青竹，日軍特遣人以軍票收購，但梁鈞轉不允，最終議定以米換竹，此所以在糧食短缺的日治時期，嗇色園可以渡過難關的關鍵。[6]

本土史學者、旅行家黃佩佳，記述1920年代竹園村「遠隔塵囂，別饒幽趣，……路經沙埔蒲崗，左右菜畦，一屏列岫，山嵐迎人欲笑，風光如醉然。既抵村前，必見一牌門，題曰嗇色園者，聳立來往沙田之路心」。而竹園村居民生計，黃佩佳先生筆下，村落均很樸素，居民多以種菜、養豬、製作加工食品為生：「村居錯落，……該村居民雜姓，林姓較多。[7]有製粉廠三所，曰錦生昌、曰同興、曰壽記，所製皆為沙河粉。」[8]現在沙田坳道與龍翔道交界處，仍見上書「竹園鄉」三個大字的牌匾，惟只剩下十數

---

3 有關竹園村歷史，參見游子安主編，張瑞威、卜永堅合著：《黃大仙區風物志》，香港：黃大仙區議會出版，2003，頁37-40。

4 潘可賢道長訪問，2005年4月28日。（潘道長，1931年出生，2005年歿）。按：衛仲虞道長（道號清覺），1943年始任嗇色園協理，1955年時任嗇色園副總理。有關衛道長，見本文第四節。

5 筆者認為，香港道壇祠廟區聯，不乏文人、太史的手筆，或仙佛鸞書，堪稱本地文化瑰寶，參見游子安、志賀市子合著：《道妙鸞通：扶乩與香港社會》第五章第六節，香港：三聯書店，2021。

6 嗇色園成為淪陷時期的安身立命之所，參考筆者主編：《香江顯迹——嗇色園歷史與黃大仙信仰》，香港：嗇色園，2006，頁74-82。

7 林氏的十一、十二世祖墳，在黃大仙祠前左方。

8 黃佩佳，筆名江山故人、中原大俠等，1906年出生，在香港淪陷期間（1943年），離開香港投身北上，從此音訊全無。黃佩佳著，沈思編校：《新界風土名勝大觀》，香港：商務印書館，2016，頁189-195。此著撰於1935年三月至1936年四月。

間石屋。文中提及嗇色園門樓,「聳立來往沙田之路心」,是指慈沙古道,是昔日往來慈雲山與沙田的通道。黃佩佳記慈雲山觀音廟昔日因此古道而香火甚盛,「幾與楊侯王廟相伯仲」:「該廟位於沙田坳古徑中,高出水平線七百餘英尺,去沙田坳約再上二百英尺之高也。在昔,凡由大埔沙田等處來九龍城之人,必經此徑,謂為出洋。……自沙田坳至嗇色園之大路闢後,行者趨之,廟亦時顯時晦,漸歸冷寂」。[9] 尤其是 1920 年代開闢大埔道之後,此古道的重要性今非昔比。

2. 背枕獅山

黃仙祠選址,座北朝南,位於九龍半島正中,背枕獅山,而對鑪峰(參見圖 4)。1981 年王韶生撰《九龍壁記並序》亦謂:

赤松黃大仙祠,刱建於斯土,復榜其門額曰嗇色園,樓觀莊嚴,氣象萬千。其陰則背倚獅嶺,形勢雄俊;其陽則面臨海灣,煙波浩瀚。而仙靈顯著,保障十方,更為港九人士所篤信。[10]

1930 年代,黃佩佳記述:「嗇色園黃仙祠在九龍城金鳳山之陽,為研道愛靜之港商輩所建者,若輩因其暇日,參禮於此,誦經習靜,間或扶乩……」。[11] 獅子山,高 495 米,在九龍城之北。別名甚多:虎頭山、金鳳山、駱駝山、鷹咀山、禾鐮咀山、獺子頭等。[12] 黃佩佳參觀黃仙祠,從金華分蹟牌坊對聯,以金鳳山一名帶出「單鳳朝陽」之勝:「獅子山適臨殿後(黃仙祠大殿——引者案),壁立千仞,挺出震表,自巔而麓,山勢驟然而降,毓秀之氣,別有所鍾於是。此山又名金鳳山,所謂單鳳朝陽者,美其名耳」。[13]

黃大仙祠擇地選址,位居獅子山的山腹,所以建築物的整體已取得了雄山持護、安穩泰然的架勢,從心理上給民眾一種可付託的信念。我們駐足嗇色園第一洞天牌坊前,已可察看其背枕獅山的形勝。據 1989 年〈飛鸞臺重修碑記〉描述:「五行具備,靈秀所鍾,背枕獅山,面對鑪峰。峰下綠波平漾,分東西出海,而祥凝瑞聚,配合普濟勸善,誠人間之福地。」

9 　黃佩佳著,沈思編校:《新界風土名勝大觀》,香港:商務印書館,2016,頁 199 及 80。

10 　〈飛鸞臺重修碑記〉、〈九龍壁記並序〉碑文,見《黃大仙區風物志》,黃大仙區議會出版,2003,頁 195 及 191。

11 　黃佩佳著,沈思編校:《新界風土名勝大觀》,香港:商務印書館,2016,頁 79。

12 　黃佩佳著,沈思編校:《香港本地風光‧附新界百詠》〈獅子山〉,香港:商務印書館,2017,頁 364。嘉慶《新安縣志》〈山水略‧虎頭山〉對今習稱獅子山也有描述:「虎頭山,在官富九龍寨之北,亦名獺子頭。怪石嵯峨,壁立插天。其下凹路,險峻難行;然實當衝要道,乾隆壬子年,土人捐金,兩邊砌石,較前稍為平坦。」

13 　黃佩佳著,沈思編校:《新界風土名勝大觀》,香港:商務印書館,2016,頁 190-191。

圖 4：黃仙祠選址，背枕獅山，面對鑪峰，《賓霞叢錄》附載賓霞洞形勝圖，1949 年刊。70 多年前一些寺廟，如束山廟、藏寶洞，今只成追憶。筆者藏。

3. 從鳳翼吉地到「地以神名」

1921年農曆二月，梁仁菴、馮萼聯奉仙師命往九龍獅子山麓訪尋建壇吉地；二人奉命，於九龍城登岸後，向北行2500步，即是吉地所在；覓地後，插香為記，回稟仙師，師曰：「此為鳳地，乃開壇之吉地也。」[14] 嗇色園殿寺內匾聯，多點出此是「天地鍾靈之鳳翼吉地」。如大殿前方內柱聯1973年陳欣甫撰：

> 蒲崗分蹟自金華紀慶祝金禧重營紫府仙宮式憑靈爽
> 叱石真源傳鳳嶺發祥開鳳翼奉行普濟勸善賴及萬方

大殿內左柱聯1926年何嶽巔撰：

> 鳳翼方伸總期慎始慎終一簣功成進吾往也
> 龍頭誰舞咸望實心實力百端待理聞斯行之[15]

嗇色園所在的鳳翼吉地，從建園至五十年代末，還是一些山坡農地。黃大仙區地名多以龍與鳳命名：龍翔道、龍翔道廉租屋、鳳凰村、鳳德邨、鳳德公園；嗇色園內建九龍壁、鳳鳴樓。據一些老道長回憶，1950年代以前九龍城地區香火最盛是侯王廟，當時黃仙祠交通很不方便，一些信眾下車後還須徒步大半個小時才可抵達。1945年左右，信眾或參拜侯王之後，順路由東頭村經田畿往黃仙祠，入竹棚拜大仙。[16]

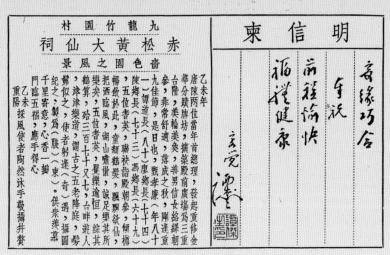

圖5a及5b：1956年，嗇色園正式開放予公眾人士入園參拜；1955年私人印製明信柬，道長與紳耆歡聚，以賀金華分蹟牌坊重修。普善堂藏。

14　梁本澤撰：《金華風貌》（未刊稿，2003年序）。梁本澤道長是嗇色園創壇道長梁仁菴的孫子，對粵港地區黃大仙諸壇歷史有深入認識。

15　有關嗇色園楹聯，可參考張為群：〈讀楹聯學歷史——以黃大仙祠為例〉，載香港城市大學中國文化中心編：《考察香港：文化歷史個案研究》，香港：三聯書店，2005。

16　李耀輝道長訪問，2005年5月20日。李道長年幼時跟姨丈公錢遂初道長入園，錢道長自1940至1954年任嗇色園司理。

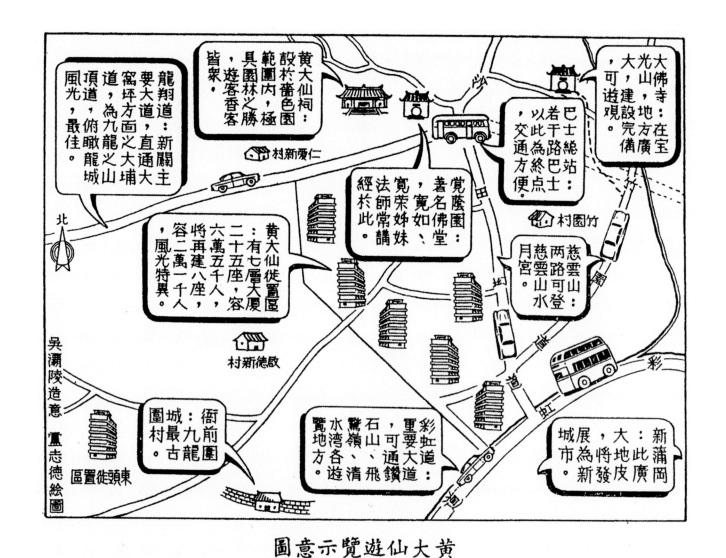

黃大仙遊覽示意圖

圖6：1960年代吳灞陵等繪製黃大仙區圖，黃仙祠周邊徙置區、巴士總站與名勝，與今天對照，可顯示環境的變遷。引自吳灞陵《九龍風光》，《華僑日報》，1961，頁14。

　　隨着港府房屋政策的改變，六七十年代，這片土地很快就變成由公共房屋包圍的都市心靈家園。住在這些公共房屋裏的市民，很多原先住在附近簡陋的木屋裏，他們往往把自己生活環境的改善歸功於大仙的庇蔭，因而成為大仙的虔誠信徒。1956年之前，由於嗇色園屬私人道場性質，礙於法例，1948年起只好仍關上園門，僅在每年新年間開放予善信禮拜。平日進香仕女，只有園外遙拜，擁塞於途（參見圖5a及5b）。

　　1969年始更「地以神名」，吳灞陵（1904-1976）[17] 對黃大仙地區名稱的由來有非常細緻的描述，由祠名→巴士站頭→徙置區名→新區名，這篇文章撰於1965年11月，三年多後黃大仙再一躍成為地區的行政區：

17　吳灞陵生平，可參考〈庸社創社行友吳灞陵先生資料鈎沉〉，載《庸社行友旅行八十周年（1932- 2012）紀念特刊》，2012，頁5-8。

戰後，九龍巴士九號、五號兩線，經過清水灣道（今稱彩虹道）的時候，有一個站頭叫「黃大仙」，那就是當時的蒲崗道口（現在是沙田坳道口），因為從這個路口直入，便是「黃仙祠」的所在，所以這個站頭有「黃大仙」的叫法，是將「黃大仙」這名堂作為一個地區名稱的開始。之後，又過了一段時間，因為內地難民湧入香港，居住成為問題，多數在山頭搭木屋棲身，等到無情的火神降臨，「木屋區」變成焦土，他們也由「難民」的身份變成「災民」，等候救濟。香港政府才想出開闢徙置區、興建徙置大廈來收容他們的好辦法。於是，從「黃大仙」站頭到「黃仙祠」這一大塊地皮被政府收回，原有單層的商店民房，轉眼之間轉變成 H 形的七層大廈，第一批二十五座，第二批添上八座，收容近九萬人。因為地接「黃仙祠」，整個「徙置區」的名字，也就「就地取材」，喚做「黃大仙徙置區」」（現在改稱「黃大仙新區」）。（參見圖6）[18]

　　1956 年嗇色園正式對外開放，竹園巴士總站，於 1958 年配合黃大仙徙置區入夥而興建。[19] 1969 年黃大仙區，以區內著名的黃大仙祠命名。1969 年之前稱為「九龍城黃大仙廟」，據 1969 年之前嗇色園公函檔上仙祠的位址，仍書「九龍城竹園村」，今天則是「黃大仙竹園村」。

三、扶乩與嗇色園早年發展

　　2006 年筆者與梁本澤道長訪談，梁道長講了一段令人印象深刻的話：香港兩所祠觀，嗇色園建飛鸞臺，由「乩」起家；青松觀，由「經懺」起家。[20] 扶乩一般多在道堂內主殿設乩桌進行，像嗇色園早年另闢址建飛鸞臺實屬僅見。1974 年 8 月，嗇色園乩手衛仲虞道長羽化，嗇色園自 1975 年至停止扶乩。嗇色園一些後來命名及新建殿宇（如三聖堂、太歲元辰殿）匾聯，因停乩已不再由仙聖鸞賜。而香港其他供奉黃大仙的壇堂，如元清閣、愿誠園仍保持定期開乩。

18　吳灞陵：〈金華分跡記黃仙〉，1965 年 11 月撰，香港大學孔安道紀念圖書館整理《香港勝景》。

19　1920 年代之九龍，人口多集中在油尖旺、九龍城。因之 1920 年代，九巴已開辦 6 號線（來往尖沙咀至九龍城），即 1 號線前身，大致途經九龍城、太子道、彌敦道。1 號線，來往竹園至尖沙咀碼頭。吳灞陵文中提及 5 號線是來往彩虹至尖沙咀，九龍巴士 9 號、5 號兩線，參考巴士線演義網：巴士線發展史網站 http://bj9267.blogspot.hk/2010/02/blog-post_144.html，擷取日期：2020 年 1 月 20 日。1970 年彩虹邨巴士總站與路線，見《黃大仙區風物志》，香港：黃大仙區議會出版，2003，頁 82。又，1956 年嗇色園正式對外開放，竹園巴士總站，於 1958 年配合黃大仙徙置區入夥而興建，見陳志華，李青儀，盧柊泠著：《九龍區巴士路線與社區發展》，香港：中華書局，2013，頁 156。

20　梁本澤道長訪問，2006 年 6 月 28 日。梁道長，1927 年出生。

1. 現存乩筆書寫之寶懺與匾額

嗇色園現存的真經、寶懺及科儀文獻，多由乩出，其中不僅主神黃大仙師有降筆自述等文字，還有魏徵、齊天大聖降筆的寶懺，有些是香港淪陷時期仙佛降筆於嗇色園而成的，更難能可貴。[21]

一百年前在香港崇奉黃大仙的弟子、道侶，並非來自金華，其道脈淵源自清末在廣東番禺大嶺村的一次扶乩，即〈乙未年重建金華分蹟牌坊及增建贈醫施藥局碑記〉（1955 年）所述「嶺南衍派」。如嗇色園肇建者，梁仁菴與馮萼聯皆廣州普濟壇弟子，分列《普濟壇同門錄》[22] 第 18 名及第 70 名，兩人皆是乩手，「嗇色園」三字由馮萼聯乩出。光緒二十三年（1897 年）黃大仙乩賜的一篇自我介紹〈赤松黃大仙師自述〉，據說是大仙在菩山降筆寫成。及後 1899 年花埭成立的普濟壇，是清末廣東首創奉祀黃大仙的道壇，宗旨也明顯地通過降乩弘揚仙訓和利濟群生。花埭黃仙祠的名稱、對聯和建築都出自仙師的乩示，有關詳細記載在《驚迷夢》四集中。早在 1915 年奉師來港開壇，嗇色園往後的六十年（1975 年停乩），也繼承此傳統，直至 1970 年左右才改成現代管理體制。1921 年梁仁菴等得到黃大仙的乩示，選定並規劃竹園村現址，玉帝乩賜「普宜壇」三字，以為道門立壇之號，成立嗇色園管理。並蒙文昌帝君乩書「嗇色園」三字，蒙呂祖乩書「赤松黃仙祠」，及後 1934 年黃大仙乩訓規章十六則。嗇色園現仍有乩書寫成的文字，見於大殿、飛鸞臺及照壁，如「飛鸞臺」三字於 1924 年出自乩筆。照壁於 1938 年興建，壁上刻有 1937 年如來乩筆的「清靈寶洞」及「朝佛」字句。從《普宜壇同門錄》中，可以看到黃大仙對一些早期道侶的乩示，不但委以重責大任，而且殷勤寄語，諄諄善誘。談到選址，據嗇色園董事會在 1970 年編纂的《嗇色園五十年來概錄》中記述：

> 一九二一年（辛酉）四月，梁仁菴、馮萼聯道長，將擇定九龍城蒲崗竹園地，插竹為記，請示　黃大仙師，以定取捨，蒙　仙師乩示上吉，着將插竹移右三尺、移後三尺，定為大殿中心。又蒙　文昌帝君乩示，擇吉日六月二十四日興工，於是在竹園村現址，建築仙師大殿、麟閣、辦事處、宿舍、大閘、水井等工程。

由此可知，當年的選址及決定大殿的位置，都是經仙師一番乩示的。

2. 1921 年乩文奠定方向「先要建祠宇　後隨開辦各善舉」

在嗇色園的早期文獻中，有一篇乩文相當重要，建壇初期，黃大仙即道出了大仙信仰在廣東的處境分析，以及南移香江後應作的部署和展望，乩示弟子要「以三教合一，而申明其宗」，此是 1921 年仙師賜予韋仁舟道長入道乩文。《普宜壇同門錄》內韋仁舟道長入道時，由仙師賜予乩文，時為辛酉 1921 年元月十八日，赤松曰：

21　魏徵曾供奉在廣東諸壇內，《魏仙師寶懺》與《齊天大聖寶懺》，癸未（1943 年）降於普宜壇。

22　《普宜壇同門錄》記錄弟子名字、道號、籍貫、職業、嗇色園職任，黃大仙師乩示詩文、介紹人等，嗇色園藏。

圖7：1921年黃大仙乩示大仙信仰南移香江後應作的部署和展望，引自《普宜壇同門錄》，嗇色園藏。

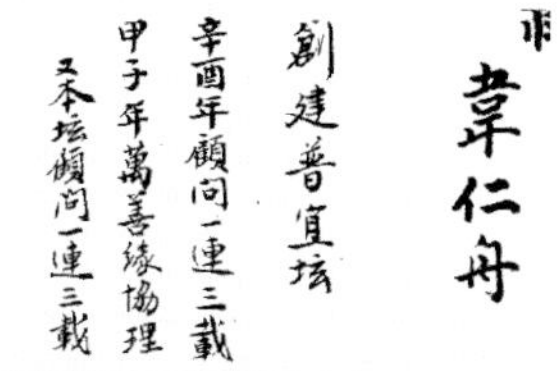

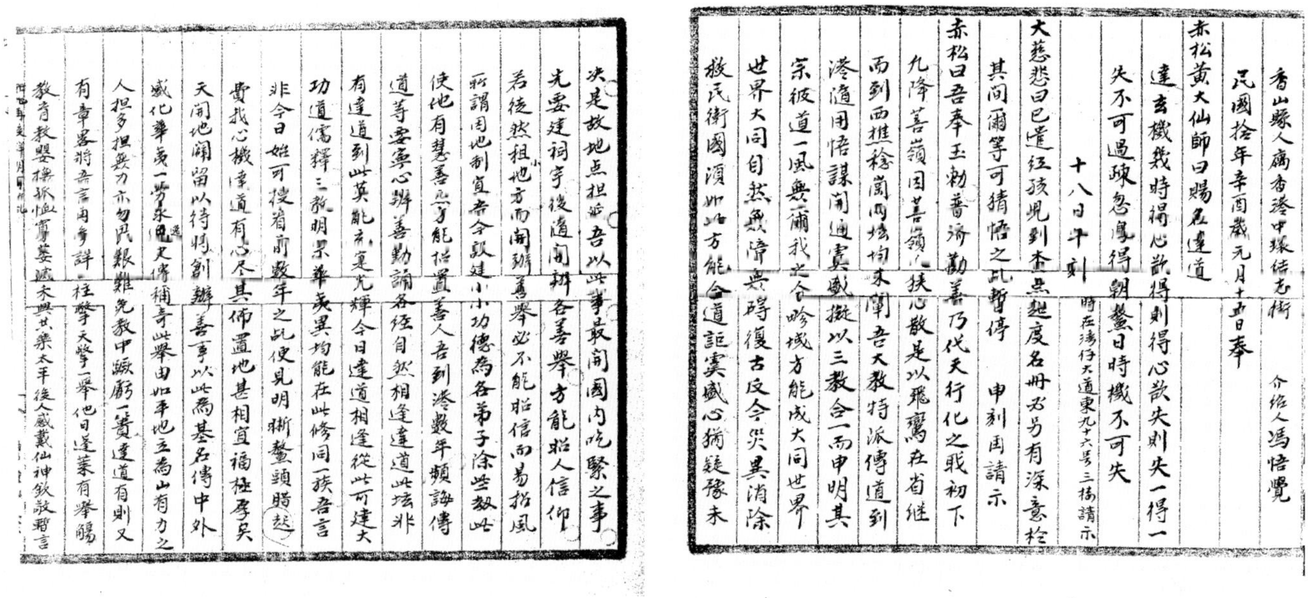

　　吾奉玉勅普濟勸善，乃代天行化之職。初下凡降菩嶺，因菩嶺人狹心散，是以飛鸞在省，繼而到西樵稔崗。兩壇均未闡吾大教，特派傳道到港，隨用悟謀，開通虞盛。擬以三教合一而申明其宗，彼道一風無爾我之分畛域，方能成大同世界，世界大同自然無障無礙，復古反今，災異消除，救民衛國，須如此方能合道。……先要建祠宇，後隨開辦各善舉，方能昭人信仰。……道儒釋三教明宗，華夷異均能在此修同一族，吾言非今日始，可搜看前數年之乩，便見明晰鰲頭臘起，費我心機，達道有心盡其佈置，地甚相宜福極厚矣。……（參見圖7）[23]

　　乩文指出，廣東普濟壇與普慶壇因天時、地利、人和因素未能配合而有其局限，以致「兩壇均未闡吾大教」。必須申明三教合一的宗旨，「先要建祠宇，後隨開辦各善舉，方能昭人信仰。」同年四月，梁仁菴、馮萼聯諸位道長竹園擇地建壇。1920年代，普宜壇崇奉三教與殿堂建設、設藥局等，次第舉行。1924年於九龍西貢道首創藥局，贈醫送藥。1933年乩示的《黃大仙嗇色園壇規》亦說：「本園以提倡闡揚儒釋道三教之理性道學，並增設贈醫施藥，以期勸善普濟為宗旨。」

23　《普宜壇同門錄》入道序號二十三韋仁舟，仙師賜韋道長名達道。

普宜壇創立伊始，即同時建主殿和麟閣，儒釋道三教並奉，得以擴大黃大仙信仰的影響力。黃大仙是道教神祇，嗇色園則是崇奉道、儒、釋三教之團體。作為嗇色園最先構建的殿宇之一，「麟閣」標記着黃大仙信仰移港後的一個大變化。《普宜壇同門錄》是了解早期嗇色園道侶組成的第一手資料。書內列「創建普宜壇」者 24 人，皆 1921 年辛酉歲元月十五日之前入道。1930 年及之前入道共 137 人，此十年奠基期就道侶人數擴展上是頗為可觀的。這一百多位大仙弟子，來自哪些職業、階層？潘可賢道長指出，道壇成立發展不離扶乩與經懺，才可起家；又形容西樵雲泉是士人官員俱樂部，而香港嗇色園早年是商人俱樂部。[24] 廣東番禺普濟壇的組成主要是文人，西樵普慶壇的組成主要是鄉紳與商人，從《普宜壇同門錄》所見，香港嗇色園主要由商人及當年任職洋行者組成，其中不乏尊孔人士，如馮其焯等人既崇道也尊孔。[25] 香港黃大仙信仰的孔教成份，自普宜壇創壇期起即有顯著的提升，否則無以解釋嗇色園黃大仙祠的眾多殿宇之中，何以最早建成於 1921 年的，會是主殿赤松黃仙祠和供奉孔子的麟閣；也無法理解 1941 年香港淪陷前夕，在經濟並不寬裕的境況下，尚斥資將麟閣前面涼亭改建為孔道門等等。自此以後，嗇色園一直保持着尊孔的傳統。1956 年至 1997 年期間歷任嗇色園董事會主席的黃允畋，更是出入三教，身兼香港佛教聯合會副會長，及孔教學院院長（任期 1970-1992 年），三教事務皆悉力參與。1956 年「收地危機」，亦得時任總理黃允畋與港府斡旋解決，嗇色園亦正式開放。據〈嗇色園五十年來概錄〉記述，黃允畋於 1952 年秉承父親黃梓林意旨，由衛仲虞、吳廣智道長介紹入道嗇色園。

3.「飛鸞臺」：黃大仙師的靜室

嗇色園飛鸞臺，是黃大仙師的靜室，只供嗇色園會員內進，初建於 1924 年。接鸞的神壇稱為「鸞臺」，謝聰輝研究指出，南宋金元時期「在經典出世的模式與思想方面，也新創一種『飛鸞開化』的新類型」，「乃由奉道知識份子所組成的道壇或鸞堂團體，採用相對較為集體的、公開的飛鸞降筆方式，以鸞台真手作為傳遞與接收天書訊息的媒介。……道教運用「飛鸞」一詞，指稱神靈附於飛動的鸞筆書出天界訊息的方式與意涵。」[26]「鸞臺」常見於二十世紀上葉降筆的乩文，如 1920 年代初成立之香港三教總學會，1925 年倡建軒轅祖祠以奉祀軒轅黃帝，降於三教總學會的〈諸葛武侯百年乩文〉（1933 年），乩文開首如下：「天數茫茫不可知，鸞台暫說各生知。」

嗇色園內建有飛鸞臺，作為黃大仙休憩靜室，亦是該園道侶扶乩問事之所。飛鸞臺 1924 年初建，1936 年重建，1989 年重修。「飛鸞臺」牌匾，甲子年（1924）李青蓮大仙降筆，清雋超俗，一氣呵成，原為木牌匾。[27]「飛鸞臺」舊木牌匾，還道出一段為人津津樂道的黃大仙威靈傳說。1941 年 12 月 8 日，日軍狂炸機場及港九各地，嗇色園附近的民眾扶老攜幼到大仙祠避難。轟炸後，竹園村無損，但附近多條村嚴重受創，人們都傳頌說是得到大仙的護佑。期間，嗇色園道侶和工作人員，本着普濟之心，

---

24 潘可賢道長訪問，2005 年 4 月 28 日。潘道長，1931 年出生。

25 二十世紀初，尊孔團體在香港相繼創立，其中以宣統元年（1909）由劉鑄伯倡辦的孔聖會為最先，1921 年旗昌洋行買辦馮其焯等在灣仔創立中華聖教總會。

26 詳見謝聰輝：〈明清《玉皇本行集經》中呂祖降誥研究〉，《道教研究學報：宗教、歷史與社會》第 7 期，2015；及《新天帝之命：玉皇、梓潼與飛鸞》，台北：臺灣商務印書館，2013。

27 飛鸞臺三字橫書書木牌匾舊照，見筆者主編：《香江顯迹——嗇色園歷史與黃大仙信仰》，香港：嗇色園，2006，頁 78 及 228。

盡力協助難民，每日供應茶水，從無間斷，直到戰事稍平，局勢漸趨穩定，人們才陸續散去。有關傳說在《嗇色園五十年來概錄》中有詳細記載：

> 1942 年，四、五月間，日軍入園遊覽，行經鸞台，欲除取「飛鸞臺」三字橫額，梁鈞轉道長婉拒，日軍強自登上取之，方動手，竟失足跌下，只得向仙師鞠躬罷手而去。

道教洞天福地內建飛鸞臺，另一例子是茶山慶雲洞，1931 年建玉鑾金殿奉玉帝，殿之下層建飛鸞臺，「列聖垂訓，假此降乩。飛鸞臺左，為會仙閣，供奉黃初起、黃初平兩位先仙。飛鸞臺右為勇悔亭，亭中供奉燃燈古佛真像。」（《通善拾編》）

四、仙師乩示醫療教育及以「可」字命名的各項社會服務

黃大仙的有求必應，從實際層面，主要表現在其靈籤[28] 和藥籤。善信正是透過其籤文的實際功用，進而理解和崇拜這位神祇的，靈籤與藥籤也是普濟勸善宗旨的實踐之一。黃大仙的靈籤和藥籤，大約都出現在花埭普濟壇的創設時期，原來以乩壇的方式施行普濟，漸漸無法滿足信眾日增的需要，後期乩壇已變成了只供普濟壇弟子問事的場地。於是乃有靈籤、藥籤之設，以供信眾問事、問方之用。黃大仙藥籤源出於普濟壇，完備於普慶壇。《驚迷夢》四集，有仙師與眾弟子暫時話別，回天繳旨時的乩詩：

> 吾今師弟罄哀情，降筆臨壇救眾生。
> 書與藥方功已滿，乘風跨鶴轉蓬瀛。

詩中所說的藥方，可能即是後來普濟壇、普慶壇沿用的一整套藥籤，也就是說藥籤在 1899 年黃仙祠開光時已經完成。而至今仍流傳的《黃大仙良方》，是黃大仙乩示的藥籤，分男、婦、幼、眼、外五科，每科各有一百籤。直到二十世紀末，藥籤一直在嗇色園的醫療善業中扮演一定的角色。最初的幾年，乩方是最主要的醫療善業，亦起着彰顯神威，聚合同道的作用；建壇後三年，現今嗇色園一帶仍是市郊，交通不便，普宜壇設專款在九龍城設立藥局，聘用中醫診症開方，1924 年起設贈醫施藥局於九龍城西貢道，每日 40 人，分文不收。由三位弟子捐獻，1936 年遷長安街，施出藥劑漸多。實行送醫施藥，與藥籤平分秋色，可以猜想是根據香港的城市特點而作的調整。

位於新蒲崗的可立中學，是嗇色園創辦的首間學校，1966 年籌建，中學的命名，是以傳統的扶乩儀式，由仙師賜予的，而日後嗇色園開辦的教育、醫療、社會服務機構亦遵 1960 年代仙師乩示，悉以「可」字命名。[29]

28　黃大仙靈籤又稱黃大仙運籤，共 100 籤。此套靈籤，據吳麗珍：《香港黃大仙信仰》一書的介紹，原來只具七言四句籤詩，均由仙師乩示，香港：三聯書店，1997，頁 124-131。
29　盧偉強道長訪問，2000 年 12 月 7 日。

1969年9月1日，可立中學正式開課。經過有序開展和各道侶的努力，嗇色園各項社會服務卓然有成。從 2002 年徐守滬主席在《嗇色園八十周年特刊》中，對可立中學投入服務後，嗇色園社會服務事業發展的介紹，可見其盛：

自 1969 年本園主辦的第一間教育機構「可立中學」開課，再於 1979 年首座老人福利單位「可敬護理安老院」投入服務，三十餘年間，善業範疇，涵蓋興學育才、護老安幼、贈醫送藥、救災恤難及弘揚教務等。至今，本園辦有中學、小學及幼稚園合共十六間；自然教育中心暨天文館一座：護理安老院、耆英綜合服務中心、耆英康樂中心及幼兒園合共二十間；中藥局、西醫及牙科診所，以及物理治療中心各一座。

值得一提的是，1960 年代至 1974 年主鸞的是衛仲虞道長（1889-1974），道號清覺，番禺人。1934 年嗇色園入道，隨後歷任嗇色園董事兼義務秘書，是嗇色園最後一任乩手。1963 年歷年由黃大仙等神明乩撰、衛道長主鸞之《三教明宗》印行。早年與嗇色園道侶訪談，常稱衛仲虞為「衛夫子」、「衛老師」。衛道長曾任教於九龍華仁書院，及香港華仁書院，在學校教授英語為主。嗇色園園主辦的學校始由乩示以「可」字命名，而主鸞者來自一位中學老師，可說是一段杏壇佳話。

五、黃大仙區之定名

嗇色園黃大仙祠所在的竹園，在六十年代開始發展成為一個新的社區，到 1969 年 1 月 24 日，這個社區發展成地區行政區，更以「黃大仙」命名。黃大仙區以黃大仙祠命名，其意義何在？道教文化的影子，除了歲時節令和民間習俗外，地名、山嶺、街道與屋邨命名，亦處處可以看到，例如八仙嶺、北帝街（紅磡）、洪聖街（鴨脷洲）、譚公道（土瓜灣）、天后廟道等。粉嶺祥華邨所在，因有藏霞精舍，用「藏霞」二字諧音「祥華」為新邨名。又如青山灣三聖墟源於三聖廟，此廟建於 1914 年祀孔子、釋迦牟尼和老子，廟前空地買賣，後來稱為三聖墟。1969 年黃大仙區，以區內著名的黃大仙祠命名，即「地以神名」。把一個地方行政區貫以神名，黃大仙區肯定是空前的，它所反映的除了黃大仙祠作為名勝的地標作用，也是對其「普濟勸善」善業的肯定。「黃大仙」正式成為地方行政區的名字，是港英政府於 1969 年設立市區民政局政策的結果。

「六七暴動」之後，港府意識到必須了解民意以改善管治。而且，六十年代香港市區人口，已經由戰前的 70 萬增至 325 萬；人口增加，政府部門數目和功能也增加（如 1958 年設立社會福利署、1966 年設立運輸署），協調各政府部門工作就更有必要，港府遂於 1968 年設立民政署，首長為政務司（即之前的華民政務司，1973 年後更名為政務署長）。根據華民政務司於 1969 年 1 月 24 日發表之《民政主任工作檢討報告書》，港府決定加強與地區之間的溝通，將港島分為四區（中西區、灣仔區、東區、南區），九龍分為六區（黃大仙區、深水埗區、旺角區、油麻地區、九龍城區、觀塘區），每區派駐一名市區民政主任。新界亦設新界民政署，下設元朗、屯門、大埔、沙田、荃灣、西貢、離島七個理民府。[30] 黃大仙

30　詳參游子安主編，張瑞威、卜永堅合著：《黃大仙區風物志》，香港：黃大仙區議會出版，2003，頁 21。

區位於九龍半島東北，北依獅子山、大老山、慈雲山，東臨飛鵝山，是十八區中唯一沒有海岸線的行政區。及後，地下鐵路觀塘至油麻地線的列車服務，在 1979 年 9 月 30 日首先通車，設黃大仙、彩虹、鑽石山等車站。仙祠位於地鐵站出口，交通更為方便，此地利條件在全港廟觀之中可說是「得天獨厚」。

六、結語

本港的黃大仙信俗奠基於 1915 年，2014 年成功列入國家級非物質文化遺產項目，剛滿 100 年。1921 年於竹園擇地設壇，嗇色園正式成立，以管理黃大仙祠事務，是黃大仙信仰在香港落地生根的標誌。早期的嗇色園是一所不了開放的私家修道道場。1934 年，嗇色園獲政府批准，每年農曆正月開放大殿供善信參拜。至 1956 年，正式開放予公眾人士入園參拜。隨着入園人數增加，報刊也漸多描述嗇色園善信日增、香火繚繞及廟宇莊嚴面貌的詩文。如蔣釋冰〈香江放歌〉（其一）：

> 九龍城外訪黃仙，廟貌香綿不斷煙；
> 願乞楊枝甘露水，朝朝遍灑大羅天。（《亞洲詩壇》第 5 期，1960 年）

香港黃大仙信俗「申遺」及主要傳承人（團體）為嗇色園。嗇色園普宜壇自 1921 年已設總理、副總理、司理、值理等職，以作宗教團體管理。1965 年向政府申請並註冊成為法人，自此嗇色園以董事會代替原來的管理架構。黃大仙信仰經歷了作為私人修道場所的乩壇（普宜壇），進而擴建開放祠廟（赤松黃仙祠，凝聚信徒，開展信仰活動的場所），再而發展成為面向社會的宗教慈善團體（嗇色園），實在秉承貫徹黃大仙「普濟勸善」之宗旨與「有求必應」之厚德。嗇色園既與時並進，發展創辦各類社會服務，又不失既定宗旨，可說是由傳統祠廟蛻變到現代宗教慈善團體的一個典範。

黃大仙信仰初起於浙江金華地區，明清之際傳入嶺南。從番禺始基、花埭弘揚；再西樵遷化，到香江顯迹，流播至今一百多年。在香港經過百年傳承，時至今日，黃大仙信仰發展出宗教與慈善結合的特色，形成了一種宗教慈善文化信俗，在香港以至海外華人社區廣為流傳。信仰與善業的弘揚，到 1969 年，嗇色園所在的社區發展成地方行政區，更以「黃大仙」命名。把一個地區行政區貫以神名，所反映的除了黃大仙祠作為名勝的地標作用，又說明黃大仙祠不再是自外於社會的私人壇堂，而是融於社會，成為香港生活的一個組成部分。嗇色園貫徹清末以來黃大仙「普濟勸善」之壇訓，近百年來在「獅子山下」這個特定的時空中，賡續和臻善大仙信仰的傳奇。

黃大仙信俗：
場所、儀式、傳說與非遺保護

浙江金華，浙江師範大學　陳華文

2014 年 11 月 11 日國務院公佈了第四批國家級非物質文化遺產代表性項目名錄，香港特別行政區申報的「黃大仙信俗」作為「民間信俗」的擴展項目列入，編號 X-85（2-2），類別為民俗類，在民俗類中的專案序號 276，專案保護單位是嗇色園。這是繼國家級第二批非遺代表項目名錄「黃大仙傳說」（浙江金華市申報）之後，黃大仙文化第二個項目被列入國家級非遺項目名錄，不僅說明黃大仙文化的豐富性、多樣性、多地域性和巨大的影響力，也說明政府對於這一類存續於多地多種文化表現形態的非遺項目的重視，對於中華優秀傳統文化保護的重視。

信俗是一個新概念，但對於中國人來說又是一個可以理解或意會的概念，黃大仙信俗作為非遺項目，人們不僅從信仰，實際上也從相關的民眾參與和眾多與之相關的文化上體會黃大仙信仰作為一種傳承歷史悠久，流播地域廣泛，受眾人口和傳播國度眾多的特色文化的影響深遠和巨大，它所傳遞出的道教、儒家甚至佛教文化融合後的文化綜合性以及民眾對於這種文化的傳承、熱愛或深受影響，從而認知優秀傳統文化在多層面、多維度、多領域的存在並透視中華優秀文化的根與魂的價值，非常有意義。

一、信俗：從概念到非遺保護實踐

在民俗學的研究上有一個學術用語叫俗信，人們通常把原始信仰或信仰文化習俗化了的現象稱之為俗信，將之與迷信區別開來。比如巫術之類，可以歸入迷信，但春節貼春聯、放鞭炮等具有原始信仰中驅邪性質的文化，因其習俗化而稱為俗信。因此，如果一種文化是巫術或原始信仰，它屬於迷信的範疇，主要原因是缺乏科學依據（原理），即無法用科學進行解釋。它在本質上是非理性的崇信某種儀式或行為並相信這種儀式或行為具有神奇的效應。而俗信雖然與迷信是屬於信仰的範疇，但卻是已經弱化了信仰而突出了習慣性或習俗化的文化。陶思炎認為「所謂『俗信』，指與巫術、宗教相聯繫，但在長期的傳習中已融入風俗慣習的古代信仰。『俗信』是正常的或良性的民間信仰，它沒有人為的、欺騙的性質，表現為傳統觀念的沿襲和民間對精神生活的自然需求。」因此，迷信與俗信既有不同處，也有一些相近處，包括它的信仰主體、客體、與民間生活的相關度等。當然，隨着研究者對俗信等研究的不斷深入，俗信與迷信的差異以及本質認知，也更加深入並清晰。鍾敬文指出，俗信與迷信之所以不同，在於「俗信原來在古代民間傳承中曾經是原始信仰或迷信的事象，但是隨着社會的進步，科學的發達，人們的文化程度的提高，一些迷信事象在流傳中逐漸失去了原來的神秘色彩，失去了神秘力量，人們在長期生產與生活的經驗中找出了一些合理性，於是把這些事象從迷信的桎梏中解放出來，形成了一種傳統的習慣。這些傳統習慣無論在行為上、口頭上或心理上保留下來，直接間接用於生活目的，這便是俗信。」[1] 劉

1　陶思炎：〈迷信與俗信〉，《開放時代》（1998 年第 3 期），頁 123。

德龍等更進一步認為，俗信是「民俗的重要組成部分，是民眾精神生活的一種表現形式。」[2] 俗信內容涉及多個方面，「按照科學與否評價，可以分為科學的、含有科學成分的、帶有迷信色彩的、迷信色彩濃厚的幾類；按照文化價值取向，可以分為積極健康向上的和消極頹廢落後的；按照其帶來的社會效果，可以分為有益的、無害的、有害的幾類。但是不論哪種類型的俗信，無不從正面或反面與科學和文化有着密切聯繫。」[3]

與俗信直接相關的還有一個概念，叫信俗。信俗一般認知上將它與民間信仰習俗等同，是對於民間信仰習俗的一種簡稱或縮寫。[4] 烏丙安認為，信俗「不是過去傳統的詞語，是一個『非遺』保護工作實踐的詞語。這很中立，很科學。」[5] 原因是，如果作為信仰，在被確認為國家級非遺項目時，可能存在政治上或傳統認知意義上幾十年來的意識形態影響或不融入，但信俗則在名稱的層面形成一種含義上的模糊性，強調的是民間或傳統社會中存在的與信仰相關聯的習俗或習慣的存在。後來，也很快證明，這種新詞彙的策略是有效的。據烏丙安說，這一工作「很快就得到國家部委領導的批示，同意這種做法說法，付諸非遺申報實踐。我們要明白的是，這不是光給媽祖定的信俗，而是把一大批祭祀專案都定成信俗，一次性都通過。」[6]「媽祖信俗」是 2009 年列入人類非遺代表作名錄的，但同時，它也是第一批國家級名錄，叫「媽祖祭典」由莆田市湄洲媽祖祖廟董事會和中華媽祖文化交流協會作為保護單位。由於信俗具有的可代入性的作用並獲得非遺保護工作的認同，祭典性或者一些廟會類可能與民間宗教或宗教直接聯想的項目，後來大都以信俗冠名。在 2008 年公佈的國家級第二批非遺代表性專案名錄中有民間信俗名下「關公信俗」等十項，第三批國遺項目中則又增列「閩台送王船」等九項擴展項，第四批國遺項目中則有「黃大仙信俗」等 20 項。因此，民間信俗這一項目名錄下，共有 29 項名錄，29 個保護單位，涉及香港、澳門、浙江、廣東、福建、山西等 20 個省市自治區和特別行政區。王宵兵認為，信俗概念的使用和在非遺保護中的實踐，體現了「民俗性的回歸」，本質上是「把重點放置於其民俗性一面，以淡化其宗教性特徵。」[7]

非遺保護是一種全國性的優秀傳統文化保護與傳承的實踐，這種從概念到實踐落實的迅速行動也促使一些民間信仰內容濃厚的文化更加側重或傾向於習俗化的內容，並將民眾認同、民眾參與和民眾共用，以及社區存續，社區影響和社區參與作為非常重要的條件，甚至是主要體現的對象加以關注，從而產生新的文化趨向或趣向，催生名實相關聯的新的認同。這種現象在非遺保護過程中，並不鮮見，如媽祖祭典，媽祖信俗、媽祖信仰習俗、媽祖皇會等，[8] 實際上是同一文化形態；而在黃大仙信俗中也同樣存在，如黃大仙傳說等。人們認為，不同名是切入視角的差異，但更是社會發展過程中，具體的需要，包括工作或政治的需要。誠如高丙中所說，「從功利上說，多名能夠讓一個人或者一個機構左右逢源；從認同上說，它是人們應對驟變社會的方式：今日之我與昨日之我既前後接替（新命名），又同時並存（保留原名）。⋯⋯雙

2　劉德龍、張廷興、葉濤：〈論俗信〉，《民俗研究》（2001 年第 1 期），頁 5。

3　劉德龍主編：《民間俗信與科學文化》，濟南：山東教育出版社，2001，頁 6。本書中的俗信，主要包括傳統節日俗信、人生禮儀俗信、衣食住行俗信、社會交際俗信、行業俗信、信仰崇拜俗信、物候天象俗信、物理事理俗信等八個類。

4　參見〈「俗信」概念的確立與「媽祖信俗」申遺——烏丙安教授訪談錄〉一文，《文化遺產》（2018 年第 2 期）。

5　同上注，頁 5。

6　同上注，頁 5。

7　王宵兵、任洪昌：〈媽祖信俗的概念與內涵——兼談民間信仰的更名現象與制度化問題〉，《文化遺產》（2018 年第 2 期），頁 15。

8　同上注，頁 15-17。

名兼顧了一個縱向歷史感的自我和一個橫向社會聯繫（不斷擴大）的自我。這造成互相支撐的雙認同，我與非我轉化為舊我與新我，而舊我與新我要在雙名制下來理解，它們不是互相代替的，而是並存互補的。舊我是歷史向度的我，新我是空間拓展訴求的我。」[9] 雖然高丙中討論的是龍牌會的現象，但實際上也是當下非遺保護與傳承存續之間的一種現實寫照，只不過，非遺保護更多地是借助了官方的正名使民間轉身為殿堂中的一員，並實現保護優秀傳統，振興文化的目的。

二、歷史悠久與建觀供奉：黃大仙信俗賡續不斷的動力

非遺保護實際上是對於專案的保護，這種專案制的形式在中國的實踐中非常強調保護單位的申報。不同的專案由於其歷史淵源不同，受眾不同，價值或意義的差異或大小而被列入四級名錄（國家級、省級、地市級和縣市級）之中，其中，歷史是否足夠悠久，是專案能否被列入的一個重要指標。那些歷史悠久、存續狀況良好，受眾多並具有廣泛存在和巨大影響力的項目，會被優先考慮。

黃大仙是一位仙人的民間俗稱，歷史上被記錄時的最初名字叫皇初平，因黃與皇諧音通假，後來也被叫做黃初平。雖然黃初平是黃初起的弟弟，大哥與弟弟一起修道最後都成了仙，但因為黃初平率先修道成仙，因而被叫做黃大仙。[10] 晉代葛洪首先記錄了黃大仙的故事，這是我們在《神仙傳》中第一次知道黃大仙是一位牧羊修道而成的仙人，他的主要仙術是坐在立亡，日中無影和叱石成羊，後來向黃大仙學習修道者還有數十位都成了仙。

葛洪的《神仙傳》之黃大仙並不確定為何朝代之人，專家的研究大都推斷為漢代或三國時，原因是葛洪是東晉（284-364）時人，自小喜歡神仙導引之術，《晉書》有傳，言其曾隨從祖葛玄之弟子鄭隱學煉丹術，所以，對他的評價是道士和道教理論家、醫學家和煉丹術家。可以想見，被收入葛洪之《神仙傳》中黃大仙，一定是在葛洪生前修煉得道才有可能。換句話說，如果黃大仙出生比葛洪遲，就不可能被收入其著作。所以說黃大仙生活的時代應該在漢代或三國時是可信的。這就說明，這個信俗的歷史非常悠久，而且它至今還活在人們的信仰和生活中，證明它是活態的傳承，這就符合非遺保護的基本要求。當然，歷史過程中它的賡續不斷，也是非常重要的。而根據各種記載，南朝時，有東陽（治在今金華）太守沈約吟詠黃大仙修煉得道的赤松山之赤松澗的詩文〈赤松澗〉，感歎和羨慕黃大仙的仙人生活。[11] 後來歷唐宋元明清，都時有學者或文人對於這種信仰和仙人生活仰慕，也包括黃大仙遺惠後人的感歎詩文，說明傳承不絕。[12]

9　高丙中：〈一座博物館—廟宇建築的民族志——論成為政治藝術的雙名制〉，《社會學研究》（2006 年第 1 期），頁 167。

10　當然，黃大仙還有一個可能是，得道者都被稱為大仙，這裏的大仙也包括地位高，影響大的意思。

11　松子排煙去，英靈眇難測。

　　惟有清澗流，潺湲終不息。

　　神丹在滋化，去軒於此陟。

　　願受金液方，片言生羽翼。

　　渴就華池飲，饑向進霞食。

　　何時當還來，延佇青岩側。

12　參見陳華文：〈論典籍、詩文與傳說的交錯互動——以浙江金華的黃大仙為例〉，《民間文化論壇》2004 年第 5 期的有關內容。

當然歷史悠久僅僅是一個方面，最重要的動力或傳承力來自民眾對於黃大仙的崇信以及建觀供奉而帶來的持續影響。宋代時金華赤松山有一道士叫倪守約，他著有一本《赤松山志》，志中說，赤松山有赤松宮，在宋代時已經改名叫寶積觀，「按觀碑，自二皇君因赤松子傳授以道而得仙，同邦之人議曰：昔崆峒訪道，帝王有順風之請；瀨鄉立祠，桑梓置棲神之所，茲為勝地，可得忽乎？遂建赤松宮。」說明在晉代時至少已經有了棲神之所的赤松宮，地方民間因而也就有了感恩或紀念之場所。《赤松山志》「二皇君」條記載，「自晉而我朝，香火綿滋，敬奉之心，未有涯也。」到了宋代時更名為寶積觀的赤松宮「已經非常壯觀，香火也非常興盛，高道輩出。」[13] 萬曆《金華府志》卷二十四「寺觀」稱赤松觀「為江南道流冠冕」，雍正《浙江通志》卷二百三十二「寺觀七」記載赤松觀「舊宮殿庭院廊廡甚盛，為江南道宮之冠」，說明崇奉之盛。

赤松觀大都為木製建築，時常因自然和社會原因被毀，但卻也因信仰者的力量而重修。光緒《金華縣誌》卷五「建置第二」記載：「舊宮殿為江南道宮之冠，後毀於火。成化戊戌道紀余永福募，雙溪驛丞程自信等重建玉皇殿，並像如舊規（《萬曆府志》）。萬曆甲申知縣汪可受重建（據王三錫碑文），旋圮。……皇朝道光元年道士龔廣佳、錢德有復募建（道光志）。咸豐季年毀。」常毀常復建，說明影響之巨大和民眾需求之現實。

進入二十世紀後，由於各種機緣黃大仙俗信得以進入香港並被發揚光大，其中一個重要的原因也是基於建觀供奉並為信眾所認同。最後祠宇宏闊的嗇色園以及走出香港而分佈於世界數十個國家或地區的黃大仙信仰及相關的供奉場所，同樣成為黃大仙信俗支援廣大信眾各種需要的特殊空間和活動場所。

三、信仰與慈善：黃大仙信俗開放包容的多種途徑

黃大仙信俗是一項國家認定的非遺項目，它的意義就在於符合當下非遺保護的主流和趨勢，因此上升到國家層面，成為中華優秀傳統文化的重要組成部分。因為它是一項非遺項目，它就不僅僅是嗇色園的——一個集儒釋道於一體的宗教團體的文化形態，事實上，它是一個開放包容並可以共用的文化形態。從源頭上看，它源於浙江金華的赤松山或第三十六小洞天，是一個關於道教神仙信仰傳播與發展的果實；從本質上看，黃大仙信俗匯集了多種文化表達或文化形態，從而成就一個影響巨大、民眾認同度高、開放而且綜合的非遺名錄；從過程看，它與宮觀、儀式、傳說、慈善等複合的文化綜合於一體，是傳統與現代、民間與官方、世俗與神聖統一的特殊文化形態。

1. 宮觀與黃大仙信俗

歷史上從東晉開始就有黃大仙祭禮或紀念的場所，雖然首先出現於金華赤松山，卻在歷史的過程中，逐漸擴展於東南地區，主要是福建和廣東等地，之後，雖然金華山的宮觀由於歷史和社會發展等原因而

13 　陳華文：〈衰落與復興：黃大仙信仰歷程——以金華黃大仙信仰演變為例〉，《民俗研究》（2017 年第 3 期），頁 105。

衰落，但卻在社會轉型中，[14] 在香港得到發展，並借助於抗日戰爭時期的「普濟勸善」活動幫助大量戰時的民眾而得到傳承和弘揚。但由於黃大仙仙人身份獨特，按照鄭土有的研究，黃大仙是中國神仙中較純正的仙人，然而他的仙階並不高，是仙人中的中級仙官，屬於修煉得道的地仙。[15] 因此，在一些信仰黃大仙的地方只能建壇或建祠供奉，普濟壇、花埭的黃仙祠、普慶壇、普宜壇等，就是明證。[16] 這些壇祠深深地扎根於民間，接地氣，服務於民眾百姓的生活需要，在解厄、濟困、扶貧、救生，以及種種祈福禳應方面，都能提供民眾信仰和心理需求的各種需要。其中通過扶乩這種中國式民間俗信方式來啟示民眾各種所求，是清末黃大仙信俗最基礎也是最受歡迎的方式。由於扶乩這種方式過於神秘甚至可能造成巨大的社會後果，在清末的社會動盪和轉型中，受到統治者的禁制或取蹄，從而機緣天成地進入了當時英租借地的香港地區，並建壇供奉，其中的「普濟勸善」核心，順應了民眾或社會的需要而使黃大仙信俗得到迅速發展，受眾擴大，影響擴大，地位鞏固，並成全了在香港「黃大仙——有求必應」俗語和口口相傳模式，深得人心。

　　進入香港的黃大仙信俗主要依託的是嗇色園的普宜壇，之後，由於適時改造並融入儒佛而成三教並列之信仰場所，[17] 從而獲得讀書人及地方各色人等的擁戴。之後，包括與三教合一的相關的建築不斷擴大的同時，黃大仙信俗的祠宇同樣不斷修建，並成就今天嗇色園最重要的赤松黃仙祠，從某個視角來看，沒有宮觀，黃大仙信俗將失去崇信的依託，從而喪失信俗的空間，使信俗空洞化。

2. 儀式與黃大仙信俗

　　嗇色園是香港非常重要也是非常著名的一個宗教場所，而黃大仙信俗是此地影響最大、受眾最多的一種文化形態。黃大仙信俗特別重視活動的儀式感，首先，入園需要遵守特別的規定，而規定則非常詳實，第一條「黃大仙祠乃宗教之地，應保持莊嚴肅靜，讓善信虔心參拜，因此各入祠人士請：尊重聖地，切勿進行任何褻瀆神靈的行為；祠內禁止喧嘩嬉戲，滋擾祠內清靜；切勿進行任何賭博活動。」目的是讓參與者有儀式感、莊嚴感和神聖感。第二條是關於環境等方面的規定，第三條是關於安全方面的規定，第四條是捐贈方面的規定，第五條是禁止商業活動等方面的規定等，共有九條。其次，各項活動尤其是重要的宗教活動，都極其注重儀式的呈現，如 2011 年嗇色園建園九十周年曾舉行道教最高祈福祭天儀式「大獻供」，吸引大量信眾參與和觀禮。為了提高儀式的規範性，2011 年黃大仙祠引入全真派入道科儀並一次為 55 名入道者舉行了入道儀式，從此使「『戒子』們正式入道，成為『普宜壇』弟子、嗇色園會員，並要立下清淨心、大願心和堅固心共三大宏願，象徵他們入道後，清心寡欲，抱有行善及堅毅之心。」[18]

14　參見陳華文：〈衰落與復興：黃大仙信仰歷程——以金華黃大仙信仰演變為例〉，《民俗研究》2017 年第 3 期有關內容，實際上在金華黃大仙信仰或信俗的復興也在當下獲得社會和民眾的認同和支援，宮觀規模比之香港的嗇色園是有過之而無不及，並且數量多地多個。

15　鄭土有：〈黃大仙在中國神仙信仰史上的地位〉，見《中國仙話與仙人信仰研究》，上海：上海人民出版社，2016，頁 216-218。

16　參見游子安主編《香江顯迹——嗇色園歷史與黃大仙信仰》（香港：嗇色園出版，2006）的有關內容。

17　嗇色園主頁下關於黃大仙信仰有規定：「所有會員均須皈依『道、經、師』三寶，成為普宜壇弟子，即道長，屬純乾道（男性）派別。所有道長均為義務工作者，分文不收。本園之黃大仙信仰創立伊始已強調三教同尊，道一風同，追求大同世界，吸納廣大善信，以配合香港之多元社會文化。為體現三教同源，園內除道教神祇，亦供奉燃燈聖佛和至聖孔子。」

18　中新網 2010 年 9 月 20 日，《黃大仙祠舉行香港首次全真派入道科儀》，http://www.chinanews.com/ga/2010/09-20/2545814.shtml

除了入道式，嗇色園普宜壇三教合一的各種寶誕儀式都極其隆重和莊嚴，且每月都有，如元月初九有「昊天金闕玉皇大天尊玄穹高上帝」寶誕，十五有「上元一品賜福天官紫微大帝黃仙師三代仙親」寶誕等，全年總計有 28 個儀式活動。20 世紀 40 年代前後，由於戰亂和社會動盪，不時舉行各種法會，包括超薦歷年兵燹水火遇難同胞及海陸空陣亡將士等，「其時，由於居港的道侶中，不少是後來在港入道的，對於科儀經懺，尚未能圓熟，加上香港普宜壇的科儀是沿襲普慶壇，因此，凡遇重要法會，俱由普慶壇派遣經生來港，代為主持，顯見對法務的要求，是相當認真的。及後，因廣州失守陷敵，交通阻塞，無法派人來港，乃由陳程覺道長出資，禮聘羅浮山『白鶴觀』道長來港，聯合舉行法事。『白鶴觀』所用科儀，俱屬道教山門規範。」[19]

儀式使黃大仙信俗的過程和內容變得崇高和神聖，它們給世俗與神聖架起了一座直通的橋樑，並洗滌每一位善信或參與者的心靈，實際上這也是黃大仙信俗長期傳承並獲得越來越多受眾認同的重要原因。

3. 傳說與黃大仙信俗

在歷史的過程中，黃大仙信仰的延續和傳承是與傳說的不斷豐富或不斷地被強化是緊密結合在一起的。在浙江金華山的黃大仙近兩千年的傳承過程中，傳說是信仰傳續的靈魂，它在信俗中成為聯結宮觀、儀式和效用的最世俗也是最直觀和最有價值的橋樑。據學者的研究，在金華等地還在傳講或被記錄的近數十個故事傳說，內容涉及黃大仙生平事蹟、修煉成仙的傳說、懲惡助弱、為民造福的傳說、人文與自然風物傳說以及顯聖香港與返鄉顯靈的傳說等內容，[20] 後來，「黃大仙傳說」作為第二批國家級非遺代表性專案，就是基於大量流傳於此地的故事申報的。「極大地豐富了典籍記載和文人詩文吟詠系統的內容，使原來只有骨骼而沒有血肉的皇初平或黃初平，成了一位具有法力但又充滿人情味和崇高道德感的仙人，成為民眾喜愛的能懲惡助弱的大仙。」[21]

如果說，浙江祖庭金華山的黃大仙文化由於申報選擇的原因側重於傳說並突出傳說對於黃大仙文化傳承的意義和價值，那麼，香港的黃大仙信俗則直接以信俗申報，而信俗之所以受眾巨大，影響廣泛，實際上也同樣與傳說息息相關。我們以香港社會動盪或轉型時期為例，更可見傳說對於黃大仙信俗存續的作用巨大。《香江顯迹》上有數則傳說，背景是日本入侵香港時，傳說其一是 1941 年日軍想駐軍嗇色園，但見大仙神像威靈顯赫，於是不敢入駐；傳說其二，1942 年日軍入園遊覽，想要取下「飛鸞臺」橫額，道長婉拒，但日軍直接登高取之，想不到竟失足跌下，只得向大仙鞠躬罷手而去；傳說其三，1944 年，日軍入園查驗身份證，有員工受驚逃離，恰有未帶身份證者，正要盤問道長，卻見盂香亭側忽發紅光，日軍隨即離去；傳說其四，1945 年日軍要徵用嗇色園附近數十個鄉村，於是道長與各鄉長到機場候見山下所長，不久見山下所長乘插紅旗之汽車來，下車時卻失足撲地，隨後有插藍旗之汽車亦至，是區所所

19 游子安主編：《香江顯迹——嗇色園歷史與黃大仙信仰》，香港：嗇色園出版，2006，頁 68-70。

20 參見陳華文：〈黃大仙傳說研究〉，《金華市民間傳說論文選》（內部印行），1991；《民間文學集成研究》，北京：新華出版社，1993。

21 陳華文：〈論典籍、詩文與傳說的交錯互動——以浙江金華的黃大仙為例〉，《民間文化論壇》（2004 年第 5 期），頁 46。

長，見山下所長撲地，即下車往扶之，竟又滑跌於地，面部擦傷，滿身泥濘，從此未再談及徵用之事，使百姓免於流離失所。[22] 正是國難之際的大仙威靈顯赫，救民眾於水火之中，使黃大仙信仰從此成為香港民眾最重要的信仰，並形成「黃大仙——有求必應」的俗語。當然，不僅是這一類特殊時期的傳說，也包括黃大仙其他靈驗的故事，使黃大仙信俗，獲得香港人的熱愛並走出香港，成為十數個國家華人或當地人的敬仰神靈。本人於 2016 年參加嗇色園舉辦「黃大仙信俗與非物質文化遺產國際學術研討會暨第十七屆國際亞細亞民俗學會大會」的學術活動期間就聽善信講述過一個關於灣仔碼頭水餃發家致富的傳說，正是黃大仙的啟示能做什麼就做什麼，使一位落泊中的北方女子，通過她所擅長的包餃子手藝而改變命運。它與香港的勵志故事相似，卻從頭到腳貫穿黃大仙的神靈顯赫，正是這些傳說故事，讓黃大仙信俗從世俗再到神聖，並產生巨大的影響讓受眾崇信。

4. 慈善與黃大仙信俗

組成黃大仙信俗的另一個重要內容是慈善，實際上，研究者對於黃大仙信仰從宗教轉入普通民眾的精神支柱，慈善是非常重要的一價目方面。黃大仙信俗的核心是「普濟勸善」，在浙江金華山的黃大仙傳說或信仰中一個非常突出的內容就是施藥救人，而香港黃大仙信俗中，施藥等慈善同樣非常重要，而且，通過施藥以及辦學等來惠及更多的善信。所謂取之於善信，用之於民眾者是也。因此，從黃大仙信俗進入香港開始，黃大仙的仙方（乩藥）就非常有效也非常有名。印光法師於 1932 年〈覆江景春居士書〉中說，「民國初年，香港有扶乩者，言其仙為黃赤松大仙，看病極靈。有絕無生理之人求彼仙示一方，其藥，亦隨便說一種不關緊要之東西，即可痊癒」，簡直神奇之致。[23] 而黃大仙施醫施藥還有特殊的方式，據梁鈞轉手稿《嗇色園史跡之概述》，當時施藥時所聘請的醫師，必須是劉關張三姓，「取桃園三結義之意也」，且每日施藥人數達 40 人，分文不受，「自此到園求仙方，求醫者日眾，香火亦日盛。」[24] 嗇色園為了方便信眾，還把藥局設於九龍鬧市之中，體現普濟的真誠。

除了施醫施藥，還有舉辦各類學校和養老機構等，以此踐行慈善，弘揚黃大仙的普濟勸善，利樂眾生的精神。正是慈善使黃大仙信俗更加深入人心，並在新的時代煥發蓬勃的生命力。

---

22 游子安主編：《香江顯迹——嗇色園歷史與黃大仙信仰》，香港：嗇色園出版，2006，頁 79-81。

23 同上注，頁 67。

24 同上注，頁 67。

四、結語：黃大仙信俗與非遺保護

非遺保護是進入 21 世紀後中華大地上弘揚優秀傳統文化的一個主旋律，這種針對活態的被當地民眾認同，在一定的社區或社會中廣受歡迎，並作為自己生命文化的非遺項目，具有強大的生命力。黃大仙信俗雖然被香港嗇色園所申請並由嗇色園保護，但實際上它是屬於中華民族的，也同樣是屬於全人類所共用的。

在香港，黃大仙信俗作為民間信仰習俗，廣泛地影響着人們的生活和社會和諧，其中非常重要的一個原因就在於，人們相信黃大仙信俗的存在，可以讓自己在工作事業發展、家庭生活和理想追求等方方面面獲得內心的支持和安寧。正如它在人年二十晚上，人批香港人等待於子時在黃大仙祠燒頭炷香一樣，人們通過這種參與，得到的是平安、健康、開心，還有香港更美好，世界更和平等諸多願望，從這個角度來看，黃大仙信俗作為非遺保護的有效性，不僅來之於社區的認同，受眾的熱愛，更在於這種民眾認同是真誠的，而且在心靈上是有效的，具有人類普適性意義和價值，以及人類共用的精神。因此，保護好這一中華優秀傳統文化，需要依據《保護非物質文化遺產公約》[25] 和《中華人民共和國非物質文化遺產法》[26]，在下述方面做好工作：

1. 做好黃大仙信俗的記錄，整理建檔保護工作。前期這方面的工作已經有非常不錯的基礎和成果，今後還需要有針對性的加強過程內容、代表性傳承人或參與者的資料收集和記錄，數位化記錄與保存保護等方面的工作。

2. 做好傳承，特別是教育、培訓等工作，使黃大仙信俗得到有效保護與傳承。其中，黃大仙信俗的走出去和請進來的展覽展示等工作，須有計劃且持續地進行，同時，通過一些特殊的或集中的培訓，使黃大仙信俗的受眾增加項目的知識和保護意識或自覺，使黃大仙信俗得到更好的有效保護與傳承。

3. 做好傳播、弘揚、宣傳工作，讓黃大仙信俗惠及世界。這方面的工作嗇色園不僅有天時地利人和方面的優勢，也有作為東西方文化交流中心，旅遊重要集散地的特殊地位，只要方法和措施得當，效果一定會非常好。

4. 做好研究工作。研究是最好的保護，一方面，作為保護單位的嗇色園需要建立一個特別的機構以協調保護，另一方面需要建立一個專家委員會之類的諮詢機構以指導保護，尤其是研究工作，以實現黃大仙信俗真實的、全方位的、科學的、有效的保護。

5. 做好香港與內地、香港與世界各地的黃大仙信俗相關各方的聯絡工作，共同保護並共用信俗，同時為共同申報人類非遺代表作做好準備。目前在浙江金華、廣東多地、香港以及世界多個國家和地區都有黃大仙信俗，推動聯合，共同保護，提升保護的品質，以便讓更多人了解黃大仙文化，

25　《保護非物質文化遺產公約》第一章第二條第三款規定：「保護」指確保非物質文化遺產生命力的各種措施，包括這種遺產各個方面的確認、立檔、研究、保存、保護、宣傳、弘揚、傳承（特別是通過正規和非正規教育）和振興。

26　《中華人民共和國非物質文化遺產法》：「第三條國家對非物質文化遺產採取認定、記錄、建檔等措施予以保存，對體現中華民族優秀傳統文化，具有歷史、文學、藝術、科學價值的非物質文化遺產採取傳承、傳播等措施予以保護。」

受惠黃大仙文化，並即時開展共同申報黃大仙信俗人類非遺代表作名錄，將是黃大仙信俗保護的重要工作。

相信通過有效的保護工作和多方參與推動，黃大仙信俗一定會得到更好的保護與傳承並惠及更多的善信。

佛者覺也：黃大仙信俗與香港佛教

香港珠海學院 香港歷史文化研究中心副研究員　危丁明

作為國家級非物質文化遺產，香港黃大仙信俗有着豐富的宗教文化內涵。在其中，三教合一的傳統的繼承，有着根本意義。嗇色園是香港黃大仙信俗最主要的承傳單位，在創辦前不久，於其弟子韋仁舟的入道乩文中，就可以見到，當時黃大仙師即以三教合一信仰傳統為基礎，為行將建立的道場之發展繪畫出宏偉的願景：

> 吾奉玉勅，普濟勸善，乃代天行化之職……特派傳道（梁仁菴──引者注）到港，隨用悟謀（馮萼聯──引者注）開通虞盛（唐麗泉──引者注）。擬以三教合一而申明其宗。彼道一風，無爾我之分畛域，方能成大同世界；世界大同自然無障無碍（礙），復古返今，災異消除，救民衛國，須如此方能合道……先要建祠宇，後隨開辦各善舉，方能昭人信仰。若徒然租小地方，而開辦善舉，必不能昭信而易招風。所謂因地制宜，吾今設建小小功德為各弟子除些劫，此使他有慧善焉，方能招置善人……道、釋、儒三教明宗，華、夷、異均能在此修同一族……地甚相宜，福極厚矣。天開地闢，留以待時。創辦善事，以此為基。名傳中外，感化華夷。一勞永逸，史傳稱奇。此舉由如平地立為山，有力之人擔多擔，無力亦勿畏艱難，免教中蹶虧一簣……教育教嬰，撫孤恤寡。荼滅禾興，共樂太平。後人感戴，神仙欽敬。[1]

這段乩文，可謂制訂了嗇色園成立後的發展方略：以三教合一為基礎推行普濟勸善宗旨的主要方針，以及用寬容化解界限，以大同跨越障礙，接續傳統，消災去異，救民衛國的基本方向。具體任務，則明確要因地制宜，必先創建具一定規模祠宇，隨開辦各項善舉。由此同氣相求，達到以慧善焉招置善人，不斷發揚普濟勸善精神，同修三教，通達華（華人）、夷（西方人）、異（其它民族）的願景。為此仙師勸勉，此因地制宜而成的祠宇，將是道壇一切善業的根基，而且假以時日，終必名傳中外，稱為傳奇，神人共欽。

從廣泛的層面看，三教合一，其實是中國傳統宗教最大公約數，不但能夠充份滿足傳統宗教信眾多元化信仰的需要，而且亦很大限度地使不同的信仰團體可以共存共融，合作無間。應該看到，在具體的操作層面，即使同樣一個教派或宗教團體，其提倡的三教合一其實會因承傳需要以及時代、環境的實際而有所側重。如著名的民間教派先天道自稱禪宗正統，強調佛戒，清規嚴格，許多時強調的是都以佛教為主的三教合一。然而在清末水祖彭超凡掌道時期，為爭取鄉賢的支持和參與，以期扎根農村，先天道自稱「儒門」，水祖為「儒童老人」，強調「在世修行」，表現的是以儒教為主的三教合一。同樣，上面引述的韋仁舟入道乩文，仙師提出「道、釋、儒三教明宗，華、夷、異均能在此修同一族」，強調的自然是以道教為主的三教合一。但從嗇色園的發展歷史看，卻是異彩紛呈。1922 年 8 月，嗇色園創園翌

1　《普宜壇同門錄》入道序號二十三號韋仁舟，嗇色園藏。

年，嗇色園修建麟閣，開闢出香港首間奉祀孔子殿宇，奉祀大成至聖先師孔子，顯然提倡的是以儒崇道的三教合一，因應的正是當時香港社會華人精英普遍信奉孔教的實際情況。然而十年不到，隨着內地居士佛教發展所牽動的佛教復興，香港華人社會中佛教地位顯著提高，以儒崇道又因應實際情況逐漸過渡，建起了奉祀燃燈聖佛的盂香亭，轉換成為道佛並重的格局，並一直持續到戰後，甚至在正式對外開放後，仍維持了頗長的一段時間。而經過這段時間的歷煉，嗇色園對於現代盛行的人間佛教思想有了實際的體驗和把握，並成功地結合到黃大仙信俗中，使「普濟勸善」的主體精神顯得更為豐滿和具有現代性。

一、嗇色園成立前黃大仙信仰與佛教的因緣

佛教，雖云源自印度，但自相傳漢明帝感夢求法，傳入中土，經過約兩千年的磨擦與融合，早已成為中華古老傳統不可分割的重要部分。自宋以後，儒道釋三教合一成為傳統宗教發展的洪流，佛教在民間社會全面滲透。不少伽藍或菩薩都出現本土版的成道或化身傳說，成為民眾普遍供奉的神祇，而不少本土的神靈，又有意無意地被加添了伽藍或菩薩乃至佛的身份，神與佛的界限越來越模糊。

香港黃大仙信俗，源於清末的廣東番禺菩塘大嶺普慶壇的黃大仙信仰。在其最初的扶乩文獻《驚迷夢》（1897 初版）中，佛界降文甚少，比較為人熟悉的只有慈悲聖母（觀音）和濟顛禪師。觀音乩文〈戒女子修心論〉，應是對當時婦女吃齋不婚風氣的批評和指導；[2] 濟佛〈梵語〉則是眾仙佛重九的唱和。[3]

及後，黃大仙信仰由普濟壇弟子梁仁菴（道名傳道）傳入南海西樵稔崗，創普慶壇，此時的扶乩文獻為《醒世要言》（1903 初版），佛界降文有所增加，包括齊天大聖（鬥戰勝佛）、[4] 梁公佛、[5] 如來佛祖、大慈悲菩薩（觀音）、六祖（惠能禪師）等。《醒世要言》之所作，是為「深明天道，端本人倫。剖別善惡之途，彰明禍福之說……使覽是書者，悚然知悟，惶然思返。忠孝為本，無忤逆乎君親；廉節自存，莫滅亡其心性。」[6] 佛界賜文多言戒，如齊天大聖〈戒市肆奸巧文〉，梁公佛〈戒以偽雜真欺騙害人文〉，大慈悲〈戒溺女文〉等。如來佛祖的〈闢邪教文〉，強調三教合一，一榮俱榮，一損俱損。於今之世，儒家倫理備受衝擊，邪說蔓延天下，不可遏抑，乩文期望：

> 扶世道，正人心，以維持儒教，釋、道與有責焉。聖人以神道設教，亦此意耳。時至今日，世變已極。釋、道兩教，不絕如線，儒教亦幾乎斷滅殆盡，此固人心不古，而亦邪教之為禍所至。自今以往，其有不為邪教所惑，而又大聲疾呼以闢之者，是儒教之功臣，亦釋、道兩教之功臣也。予深望之。[7]

2　《驚迷夢・初集》，載於《驚迷夢》（上卷），香港：嗇色園，1991，頁 23。

3　《驚迷夢・四集》，載於《驚迷夢》（下卷），香港：嗇色園，1991，頁 8-9。

4　齊天大聖孫悟空佛教果位，「孫悟空，汝因大鬧天宮，吾以甚深法力，壓在五行山下，幸天災滿足，歸於釋教；且喜汝隱惡揚善，在途中煉魔降怪有功，全終全始，加陞大職正果，汝為鬥戰勝佛。」見〔明〕吳承恩著《西遊記》（下冊），北京：人民文學出版社，2005，頁 1195。

5　廣東四會有著名的一仙二佛，即貞山的文氏貞仙，陶塘的阮（子郁）公佛和大沙的梁（慈能）公佛。阮、梁均為北宋時人。子郁少有佛緣，蒙禪宗六祖惠能夢中開示，於 24 歲坐化成佛；慈能則聞阮公成佛故事，特往參謁，後於夢中得見阮公佛授以惠能禪法，亦於 19 歲坐化成佛。兩佛靈驗傳說不少，真身至今猶存，深受地方人士信仰。

6　〈赤松黃仙序〉，載於《醒世要言》（卷一），香港：嗇色園，1991，頁 11-12。

7　《醒世要言・卷二初集》，載於《醒世要言》卷二、三合集，香港：嗇色園，1991，頁 22。

乩文所說的「邪教」，遠追至春秋戰國時與儒教爭鳴的楊墨諸家，近攝白蓮、八卦、聞香諸教，但重心是「教其所教」，即由這些學派、教派的學說所衍生的各種與三教不同的思想以及流變，其實就指在當時社會流行各種新學問和新思潮。[8] 保守傳統，是近世士大夫孜孜以求之事，曾被譏為迂腐之行為。然而在承傳古來聖賢道德訓誨和學習現代科學技術之間，確實都存在一個為誰而學的問題。誠如與佛祖的〈闢邪教文〉相輔、由瑤池金母乩降的〈崇正學文〉所示，「夫古今相傳之學，大則經天緯地而有餘，小則明倫察物而無不足，實與世道人心相維繫，歷之萬世而無弊。天不變道亦不變，其變失其本旨而與道相反者，非聖賢之故，學者不知所學耳。」對士大夫來說，所謂學習並非單純的知識追求，更非個人成功的敲門磚，只有以世道人心為出發和歸宿，建立為社會和民眾服務的使命和擔當，使知識能有益於人，學習才會有意義。

總的來說，在廣東黃大仙信仰初期發展歷史中，三教合一早已成為其重要思想基礎。不過，就二教思想的成分，比重較大的還是道教，這不僅表現在番禺和西樵分別乩出的兩種善書中，也表現在兩壇所奉祀的神祇，所用的經本，乃至今天兩壇原址仍遺存的吉光片羽中。[9] 守佛教之戒，行儒教之禮，修道教之道，是不少三教合一教團對三教之長的所取，黃大仙信仰也沒有太大不同。然而，因兩壇弟子大部分屬於社會精英，如鄉賢、商人、公務人員等，不可能脫離世俗，故對三教的取向，重心除偏於道，也不會遠離儒。他們往往要以儒來開展社會關係，增強信用，以道強身固體，追求永生。在這樣的狀況下，佛家戒律就會被用為正心修身的基本和起步，雖然有着根本的意義，卻有必要根據儒、道在生活的實際應用來作靈活調整。

二、嗇色園與燃燈佛的奉祀

燃燈佛，漢傳佛典音譯為提和竭羅、提洹竭，南傳佛典漢譯則為提槃迦羅，意譯為燈光如來、錠光佛、普光佛等。據說其出生時身邊一切如燈，故名。大乘佛教奉之為久遠實成的過去佛，因佛陀曾述燃燈佛過去曾授記他未來必定成佛，故佛教徒視之為釋迦佛的老師。佛寺的大雄寶殿常供過去、現在、未來三世佛，即以燃燈佛代表過去世，受信眾萬世香火敬奉。不過，在很長的一段時間，佛教徒的燃燈佛信仰也僅止於此，畢竟在崇尚實際的中國人而言，過去的一切都已經無法挽回，只有現在和將來更值得珍惜和爭取。

入清以後，燃燈佛信仰逐漸受到重視，大概是因為當時三教合一已成為傳統信仰發展大潮，釋迦佛既然出於燃燈佛，按儒家尊宗敬祖的倫理觀念，對燃燈佛當然不能冷落。四川成都龍泉驛區洛帶鎮燃燈寺，始建於隋，初名信相祠、米母院，宋真宗時改名瑞應禪院。「清初大批客家移民禮佛之風盛行。因信士有感，供奉生鐵鑄燃燈佛一尊，其身 108 個穴位處，各鑄有一燈孔，孔內置燈芯，加油點燃時，全

8　佛祖降文前曾示：「方今正學不明，邪教紛起。吾書〈闢邪教文〉，請聖母（瑤池金母）書〈崇正學文〉。」而〈崇正學文〉中則有「……近世之異學，欲胥寰宇盡棄其學而學之以為快」句。可見邪教者，即近世之異學也。見《醒世要言‧卷二初集》，載於《醒世要言》卷二、三合集，香港：嗇色園，1991，頁 20、24。

9　詳可參游子安主編：《香江顯迹——嗇色園歷史與黃大仙信仰》第一章〈金華得道　菩山垂訓〉，香港：嗇色園，2006，頁 9-46。

身通亮，信徒身體每有不適，在其對應之處穴位點燃其燈，因而更名燃燈寺至今。」[10] 可見此時的燃燈佛信仰，已不再只是說明因果，與塵世毫不相關的過去佛信仰。燃燈佛不僅符合儒家所倡之倫理，有了自己實際的所司，而他的職司又跟中華傳統文化中與道教關係極為密切的醫學相關，也應算是三教合一信仰的產物。清末，燃燈佛與醫術關係越顯密切，以施醫贈藥馳名的廣州省躬草堂，除奉祀主神廣成子祖師外，亦兼崇燃燈古佛。[11]

燃燈佛與黃大仙信仰結緣，按目前所掌握的文獻，最遲大概是在嗇色園創辦之 1921 年。是年 8 月 23 日（農曆七月二十日）赤松仙館（赤松黃大仙祠舊名）落成，包括梁仁菴等的一批創園弟子，「齊集大殿，舉行開光及陞座儀式。是夕扶鸞，群仙到賀。燃燈聖佛在其下壇詩中曰：『龍華三期會已定，攜帶弟子往西京』之句，眾皆不明所指。翌日，梁傳道道長即以病聞。乃請於師，師促其早日還鄉，且命念大悲咒豆，每日以一粒煎服，不必用其他藥物。梁傳道道長回鄉後不久，於八月中秋節前，經已仙遊。」[12] 嗇色園初創，就馬上失去重要的帶領者，影響之大，可以想見。然而修道之人，早將生死看破，追求的是彼岸世界。燃燈佛曾授記釋迦成佛，燃燈佛帶走梁仁菴，不啻就是梁氏成佛的隱喻，卻又是他難得的福報。由此事引出在悲喜之間的忐忑心情，也許就是早期嗇色園弟子對燃燈佛的印象，顯然與入清以來將燃燈佛奉為司醫之神的習慣有所不同。

燃燈佛與嗇色園的另一次結緣，則發生在創園九年之後。

當時，隨着中國內地政治、經濟和文化的發展變化，香港雖處在英殖之中，卻不得不因之而出現種種改變。港督金文泰（Cecil Clementi, 1875-1947）雖推崇儒家教化，力促增設中文系於香港大學，教授子曰詩云，維持道統於不墮，卻無法扭轉香港華人傳統宗教重心由儒教向佛、道兩教轉移的大勢。1927-1928 年，他應本地紳商邀請兩遊青山，並造訪青山寺。[13] 紳商為誌念盛事，1929 年倡議興建牌坊紀念。金文泰為牌坊親題「香海名山」額，上款「青山寺」，下署「香港總督金文泰題」。顯示他以港督身分對青山寺的推崇，半推半就地適時應化。然而，他主動借鑒內地宗教治理經驗，在 1928 年通過和實施《華人廟宇條例》，化繁為簡，從財產所有權入手，使華人廟宇的發展納入港府管理之下，從根本上化解了華人傳統宗教重心轉移可能會造成的社會混亂和衝擊，甚至藉此打造出到今天仍運作如常的香港華人傳統宗教管理架構，卻又不能不令人對其深謀遠慮感到佩服。

在宗教重心轉移的巨浪和大潮中，嗇色園亦不能倖免。嗇色園雖以三教合一為立足之本，但內部持不同宗教傾向的部分弟子開始不滿足於重儒輕佛或和稀泥式的合一。1928 年秋，曾任嗇色園協理、萬善緣主任的黃筱煒（又名德煒，道名揮覺），以仙師乩示由道入佛，率同人另立哆哆佛學社。[14] 黃筱煒是知名港商，肄業於皇仁書院，又因工作關係，長期奔走海外，是個見多識廣的人物，在社會上和道眾中

10　〈龍泉驛燃燈寺〉，見成都市市民族宗教局官網，http://m.cdmzzj.gov.cn/htm/detail_3291.html，2018 年 2 月 23 日查閱。

11　農曆八月十六日燃燈古佛壽誕為省躬草堂每年舉行的六個賀誕之一，省港兩港均有儀式活動。見《省躬草堂同門錄》，順德：馮為記承刊，1937，頁 8-9。

12　梁本澤：《金華風貌》（卷三），嗇色園藏。

13　詳可參考劉智鵬：〈「香海名山」牌坊下的歷史轉折〉，見劉智鵬主編：《展拓界址：英治新界早期歷史探索》，香港：中華書局（香港）有限公司，2010，頁 151。

14　關於哆哆佛學社之緣起，詳可參張雪松：《法雨靈岩：中國佛教現代化歷史進程中的印光法師研究》，台北：法鼓文化，2011，頁 241-253。

都有一定影響力。哆哆佛學社由是頗為知名。1929 年，金文泰夫人訪曾富花園，亦曾前往參觀。[15]
1930 年代，江山故人黃佩佳造訪哆哆佛學社，有簡介如下：

> 哆哆佛學社在南豐台，原址為曾富家塾……今賃於黃德煒居士等組設哆哆佛學社，已七、八年於茲矣。內闢大殿，奉三寶佛，佛像高逾五尺，各置蓮花座，金碧輝煌，璀璨炫目。而殿內設備，雅潔絕倫，為新界禪林所僅見者。其隅有藏經室，佛經佛典，琳瓏滿目……該社同人多為港中知名之士，前奉赤松大仙，後得大仙乩示宜由道轉釋，先以《金剛經》、《大悲咒》作常課，並云彼乃哆哆婆娑訶菩薩，該社之名哆哆佛學社實基於此。[16]

黃佩佳認為哆哆佛學社所奉三寶，「華麗莊嚴，兼而有之。新界各禪林中，惟觀音山紫竹林、杯渡山青山寺及大嶼山寶蓮寺所有者，足可與此比擬」。該社「禮佛之期，月必舉行二次，約在朔望之日，以近星期日為標準云」。[17] 有時亦會設會講經：

> 昨日哆哆佛學社，聘請觀本法師講經，其題目為〈人生與極樂〉。所引學說，繁博精詳，言簡而中，並將西方學者與佛教相同之點，闡解入微。是午雖有微雨，然到會團體及臨時參加者，絡繹於道……是日除講解經理外，觀本法師並率其徒五六人，在哆哆佛學社，用念佛譜之五會新聲念佛。[18]

曾富家塾在九龍城蒲崗村曾富花園內，位置距離竹園村嗇色園僅咫尺之遙。以有求必應馳名的嗇色園，因受制於《華人廟宇條例》，只能作為私人清修之所。「嗇色園黃仙祠則門雖設而常關，已不若昔年之盛。」[19] 對於當時變局，嗇色園道侶奉仙師乩示應對：

> 正當各人力圖挽救方法之際，仙師命眾弟子「盂香亭」原址空地上，豎立大杉一枝，上縛紅燈，每逢朔望日，由當年總理，帶領一眾弟子，每次繞柱三十六轉，口中隨念大悲神咒，直至建亭為止。
>
> 三年之後，師命建亭，供奉燃燈聖佛。並命名為「盂香亭」。仙師曰：「此地屬火，火性剽悍，容易惹起爭端，故借聖佛之水，以濟烈火，使水火相濟，眾弟子自能相安矣。」[20]

乩示改善園內五行格局，以求水火相濟，但逢初一、十五，即縛紅燈於高柱上，並繞柱三十六轉齊念大悲神咒，表露的卻是一派佛家風範。外人已不能辨別其與哆哆佛學社之間的性質差別而將之相提並論。黃佩佳一篇發表於 1930 年 7 月的文章寫道，「九龍城的嗇色園和附設於曾富別墅的哆哆佛學社，都是為一輩居士所組織的，嗇色園設黃仙祠及茅舍多楹，以作他們扶乩、參禪、棲息之所。哆哆佛學社設大雄寶殿，中置一『七級浮屠』，罩以玻璃，旁懸各佛像，地方很幽靜，打點得很光潔，是好一所參禪

---

15 〈金督夫人往遊曾富花園〉，見《香港工商日報》，1929 年 7 月 22 日。

16 黃佩佳著，沈思編校：《新界風土名勝大觀》，香港：商務印書館（香港）有限公司，2016，頁 81。

17 同上注，頁 188。

18 〈哆哆佛學社講經之擠擁〉，見《香港工商日報》，1934 年 2 月 27 日。

19 黃佩佳著，沈思編校：《香港本地風光》，香港：商務印書館（香港）有限公司，2017，頁 23。

20 梁本澤：《金華風貌》（卷三），嗇色園藏。

之所在。」[21] 後來，甚至園內弟子也有以佛弟子作自稱，[22] 佛教的影響進一步深入。而對於哆哆佛學社，嗇色園亦以隱忍之態，做到分家而不分裂，嗇色園「亦有不少原屬本壇道侶，來往於兩園之間，完全不受影響。」[23] 三年之後，嗇色園又建成盂香亭，奉祀比釋迦牟尼輩份更高的燃燈古佛，不但將三教合一重心，成功地實現向佛道方面的轉移，更從倫理體制上增強了嗇色園份量。因是之故，到了 1935 年 5 月 10-12 日，《香港工商日報》配合佛誕，對香港佛教機關、九龍及新界各地禪林風光的相關報道中，所以將嗇色園列入禪林也就不難理解了。1937 年農曆四月，佛祖臨壇，為嗇色園代書玉帝於 1933 年賜封的「清靈寶洞」洞號，並命刻於照壁之上，「本來寶洞乃道教稱號，而由佛祖親筆降書，確實罕見」，「是夕，又命弟子等攜帶相機，於晚上子時向東北上空攝影，將以真容顯示。事後有人將相片曬出，果然影得佛祖及彌勒佛法相。在黑夜中，由白雲砌成圖像，於慈祥中略具莊嚴之氣。此相一向掛在『經堂』，任人瀏覽。」[24] 由是過去、現在，乃至未來三佛均曾顯跡於嗇色園，其在當時香港佛教徒心目中的地位越趨重要不難想見。

三、黃大仙信俗的現代轉向

經歷過日治時期與香港市民的同甘共苦，特別是日軍數度入園意圖羞辱而不果的傳說不脛而走，黃大仙師的顯赫威名很快便為全港所熟知，黃大仙祠香火較戰前更為鼎盛。1947 年，港府向嗇色園重申《華人廟宇條例》相關規定，要求園方停止對外開放，否則將根據條例處理。嗇色園只得照辦，遂進入一個危機與轉機並存的長期困局。1950 年春節過後，本地報紙出現一則消息：

> 九龍城的嗇色園，原是若干佛徒修養之所，但因為設祀了赤從（原文如此，應為「松」）先師——黃大仙神像，求籤者紛至沓來，如蟻附羶，卻把原來的名字掩沒了，一般人只曉得「黃大仙」「黃大仙」這幾個字。舊曆年初，因為拜神的人太多了，弄得大好園庭污濁一片，園主人不得已只好饗以閉門羹，謝絕求神拜佛者。但有誠心之人，卻不因閉門而不叩頭，竟自闢門徑，在園的右邊黑鋅鐵片圍牆下，插上香燭，向天叩拜……據說園主人為了這輩子的要求，有意每日開放兩三小時，但只許求藥，卻不許求籤。[25]

消息強調嗇色園是佛教徒的修養的地方，不論這是出於園內道長的自稱，抑或是作者的主觀認定，顯然都是嗇色園當時給予香港社會人士的印象。因為是以修心養性為目的，謝絕參訪也自然無妨，但既然園內奉祀了聲名顯赫的黃大仙師，也不能拒人千里之外，所以在春節期間會開放數天，以滿足信眾祈福之需。然而人進來多了，清靜環境自然就受影響，園方只能再度閉園。不過，閉園卻無法消滅信眾參拜仙師的熱誠，於是在園的外圍自插香燭，向天叩拜，當然也就影響了園外的環境，倒不如每日略作開放，容信眾入園叩拜……這則消息無論是出於反映市民參拜仙師之需求，抑或其實是園方放出的探測氣球，卻充份表現了當時嗇色園所遭遇的、進退兩難的窘境。

21　黃佩佳著，沈思編校：《香港本地風光》，香港：商務印書館（香港）有限公司，2017，頁 83-84。
22　參見黃佩佳著，沈思編校：《香港本地風光》，香港：商務印書館（香港）有限公司，2017，頁 248。
23　梁本澤：《金華風貌》（卷三），嗇色園藏。
24　同上注。
25　〈黃大仙的迷人〉，見《香港工商日報》，1950 年 3 月 25 日。

雖然造成如此一個困局有其客觀的理由，卻不可否認，也有其主觀的因素，其中最重要的是當時嗇色園領導層對於華人傳統宗教與香港社會之間的發展大勢缺乏及時把握。事實上，自1930年代以後，嗇色園逐步實現從以儒崇道到道佛並重的信仰重心轉移。然而，在港府實施《華人廟宇條例》對傳統宗教進行治理的現實環境中，與道教關係緊密的廟神信仰，跟所謂落後、迷信，甚至行騙被劃上等號，使廟宇的管理者為免蒙受不白之冤，而處處自我設限，不敢越雷池半步。也正因如此，之前曾因施藥贈醫而勃興的黃大仙信仰也一度趑趄不前。在這樣的情況下，山林佛教的離塵清修就為眾道侶所追慕，於是悟道堂、大樹堂、養雲廬、若華樓、意密堂等靜室相繼在園內建起。然而，在戰後香港，隨着內地解放和人口猛增，社會已發生重大變化。嗇色園所在的九龍城，再也不是香港的市郊，而是外來人口集中的、位近土瓜灣和後來的新蒲崗兩個工業區的住宅區。這群必須以港為家的人，大都有着離鄉的失落和面對前途的惶恐，從而產生強力的信仰需求。而當時嗇色園的領導層仍接續戰前的思維，按着昔日應對華人廟宇委員會老經驗進行操作，必然容易進退失據，以致自陷維谷。

也許真是天道運化或純屬偶然，在最需要新思維和新經驗面對前所未有之社會需要的關鍵時間，奇跡竟適時出現了。1956年1月底，嗇色園按傳統以杯卜形式選出第卅七屆領導層，成為黃大仙師弟子不過四年的黃允畋當選正總理。黃允畋（1920-1997），道名友覺，廣東南海人，是紳商黃梓林之第九子。黃梓林，又名厚光，法號圓因，道號了因，是前清秀才，不但在商場長袖善舞，而且於儒學、道學、佛學均深有研究，曾參與創辦香港道教抱道堂和倡導儒學的孔聖堂，與本地三教道場都有着良好關係。1962年歸道山，同年抱道堂宣道祖訓示，代天恩命黃梓林為「果慧至善黃厚光真人」。黃允畋幼受庭訓，對儒釋道三教和社會慈善事業也十分熱衷。他承嗇色園正總理重任不到四十歲，但已服務社會有年，正擔任着東華三院總理，負責整理嘗產廟宇，督辦和合石公墓及興學籌款，並獲好評。他對自己在嗇色園出任的職務從一開始亦以服務公眾視之。在就職演講中，他說道：

> 查本（社）設立迄今，已有三十餘年歷史，純以慈善救世為目的。歷屆總理本此熱誠，為眾服務。本人蒙列位先進不棄，及仙師杯卜指示，推選為本屆正總理職。自忖德薄能鮮，難勝重許，然因各同人熱誠錯愛，自當勉為其難。惟慈善事業萬緒千頭，工作浩繁，仍盼各位不斷匡扶指導，俾本所遵循。不獨本人感幸，即本社前途□□利賴也。[26]

他這種想法與當時思想上承負着沉重的歷史包袱，尚在為如何在法例的間隙中開園供眾參拜，抑或從此乾脆閉園清修之間踟躕的部分弟子，顯然完全不同。

同年3月26日，東華三院丙申年董事局全體總理19人經互推，黃允畋出任其中一位首總理。5月，港府工務局向嗇色園發出收地通知，黃允畋責無旁貸，積極尋求解決辦法。黃氏對嗇色園的定位，他的社會服務經驗和在任東華三院首總理的角色，很自然使他提出了一個符合《華人廟宇條例》要求，又藉與東華三院合作而保持嗇色園自主管理的辦法。此辦法「得同人之齊心協力，東華三院之衷誠合作，得政府許可：規定入園女士（原文如此，應為士女）每捐一毫，多多益善，全撥三院義校經費。由黃大仙

---

26 〈嗇色園慈善社新舊總理交接〉，見香港《華僑日報》，1956年2月2日。

誕日起，大開方便之門；並將與三院所簽合約，呈報當局備案，從此正式開放。」[27] 僅僅四至五個月，黃允畋就解決了困擾嗇色園接近三十年的老大難題，之所以能夠如此，除了是其出色的工作能力和社會關係，更重要的是他對黃大仙信俗與香港社會發展之間關係的把握。他曾以黃大仙信俗的原則——普濟勸善——去總結此年的工作：「由開放迄今，僅三個半月，善款已收一萬八千五百元，周年預算可達六萬元外。三院多此善款，得擴學額，救濟失學，貧童得益不少。而我們卅多年來除贈醫施藥外，現更間接參加興學工作，符合師訓『普濟勸善』之旨，殊感快慰云。」[28] 誠如學者陳慎慶指出：「在 1956 年以後，嗇色園對『普濟廣施』賦予新的意義，即參與發展香港的教育、醫療和社會福利服務。就此而言，嗇色園從『勸人以善』為主轉變到兼顧『普濟廣施』和『勸人以善』兩者，可以視為組織目標的轉變。」[29] 可見，黃大仙信俗的現代轉向由是正式開始。

四、《三教明宗》的在世修行觀

作為一個服膺傳統宗教的弟子，黃允畋之所以能夠撂開包袱，從現代生活出發對傳統宗教加以積極而且入世的理解，應該說與現代佛教走向人間化的大勢有着直接關係。除了長期領導嗇色園，黃氏也是香港儒教和佛教的代表人物，曾任香港孔教學院主席、院長和香港佛教聯合會副會長。1958 年 8 月 28 日，在香港佛教聯合會主辦的中華佛教義學畢業禮上，作為校董的他發表講話，向學生介紹他所認識的佛：

> 「佛」字的意義，就是覺，已成正覺而不迷謂之佛。有時覺，有時迷，可以覺，可以迷。日在顛倒矛盾中謂之眾生，我佛以「慈悲普渡」的精神來普渡眾生。佛說：「我不入地獄誰入地獄」，就是佛菩薩為着普渡眾生，不惜捨己救人。佛又說：「無人相，無我相，無眾生相，無壽者相」。「無我相」就是犧牲小我，以成大我的意思，與孔聖人的「毋我」同一意義，所以佛教道理與孔聖人學說，實同歸於道，都是勸人為善。信佛教者，並非要絕類離群遁跡空門，因為佛法旨在度世度人，救世救人。欲想學救世救人，必先自度自救。欲想自度自救，就要學會做人，就要從修養中得來，就要如聖人學說，從正心修身做起。所謂欲修其身者，先正其心；欲正其心者，先誠其意；欲誠其意者，先致其知——致知在格物。「格物」可解作格去物慾之蔽，就可清潔自己的心靈，明心見性，自然會做一個好人。所以信仰佛教，是要從頭積極做起，而不是消極的。[30]

黃允畋所說的佛顯然不是紅魚清磬，離塵索居，不問世事的出世佛、山林佛，而是清末以來，以太虛大師為首提倡的「仰止唯佛陀，完成在人格。人成即佛成，是名真現實」的人間佛、城市佛。這樣的佛教對社會有着深切的關懷，對人生有着正面的肯定，對理性有着積極的追求。

黃氏亦將他所認識的佛教引入，取代在嗇色園已不合時宜的清修佛教。在他影響下，嗇色園有些法

27　〈舉行交接典禮〉，見香港《華僑日報》，1957 年 1 月 19 日。

28　同上注。

29　陳慎慶：〈道教在現代社會的轉變：以香港嗇色園作為研究個案〉，載台灣《輔仁宗教研究》2007 年第十六期，頁 109-130。

30　〈中華佛教義校舉行畢業典禮〉，見香港《華僑日報》，1958 年 8 月 29 日。

會，開始延請佛教高僧參與。如 1960 年 4 月下旬，嗇色園「杯卜經先師主張，定農曆四月初一日起九晝連宵，啟建萬緣勝會歡迎附薦先親，不收費用。分三壇法事，請到高僧樂果、妙智，及青松仙館道長，及本園經生道侶，主持法事。……隨推定萬緣勝會職員，以專責成：醮務主任吳廣智；經懺組長黃允畋、麥幸……」[31] 5 月初，一連三天樂果長老被邀在園內開示佛法：

> 佛者覺也，法即法界，乃覺性具足十法界，故曰佛法即覺法，亦即心法也。
>
> 若言佛之一字，梵語略稱，具云佛陀耶，華言覺也。此覺有覺察、覺悟之二義。覺察之覺者，如人防賊劫寶，喻煩惱障侵害。覺性於集法裏頭，出頭沒於苦海中，多死多生。故云經百千劫，受苦無窮，觀慧覺知，不為其害，此名為覺。
>
> 又云覺悟之覺者，如人熟睡發夢，喻所知障。無明昏昧，妄認四大和合為自相，妄認六塵緣影為自心相，故云執妄馳驅，心神流轉，觀慧一起，朗然無遮，如睡得悟，故名為覺。既能自覺，又能覺他，覺行圓滿，故名為佛。[32]

樂果長老所示一如黃允畋兩年前向學生的講述，黃氏把重心放在學習，樂果長老則放在人的自覺。所謂覺察的覺，就是對善惡的自覺，而覺悟的覺，則是對空有的自覺。所謂成佛，不過是人由善惡自覺到空有自覺的過程，而要圓滿完成這個過程，則必須在自覺的同時亦覺他，在覺他的行為中尋求自覺，從而認識到《金剛經》所云：「凡所有相，皆是虛妄；若見諸相非相，即見如來」的佛教真理。樂果長老是當時香港著名高僧，在海內外都有着廣泛的影響力，對嗇色園眾弟子而言，他的開示當然比黃允畋對學生的講話更有說服力。值得注意的是，嗇色園弟子道名以「覺」、「醒」、「知」三字為輩，領導則以覺字輩為多，如 1960 年總理為老鳴覺、吳玄覺、陳持覺、鄺高覺、唐恩醒、馬朗覺、陳矗覺、黃泰覺、黃友覺……而佛者「覺」也，「覺」者亦就是佛，樂果長老在嗇色園的開示顯然就是一語雙關的。

1956 年後，嗇色園雖然逐漸成為香港重要的慈善機構，但它畢竟是一個傳統宗教團體，有着在世的使命，弟子們也有自己的宗教追求。回顧廣東黃大仙信仰的發展歷史，每個重要的階段都會有一部勸善乩文集面世。第一種是番禺普濟壇的《驚迷夢》，1899 年刊印，第二種西樵普慶壇的《醒世要言》，1906 年刊印。對兩壇弟子而言，兩部乩文集不僅是本壇的奠基文獻，亦是各自的發展神聖指南。早在香港嗇色園普宜壇開創時，「三教合一而申明其宗」已出現在韋仁舟的入道乩文中，但卻要在接近四十年後的 1960 年，《三教明宗》才被正式乩出，1963 年刊印。正如此書序中所示，「《三教明宗》一書，久決乩出，唯歷數未達，故延至庚子而面世」，[33] 顯是一部遲來而又終必要來的根本文獻。

《驚迷夢》和《醒世要言》，都產生在古老中國跌跌撞撞走向現代社會的過程中，仙佛對於三千年文化傳統能否堅持一貫憂心忡忡，或苦口婆心，或金剛怒目，要求弟子滅人慾、存天理，克己復禮，使天下歸仁。《三教明宗》則完全不同，它產生在時局相對穩定，經濟逐漸發展的殖民地香港，特別是在嗇色園黃大仙祠合法開放後正大步向宗教慈善機構邁進之時，所要解決的是一個如何理解行善與修行關係的問題。於是，在是書中出現的三教仙佛聖賢，都呈現出一派學養淵深，以理服人的理性氣度。其重

---

31 〈嗇色園萬緣勝會免費附薦先靈〉，見香港《華僑日報》，1960 年 4 月 20 日。

32 〈在嗇色園法會・樂果長老開示〉，見香港《華僑日報》，1960 年 5 月 3 日。

33 《三教明宗・序》，香港：嗇色園，1963，頁 2。

要主旨，是分從道、佛、儒三教的學理出發，說明三教同宗的道理──而宗在內而不在外。呂祖在是書跋中乩示：

夫釋家之經，人每曰「虛幻」，但苟能悟明其奧，亦非虛幻。就以心字而言，釋家謂之一人之主宰。是說也，熟能非之？故釋家之說，謂其深奧則可，謂其虛幻則不可。至曰儒家立說，亦向心字而發。苟能正其心，則可為君子。是說也，與釋家何異？至於道，人每謂之「虛渺」，亦有謂之「不切實際」，但從道家之說而分析，亦不外先從人心而始。[34]

《三教明宗》分別將道、釋、儒三教神靈各自集中。道教仙人分別是：黃大仙師、呂純陽祖師、廣成子祖師、鍾離權祖師、許遜真君、太上道祖、張三丰祖師等。佛教佛菩薩分別是：如來佛祖、明心聖佛、羅漢尊者、善善尊者、燃燈古佛、文殊菩薩、觀世音菩薩、彌勒佛、放光明佛、普賢菩薩、阿彌陀佛、阿難尊者等。儒教聖賢分別是：范仲淹、諸葛亮等。闡述的內容也有分工，大致是道教言丹，佛教說空，儒教明理，但其基本都不離心。修行就是修心，慈善就是修心的必由之路。這在書中諸佛菩薩的乩文中有完整體現。

書中諸佛菩薩的乩文，完全一派新風。看如來的說法：

人曰參禪，談何容易。三教身兼，先行世事。禪何以參，否在能談。其意何濫，用何以監。日出而作，日入而覺。所覺者何，向正而學。不必出家，不必卸職。心存佛花，自有其覓……人在世間，必須應世。應世之方，量取金剛。一容一忍，己亦玄黃。心存一量，無我無人。大千世界，彼此無分。我猶人也，宇宙包含。……一明世態，萬事不怪。不空之空，無小無大。初不言空，祇言一容。由量而括，與空略同。世態可白，不受物隔。忍容在中，初空漸發。其所謂空，非無物也。空在於心，物非物也。[35]

禪宗佛教強調「佛法在世間，應從世間覺」，既然如此，世俗便是道場，本來就無須遠離的。而人在世間可以有種種應世之方，但學佛之人必須有此自覺，就是從總體看，人我都包含在大宇宙之中，彼此之間是沒有分別的。既然沒有分別，就能覺悟我空，由此知道捨己濟人，也就覺悟一切皆空。明心聖佛乩文指出：「佛心存內，佛意是持。日行人事，夜則齊思。慈悲一念，達及心中。宇宙可括，千載運同。」[36] 可見，所謂行人事，首先就是在破除人我之念後，以慈悲之心應世，這就是走向解脫的第一步。這種重視現世，以施善為修行的觀念，無疑可以為嗇色園弟子實踐現代的普濟勸善教旨提供必須的神學根據。當年，在商界浮沉的嗇色園弟子不少，普賢菩薩更專門向他們發話，「身居鬧市，亦可從空。知止知始，妙在其中。身為商賈，本靈可護。寄意五湖，本靈可固。一切世事，有若浮雲。桑田滄海，何必多聞。」[37] 商人若能知所節制，保持初心，以誠待客，不謀取暴利，都能體會空的奧妙，都能得悟成佛。

五、結語

　　隨着《三教明宗》的乩出和刊行，發展慈善事業成為嗇色園全園弟子的共識，步伐越來越快。1965年6月註冊為有限責任社團組織，並獲豁免「有限」二字，正式成為現代宗教慈善機構。9月，黃大仙誕，在園內設晚宴，以神人共樂。黃允畋致辭，對外發表對創園宗旨的全新理解：

> 本園……秉承「普濟勸善」之師訓，並以孔道之仁義忠恕，釋迦之慈悲喜捨同一教義……期使三教同源，以發揚儒釋道三家之至理，保護我國數千來之宗教傳統。[38]

　　普濟勸善與儒家的仁義忠恕、佛家的慈悲喜捨，並無二致。踐行普濟勸善，就是發揚三教至理，就是「以二教合一而申明其宗」。對普濟勸善的這種理解，應該說正是源於1956年以來嗇色園對現代佛教的加強認識，它為嗇色園弟子開通了在世修行的康莊大道，造就了嗇色園宗教慈善事業與時俱進的發展，具有重大的意義。

38　〈嗇色園同人推行善舉　興建校舍及晚間贈診〉，見香港《華僑日報》1965年9月20日。

嶺南黃大仙信俗的形成與香港嗇色園的創建

香港珠海學院 香港歷史文化研究中心副研究員　陳晨

前言

有關黃大仙信仰與習俗，於明代嶺南地區已有流傳及有文獻記載了。近世代興起了關心及保護人類歷史遺下之物質與非物質文化。本人所談論之黃大仙信俗，已然在 2008 年以「黃大仙故事」及 2014 年以「香港黃大仙信俗」同榮登國家級之非物質文化遺產項目。[1] 筆者考究嶺南之黃大仙信仰，[2] 認為主要濫觴於晚清至民國時期之三個道教乩壇（普濟壇、普慶壇及普化壇），而於香港茁壯成長的嗇色園普宜壇（1921 年），與此三壇更有着一脈相承的關係。至於三壇之宗教活動、興辦的善業及科儀等，則是因應當時社會實際情況及融合了當地之傳統習俗等，而形成了別具嶺南黃大仙信俗之特色。文中除了引用一些的方志、道壇等文獻外，另有筆者的調查及附加有小部分口述歷史，來加以詳實闡述嶺南黃大仙信俗的梗概。

「黃初平」和「叱石成羊」的文獻記載

據近代學者考究[3]，清道光二十一年（1841 年）編製的《新會縣志》，當中載有關於「黃初平」（黃大仙）及「叱石成羊」的文字，這是目前所見嶺南地方文獻的最早記錄：

> 叱石岩……石多如羊，舊呼羊石坑。明大司寇黃公輔取黃初平叱石成羊之義易今名。[4]

此縣志中提及了明代廣東抗清名將黃公輔[5]，其人在歷史上有確切的記載，學者依此而推斷出「黃初平」（黃大仙）信仰傳入嶺南的大致時間。

黃公輔為明萬曆時代（1573 – 1620）的進士，由此可見，早在明代中晚期間，「黃初平」的信仰已

1　文中「信俗」一詞，早期見於游子安等以「香港黃大仙信俗」為申請國家非遺項目，而後乃見有王麗英著：《道教與嶺南俗信關係研究》，北京：社會科學文獻出版社・人文分社，2015。文中所謂「信俗」或「俗信」，皆泛指信仰與習俗。

2　筆者考究「嶺南黃大仙信俗」問題時，亦有參考王承文教授及王麗英教授等相關書籍。王教授對我國早期「嶺南信俗」的研究很有啟發。他們的著作有：王承文著：《唐代環南開發與地域社會變遷研究》（上、下冊），北京：中華書店，2018。另，王麗英著：《嶺南道教論稿》，北京：社會科學文獻出版社・人文分社出版，2017。

3　參考：黃兆漢著：《道教研究論文集》，〈黃大仙考〉，香港：香港中文大學出版社，1988，頁 157—182。

4　見《新會縣志》卷二〈輿地〉，台灣：成文出版社，民國五十五年（原據：清・林星章修、黃培芳等纂，清道光二十一年刊本影印版），頁18。

5　黃公輔（1576 – 1659 年）（卒年的說法，與其他史籍有出入），字振璽，別字春溥，廣東新會杜阮鄉人，明末抗清名將及詩人。著有《北燕岩集》。黃公輔於明朝萬曆四十四年（1616 年）中進士，曾任福建浦城知縣、南京山西道監察御史、湖廣布政司參議及湖廣參政等職，明崇禎十六年（1643 年）告老還鄉。清兵入關之後，廣東的起義軍紛起，黃公輔也舉兵新會，聯合廣東各地的起義軍抗擊清廷，領軍作戰近 10 年。參考《新會縣志》卷九〈人物下〉，頁 14，出版資料同前注。另：《源流》雜誌，2010 年第 15 期，載有：「黃柏軍、李海燕〈明末詩人黃公輔詩文賞析〉」，廣東省老區建設促進會主辦，廣東省源流雜誌社編輯出版，頁 58—63。

流傳於廣東一帶了。[6] 另外，縣志中並附有黃公輔的詩作〈初登叱石岩詩〉，當中已明確地述及了「黃初平」（黃大仙）及「叱石成羊」等典故了。舉如：

> 一派青山儼畫圖，山名羊石舊相呼。
> 初平仙去誰還叱，居士今來趣更殊。
> 地僻秦人鞭不到，巖幽黃老靜傳符。
> 世途久厭浮塵惡，願與山靈借一區。[7]

其實，當時在新會熟知「黃初平」及「叱石成羊」等事典的不止黃公輔一人，《新會縣志》又列舉了何士壎[8]的詩作〈遙望叱石岩詩〉，亦可為佐證。詩云：

> 昔人已起群羊去，此地空留叱石岩。
> 羊去無妨雲繞繞，岩留誰聽燕喃喃。
> 風前煙景香蘭杜，天外嵐光映竹杉。
> 笑我塵蹤曾未涉，山靈一望一垂饞。[9]

值得注意的是，《縣志》中提及的典故、史蹟等，只限於典籍所記載的範本，在金華民間廣泛流傳的那些講述「黃初平大仙」之生平、修道、濟困、風物、習俗由來等的大量民俗史料，於嶺南的地方文獻暫未見談及，有待發掘。顯然，早期嶺南流傳的「黃大仙」事蹟，仍是來自於典籍系統的記載。

然而，《新會縣志》所提及的始終只限於「傳說」的流傳，可以說是「醞釀期」階段；而以「黃初平大仙」作為一種信仰的記載，並正式在嶺南流行，則要到清末了。據光緒十六年（1890年）刊印的《粵境酬恩》，書中的「黃初平仙師」已被列為「廣東地區庇佑群黎的仙神」之一，其他仙神還包括有「龍母娘娘、譚公、金花夫人、三界聖神」[10]等，並注明黃初平大仙聖誕為「八月廿三日」[11]。由此可見，這是清朝後期廣東地區黃大仙信仰流傳的明證。[12] 此後，嶺南地區先後開始出現了黃大仙道壇，如：從1897年第一個黃大仙道壇創建起，期間於番禺、廣州、南海等之珠江三角洲各地，也出現了多個以「黃大仙」為主神的道壇，其中影響最大的，主要是普濟壇、普慶壇以及後來的普化壇等三壇了。

---

6 黃兆漢著：《道教研究論文集》，〈黃大仙考〉，香港：香港中文大學出版社，1988，頁157—182。

7 據《新會縣志》卷二〈輿地〉（原版：清‧林星章修、黃培芳等纂，清道光二十一年刊本影印），台灣：成文出版社，民國五十五年，頁18。

8 關於何士壎：《新會縣志》卷九〈人物下〉，有「何士琨」條。據記載，何士琨字文玉，新會河村人，熊祥仲子，崇禎八年拔貢，何士壎是何士琨之弟。出版資料見上注，頁30。

9 見：《新會縣志》卷二〈輿地〉，出版資料見上注，頁18。

10 轉引自：游子安主編：《香江顯迹──嗇色園歷史與黃大仙信仰》，香港：嗇色園，2006，頁11。

11 據調查所知，金華的傳統則是按《赤松山志》的記載，把黃大仙誕定為「農曆八月十三日」。

12 游子安主編：《香江顯迹──嗇色園歷史與黃大仙信仰》，香港：嗇色園，2006，頁11。

普濟壇的創立與興廢

　　普濟壇,是嶺南地區第一個有被記載的黃大仙道壇。1897 年創立於番禺的大嶺村,大嶺村原名「菩山村」[13],乩文及道壇記載均以「菩山」見稱。道壇成立後發展迅速,僅一年後道壇「遂大開矣,問事者日環其門」[14],尤其是乩(藥)方的靈驗,遠近聞名,吸引了很多聞風而至的信眾,更有說「莫不有求必應,而於醫一道尤神,得其方者,無不立愈」[15]。而為了方便信眾的參拜及問乩,同壇的弟子們遂決定建祠廟以奉祀「黃大仙」;並於光緒二十五年(1899 年),在現今廣州芳村花地[16]一帶建成了「黃仙祠」。以上建壇的歷史點滴,皆記載於普濟壇刊印發行的勸善書《驚迷夢》內。

　　據筆者所爬梳「普濟壇」遺留下來的文獻所知,普濟壇前身乃是一個家族鸞堂,名為「深柳堂」。「主人陳氏,乃一儒生也。陳,生平好善,亦喜扶乩。因此,堂內設有乩壇。有暇即與同道中人扶鸞遣興」[17]。又,「深柳堂」原為陳氏之宅名,陳氏為一名儒生,名「啟東」,是鄉中私塾老師,他與同道在家中扶鸞遣興多年,後來他們成為黃初平大仙的弟子,繼而改「深柳堂」為「普濟壇」,從而開創了嶺南黃大仙道壇之歷史。因「乩緣」而產生的這一切,實屬「偶然」的結果。據記載,深柳堂儒生與黃初平大仙經過約兩個月的問乩交流後,於十月初六日,儒生們深感大仙乩訓,振聾發聵,遂「請求赤松仙子及列聖群仙,實設乩壇,著書傳世」[18],眾仙乃允所請,並乩示以「普濟壇」命名,於是道壇便正式成立了。

　　後來,黃大仙並賜壇對聯:「普渡眾生登彼岸,濟施時疫設斯壇」[19],此聯道出了創建此壇的宗旨及目的:「普渡眾生」是道壇於信仰層面對於彼岸的追求;而「濟施時疫」就體現了它對於現實社會的關懷了。當時,「(今)癘風擾擾,瘴氣漫漫,為善則災殃可免,為惡則劫數難寬,為救主民苦劫,故來此地扶鸞,苦口勸來,欲眾生同登彼岸,存心普渡,聚諸友而設斯壇」[20]。這裏也道出了當時嶺南「乩壇」為「濟施時疫」與「普渡眾生」為創壇的根本原因所在。所以,在普濟壇創壇四個月之後,光緒廿四年(戊戌年,一八九八年)二月廿四夕的乩文稱:普濟壇得天皇敕封「普濟勸善」四字[21],最終把道壇的信仰宗旨歸結為「普濟勸善」了。而往後普慶、普化及於香港的普宜壇等,皆是以「普濟勸善」為寶訓,繼續於嶺南各處行廣建善業、弘道闡教了。

　　翻查方志資料,番禺的大嶺「大嶺村」,向以讀書風氣濃厚而聞名,據學者考究:「陳啟東,源出於大嶺陳氏竹洲一脈,竹洲一脈是大嶺陳氏中最推崇讀書者,有《讀書法則》和《勸學文》傳世,以訓

13　廣東番禺大嶺菩山村,因背靠菩山而得名,明嘉靖年間才改名為「大嶺村」。

14　參考《驚迷夢・三集》,香港:嗇色園七十周年紀慶普宜壇重印版,1991,頁 4。

15　同上。

16　花地,舊稱:花埭,現屬廣州市荔灣區內,清末時期則分屬於南海及番禺,但與廣州城區隔江相望,是廣州城的後花園。

17　參考:梁本澤著:《金華風貌・卷一》,香港:嗇色園藏本,頁 2。按:梁本澤是梁仁菴(普濟壇乩首,普慶壇及普宜壇的創始人)的孫子,自幼即深受祖父及父親梁鈞轉的薰陶,篤信黃大仙;後與兄長梁根澤先後入道普宜壇(即嗇色園),並成為經生,梁氏三代四經生,成為嗇色園當時之美談。梁本澤尤精科儀經懺,1950 年代與潘可賢、羅恩賜、吳耀東等並稱香港道教科儀「四大天王」。他又深感「仙師下凡,僅屬偶然。但因缺乏文獻記載,近世言者,多屬揣測之辭」,因此,他搜集整理普濟、普慶、普化及普宜等各壇的歷史資料,著成《金華風貌》一書,記錄了嶺南黃大仙道壇,從清末創壇至戰後初期發展的歷史,是研究嶺南黃大仙信仰重要的歷史資料。

18　梁本澤著:《金華風貌・卷一》,香港:嗇色園藏本,頁 4。

19　《驚迷夢・初集》,香港:嗇色園七十周年紀慶普宜壇重印版,1991,頁 16。

20　《驚迷夢・初集》,香港:嗇色園七十周年紀慶普宜壇重印版,1991,頁 16。

21　詳見:《驚迷夢・二集》,香港:嗇色園七十周年紀慶普宜壇重印版,1991,頁 27。

誠子孫。陳啟東的祖父陳允充是一個舉人，做過陝西鄠縣、榆林縣的知縣。」[22] 又，據嗇
色園所藏的《普濟壇同門錄》所載：「陳啟東，字若顯、初白。道名樸；生更名善悟；再更名輔善；三
更名悟緣；四賜名元元導善子。籍貫本省廣府，番禺縣茭塘，菩山鄉。生子：道光庚子年三月十六日吉時，
現業：士。曾祖：星海；祖：廷選，父：培蘭。」[23]。從以上入道資料，我們可知：陳啟東以「讀書人」（士）
自居，他把自家乩壇定名為「深柳堂」，同樣也有崇儒之用意，正如游子安博士的考究，認為當時讀書
風氣之低迷、科舉之搖搖欲墜，以及社會對士人階層之不重視，甚至連黃大仙於乩文之中也勸誡他不要
偏執，要隨時勢而變。而《驚迷夢》及《金華風貌》也都提及，有感於「聖列仙所降者，皆扶世道之言，
正人心之語，……可與六經而並重。遂聯集善友拾名，求赤松大仙實設乩壇，著書傳世」[24]。所以，成
立普濟壇最直接的原因，是為了著書傳世度人了。

　　普濟壇成立後，信眾與弟子均發展迅速，從成立之初的十餘人躍升至「百餘」弟子。而地域來源也
更為擴展，不再只限於大嶺村的陳氏，弟子原籍有來自：南海、花縣、東莞、霍山、三水、肇慶、順德、
新會、香山、福建汀州等地的道眾，已幾乎遍及了整個珠三角；且入道弟子的身份也更加多元，包括了
農民、工人及商人等各種的背景。當時嶺南的信眾更多的是因為「慕名（黃大仙）」而來，其時，黃大
仙的「靈驗傳說」已廣泛傳播了。當時刊印的《驚迷夢》便有了以下幾則「靈驗」的記載：「吾友陳君，
嘗奉赤松大仙於家，朝夕虔祀，遇事輒禱於大仙。吉凶悔吝，曾不爽也。其弟嘗患病，群醫束手。大仙
箕（乩）示方藥，疾果瘳。由是求乩者日眾，戶限欲穿。」[25] 又，「凡求乩者，其應如響。而禱藥者，
莫不共慶更生。」[26] 其實，黃大仙後來在嶺南因以「有求必應」而聞名，而大仙之「靈驗」是其信仰內
涵中最突出的神性特質，而這種特質是其在嶺南傳播期間而逐漸形成的，這又與嶺南人現實世俗的信仰
心理極為吻合。筆者認為這正正是黃大仙信仰在嶺南扎根、發展和興盛的根本推動力，而這種推動作用
並不是一時三刻的現象，乃是貫穿於黃大仙信仰在嶺南發展的全程，即使是在現代科學昌明的社會，筆
者仍能訪問及記下了以下一則的「黃大仙靈驗故事」：

> 　　我看過《驚迷夢》，也聽過道友講仙師的顯聖故事，尤其是仙師施方的故事，我就想，
> 如果不是仙師顯靈，當時的乩手，他們根本不懂醫術，那麼這些方是從哪裏來的？尤其是
> 「普濟壇」，開始只有一批教書人是嗎！？沒哪個說過他們懂醫術吧！即使他們懂一點（醫
> 術），專業醫生、名醫都治不好的病，瘟疫，讀書人給治好了，解釋不了吧。我知道現今
> 醫學昌明，但，仙師的玄妙之處是說不出來的，你相信祂靈，祂就靈。SARS 的時候我就和
> 家裏人說，衛生署怎樣教我們照做，但也要去求支「大仙良方」保心安，這兩件事情之間
> 沒有矛盾，雖然按科學的角度這是迷信，但這個時候你說的「科學」和「迷信」不矛盾，
> 衛生署和沈祖堯[27]都沒有辦法了，已經死人了，我找多一個方法總是多一個保障。[28]

22　游子安主編：《香江顯迹——嗇色園歷史與黃大仙信仰》，香港：嗇色園，2006，頁13。

23　參考《善與人同》（普濟壇同門錄），香港嗇色園收藏，光緒庚子閏八月刊。

24　《驚迷夢·初集·凡例》，香港：嗇色園七十周年紀慶普宜壇重印版，1991，頁5。

25　《驚迷夢·四集·序止》，香港：嗇色園七十周年紀慶普宜壇重印版，1991，頁2。

26　同上注。

27　沈祖堯：醫生及醫學教授，2003年非典時期，因領導香港醫學團隊對抗疫情，而被《時代週刊》列為當年的「亞洲英雄」。後更曾擔任「香港中文大學」校長一職。

28　以上口述者為：楊先生，70多歲，原是一位中學教師，曾在嗇色園的屬校任教，一度擔任屬校「三教經訓」科的老師，向學生講授嶺南黃大仙信仰的歷史。嗇色園屬校的「三教經訓」科，主要是講授赤松黃大仙的傳說、嗇色園的發展沿革、宗教慈善的理念及發展及儒釋道三教的義理等內容。

普濟壇以「扶鸞以遣興始也」，扶乩是道壇重要的宗教活動，也是道壇治理的重要方式。甚至是修建祠廟、擇地及佈局等關乎道壇發展規劃的重大舉措，亦一應要遵從仙師乩示，所以前期普濟壇所開辦的善務、經費運用、應對危機；或是某條乩訓要寫為條幅張貼，及眾仙的臨壇時弟子行禮等等儀範，普濟壇都要一一稟告神明，並以大仙乩示為最終定決。所以「以乩治壇」為近代嶺南道壇發展的一大特色。

此外，與浙江金華的傳統不同者，嶺南的黃大仙祠廟一般都會同時供奉儒教和佛教的神明，所以「三教共尊」也是嶺南黃大仙信仰、習俗的另一大特點。這個特點同是始於普濟壇。普濟壇之黃仙祠供奉的神明，從文獻得知，起碼有「文昌帝君；關聖帝君；正陽帝君；孚佑帝君；孔子先師；赤松先師；紅孩聖佛」[29]等三教天神。另，考察普濟壇遺址，仍遺留了一副殘聯：「寶筏合儒教釋教道教勉而修真」，可見這是一所由始至終的「三教並尊」的道壇。再者，普濟壇出版之《驚迷夢》之中，所錄之降乩的神靈除了道教的呂祖、關帝和黃大仙等神仙外，也有佛教的「濟顛禪師」和「善善尊者」，以及儒教的孔聖後人「孔棟」等神明。而往後的「三教並尊」的乩文、文字、詩句等，更是比比皆是，不勝枚舉。

至於在花地黃仙祠於 1899 年初建成時，據學者考究：「當地老人回憶，該祠……初時只是一連三進之平房，對人贈醫施藥」[30]，可見初建規模並不大。又有說，於 1904 年前後祠廟擴建，擴建的經費有說來自當時廣東水師提督李準。據說：李準之母，患眼疾久治不愈，李準聞說黃大仙乩方，靈驗非常，於是前往普濟壇祈求黃大仙醫治，後李母眼疾果然痊癒；於是，李準向廣州城的殷商巨賈發起募捐，重修黃仙祠以酬謝神恩。最終建成了嶺南地區，規模宏偉的黃仙祠廟了。有關於祠廟的盛況，據學者的調查，有以下的一段紀錄：「據一些老人回憶，每年的農曆七月十四和農曆正月初七、初八是善男信女前來許願、還願，最熱鬧的日子，不但市區的人乘艇過江而來，南海、順德也有不少信徒來上香。是日黃大仙祠前約三十畝寬的廣場，形成香燭、食品和工藝品的集市，還有唱戲的，賣藝的，熱鬧非凡。」[31]普濟壇的盛況一共持續了 15 年，1913 年「會仙祠執事以數目內訌，訴諸警廳，景華[32]為之徹查，於是善長走避一空」[33]，黃仙祠被當時之員警廳沒收改作幼稚園。後來，又據說：普濟壇之執事道侶[34]有重返大嶺村，準備在村內重建黃大仙祠，為此還成立了祠廟籌建組，由陳學濂、陳世錦、陳應昌及陳希讓等人出資，購置了 3 畝地作為祠廟用地，以及 6 畝水田作為廟產，計劃以水田租金用作維持祠廟的日常經費，但終因主事者相繼逝世而落空。普濟壇的歷史也告一段落了。

又直至 1980 年代中期，黃大仙信仰已大大興盛於香港，廣州芳村區政府收到大量港澳和海外信眾來信及拜訪，倡議並捐資希望重建「黃大仙祠」。出於發展旅遊及保護文物的考慮，芳村區政府開始啟動重建工程，甚至還曾成立了一間國有公司專門負責工程。1993 年工程奠基，後因故停建。隨後，芳村區政府再次牽頭，由加拿大置地有限公司和廣州芳村新荔枝灣實業發展公司合作組建，繼續重建專案，於

29　以上參考自《善與人同》，香港嗇色園藏（光緒庚子閏八月刊）。於「序」後，有「本祠恭祝神誕期列」：「文昌帝君　二月初三日；關聖帝君　六月念四日；正陽帝君　四月十五日；孚佑帝君　四月十四日；孔子先師　十一月初四日；赤松先師　八月念三日；紅孩聖佛　（空白）」

30　原文見：陳菊寧著：〈黃大仙及花埭黃大仙祠〉，載於《芳村文史》第 4 輯，1992。另，轉引自游子安主編：《香江顯迹——嗇色園歷史與黃大仙信仰》，：嗇色園，2006，頁 22。

31　參考：陳菊寧著：〈黃大仙及花地黃大仙祠〉，載於《芳村文史》第 4 輯，1992。

32　陳景華為當時廣東警察廳廳長。

33　原文見：〈青衣紅淚記〉，載於《天荒》1917 年。另，轉引自：游子安主編：《香江顯迹——嗇色園歷史與黃大仙信仰》，香港：嗇色園，2006。

34　主要為大嶺村陳氏族人，包括：陳啟東，陳中居，陳學濂、陳世錦、陳應昌、陳希讓等人。

1997 年工程再次啟動，1999 年 2 月 6 日，佔地 1 萬 3 千平方米的「廣州黃大仙祠」完成首期工程，並正式向公眾開放。

廣州黃大仙祠建成後，遊客及香火之興盛不亞於當年的花地黃仙祠。據統計：嶺南信眾新春有到黃大仙祠廟上「頭柱香」的民俗，1999 年大年初一（2 月 16 日）一天，正式開放僅十天的廣州黃大仙祠就接待了十萬信眾，建成至今，每年前來參觀的信眾遊客都超過一百萬人次。香港嗇色園黃大仙祠的興盛同樣刺激了廣東其他地區的祠廟建造者及信眾，改革開放後的三十多年，珠三角地區陸續建造、或復建、或更改廟宇奉祀的大、中型黃大仙祠廟（或殿堂）至少有六所，包括：廣州黃大仙祠（1 萬 3 千平方米）、南海西樵山的黃大仙聖境園（整個景區佔地約 42 萬平方）、南海稔崗村「赤松黃大仙祠」、惠州羅浮山的「赤松黃仙祠」、東莞之企石鎮「黃大仙祠」及新會的叱石風景區的「黃大仙祠」，且其中不乏各種似是而非的「黃大仙祠」，利用攀附黃初平或香港嗇色園等，以獲得信眾的朝拜參訪。因此，據筆者調查所知： 2014 年，番禺菩山宣佈將啟建佔地超過 2 萬平方米的「黃大仙祠」，也引發起不少對此事報道及討論。

普慶壇的創立與興廢

1901 年，嶺南的第二所黃大仙道壇「普慶壇」在南海稔崗建立，創建者是梁仁菴道長。筆者據他的三位孫兒梁根澤、梁本澤及梁福澤（去年訪談福澤先生，根澤與本澤則已先後仙遊）等[35] 提供的資料，梁氏（仁菴）於 1861 年生於西樵稔崗，累世以務農為業。梁氏在稔崗受教育，二十多歲就在廣州海關[36] 當「師爺」（負責文書工作的小官）。閒時就聯同一群好友，扶乩遣興。相傳於 1897 年的某一次扶鸞（乩），喜得黃大仙降乩，自此就成為黃大仙的信徒，後更入道成為道侶。[37] 梁仁菴在嶺南黃大仙信仰史上是一個關鍵人物，幾個重要道壇的創建均與他有直接關係。他是普濟壇早期的入道弟子成員之一，在「同門錄」中排於第 18 位[38]；他亦是普濟壇的主鸞（扶乩之乩手），據其後人所說，當時普濟壇的弟子（成員）之中，只有梁仁菴能感應（接收）到仙佛的感應，使乩筆移動和辨認乩盆（沙盆）上的扶乩文字[39]。後來，他更把黃大仙畫像帶進香港及在九龍獅子山下之竹園村，建立「普宜壇」的嗇色園黃大仙祠[40]，繼續弘揚黃大仙的信仰。

據嗇色園收藏的資料，梁仁菴的入道普濟壇資料顯示：「入壇第十八名：梁華興，字敬子，號仁菴（庵），道名義。生更名真善；再更名悟篤；三更名長深子。四賜名（欠缺）。籍貫本省廣府，南海縣江浦司稔崗鄉。生子：咸豐乙卯年六月廿五日吉時。現業（欠缺）。曾祖公善；祖始昌；父志滔。」又

---

35 梁仁菴道長，當年來港，是帶同兒子：梁鈞轉來港的。文中之梁根澤、梁本澤及梁福澤皆為梁鈞轉的兒子。梁氏兄弟，只有梁福澤仍在世，筆者於多年前訪談的只有梁福澤先生。梁為鈞轉的第二任夫人所生的兒子。至於文中引用的根澤、本澤的資料，皆為其他學者的舊作史料。

36 梁本澤的說法是任職於兩廣鹽運公署，詳見《金華風貌 · 卷二》，出版資料見前。

37 吳麗珍著：《香港黃大仙信仰》，香港：三聯書店有限公司，1996，頁 47。

38 同門錄上的編號，乃代表弟子入壇時間的先後。

39 吳麗珍著：《香港黃大仙信仰》，香港：三聯書店有限公司，1996，頁 46。

40 據筆者訪談所得，當年於 1921 年，通過扶乩，以竹籤為記，才找到竹園村的現此，並獲玉帝賜名「嗇色園」及獲黃大仙賜號「普宜壇」。

據其後人的筆錄資料，梁氏於 1901 年，才 40 歲時，正值仕途順利，為政府之高級官員[41]。其時，突然得到了黃大仙的乩示：「天數已定，此地將會發生巨變，因命弟子梁仁菴回鄉，建立新壇，以免措手不及。」[42] 於是梁氏便遵循黃大仙師之命，返鄉創壇了。

梁仁菴回鄉後，首先按照黃大仙的乩示，在村邊一帶廣購田地，準備建設祠廟。普慶壇在創壇時，初名「赤松黃大仙祠」，約在 1903 年竣工，耗時約兩年時間。祠廟規模很大，「佔地頗廣，不計壇外、壇內，亦方橫數十畝」[43]。祠廟內主要分為兩大建築：一是主殿，主殿分為三進式格局，高兩層，主殿前座有中門，只有大節慶時才會開啟；中座為善信的「拜庭」，分為男、女拜庭兩處，界限分明；後座為內殿，供奉黃大仙神像，非弟子不得入內，兩旁還設有鐘亭和鼓亭。主殿背後有花園，花園內建有二帝殿，殿高兩層，上層設有文帝殿、武帝殿和懺壇，下層則作為經生宿舍；二帝殿旁，還建有「仙親祠」，是供奉黃大仙三代仙親；園內還建有八角亭，按八卦方位建成；照壁，高丈二、闊八尺，正面書「清靈寶洞」四字，背面書「忠」字，皆為「乩筆」所書；主殿兩側則建有東祠及西祠，東祠供奉「齊天大聖」，西祠則奉祀有「城隍」。二是人工湖（鵝湖），鵝湖，沿岸建有龍樓、鳳閣和功勳祠等建築。龍樓，樓高三層，上層用作「乩壇」，中層為「藏經閣」，下層則為「客堂」；「鳳閣」同樣高三層，上層是「更樓」，中層是「客房」，下層則是藥局；「功勳祠」安奉了道壇有功弟子之「蓮座」；鵝湖全長數十公里，水深 9 尺，分為：鵝頭、鵝身、鵝翼和鵝脾四個部分[44]。又，據梁仁菴的孫子梁根澤的回憶，祠廟不遠處，還設有一所義學，他的父親梁鈞轉（即梁仁菴之子）就曾在義學裏就讀，但義學的規模及學生人數等，已沒資料記載了。

如此規模的祠廟當然耗資巨大，即使不計購地與祠廟建設費用，單是「鵝湖」的開鑿，就是一筆巨大的經費。而且，開鑿人工湖所涉及的不獨是經費的問題，鵝湖全長數十公里的貫通，並要連接流經之處的各條水路，才能實現「鵝湖」便利通往「普慶壇」祠廟的交通，意義非凡。於是，梁仁菴還必須說服水道流經及淹沒之處的地主的支持。梁仁菴說服他們的辦法不外乎黃大仙的靈驗神蹟。又，據梁根澤先生的回憶：「由於部分引水道必經之地，乃一姓梁的地主所有，他對開鑿水道頗多留難；表示此地決意不賣，除非十歲的孫兒懂得扶乩，希望梁仁菴知難而退。豈知十歲小童竟然成功開乩（箕），難題始告解決。」[45] 由於經過鵝湖的購地及修建過程，而使黃大仙靈驗神蹟在稔崗四處流傳，從中吸引了不少善信的垂注。而事實證明，梁仁菴道長的努力沒有白費，鵝湖溝通了西江，並流向大海，全長數十公里，不但讓兩岸的農田獲得灌溉的好處，更成為了沿途鄉村交通往來的重要水道。所以，開鑿「鵝湖」確實使黃大仙信仰擴大了影響，並便利了「花地河」旁之普濟壇黃仙祠的信眾的交通往來了。據記載，由於水陸交通方便，附近地區的善信，如：順德、南海及台山等鄉民，都前來參拜黃大仙了。[46]

41　梁本澤著《金華風貌·卷二》，香港：嗇色園藏本，頁 2。

42　同上注。

43　梁本澤著《金華風貌·卷二》，香港：嗇色園藏本，頁 3。另，亦有說法是 16 畝，詳見：吳麗珍著《香港黃大仙信仰》，香港：三聯書店有限公司，1996，頁 38。筆者按：吳曾採訪梁仁菴的孫子梁根澤和梁福澤。因此，相信兩個數字都有所依據，應該是對於道壇範圍的不同理解而已。

44　主要參考梁本澤著《金華風貌 · 卷二》的相關記載。出版資料同前。

45　吳麗珍著：《香港黃大仙信仰》，香港：三聯書店有限公司，1996，頁 47。

46　同上注。

又，據學者的調查所得，普慶壇入道弟子，其職業背景等也是多元化的。於《醒世要言》中黃大仙給弟子的訓話記錄，便可看出有弟子除了有從商的，又有從事中醫、務農及書生等不同階層。另外，善書中亦記有：「為人祈福」的習巫者、「投筆從戎」的武官、「不可多得」的書吏[47]等；再者，普慶壇弟子的年齡跨度是很大的，如：有「各小弟子」的乩文，又有針對「童稚之年」的弟子。可見當時普慶壇在創壇初期[48]，不但有多元化的黃大仙信眾、弟子，更是沒有年齡及身分等限制，從而亦可知稔崗村[49]生活人口是如此的多元化。

除了開鑿鵝湖而帶來交通的便利，普濟壇的興盛及前期發展，好的「鋪墊」也是其主要的因素。究其廟址「稔崗」，乃是鄰近於嶺南道教聖地——西樵山，民眾之中有着濃厚的道教信仰傳統，種種的天時、地利等條件，都對新創的普慶壇之發展有極大的幫助。而梁仁菴除了借鑒了普濟壇的經驗，另一方面又極為注重「時地制宜」的方法，去建立相應的道壇運作模式。梁氏並更改了普濟壇不容許婦女單獨參拜的壇規，並設立了「女拜庭」，讓大量的婦女信眾得以自由進入祠廟參拜。而且，普慶壇的勸善書《醒世要言》之中，並記錄有黃大仙「訓各婦女」[50]等篇章。稔崗鄉村原已有「廣州後花園」之美譽，再經過梁仁菴道長的變通、改革等措施，對於嶺南黃大仙道壇的發展，作出了極大的貢獻。

又，據記載：梁仁菴也非常注重搜羅道教經書、科儀古本等，更於普慶壇內建有「藏經閣」的建築。而據其後人的講述，梁仁菴道長也組建了普慶壇的經生隊伍。而且，梁氏有感於附近一帶的道觀均以牟利為主，似是而非，為要讓壇內弟子學習名門正派的道教科儀，更派遣弟子「遠赴省垣，及羅浮山一帶，求師學道，研習經懺。其後學成回壇之經生，因所學者，無論禮儀法制，俱與一般牟利者絕不相同」[51]；梁仁菴培養的經生道長，因為師從名門正派及不得與牟利相關等要求，所以異常的成功。另由於稔崗臨近嶺南道教聖地西樵山，且當地的道教信仰氛圍濃厚，所以「不論大小道觀，俱仰為泰山北斗」[52]，創壇後的普慶壇皆得到廣大善信的認同及讚譽；而普濟、普慶兩壇，雖然「以乩治壇」，其日常事務均以黃大仙乩示為定奪，但，善信們對壇的種種活動及善行皆是異常支持。如普慶壇印行的「善書（乩文）」、經書等，包括《醒世要言》3 卷、經書《普慶幽科》、《三寶明經》、《黃大仙寶懺》；或於「普濟壇」的《藥籤 500 支》和《靈籤 100 支》等，皆為鄰近的善信及道堂所推廣及信奉的。而壇場所舉辦的大小宗教活動及拓展善業等活動，亦得到道徒及廣大善信的支持與參與。舉如：正月「玉皇寶懺」為期九日、元宵節「供天大典」；七月之「中元聖會」，持續十四晝連宵；各類祭典、喪葬禮儀或祈福法會，及後來成立「海勝益善會」，專責於海上拾取、安置無名浮屍、還會於春秋二季舉辦祭典及超度亡靈法會等。

縱觀普慶壇的善業拓展，確實為嶺南黃大仙信仰，於地方上的發展及傳播等，作出了深遠的影響，可以說，往後於社會上的參與，或近代宗教慈善機構的創立，這裏已成為「初型」了。且看普慶壇與普濟壇所印行之善書，皆是對於當時社會之現實關懷；《醒世要言》更是針砭時弊、憂國憂民。如談及鴉

47　弟子時善「從醫」，福賢「習巫」，揚善為「武官」，善貸為「書吏」。

48　有關弟子身份背景的資料，均參考自善書《醒世要言》，成書於 1903 年，距離普慶壇成立不過兩年時間。

49　南海是廣東著名的僑鄉，因臨近廣州且水路便利，清朝中晚期起青壯年就多出外謀生，甚至遠赴港澳南洋美加等地，鄉村以老弱婦孺居多，絕大部分以務農為生，稔崗只是一條小鄉村，不可能有商人、文史、武官等多元背景的人在此生活。

50　《醒世要言‧卷一》，香港：嗇色園七十周年紀慶普宜壇重印版，1991，頁 29。

51　梁本澤著：《金華風貌‧卷二》，香港：嗇色園藏本，頁 8-9。

52　同上注，頁 9。

片的毒害「鴉片之殺人，更有甚於鴆毒」[53]；又如，官場的腐敗「世變之起，不在外敵而在內患。不在庶民而在於官長」[54]；又，學人的墮落「吾見今之學者，高誦詩書，侈談經濟，考其行誼，往往熱中富貴，奔走權相之門」[55]，等等。通書隨處可見，比比皆是。至於推動善務發展，據 1919 年《擬聯施藥會小引》的記載，成立施藥會時道壇倡議每位會員助施 20 大元，且說明「銀若便利則全函送出，銀未便則按月分交」；又，普慶壇於屬下設「海勝益善會」，用作於水上「拾屍」經費，其時也為地方之富商所捐贈。於「海勝益善會」成立時，《倡議拾西海浮屍勸捐小引》向大賈商戶勸捐，並在文中附上章程，說明專款專用，益善會辦事人員由普慶壇壇內辦事人員兼任，並印有《徵信錄》送付諸善長仁翁。此時期的「普慶壇」之募捐等活動，已注重完善的善款管理制度，免除捐贈者的疑慮，建立道壇的公信力，使募捐得以良性發展，穩定並擴大了道壇經費的來源。

　　至於善業架構的創立，普慶壇因循普濟壇傳統，仍然從「普濟」及「勸善」兩個方面去鋪開、拓展，但每個方面又都有所突破。首先是普濟「施醫贈藥」繼續傳承和發揚，1904 年設立醫藥局，專門管理施醫贈藥之善務；當時並在殿內留有房間，供遠道而來或需要留醫的信眾住宿；藥籤中的「普慶茶」和「回春茶」常年隨方附送，不收分文；又，黃大仙之「乩方」素以靈驗聞名，因此，普慶壇規定凡在壇中求得乩方者，不分弟子或信眾，一律免費施贈，以體現黃大仙的靈驗與慈悲。另，「藥籤」亦是一大的突破，「為方便遠道弟子，亦降有五種藥方，分為男、婦、幼、眼科及外科等，各占一百枝。對醫治一切疾病，可謂包羅萬有」[56]，不但數量增多，更是有了明確細緻的分科，且又說明七歲以下屬「幼科」，七歲以上則按症狀分辨需求取的藥籤，這些舉措可謂進一步「保障」了黃大仙的靈驗；除了正式的「藥籤方」，也有勸善方、食療方及袪病靈符等；眼科及外科部分藥籤，更是藥方與靈符並用，或以靈符添助藥力。由於信眾的地域來源更廣，求藥籤的形式也相應調整得更為靈活及便利，「弟子中如有患病或無暇來壇者，可以注香當空，稟明所苦，然後求方，與在壇無異」。[57] 經普慶壇的發展及完善，這一套藥籤，後來通行於嶺南黃大仙各道壇，並一直沿用至 21 世紀初。[58] 普濟善業確是開拓了一個新的項目：為稔崗（珠三角水系的中心）地區之風災、水災等自然災難，水上浮屍，作出「收屍」的善行。1912 年普慶壇與地方部門的合作成立「海勝益善會」，組織人員收斂浮屍，並為之舉辦「春秋二祭」等，為當地百姓所讚揚。

　　其次於勸善方面，除了以勸善教化刊印「勸善書」外，便是開拓「經懺法會」了。普慶壇建立了「經生團隊」後，經懺既是重要的教務，也是開拓的善務。據記載：普慶壇常為信眾舉辦各類祭典及祈福法會，海勝益善會成立後，還會於春秋二季為無名浮屍舉辦祭典、法會及超度亡靈等科儀。再者「勸善」的善務還開拓到「義學」的教育範疇。據說義學之校址是設在祠廟附近，辦學經費、規模及師生來源等，雖已不得而知，但這是一個重要的嘗試。「普濟」與「勸善」為普慶壇的整套和完備的善業，這種於嶺南地區的地方「乩壇」的拓展及發展新善業等項目，確實為一「綜合性善堂」的「初型」了。至於壇務管理制度上「以乩治壇」的發展，亦為普慶壇之一大特色。

53　《醒世要言・卷一・初集》，香港：嗇色園七十周年紀慶普宜壇重印版，1991，頁 6。

54　《醒世要言・卷二》，香港：嗇色園七十周年紀慶普宜壇重印版，1991，頁 4。

55　《醒世要言・卷三》，香港：嗇色園七十周年紀慶普宜壇重印版，1991，頁 5。

56　梁本澤著：《金華風貌・卷二》，香港：嗇色園藏本，頁 6。

57　同上注。

58　直至香港各道壇因應社會發展，取消藥籤為止。但，黃大仙藥籤，仍流行於香港乃至嶺南民間，《黃大仙良方》一書，在嗇色園外的「解籤檔」裏可以購得。筆者在調查中，遇到不少專門前來求取藥籤，善信並按藥籤指示，自行購藥治療；除了香港本地的，還有來自深圳、南海、中山及潮州等地的香客。

另外，普慶壇赤松黃大仙祠，除了主神黃大仙外，也是同時奉祀儒釋道三教尊神的。主殿供奉「黃初平大仙」，西祠奉「城隍」，二帝殿則供奉「文、武二帝」，這皆體現自身的道教信仰了。另有：東祠供奉「齊天大聖」，以佛教的仙佛作為「鎮壇護法神」；仙親祠則奉祀了「黃大仙三代仙親」，體現了普慶壇對儒家宗法的尊崇。再者，壇內之勸善書亦多有儒、佛兩教的聖人乩文，如：〈如來佛祖辟邪文〉、〈六祖戒殺放生文〉及〈曾子參尊孔教文〉等等。據說，當時稔崗一帶有很多個靈驗的傳說，這也是黃大仙信仰可以廣泛傳播的一個主要。舉如《金華風貌》內記載有：「順德甘竹灘暗礁甚多，不時發生船難。某夜當時眾弟子等聚於『龍樓』扶乩，師忽命暫停，（黃大仙師）因須即趕赴『甘竹灘』一行，希望可以盡力救人也。……翌日，消息傳來，方知發生沉船慘劇也。」後黃大仙又降乩曰：「此屬鯉魚精為患，經已前往收之。命其鎮守航道，保護行旅安全。」此後，數十年間，甘竹灘都不再發生沉船事件了。

然而，梁仁菴為何突然逃離普慶壇，更輾轉弘道於香港？據其後人的憶述：梁氏於某天的扶乩得黃大仙突然降下乩文曰：「傳道，向南速走，切勿回家，遲恐不及。」梁仁菴隨即連夜搭船前往廣州，後再前往香港。到港安頓後接到家中的信函，方知道當晚有綁匪計劃綁架梁仁菴，幸得黃大仙的指示才躲過此劫難。

1915 年，梁仁菴和其兒子（鈞轉）攜帶了「黃大仙畫像」前往香港，並會同道侶新創了「普宜壇」。其時，普慶壇仍然存在，且當梁氏南下香港後，他仍然是普慶壇的實際領導者。但由於戰亂之影響及盜賊的滋擾，普慶壇盛況也大不如前，各項的善務只能艱難維持了。於 1921 年，創立普宜壇後，梁仁菴也遽然仙遊，而西樵的普慶壇也自始趨於沒落了。延至 1949 年後，普慶壇赤松黃大仙祠也難逃被拆毀的命運；但，嶺南的黃大仙信仰、習俗等，已為稔崗村等一帶之信眾所承傳著，更流傳至今了。

80 年代之中期，嗇色園組織稔崗尋根之旅，尋找了普慶壇的遺址上的一些遺物：匾額、石柱、經箱及銅印等道壇物件。而在香港黃大仙信仰的興盛影響下，稔崗村也在 80 年代末，於普慶壇原址上重建了一個黃大仙祠，「仙祠香火鼎盛，很快就把門額熏黑了」[59]。據筆者訪查得知，在 1996 年，加拿大置地集團有限公司於稔崗附近的西樵山上投資興建「黃大仙聖境園」[60]，希望「重續普慶壇香火」，目前，可算是目前嶺南地區面積最大的黃大仙祠廟。

普化壇的創立與興廢

「普濟壇黃仙祠」雖在 1913 年被地方政府沒收，但，其時黃大仙信仰已在花地一帶形成了影響，尤其是黃大仙的信仰、習俗等，已為地方上的人民所保存的。經過了十七個年頭的 1930 年，一座嶄新的黃

59　游子安主編：《香江顯迹——嗇色園歷史與黃大仙信仰》，香港：嗇色園，2006，頁 35（圖片注釋）。

60　據梁福澤的口述：當年嗇色園黃允畋主席帶領道侶尋根之餘，並捐助了一百萬善款，建設了一座巨型神像（黃大仙神像），後來由於發展影視城而被炸毀。

大仙祠廟：「普化壇黃仙祠」又名「金華分院」，又再創建了起來了，而新祠之地址也距離普濟壇黃大仙祠的原址不足半公里呢。據《金華風貌》一書之記載：「（普濟壇黃仙祠被沒收）十餘年後，事過境遷，眾弟子深感師恩，乃於城內[61]再設壇供奉仙師，名曰『赤松仙館』。」又，「陳緣基者，乃前清秀才也，早年皈依仙師門下，對仙師「普濟勸善」之功，心存景仰。乃發起重建新壇，擴展善業。於「觀音山」（今越秀山）山麓，建設新壇，蒙仙師命名曰「普化壇」。並由「普慶壇」及「普宜壇」眾弟子代為開光，數年之後，眾人以山路崎嶇，上落不便。乃再覓地於河南芳村，購得農莊，改作壇址。」[62]以上為普化壇創建人陳緣基的記載。據說，他原為普濟壇的弟子，早年從仕，後棄仕從商，在廣東及香港均有生意往來。普化壇創建過程中，得到普慶壇和普宜壇的大力協助，在新道壇建成後，與兩壇亦有保持密切的關係。又據《金華風貌》的說法，相傳普濟壇被沒收後，「仙師命將普慶壇改為領袖壇，凡屬金華門下，皆以此壇作為標榜模式」[63]。因此，雖然目前無法找到更多史料佐證，但可以相信普化的治壇方式與運作管理等，應與普慶壇及普宜壇是相類似的。

另，有關芳村「購得農莊」所建成的祠廟，有這樣的一種說法：相傳祠廟的建造得到當時廣東主政者陳濟棠的夫人莫秀英的資助。有說：普化壇黃仙祠曾一度十分興盛，每逢黃大仙誕都會舉行盛大的慶祝活動，有道人誦經七天和粵劇表演等。據記載，普化壇黃仙祠的規模並不大，「普化壇面積較少，地僅數畝，入門處建有兩層門樓，上層乃員工宿舍，樓下則作為藥局」[64]；書內有：門樓之後即為大殿，為單層建築，殿內供奉黃大仙，並奉祀呂祖仙師及魏徵大仙。也有文獻認為普化壇內也有奉祀佛教韋陀菩薩。據說於抗日戰爭時期，日軍也因為信奉「韋陀大士」而未有破壞普化壇。另外，壇的大殿左右建有襯殿：左襯殿為經生宿舍，右襯殿則安奉羽化道侶先靈。

再者，普化壇善業上只得「施醫贈藥」一項。據記載，普化壇內設有藥局，1931年廣州發生霍亂，普化壇施醫贈藥救活不少貧苦百姓，一時傳為美談。瘟疫期間，當地還流傳有「聖水」的說法。據說當地人用普化壇內的一口井的井水煎藥，治好了無數病人，於是信眾為這口井取名「黃仙井」。因此，普化壇施醫贈藥的善舉廣為人知，而黃大仙的靈驗事件，也藉此深入民心了。

至於有關普化壇之壇務方面的記錄，則所知不多。只知普化壇規模雖不大，但經懺科儀卻十分頻繁，據《金華風貌》的說法，「經懺不絕」，且經生團隊「頗為出色」。而壇內為保證道門之清明、廉潔，與前壇相似，皆無商業行為，規定經生弟子純為宗教之義務性質。

普化壇往後的命運亦與普慶壇相似。於抗日戰爭爆發後，壇務受到重大打擊，興盛不再，但仍艱難維持，直至1949年後，漸漸被改作他用了。

61　此時壇設於廣州城內的「觀音山」，今名為「越秀山」。

62　梁本澤著《金華風貌・卷四》，香港：嗇色園藏本，頁2。

63　梁本澤著《金華風貌・卷二》，香港：嗇色園藏本，頁13。

64　梁本澤著：《金華風貌・卷四》，香港：嗇色園藏本，頁2。

結語

從明朝中晚期黃大仙聖蹟、傳說的傳入嶺南，及至清末時期，黃大仙的仙蹟再顯化於普濟、普慶、普化等三「乩壇」，此三個嶺南地區的黃大仙壇，在道侶們的努力下，創壇、發展及弘揚黃大仙的信仰文化，從而確立了黃大仙信仰在嶺南地區的初傳。[65] 有關黃大仙信仰於嶺南的「落地生根」，而成為地方之信仰風俗，筆者通過對此三壇的探究，總結了以下三大點之特點：

首先，三壇確定了嶺南黃大仙信仰的特點。嶺南黃大仙道壇對於信仰本土化的努力，自信仰初傳時期即已展開。清末三壇特別注重因應時代變遷，結合嶺南地域文化及信眾信仰需求、信仰習慣等，去構建了黃大仙信仰的「嶺南風味」。一方面塑造黃大仙「有求必應」的靈驗特質，逐步發展出完善的乩方、藥籤與靈籤等救濟方法；其中那些廣泛流傳的「靈驗傳說」，尤其符合了嶺南信眾的信仰需求。至於三壇提出以「普濟勸善」為弘道的宗旨，並在此基礎上大力發展宗教慈善事業，藉以表達了深切的社會關懷，與當時嶺南之社會背景亦相契合，也贏得了廣大信眾的好感。另外，三壇又申明以「三教共尊」為信仰的原則，在祠廟裏同時供奉儒、釋、道等三教神靈，符合了嶺南民眾的信仰習慣，為道壇迅速建立了信仰群體，且三壇更運用了三教義理、教義等，豐富及提升了信仰的內涵。由普濟壇起，所確立的嶺南黃大仙信仰之特點，其後不斷地得到鞏固及深化，使日後的嶺南的黃大仙道壇及祠廟等，也得承傳此道壇之發展模式。

其次，三壇確立及完善了道壇的組織架構與管理模式。筆者認為普濟壇因應上述之信仰原則及特點，建立了道壇的組織架構及管理模式；而普慶壇則在前壇之基礎上作了進一步的改革及提升，道壇的組織和管理架構等，更趨專門化，善業的發展則更趨多元化；而管理制度也更趨規範化，這皆使道壇逐漸走向綜合性的善堂的方向發展。三壇在道壇組織及管理方面的實踐和探索，也成為了後來嗇色園的範本及參考的藍本。

再者，三壇的廣泛傳播，亦積累了大量的黃大仙信眾。伴隨着三壇的創建及發展，黃大仙信仰在嶺南開始為信眾所熟知及虔誠崇拜，且累積起廣泛而穩定的信眾基礎。信眾及弟子的地域來源廣闊，遍佈珠江三角洲各地；而職業背景及社會階層均呈現多元化，既有普羅百姓，也有眾多社會精英階層。這些信眾基礎為黃大仙信仰傳入香港，並得以為日後信仰的發展興盛，埋下了伏筆；而社會各階層的關注，尤其是知識份子等精英階層的支援，也成為了後來成為於香港嗇色園早期發展的重要推動力。[66]

總而言之，嶺南黃大仙信仰與習俗等，於廣東西樵山及廣州芳村等地發展出來的普濟壇、普慶壇及普化壇等三乩壇有密切的關係。三壇也間接影響到香港嗇色園普宜壇的創立及前期的發展模式。而香港的嗇色園更把嶺南的黃大仙信俗發揚光大，傳播海內外，甚至於國內改革開放時反傳回大陸的宮觀。現在，黃大仙信仰已扎根香港，並成為國家級之非物質文化遺產，相信將來此信俗的傳承必會更加光大無量。

65　有關嶺南黃大仙的傳播，筆者知道香港的危丁明博士已有論文談及：「於1901年香港已有新孖廟奉祀『黃大仙』了。」參考蕭國健、游子安主編：《1894—1920年代歷史鉅變中的香港》，頁223，載有：危丁明著：〈海角仙踪：20世紀初黃大仙信仰在港澳社會的傳播〉，香港：珠海書院香港歷史文化研究中心、香港：嗇色園出版。2016。

66　參考蕭國健、游子安主編：《1894—1920年代：歷史鉅變中的香港》，頁428，另有：陳焜、孔仲勤著：〈嗇色園醫療服務發展與回顧〉，香港：珠海學院香港歷史文化研中心、香港：嗇色園出版，2016。

黃大仙信俗的育成與傳承

香港珠海學院 香港歷史文化研究中心副研究員　鍾潔雄

　　中國的近代，是一段喪權辱國，割地求和，但戰火仍不能因之平息的歷史。二戰前的外侮不斷，及至二戰後的經濟復甦期，種種的政治原因，中國內地社會極度不安與紛亂。香港與中國大陸一衣帶水，血脈相連，香港雖是殖民地，但卻巧妙而適時地成為內地政治風雲和戰亂的避難所，大量華人遷移香港。與此同時，1915 年黃大仙信仰由嶺南法化香江，歷經百年的傳承和社會實踐，已育成為宗教慈善文化信俗。黃大仙信俗與戰後香港社會的發展息息相關，所以得到廣泛的認同。

　　在此基礎上，嗇色園在 2013 年底，以「黃大仙信俗」名目，經香港特區政府向國家文化部提交列入「非物質文化遺產名錄」的申請。2014 年 12 月正式獲批。特區政府康樂及文化事務署公告稱：

> 香港黃大仙信俗主要包括流傳已久的、對黃初平大仙的信仰；嗇色園作為承傳人，是黃大仙信俗文化的集中代表；宗教與慈善結合的特色；普濟勸善，有求必應的精神。[1]

　　2017 年 8 月 14 日，香港政府康樂及文化事務署公佈首份共 20 項具高度文化價值和急需保存項目的「香港非物質文化遺產代表作名錄」，而其中 10 項更被確定為「具更高門檻的國家級非遺代表性項目名錄」，「黃大仙信俗」是其中之一。

　　在成功申遺以後至今的五六年間，嗇色園恪守作為傳承機構的社會責任，除以講座、論壇、展覽、出版等形式，向社會廣為傳達嗇色園「宗教與慈善結合」的實質內涵，將「普濟勸善」的精神進一步弘揚；另一方面更積極地探討如何在原來有限度的空間中，發展出更多元的信俗文化內容，豐富「信俗」在宗教意義上的展現。

一、「黃大仙信俗」的文化定位

　　這次申遺的過程，是對黃大仙信仰文化的一次重新整理和思考，申請建議最初在 2012 年 6 月由嗇色園的監院——李耀輝道長提出。當時是基於一種對大仙信仰的推崇，認為應廣為傳頌而未有具體確切的申報名目考慮。翻查其時在特區政府康文署委聘科技大學進行全港性非物質文化遺產普查，蒐集研究數

1　香港特別行政區康樂文化事務署 2015 年 5 號公告。

據，調查和整理而成的《香港非物質文化遺產普查建議清單》，有關黃大仙信仰的思考，只是「黃大仙誕」。名錄的注釋是：

> 黃大仙誕：嗇色園於每年農曆八月二十三日在黃大仙祠舉辦黃大仙誕，有誦經儀式活動。[2]

受嗇色園董事會所托，由蕭國健教授、游子安教授、危丁明博士和作者組成申遺項目的工作小組，負責整理和填報、申報的事宜。經過對嗇色園百年史的再一次審視，我們認為假若簡單地以「黃大仙誕」作為申報名目，並未能反映香港黃大仙信仰的核心價值。「普濟勸善」是此信仰的原則，早於清末在嶺南建立時已經確定，香港嗇色園黃大仙祠一直奉行，在初創以及其後的數十年間，即使經濟極為拮据，仍努力維持贈醫施藥服務，並向政府的華人慈善基金捐款以用作教育及修廟的功德。如今嗇色園已發展成醫療、教育、安老及扶危的多元和綜合的宗教慈善團體。正是此信仰原則的長期和積極奉行的成果，在香港這樣一個移民社會中，無論是早期艱苦創業，戰時慌亂求庇，戰後社會重建，及今日經濟起飛，受惠於嗇色園營辦公益事業者甚眾。事實上，黃大仙信俗深入港人生活各個方面。不少市民在家中供奉黃大仙師以保家宅，亦有人會在汽車擋風玻璃前懸奉仙師像，以求出行平安。甚至黃大仙區警局內也設像以示尊崇，其他地區奉像廟宇亦不在少數。民間每年的歲末還神，歲初的頭炷香，農曆八月廿三大仙寶誕，已成為香港重要的歲時風俗。嗇色園近年推動的多項大型宗教文化活動如大獻供、祈福法會、廟會等，這使到黃大仙信仰越來越廣為市民接受，黃大仙祠更是以此作為平台，推動廣大信眾共同行善，使此傳統神仙信仰出現了質的飛躍，黃大仙師成為本地社會的一種宗教慈善的精神象徵，其信俗進而得到廣大民眾的禮敬和親近。嗇色園作為致力弘揚香港黃大仙信俗的核心團體，其變化和發展，是香港黃大仙信俗百載風華的集中體現。從初期簡陋始創的清修道場，到戰後初期開門辦道，廣結善緣，到經濟起飛時莊嚴殿宇，力行各類慈善事業，嗇色園與所在社區，乃至與香港社會共同成長。

因此，若只按這名錄中所議定的名目，以「黃大仙誕」進行申請，遠遠未能反映黃大仙信仰在香港的影響和作用。根據聯合國教育、科學及文化組織於 2003 年通過的《保護非物質文化遺產公約》（《公約》），非物質文化遺產包括五方面，其中第（三）項是：「社會實踐、儀式、節慶活動」。據此，我們決定將是次的申報名目和內容，集中在更廣義的「社會實踐」方面，而非一般的科儀或節誕，並以「黃大仙信俗」為名目上報。起初，這份上報的資料經香港申遺的有關部門審核時受到一些質疑，認為還是以科儀和節慶來表達黃大仙信仰的存在會更形像些。這可能是受到過去幾批已申報成功的項目都是較具像的內容如盂蘭、太平清醮、舞火龍等等所影響吧！尤幸這個決定以及經整理填報後的內容，嗇色園的道長們都是贊同的，因為事實上嗇色園自建園以後，從未懈怠過以仙師信仰為核心，展開各式各樣的善業和社會服務。這樣的分析、歸納、總結，對這個信仰的百年傳承，作了文化意義上的定位。

2　《香港非物質文化遺產建議清單・社會實踐、儀式、節慶活動・黃大仙誕》，見《清單》，頁 25。

二、移民社會需要傳統宗教的撫慰與救助

經過百年的承傳和發展,今日的嗇色園黃大仙祠玄門洞開,殿宇莊嚴,香火鼎盛,善業輝煌。然而回顧上世紀初草創乃至五十年代,雖然嗇色園的道侶一直堅守普濟勸善的精神,集合各人力所能及的捐獻。[3] 戰前甚至有變賣家業以支付藥局的開支者,贈醫施藥因而從無間斷。另外,施棺、賑災等等善業的展開,更多次啟建超幽法會,撫慰因疫災和戰火痛失親人的民眾,這一切都是源於一種對社會悲情的感懷,對宗教信仰的虔虔道心,但即使如此,嗇色園還是幾度處於頻臨關閉的絕境。

逃難的移民,其生活的苦況不是我們今日可以想像。他們都需要救助。雖然政府基本上是沒福利事業,但來自西方天主教、基督教的學校、醫院、孤兒院、盲人院、戒毒所還是有的。另一方面,華人團體就以商會、同鄉會、廟宇的值理會贈醫施藥、恤貧賑濟、施棺殮……但都有一定局限性,會員,同鄉、同行……就是後來出現東華醫院,但都是零敲碎打,對不斷增長的移民人口的援助需求,是不足夠的。

1861 年至 1921 年間,香港人口由 11 萬增至 60 多萬,社會極需傳統宗教的撫慰與救助。香港的一位政治及行政學的學者關信基曾描述過早年香港移民社會的現狀:

> 香港早期的歷史,主要是移民在異地求生存的歷史,不同時期,大批中國人因為逃避中國的政治動盪跑到香港來,動盪過後又跑回老家去,這種情況基本上延續到第二次世界大戰……但從長期的積累角度看,流動人口也有變成「定居的移民」……[4]

一群不以香港為家的統治者自然沒有動機為一群不以為家的被統治者做多少事。

嗇色園自 1921 年建園於獅子山下的竹園村始,很長時間都是以私人道場的性質自處。1928 年,隨着香港政府為加強對傳統宗教的管制,訂立《華人廟宇條例》,促所有的廟宇壇堂進行登記。嗇色園的道侶因恐一經登記,即受管制及被沒收園產,無法再實行仙師「普濟勸善」的救助。1934 年,嗇色園被界定為私人修道場所,無法開門辦道。自此到五十年代中,一直都是在極艱難的條件下保持施醫贈藥,甚至在日佔期間收容居民暫避戰火、代表居民與日軍周旋交涉、收殮轟炸後的屍體……「這段期間,嗇色園礙於『廟宇法例』,關上園門,壇務一時難開展,雖如此,黃大仙信仰與港人的親切關係已在共渡時艱中形成。」[5]

三、開門辦道成轉機

二戰前後,內地大量移民湧至,戰後香港總人口劇增接近 180 萬。嗇色園所在位置本屬市郊,此刻迅速成為人口密集地區。附近新搭建的木屋層層叠叠,居住和生活條件均極為艱苦。嗇色園在區內的服

---

3 〈繼續辦理嗇色園醫院〉,見《香港工商日報》1927 年 7 月 25 日。

4 關信基:〈香港政治社會的形成〉,見《二十一世紀》(總第 41 期),1997,頁 152-159。

5 羅斯、梁景文:《移民的神祇》。

務越加重要，除了藥局為這群新移民提供了免費醫療外，其及時的接濟，如施飯施衣等亦使他們心中充滿暖意。火災以後施粥、施飯⋯⋯經歷戰火洗禮，黃大仙信俗的普濟勸善主旨早已深入民心，此時黃大仙「有求必應」的美名更不脛而走。信眾雖不得其門而入，但門外膜拜者絡繹不絕，附近一帶，漸已形成近似廟會般的市集。[6] 這些居民深信，在仙師的慈護下，他們終會在香港扎下深根，並重新展開幸福的生活。嗇色園黃大仙祠的香火越加興旺。

五十年代由於人口不斷膨漲，大多數新移民居住在山頭和田野的木屋，嗇色園附近的所在地附近一帶可以說是全港木建寮屋最多的地區，據政府的調查，九龍東一帶由 1948 年 3 萬間至 1950 年急增至 33 萬間，居民逾百萬人。這些木屋經常發生大火災，往往釀成過萬人無家可歸。1952 年附近的東頭村木屋大火後，政府開始有「屋宇建設委員會」負責建屋計劃。1956 年，附近已有幾幢徙置木屋區居民的新廈落成，政府亦於此時提出收回嗇色園的租地以建屋之用。

面對再一次的關門危機，嗇色園的道侶一改清修道場的原則，改為開門辦道，收入以公益性質，為東華三院辦學之用。此舉不但化解了園地被收回的可能，也促使了一次內部組織的變化——嗇色園將原來自辦的慈善事業社會化、管理走向現代化的肇端。首先進行的是內部體制的整頓，重新登記會員會籍、1958 年成立建設基金保管會，1965 年成功註冊為有限公司，嗇色園開始了從私人清修道場向宗教慈善團體的蛻變。

1956 年 9 月，嗇色園開放黃大仙祠供大眾參拜。開放首年春節，香客雲集，門外籤檔，標明籍貫，如四邑、潮汕、廈門、上海等，以分別接待。許多在地化信俗的逐步育成。大家將生活的喜悅，前景的信心，都寄託在這個信仰上，疾苦時的祈求幫助、病痛時求醫又或是祈福許願。大家在這個移民而至的土地上，形成不少習慣性的風俗，除了許願祈福，如民眾自辦大仙會，將子女上契大仙、正月初一的頭柱香等等。

這是嗇色園宗教慈善事業進入現代化管理的進程。另一方面，從香港的宗教慈善事業發展史看，戰後香港人口猛增，構成政府很大壓力，特別是醫療衛生方面。在戰前，香港政府慣常做法是發動華人團體解決問題，但在戰後因為冷戰思維，英國人怕傳統的華人社團基於民族感情會親中或建立密切關係，所以政府是傾向與基督教團體合作，讓他們成為合作伙伴或承包計劃，為戰後急增的人口提供教育及其他服務。嗇色園在五十年代後期的變化，可以說是這種思維的化解，加上其社會影響，政府是極願意共同合作，開展各項社會服務。

四、善業政策適時應化

這是一個概念和觀念上的轉變。善業是施予的，社會服務是指有能力者，因應社會所需，在施、受者之間是平等的幫助。嗇色園在六十年代中以後，配合香港社會政治和經濟發展，適時地將園務正規化

6　見香港《華僑日報》，1930 年 3 月 13 日。

和社會化，註冊成立公司，組成董事局和各項工作的委員會，並按計劃逐步開展醫藥、教育、安老、撫幼等等方面的社會服務，其要旨都是根據社會發展的預期，主動與政府配合並符合法例。

在上世紀六十年代中以前，香港政府是未有一套完整的社會福利政策的！1965年，英國倫敦大學教授威廉斯夫人（Lady Gertrude Williams）應香港政府之邀，來港研究辦社會福利服務及有關事項。次年她發表報告書，香港第一個大型量化的社會調查，亦在這個時候出現。報告指出，香港政府需要整理全面而系統的數據，以規劃社會服務。她認為香港可能如其他急速工業化的城市一樣，人口有老化趨勢，家庭制度卻在種種壓力下發生變化，無力長期資助赤貧之親屬。報告亦指出，到六十年代中期，香港作為一個「現代都市」的形象，已浮現出來，而且，是夾雜在殖民地政府轉型（開始關心社會福利）中，她提出：對香港政治及經濟前途有信心、政府不能提供的經濟援助，由志願團體承擔，因志願團體有服務社會的優勢、政府可津貼志願團體，輔助其用專業人員。[7]

當時嗇色園的一些道長，同時也活躍在華人社會的其他慈善服務社團，如黃允畋就曾擔任孔教學院院長、香港佛教聯合會副會長等職。當意識到政府對社會服務工作看法的這種變化時，一直以來以施醫贈藥為主體慈善工作的嗇色園道長們所以早着先機，相信是當時深刻地感受到社會所需。在1962年已開始審視社會慈善工作的社會變化，着手籌建學校並組成委員會以襄其事。倡議建校的原因，是戰後出生的人口迅速增加，但學位卻嚴重不足、不少適齡學童浪蕩街頭。據調查資料所示，五十年代初已有33萬間寮屋在九龍東一帶（即嗇色園周邊，這個數字一直到七十年代後期才逐步因遷拆減除），以後在五六十年代逐步建起來的徙置屋、廉租屋。全港約68萬人，其中四分之三聚集在九龍東一帶，換句話說，保守計算約160萬生活清貧的基層民眾聚居於此。[8] 據統計，1961年在黃大仙附近，僅有專上學院2所、私立中學1所、英文中學1所，公立小學2所、私立小學20所、津貼及補助小學2所、幼稚園1所。[9]

按出生人口的年齡分析，社會最急需的是中小學的教育學位。上述的私立小學，絕大部分就是設立在新建的徙置區的天台，尚可因陋就簡地授課。但中學的設置就需要一定的配套和規模。嗇色園雖然從未有辦學的經驗，但仍力爭辦一所有規模的中學以解社會學位缺乏問題。獲政府撥地和經費的津貼補助，嗇色園可立中學1969年落成，近八十個課室和活動室，在當時來說是具相當規模的中學了。自此不斷積累辦學經驗，至今因應香港各社區發展的需求，現時辦有4所資助中學、3所資助小學、1所連貫式中小學、6所非牟利幼稚園／幼兒中心、1所自然教育中心暨天文館，以及一台流動實驗室。

香港社會到了七十年代，浮現出來的社會服務需求是安老問題。二戰前後移民至此的青壯年至此已成垂暮，前述的G・威廉斯的報告，對老年人口的統計，1961年12.12萬人，估算到81年是45.43萬人。[10] 基於這個社會現實，1979年，嗇色園一是因應時機，一是因應與政府合作的契機，在遠離九龍東的西貢開辦了第一所護理安老院。嗇色園的社會服務由原先的面向地區逐步向香港社會各區開展。為了回應各地區的社會需要，已辦有5間護理安老院、8間耆英鄰舍中心、1間耆英康樂中心、1間健康服務中心，以及2間耆英地區中心，為接近2萬的長者提供各式各樣的適切服務。

7　整理自《有關香港舉辦社會福利服務及有關事項之可能性報告》G・威廉斯（1966）。

8　同上注。

9　詳見游子安主編：《黃大仙區風物誌》，黃大仙區議會出版，2003。

10　整理自《有關香港舉辦社會福利服務及有關事項之可能性報告》G・威廉斯（1966）。

再回顧嗇色園已行之近百年的傳統善業——贈醫施藥，如今設在園內的中藥局的中醫治療仍在社區起着濟世的作用。隨着社會人口劇增，人們對西醫及其他治療有普遍的要求，為此，嗇色園西醫診所在1980年10月於黃大仙祠內醫藥大樓地下成立，以低廉收費開始為社會大眾提供醫療服務。及至1999年2月，更建設社會服務大樓，診所由黃大仙祠內遷至大樓繼續服務。並陸續設物理治療中心、牙醫、中醫服務中心等等。

五、強化「黃大仙信俗」中的宗教影響

嗇色園以黃大仙信仰的核心精神——「普濟勸善」為理念，成功地打造了一個宗教善業平台，在過去近百年間，適時應化地作出了貢獻。然而，嗇色園終究是一所道釋儒三教合一的傳統信仰宗教團體，教內道眾的修行與對信眾的教化，既是教團的任務，也是信俗文化的重要根基，因為「信俗」是民眾在長期生活的過程中逐步形成的一種約定俗成的傳統習慣和理念，傳統的民間信仰崇拜的神靈是信俗生發的重要源頭，人們祈福避禍是傳統信俗傳承不斷的內在因素。嗇色園的管理層在最近的十多年來，明顯地加強了宗教活動，並且一改過去數十年來的經懺科儀、節誕誦經都只是園內弟子參與修行的習慣。

這或可以說是一種開門辦道的改革，這種改革，在內部而言，首先是體現在着重培訓弟子及經生方面，在擴大招收會員弟子的同時，入道弟子均須修讀由嗇色園主辦的道教文化課程，並通過經懺科儀的培訓，更以經懺小組和科儀文化班等培育經懺人材，經過一段時日，如今的嗇色園有了一批行儀莊重、嫻熟經懺的弟子和經生，在此基礎上，嗇色園多次舉辦大型的祈福法會，如2006年及2011年為香港市民祈福及2017年在澳門為澳門市民祈福的大獻供、2017年在羅天大醮中的禮斗法會等等，儀式從神殿的壇前走向街頭，儀禮莊嚴、梵唄攝心，讓民眾對黃大仙信仰起到直接的心理認同的作用，影響很大。開門辦道的改革，同樣反映在黃大仙祠內。近年，仙祠會定期開放，讓善信進入殿內近距離接近大仙聖像。誦經、拜懺，在傳統宗教的意義上是對神靈生起信念的其中一種心要，所以近年每逢節誕，除了弟子、經生在大仙殿內經懺，亦歡迎信眾於殿外的拜庭下跪，誠心參與誦經和禱告。凡此種種宗教儀式上的舉措，都增強了信眾對神靈的篤信，當對黃大仙信俗起到重要的作用。

六、信俗的延伸和培育

「黃大仙信俗」成功申遺，並被確定為「具更高門檻的國家級非遺代表性項目」，這當中是經過香港非遺辦公室的「非遺諮詢委員會」專家們詳細討論商議的結果，其評定的準則是體現香港的傳統文化，具有重要的歷史、文學、藝術、科學、技術或工藝等價值；具有世代傳承、活態存在的特點；具有鮮明的族群／地區特色，或能顯示香港一般生活文化的特色，且為其中的典型；項目在社區有重要的影響，具有維繫社區關係的作用，為社區或群體提供認同感和持續感。[11] 這些評定準則與聯合國科教文組織

---

11 整理自康樂及文化事務署於2017年8月14日公佈首份「香港非物質文化遺產代表作名錄」之說明。

2003 公佈的《保護非物質遺產公約》所提出的：「這種非物質文化遺產世代相傳，在各社區和群體適應周圍環境以及與自然和歷史的互動中，被不斷地再創造，為這些社區和群體提供認同感和持續感，從而增強對文化多樣性和人類創造力的尊重。」可以說原則是一致的，若以非物質文化遺產的角度，解釋近現代中國廟神信俗的變化和發展，應該說亦可歸屬於這種在與周遭自然、社會和歷史條件的不停互動中出現的活態傳承。

成功申遺後的嗇色園，在善用廟神信俗作為其活態傳承作了多項展現，例如：

＊新開發的有：

・為「回應信眾與日俱增的訴求，方便信眾能同時參拜黃大仙、太歲及元辰，達至祈福禳災及延年益壽。同時，亦向公眾傳揚殿宇建築背後中華文化的精粹，認識古代與現代基本星運玄學，了解我國源遠流長的文化。」[12] 在黃大仙祠的拜庭下，以地下宮殿的設計，新增了元辰殿，供奉斗姥元君及太歲元辰。

・為吸引更多年青人入祠參拜，並藉此傳揚道教文化，設全港首創的月老及佳偶天成男女神像。

・以敬拜孔聖先師及結合道教、儒教的宗教儀式，為莘莘學子辦開筆啟蒙禮。

＊將原先的民間習俗，以隆重的科儀及儀禮，強化宗教感：

・拜契神。為善信與黃大仙師建立關係，結下善緣。「上契」是香港黃大仙信俗中一個重要的風俗習慣。過去近百年，善信「上契」仙師，沒有一個既定的儀式，2016 年正式由嗇色園首辦上契儀式，儀式隆重、莊嚴，並由道長登壇開示，至今已辦了三年，人數已逾千人。

・除夕祈福科儀——頭柱香。與「拜契神」一樣，原先也是香港黃大仙信俗中一個重要的風俗習慣，近年的除夕之夜，加強了祈福科儀的規模及與善信的互動，殿內燈火通明，數以百計道長舉行祈福儀式，禮誦寶誥，踏入午夜，鐘鼓齊鳴，殿外善信上香祝願，殿內道長梵唄清越，齊齊祈求仙師保佑在新的一年萬事勝意，福慧俱足。

七、結語

黃大仙信俗肇端於浙江金華，清末民初以來在廣東珠三角地區有相當影響。二戰以後，浙江金華以及後來廣東的幾所黃大仙祠，先後一度廢置。香港黃大仙信仰則相反，香港作為中外文化薈萃之地，使傳統神仙信仰得以淬煉昇華。黃大仙信仰在流傳至今百年中，脫胎換骨，煥發出燦爛異彩，更以輻射效

12　http://www1.siksikyuen.org.hk 黃大仙祠概覽／遊覽大仙祠／太歲元辰殿

應，延展至海內外的華人社群，說明其「普濟勸善」的信仰核心價值及「有求必應」的信仰共識，是獨特並相輔相承的，是具有生命力的表現，香港黃大仙信俗更以此發展成獨具特色並卓有成效的傳統宗教慈善文化。

時至今天，香港黃大仙信俗已經成為在香港乃至海外華人地區廣為流傳，是海外華人社會極為重要的精神價值體現，反映出中國人的善良本性，樂於助人的傳統以及對和諧社會的追求。其在淨化人心，優良風俗，凝聚社會各階層、各族群的向心力，具有重大的作用。其宗教與慈善結合之特色，更使此信俗成為帶動大眾參與社會建設，推動社會和諧的重要力量。

《普宜幽科》之三教思想探究

李耀輝（義覺）

前言

嗇色園普宜壇創於 1921 年，其道脈溯源於廣東番禺大嶺的「普濟壇」（清光緒廿三年丁酉年〔1897〕創壇）及西樵山南海稔崗的普慶壇（1901 年創壇）。本文所要探究的，主要是普慶壇傳承下來的《普宜幽科》所蘊含的三教思想。《普宜幽科》是一本自本壇創壇後至五、六十年代仍在演法的經本。探本溯源，通過此文，通過對經本科儀之探究、訪問及相關資料的累積，冀能為本壇的科儀發展歷史增添內容，使往後壇內同道了解先道長們之「科範」情況。所謂「有幾分證據，說幾分話」（胡適語），筆者的探究資源主要來自本壇保存下來之經本，以及把一些老道長的口述、著作加以分析、整合，從而凸顯出本壇「三教思想」之特色。

文章將先介紹清代「三教思想」之流行現象，繼而帶出及探究《普宜幽科》成書背景，文中特別指出此經書是改編自本園前壇（普慶壇）的《普慶幽科》及西樵山雲泉仙館的《三教幽科》等科本。論文除對《普宜幽科》有關三教思想的闡述外，並強調此經不是一般學界所論述的「三教思想」，而切實地去考究經文內儒、釋、道三教的經典及「祭幽」功法，如何融合於整套科本之內，並探究當時廣東社會的實際宗教環境等。通過對此科儀經本之探究，從而帶出早期香港普宜壇科儀之情況。論文通過對《普宜幽科》內三教思想的考究，認為究經尋源，其來有自，使我們對前期（二十至五十年代）香港道教經壇的情況，有更進一步的了解，也增添一些香港道教史的資料。

清代廣東「三教思想」的再萌芽及興盛

某些道教的派系融匯儒、釋、道「三教思想」[1] 於一身的情況很早便已出現，饒宗頤教授早年曾列舉資料談及歷代高道名儒皆存「三教思想」[2]，文中還列舉唐、宋的君主已喜談「三教匯合」的主張及敦煌本《皇帝感新集孝經》（十八章）有：「歷代以來無此帝，三教內外總宣揚，先注《孝經》教天下，又注《老子》及《金剛》。」[3] 敦煌存有我國上千年的文化，其中敦煌寫卷中更留下了不少宗教文獻，見證了敦煌豐富多彩的宗教文明。如敦煌遺書中便見有道教祭文（P.3526）中有「惟願天尊雍（擁）護，

1　有關「儒家」，還是「儒教」，學界爭論不休，筆者認為：儒教信神，祭天、拜先祖，所以是宗教。見：李申著《中國儒教史》，（上海）上海人民出版社，1999 年版。另，張榮明著《儒釋道三教論》（北京）商務印書館，2018 年 4 月第 1 版。彭國翔著《儒家傳統：宗教與人文主義之間（增訂版）》，（北京）北京大學出版社，2019 年 10 第 2 版。

2　見：饒宗頤著《中國宗教思想史新頁》，載有〈三教論〉，北京大學出版社，2005 年 5 月版。

3　見：任二北著《敦煌曲校錄》，（上海）上海文藝聯合出版社，1955 年第 1 版。

百慮去身；諸佛扶持，千災遠體」。[4] 這裏明顯是把道教的「天尊」與釋家「諸佛」一同祀奉；另敦煌的另一學者姜伯勤教授，於早年研究時已指出「敦煌所見的持續千年的道釋相激的歷程，反映了中國人以道家精神與大乘佛學智慧相合的追尋中國智慧的歷程」。[5] 由此可見「三教之間相融為一種文化共同體，內部和而不同，聚同化異，互補互滲……」[6] 所以學界已得出：三教合流思潮的下移並走進人們生活之中，起於宋代，興於明代，盛於清代。[7] 而儒釋道三教混雜於中國民間宗教尤其明顯，[8] 柳存仁教授認為「有許多或是從道教孳乳而生的，或是某些方面（例如經卷、文字語彙）受到道教的深厚影響的，也有在它們發展的過程中，或者因為形跡的相似，被認為是道教的一派支裔，或者為了受過政治上的迫害，不得不在文字和行事方面借用了道教的外衣掩飾來庇護自己……」[9] 柳教授所陳述的道教在民間的情況，與本壇的前壇（普濟壇）創辦經過可說是完全符合的。普濟壇源於書生、商人的扶乩請神於當年廣州大嶺村的深柳堂；[10] 據本壇老道的記載：「仙師降壇初在番禺大嶺，近蓮花山左近，大多是秀才開乩，是在更樓，初時不是請仙師，是請其他神仙，因其他神仙沒空閒時間，而秀才心急，連燒三張催仙符，土地大急巧遇仙師經過，土地請仙師代為下壇，初時仙師不肯，因當時仙師只是散仙，但經不起土地請求，所以才下壇。」[11] 這是當年梁本澤道長[12] 的手記，據其徒弟憶述，當年的他（本澤師）也是聽梁鈞轉（本澤的父親）的口述，其徒唯恐遺忘，所以請梁本澤親手記錄，從而留存下來。此段本壇仙師降壇的說法，筆者也曾聽過其他同道的陳述，可說是當年本壇老道感應及乩文的記錄。文字中的「下壇」是指黃大仙師的初次飛鸞降（乩）壇。從以上的憶述文字，我們可推測當年供奉黃大仙師，是一偶然的「乩緣」下，

4　參考：李金田、戴恩來主編《敦煌文化與中醫學》，第二章〈敦煌之宗教〉，（北京）中國中醫藥出版社，2017 年 5 月第 1 版。又，段文杰著，《佛在敦煌》，頁 29，有：「第 249 窟西頂畫著赤身四目、手擎日月的阿修羅……《法華經》上說，一個人虔誠地書寫佛經，『是人命終，當生忉利天上』。這種把佛經中的『天堂』拿來代替道家的『仙山瓊閣』，和南朝墓室壁畫中既有『四神』、『羽人乘龍』、『羽人戲虎』等題材，又有飛天、伎樂天、蓮花等佛教內容一樣，是把道家的『羽化升天』和佛教的『極樂世界』合為一體，這正是魏晉南北朝時代外來的佛教逐漸『民族化』和道家、儒家思想互相融合的反映。」（十六國、北朝時期的敦煌石窟），（北京）中華書店 2018 年 7 月第 1 版。

5　參考：陳鼓應主編《道家文化研究》，第十三輯：敦煌道教文獻專號，頁 25，〈道釋相激：道教在敦煌〉，於論文的後論結語：「另一方面，我們也可以從考察中回答『佛教從道教中吸取了甚麼』的問題。在鳩摩羅什時代，佛教通過『格義』，吸取了《莊子》等書中的觀念。在唐代以後，道教《本際經》中形成的無戒之戒觀念，又影響了南慧能禪的形成，中國道教中的禮斗傳統和星斗崇拜，又影響了傳入中國內地的漢密或唐密之類的發展。……」（頁 77），（北京）三聯書店，1998 年 4 月北京第 1 版。

6　參考：牟鍾鑒著《儒道佛三教關係簡明通史》，〈自序〉頁 4，（北京）人民出版社 2018 年 5 月第 1 版。

7　同上註，見〈第七章・儒、道、佛三教融合思想的下移與擴展階段（明清時期）。另，正如文章前面所引，敦煌已見有「融合現象」，「起於宋代」，應該更早；只是民間顯著。又，樓宇烈〈漫談儒釋道「三教的融合」〉一文中，認為「自東晉南北朝以至隋唐宋元明清，歷代統治者只要不危及其統治地位的情況下，一般都認為儒釋道三者在思想文化上對於政治來說，起著互相補充的作用，如所謂「以佛治心，以道治身，以儒治世」等（南宋孝宗趙昚語，見《三教平心論》卷上），原載於：顧青主編《文史知識》1986 年第 8 期，（北京）中華書局出版。

8　參考：馬西沙、韓秉芳合著《中國民間宗教史》，（上海）人民出版社，1992 年出版。

9　參考：柳存仁《和風堂新文集》（下），頁 571〈民國以來之道教研究・四、從齋醮到民間宗教〉；於頁 598，更談及早於六朝時道經內已有摩尼教的用語：「六朝時代產品的《元始無量度人上品妙經》（《道藏》三八 — 三九）裏，我發現了五個魔王，正是現在還保存着的《摩尼教殘經》裏淨風的五個兒子。敦煌殘本的《老子化胡經》裏，也吸收了末摩尼的故事。……」（台北）新民豐出版有限公司，1997 年 6 月台一版。

10　深柳堂：是位於今之廣州市番禺區石樓鎮大嶺村。此村於 2007 年，被國家建設部及國家文物局評為「中國歷史文化名村」，村內仍存有：古塔、祠堂及蠔殼牆等歷史古建築。

11　摘錄自：黃偉光道長提供之梁本澤手記：《黃大仙記》。

12　梁本澤（1928 年 6 月 24 日出生，卒於 2012 年 8 月 6 日〔己巳年五月十八日〕），道號：本德，為普慶壇之道長。而在香港的普宜壇，則為見醒。本澤道長之祖父為梁仁菴道長，於 1915 年攜帶黃大仙師畫像來港的，據說當年並有仁菴之子（梁鈞轉）同行。梁鈞轉於早年普宜壇初創的幾十年間，皆熱心服務此壇；其子梁根澤、梁本澤亦本園弟子，其中梁本澤更是熟諳本壇科儀，於五、六十年代之香港道壇，曾出現有所謂「四大天王」：梁本澤、潘可賢、羅恩錫、吳耀東。當中的梁本澤、潘可賢，皆對本園的科儀作出貢獻。

書生秀才通過乩示後，才組織建廟於今天廣州芳村（在今廣州市荔灣區）的花埭。[13]

　　其實，清代廣東道教是在傳統的「儒道互補」[14] 的宗教派別傳承，及往後「佛道交涉」[15] 及「三教交互融攝」[16] 等發展下來的。至於本壇前期於廣東的菩山（今番禺大嶺村）黃大仙師的降乩，再於廣州芳村建「普濟壇」；及後壇內道長，遵照神明指引擴展善業，又於西樵山建立「普慶壇」。此時期地方上的道教，正如近代學者研究指出，大都是採取「以善堂為表，壇場為裏」的組織模式。[17] 此等善堂，更多的是讀書人與商人等，介入於地方上的善業、救濟，關注社會民生，甚至以乩壇弘道，遵循仙佛的降乩訓示，而立壇行善。其實，於廣東道教的發展上，筆者以為絕對不只這些於民間建成的廟宇道堂。查看過去的方志等資料，更多的是名山的宮觀廟宇，如廣東的兩大名山，西樵山及羅浮山等，於清朝時期，已有不少讀書人，有的參與「扶乩遣興」，有的避世隱居，進行清修靜養等。如：《羅浮山志》所載，於清代興盛時，有所謂「五觀」[18]，而這些的儒者入道，更是「三教思想」的引進者及提倡者。又如西樵山的雲泉仙觀[19]，早期也是因文人而創立的。

　　再者，清代正一派的高道：婁近垣道長，已見有「三教思想」之論調。[20] 而有關滿清時期的廣東道教情況，筆者以為由正統道教的傳承等歷史記錄下來的，如陳教友《長春道教源流》及陳伯陶之《羅浮志補》等[21]，已夠詳盡了。至於民間道教（Local Taoist），尤其廣東等區域性的道教，還是有探究的空

13　芳村的花埭，即今廣州之芳村的「花地」。據記載，康有為曾在芳村隱居，並於清光緒十三年（1887）寫下〈春居花埭伍氏恒春園〉（摘自《康南海自編年譜》）。又，光緒十四年（1888），康有為更寫有：「春夏間居花埭，大通煙雨，讀佛典，時以足跡，久溯滯娜鄉閭。」又，據考究，芳村為西江、北江的共同下沖積成陸地；唐時與花地隔江相對的珠江北岸的泮塘鄉才沖積成陸地。據歷史記載，花地河及後來發展為廣州八大名鎮之一的「大通鎮」，為幾條前往中原的商貿通道的咽喉位置。由於大通港而繁榮了芳村、花地帶來了花運，南漢時已出現有「芳華園」、「芳春園」等園林。明、清時加上達官顯貴、文人墨客等居住，花地成為廣州重要的文化符號，沿襲了千年的風光一直繁盛至今。見「羊城晚報」，2014 年 3 月 20 日，有：「荔灣：千年商都和千年花鄉的文化印記」，黃勇。另，又據資深者老回憶手繪：芳村附近，除黃大仙祠外，還有觀音廟、斗姥宮、大通寺及天后廟北帝廟等。再據《芳村區志》記載：黃大仙祠原位於芳村花地大冚尾。（古祠路 1 號。古祠路位於荔灣區百花路西側，全長約 120 米。）

14　參考：湯一介著《早期道教史》，書中湯教授認為：早期道教產生時是以「儒道互補」為其特徵，到佛教於中土的興盛，又吸收了佛教的一些內容，形成了道教理論思想體系。（第一章，緒論），（北京）中國人民大學出版社，2016 年 6 月。

15　參考：李養正著《佛道交涉史論要》，（香港）青松觀香港道教學院，1999 年 6 月。

16　參考：任繼愈主編《中國道教史》，（上海）上海人民出版社，1991 年 7 月第 3 次印刷。

17　參考：吳亞魁著《江南全真道教》，（香港）中華書局，2006 年 11 月初版。

18　五觀：沖虛觀、酥醪觀、黃龍觀、九天觀和白鶴觀等。亦參考陳焜：《羅浮山酥醪觀與清代廣東全真龍門派：關於羅浮山酥醪觀史跡、文人考究》，香港中文大學哲學碩士論文，2015。（參考 CUHK Electronic Theses & Dissertations collection 香港中文大學博碩士論文文庫）。

19　（清）黃亨《西樵白雲洞志》，（廣西）廣西師範大學出版社，2012 年 8 月。又，據記載：仙館之第一代住持李宗簡，南海人，原係廣州市應元宮道士，後隱居西樵山之雲泉仙館。其人工書畫與詩賦，並編有《三教法帖》存世。李並將羅浮山沖虛觀及廣州三元宮之全真龍門派之清規戒律引進仙館，為雲泉仙館之初期建設，作出貢獻。

20　參考：《藏外道書》第二十四冊，頁三十五〈闡道篇（卷上）‧大道源流〉：「……孔子教於杏壇，老子傳於柱下，而釋迦文佛起於西域，此所謂三代以下，道在師儒，教之散也。散則分矣。孔子之教，正心存心，率性養性，以一貫為宗旨。佛家之教，明心見性，以歸一為宗旨，三教聖人，雖天各一方，地分華夷。而其教之不異，若合符三教之相同者，心也，性也，一也，道之體也。其或微有不同者，各隨其俗而制其宜也。」，（成都）巴蜀書社，1994 年 12 第一版。

21　參考：陳銘珪（教友）著《長春道教源流》，載於《藏外道書》第三十一冊。另，陳銘珪（教友）著《浮山志》及陳伯陶（九龍真逸）補著《羅浮志補》，後兩本皆載於《藏外道書》第三十二冊。其中《羅浮志補》頁八一三：「……大抵僧之盛始空隱曹洞宗也，其派衍為曾城之海幢寺，大佛寺、番禺之海雲寺，東莞之芥菴，韶州之丹霞寺。道之盛始杜陽棟、曾一貫，龍門派也，其支派分為惠州之玄妙觀，曾城之三元宮、應元宮、五仙觀、番禺之純陽觀，其餘菴院分衍不可勝數。要皆以華首、沖虛為歸。」出版資料同前注。

間了。且看清代的《庸閒齋筆記》[22] 的幾則有關「扶乩」的記述，皆記錄了有清一代江浙一帶民間於扶乩之情況。[23] 可見扶乩於文人圈內亦已耳熟能詳，亦為文人筆記所記載了。再如，早年的酒井忠夫[24]、到新近的游子安[25]、志賀市子[26]及丁荷生（Kenneth Dean）[27]等學者，於研究民間善書[28]與民俗信仰時，認為於民間的「先天道」、「德教」等秘密教派，提倡三教合一之思想，於清朝時期，尤其活躍，且影響到教派中之關帝、觀音、呂祖等崇拜，後更經香港而傳播至東南亞等國的華人道派信仰。

《普宜幽科》之成書情況

此科書於內頁第一版有「民國七年歲次戊午孟夏新鐫」，中間為「普慶幽科」大字，及下款有「西樵普慶壇藏板」，可見此經本應為：戊午年（1918），由普慶壇所鐫刻的。查看「普慶壇」乃創壇於1901年，與此經相隔了十多年才成經書再版，這裏也說出了普慶壇於成壇十七年後，才正式編製「幽科」[29] 經本，進行幽科科儀了。經本的第二頁亦有「玉書降簡」四大字，「玉書」應為請「玉帝」扶乩降下經文。翻閱此經書，應為多本經書之組成，而經內之部分經文為請玉帝降乩而成，因而有此命名。

至於「普宜」之出現，是在經文開首「上香後啟師讚」之開始：「清靈大洞。普慶（宜）壇場。」及續後於「朝大士讚」後有：「朝禮降來臨。性德真空，普慶慶（宜）度幽沉。」這裏明顯是經文把「慶」字以毛筆改為「宜」字，應是於香港之「普宜壇」於「1921年」在竹園建壇後，才請來「普慶幽科」進行法會科儀。而普慶壇之壇主（梁仁菴）已於1915年已把黃大仙師之畫像帶進香港供奉了。期間他曾多次返回舊壇（普慶壇）。又，據梁仁菴之孫兒（梁本澤）於《金華風貌》之記述：「過去，凡遇重要法會，俱由『普慶壇』派遣經生來港，代為法事，但因廣州經已失守，交通阻塞，因此無法派人來港。乃由陳程覺出資，禮聘羅浮山『白鶴觀』道士來港，所用科儀，俱屬道教山門規範，所以本壇後期之功德，亦

22　陳其元原著，蔡登山主編：清朝歷史掌故《庸閒齋筆記》，（台北）新銳文創，2018年3月出版。陳其元（1812至1881）字春澤，號子莊，晚號庸閒老人。浙江海寧人。他在自序云：追念平生舊聞，及身所經歷目睹事，有所記憶，輒拉雜書之。而國典朝章、莊言至論、異聞軼事、軍情夷務及展卷所得者，間亦存焉。事徵諸實，不敢為荒唐謬悠之譚。」可見此書乃清代之隨筆記錄文章，書內題材廣泛，上自朝章國故、經濟民生、軍情夷務，次及海寧陳氏家世盛跡、各地風俗民情、軼事舊聞，下至讀書心得等等，皆有所記錄，是一本對研究清代歷史的珍貴資料。（蔡登山〈導讀〉）。

23　書內有關扶乩的記載，有三則：一為卷二（頁61）「迷信扶乩受禍」；二為卷九（頁261）「乩語之靈驗」；三為卷十一（頁327）「假乩語止變」。出版資料全上註。

24　酒井忠夫（1912出生）自號，棗溪。日本福井縣人。1977年，任日本道教學會會長。著有《近代中國宗教結社研究》、《中國善書集成及研究》等。

25　參考：吳佩瑾（中央研究院明清研究推動委員會助理）撰寫〈專訪游子安教授〉（2012/0615）。網絡：http://mingching.sinica.edu.tw/mingchingadminweb/

26　志賀市子，日本築波大學歷史人類學研究博士，現任茨城基督教大學教授。主修文化人類學，研究中國華南地區的道教和民間信仰、東南亞華人宗教文化。

27　丁荷生（Kennth Dean）著名漢學家，加拿大麥基爾大學東亞研究中心主任。現致力於中國道教、民間宗教與文化、中國文學研究。亦兼有研究東南亞的華人宗教。著有：Taoist Ritual and Popular cults of Southeast China, 1993.（《中國東南的道教儀式與民間崇拜》）。

28　參考：黎志添主編《十九世紀以來中國地方道教變遷》，頁251〈游子安：清末以來嶺南地區仙方、善書與呂祖信仰〉，（香港）三聯書店，2013年12月香港第一版。

29　所謂「幽科」，「幽」，深也。有指地下，地獄之意。「科」是指道教之科範、儀式。「幽科」即有關超度亡靈之科儀，為道教之「黃籙齋類」科儀。

一律改用山門儀式，實在影響頗大也。」[30] 由此可知，本港於 20 年代始，幾十年間已是用《普宜幽科》及羅浮山等道門科儀了。至於後來情況轉變，要到後來六十年代起，《先天斛食濟煉幽科》[31] 之興起，加上本壇道長出現「青黃不接」之現象，《普宜幽科》才沒落了。

上文已談及《普宜幽科》乃修改自《普慶幽科》。此經（普慶）之成書年份於書的首頁為民國七年（1918 年），這只是鑄版的年份。但，從經書內容來分析，應是由多本經文而構成此書的。筆者可以確認經書內之部分內容，應為普慶壇（1901 年創壇）於創壇十多年後，才編輯成此部於「法會」（醮會）所施演之黃籙幽科[32] 之科本。又，據一些老道之憶述，於創壇初期，「旦夕飛鸞不停，所降經書無數」[33]，而其中便有《普慶幽科》，壇內各人皆奉這些經書為山門之瑰寶。另，梁道長（本澤）亦有記載：「民國初年，廣東一帶，時疫盛行，延綿十載，死人無數。眾弟子等以濟生度死，拯拔亡靈，乃屬玄法，因請於師，開辦經懺。但因附近一帶道觀皆以牟利為主，似是而非。因此乃派遣弟子，遠赴省垣及羅浮山一帶，求師學道，研習經懺。」[34] 其實，於滿清的晚期，到民國初年的中國社會，「這是一個充滿黑暗和動盪的年代」。[35] 當時的社會情況，歷史學者形容為「軍閥橫行，兵匪肆虐，死亡流離，道殣相望，疾首蹙額者，漣漣泣涕；鵠面鳩形者，嗷嗷哀鳴。」[36] 如於「普濟壇」創壇後出版之《善書乩文》，書內亦有很多乩文、文字等皆是地方上信眾生活的反映。如有：「慨自世道沉淪，聖教不行於天下」，或「世人每好吸洋煙。枯槁顏容甚可憐」。[37] 而普慶壇刊行之《醒世要言》更有由於「世道澆漓。人心煽惑。莫於今日為甚」。[38] 書內滿佈是仙聖之訓誡文字，如書中〈赤松黃仙序〉，是由梁傳道（仁菴）書寫「上帝震怒，降殃下民，災疫迭生，水旱交至」等文字，書內又有「戒賭文、戒淫文、戒洋煙文」……說明當時社會世風日下，道德淪喪，加上瘟災之出現等情況。據記錄廣州於 1894 年（光緒二十年）除了甲午戰爭外，又有一場「甲午鼠疫」。期後，天災與瘟疫更是雙重的夾擊，百姓生活苦不堪言。至民國時期，北方的地區之鼠疫更是屢撲屢起，幾乎於整個國民政府時期皆存在。[39]

正由於這個黑暗的年代，當代普慶壇的當家梁仁菴道長，因為於晚上的扶乩啟示要其即時逃難，他才於倉皇間攜同黃大仙師畫像而向南逃至香港。據他後來以書信查問，才得知當夜確有盜賊要綁架梁道長，而黃大仙之信仰也藉以傳進香江。其後，梁仁菴、梁鈞轉等人「扶乩相地」才找到九龍城蒲崗之竹園村，於 1921 年創立嗇色園普宜壇。創壇初期即已有大型的醮會進行，當時仍是請來舊壇（普慶壇）之

30　見：梁本澤著《金華風貌》，頁 19 至 20，出版欠詳。

31　參考：陳耀庭注釋《先天解食濟煉幽科》，（香港）青松出版社，2010 年 12 月出版。

32　參考：祝逸雯撰〈宋元道教法派鍊度儀式文獻研究〉，上海宗教文化研究中心。（出版資料欠詳）

33　見：梁本澤著《金華風貌》，卷二。（出版資料不詳。）

34　同上注，引自卷二部分。

35　參考：陳旭麓著《近代中國社會的新陳代謝（1840—1949）（插圖本）》，第十八章‧山重水復：五、民國初年的社會危機，（香港）中華書局，2016 年 11 月初版。

36　同上註。

37　見《驚迷夢》上卷，二集（頁二、六（勸戒洋烟詩）），嗇色園七十周年紀慶普宜壇重印。

38　《醒世要言卷一、卷二、三》，卷二初集，頁一。嗇色園七十周年紀慶普宜壇重印。

39　據記載：於 1911 年離大清王朝的滅亡不足時，東北三省出現「鼠疫」流行情況，死亡眾多，最後更有「伍連德」於傅家甸（今天「哈爾濱」）的抗疫成功，制止了疫情的擴散，有說當時的俄國也出現疫病，也是依照伍連德的方法，而免除災難擴散，威脅世界。參考網絡文章：1、曹樹基：〈11894 年鼠疫大流行中的廣州、香港和上海—以《申報》為中心〉。2、高航、傅海晏：〈近代以來的疫情應對對國家治理體系現代〉。

經師協助，本園的所有壇用經本，也大多來自「普慶壇」印製的。有些經本更是通過仙師的乩示，全部經本只是改了壇名（改為「普宜壇」）而引進香港普宜壇續用。如本文所要探究之《普宜幽科》，即修改自《普慶幽科》。至於梁仁菴派遣弟子到羅浮山學習經懺科儀，筆者認為除了由於西醮之道觀「過於商業化」外，另道壇的「正統化」亦是其中一個較重要的因素。[40] 其實，當時之普慶壇於西樵山附近，那裏有著名之「雲泉仙館」，同道們較為熟悉。據筆者考究，本壇之《普慶幽科》，除了部分為扶乩之經文外，亦是改編自雲泉仙館之《三教幽科》。此外，當時之廣東南海茶山慶雲洞[41]，亦甚興盛，據老道憶述，亦曾派弟子到此道壇學習經懺。

《普宜幽科》之節儀及三教內容

《普宜幽科》主要為合併多本的三教（儒、釋、道）經書，附加上符籙、咒訣等，而編製出一本為道門之舉辦醮會時而演法之科儀經本。據其內容、科儀節儀之分析，與現時香港多個道堂仍有保存之《三教幽科》大致相似。有關把此兩經比對分析，留待稍後陳述。從經書（線裝訂裝）的頁碼邊已標示有該頁所屬之範圍，分別為：〈幽臺經讚〉、〈玉書降簡〉、〈大悲咒〉、〈金剛般若波羅蜜經〉、〈解冤咒〉、〈結印圖〉、〈皈依經白〉、〈十戒白〉及〈送聖經〉等結構而成。現先將其科儀節儀內容，以表列分述如下：

次序	內容（及科儀「節儀」）	頁數
1.	上香後啟師讚 清靈大洞　普慶（宜）壇場　至心頂禮爇真香 精誠達上蒼　仙神普佛祖　普施大恩光 道由心學…… 　　主白 中天斗輔萬億神君無極無量天尊大天尊座前 弟子　正主名　眾等誠心皈向 稽首皈依無上道…… 稽首皈依無上佛…… 稽首皈依無上聖……	1 至 11
2.	宣疏	11

---

40 舉如羅浮山之沖虛觀，是道教全真龍門之正宗。於興盛時期，羅浮山之「五觀」，皆影響香港道教深遠。如前文提及會請「白鶴觀」來港協助本壇科儀。而酥醪觀之住持，陳伯陶，更於滿清倒台後，隱居「九龍城」，又白號「九龍真逸」。

41 慶雲洞，位於廣東佛山南海（即今日的「南海區」）。慶雲洞道觀歷史悠久，於光緒十九年（1893 年）始建。據說當年由於瘟疫流行，當地道長等遵循祖師乩示，亂覓地建洞；此地瀑布飛流，別有洞天，有「嶺南道場一絕」之美譽。香港之通善壇乃源於茶山慶雲道觀。另，參考：黎志添著〈廣東道教歷史要述—以正一派、全真教及呂祖道壇為中心，兼論三者之間的互動關係〉，於「弘道」網頁：http://www.hongdao.net/

［接上表］

次序	內容（及科儀「節儀」）	頁數
3.	眾和 志心朝禮　眾聖光臨　廣恩施惠濟幽沉　大德至無邊　敬禮經筵 陰陽悉安然	11至12
4.	朝大士讚 救苦天尊妙難求　身披霞衣累劫修 千朵蓮花生足下　九頭獅子度前遊	12
5.	先天五雷劍訣	12至13
6.	開天門訣	14至15
7.	闢地戶訣 　　誦畢洒淨水　　讚文 楊枝淨水　遍洒三千　性空八德利人天　福慧廣增延　滅罪消愆 火燄化紅蓮 南無清涼會菩薩摩訶薩	15至16
8.	通五方訣 向東方用劍指書一⋯⋯ 　　讚文 志心召請　請到東方⋯⋯	16至25
9.	通五方後復對住幽臺眾和 天泉一派流　河水淵澄　指揮法界無垢塵⋯⋯	25至26
10.	由二手、三手起逐對位。三主仍立在幽台前⋯⋯ 　　主白 今夕奉師登寶座⋯⋯（用劍指向大士寫符字） （淨天地神咒） （正主書符在淨水盅再洒五方在座旁之）	26至34
11.	主拈香　　眾和 爐香乍爇　法界蒙薰　諸佛海會悉遙聞　隨處結祥雲　誠意方殷 諸佛見全身 ⋯⋯ 南無日宮太保阿彌陀佛 南無月府太保阿彌陀佛 ⋯⋯ 南無超生太保阿彌陀佛	35至45
12.	主請　奉請 清微天天寶君 ⋯⋯ 護持亡魂使者 ⋯⋯ 奉香跪接　法駕光臨　祥雲靉靆繞山林　慈悲憫世心　普度冤沉⋯⋯	45至55

［接上表］

次序	內容（及科儀「節儀」）	頁數
13.	主白 迓諸輦而金佩輪鏘（三主皆合掌）劁雲車而黃鶴適下帝鄉　下瑤臺 眾侍衛搖旛揚揚（搖旛七度）宏濟煉金丹（發丹爐）保受匡匡八度	56 至 58
14.	眾和 晉盛今昌龍耀德　普慶（宜）澤施鳳呈祥 四方赴會瞻佛寶　八角恩流藉仙光 開悟沉迷詳明讀　靜耳細聽記心腸	58
15.	玉書降簡（孚佑帝君降筆） 玉書降簡目錄 玉書降簡序	59 至 64
16.	讚 萬古綱常著玉書　仙神降筆警寰區 書分八節詳明示　首貴修身似玉珠 持家立論須行善　施濟常懷一念慈 改過革非除陋習　教育英才作大儒	65
17.	修身十章・第一章　立身行道。……第十章身為君者要明正	66 至 79
18.	讚 一人可作廿八身……修身章：次章　君戒昏分臣戒奸……	79 至 82
19.	治家十章　讚　治家有十則…　第一章　「家和萬事興　大小要和平」　至 第十章　草廬隱居。田舍樂處。……	83 至 99
20.	立論十章　讚　立論公而平……　第一章　立論不要偏……至第十章　立了私心雲蔽日　論無兼聽喪 其明……	100 至 116
21.	行善十章　讚　行遠自邇…　第一章　行者何。曰擇善而行。善者何……至第十章（其二）素位而行 坦蕩蕩……	117 至 134
22.	施濟十章　讚……　第一章　施濟之功最大矣　至　第十章夫人有善心者尤貴有善量。……	135 至 151
23.	改過十章　讚……三教均以善為主……第一章……至第十章　擇業不可以不慎……	152 至 172
24.	革非十章　讚……　第一章　唆人骨肉　離人夫妻……至　第十章　一言說出……天帝厚因施。	173 至 192
25.	教育十章　讚　教之四德育英才……第一章　昔明王以孝理天下……至　第十章玉不琢。不成器…… 果證菩提 [42]	193 至 208
26.	千手千眼觀世音菩薩大悲心陀羅尼 [43]　讚文　佛慈廣大……百千萬億劫。生死重罪。南無阿彌陀如來。	209 至 213

42　在最後之尾句「果證菩提」後，有「歲在著雍敦牂病月已酉日午刻降　終」，這裏的「著雍」是以「星歲紀年法」之稱呼，即十干中「戊」的
　　別稱。而「敦牂」即太歲在「午」之年，意為年萬物盛壯。戊午年即為 1918 年。

43　經名。「具名：「千手千眼觀世音菩薩廣大圓滿無礙大悲心陀羅尼經」，略云「千手陀羅尼」、「大悲心陀羅尼」、大悲陀羅尼、大悲咒等。
　　是伽梵達磨譯之千手經所說之咒語。有八十二句。現今諸宗流通者是也。其他不空所說之千手經等。咒語少異。又經中說種種之別名。伽梵
　　達譯之千手經曰「佛告阿難。如是神咒有種種名。一名廣大圓滿。一名無礙大悲。一名救苦陀羅尼。一名延壽陀羅尼。一名滅惡趣陀羅尼。
　　一名惡業障陀羅尼。一名滿願陀羅尼。一名隨心自在陀羅尼。一名速超上地陀羅尼。」見：丁福保編《佛學大辭典》，頁三七二，〔千手陀
　　羅尼〕條，（上海）上海書店出版社，1994 年 7 月第二次印刷。

[接上表]

次序	內容（及科儀「節儀」）	頁數
27.	南無觀世音菩薩摩阿薩……無量眾生。發菩提心。（大悲咒終）	214 至 227
28.	保宵勇禪師示看經知警文……南無祇園會上佛菩薩（三稱）	227 至 230
29.	金剛經啟請　若有人受持金剛者。先須至心焚香……祝香真言……淨口業真言、淨三業真言、安土地真言、普供養真言、請八金剛、請四菩薩、發願文、云何梵、開經偈	230 至 237
30.	金剛般若波羅蜜經　姚秦三藏法師鳩摩羅什譯　法會因由分第一　如是我聞……聞佛所說。皆大歡喜。信受奉行。金剛般若波羅蜜經。（畢）	238（白頁）239 至 295
31.	般若無盡藏真言　納謨薄伽伐帝。……金剛心真言、金剛咒、補闕真言、普迴向真言、讚……福德嘆無窮。	285 至 298
32.	般若波羅蜜多心經　觀自在菩薩……菩提薩婆訶。	299 至 301
33.	福閩葉戢滋鈞敬書　錢塘俞增光敬刊	302
34.	解冤咒三十六籌　南無佛。南無法……南無阿彌陀佛。	303
35.	往生咒七籌……	304
36.	（解冤咒）眾和　道本於真　心出於誠　三教符合啟後人……（眾和）懷胎十月否劬勞……　（眾誦）唵陀羅尼帝摩阿帝……宣疏　主白　覺路大開宏普濟……　樂赴西方天	304 至 314
37.	（結印圖）三主默念　是諸法空念　共念七句每結一句手印念一句結印畢主白　語諸佛子。今為汝等作印咒已。……違背仍須入獄囚	315 至 318
38.	（三皈依）三寶慈尊。法演周隆。……第一皈依……從今不墮幽冥	319 至 324
39.	（十戒白）三寶皈依。已備窮源之學。大戒宜受……主白　第一當戒。謹戒忘本……惟願幽靈受持切記。	324 至 330
40.	（送聖經）主白　已上大戒。乃九天帝尊宣演。……福留後裔永綿。（普慶幽科終）	330 至 334

　　上文已談及組成此經主要由九部分構成。通本經書皆是以「三教」思想為主線以進行超幽拔度的科儀。有關道教三教之科儀，自宋以後類似之道教科儀經本已為常見。與此同時之廣州三元宮科儀經本——《先天斛食濟煉幽科》[44]，六十年代後也流行於香港道壇。陳耀庭教授認為此經乃後來道門改編自宋代的科本。[45] 據近代學者的一些研究、考察[46]，對《先天斛食濟煉幽科》經本之了解已相當完備、透徹。我想，與《普宜幽科》最大之不同者，是此《先天》經科除了「超幽」及「施食」等內容外，主要是以「煉度」功法為「亡靈」進行洗煉及說法等超度科儀了。

44　參考：羅恩錫手抄、注釋本《先天濟煉科》，（香港）翠柏仙洞，2015 年 1 月刊印。

45　見：陳耀庭注釋《先天斛食濟煉幽科》，頁 476〈再說《先天斛食濟煉幽科》儀〉，（香港）青松出版社，2010 年 12 月。

46　香港中文大學道教研究中心的黎志添教授等於《先天斛食濟煉幽科》，發表了多篇相關的論文。參考：黎志添撰〈《先天斛食濟煉幽科》考：一部廣東道教科本的文本源流研究〉，（香港中文大學）《中國文化研究所學報》（Journal of Chinese Studies）N0.51-July-2010. 又，黎志添〈道教施食煉度科儀中的懺悔思想：以當代四種廣東與江浙道教科本作為中心考察〉。（綱上下載文章。）另，許蔚撰《先天斛食濟煉幽科》中的禪宗公案兼談近世道教科儀編撰問題〉，載於《宗教學研究》2019 年第一期，頁 60-67，四川大學與宗教文化研究所（季刊）；又，許蔚撰〈孤魂考——道教與中土佛教幽科中一種類型化幽靈的生成〉，上海世紀出版股份有限公司古籍出版社季刊。（https://www.academia.edu/38811287）

《普宜幽科》以「啟師」科儀而入，啟師即是於科儀開始時啟稟仙聖師尊要進行此「超幽」科儀，請師尊仙佛加持護佑、協助。此啟師科，本壇稱「啟壇科」，亦另有科本（《啟壇科》）先進行，再進入幽科節儀諸內容。[47]《普宜幽科》之「啟壇」是與同時代之幽科的「啟師科」不同的。[48] 科儀開始先道出「普宜壇場」要禮請「仙神佛祖」臨壇「普施大恩光」。接着為頌讚「三皈依」，分別是「皈依無上道」、「皈依無上佛」及「皈依無上聖」。這裏已道出禮請三教（儒、釋、道）之「仙、佛、聖神」臨壇護佑，加持弟子進行超幽科儀了。其節儀是：

先開經頌讚（啟師讚），土白（讚神：「中天斗輔萬億神君無極無量天尊」）→同頌讚「三皈依」→宣疏（主科宣讀啟建科儀文疏）→（出壇）眾和「南無三寶大慈尊」及朝大士及頌讚「大士讚」→主科書符唸咒：先向西以「劍指」書「先天五雷符」、唸咒（以天罡氣吹之）→開天門（同唸「五方訣」）→關地戶→通五方（先向東方，接着西方，北方，南方，最後「中央」，全皆要讚文、唸訣、化符（五方符）→上幽臺（先由二手、三手帶領上壇台座位，三位主科（主（承淨水盂，主左邊執如意、主右邊提劍）最後上台。

此部分於經文中仍是屬於「幽臺經讚」部分。從科儀之節儀上分析，經文內除了是虔請三教尊神佛外，高功法師更要運用「三教功法」來進行科儀。經文「稽首皈依無上道。道德無垠。大慈悲。開寶筏。拯救眾幽沉。眾幽沉。受德宏深。」很明顯這是請「道」的化身「三清大天尊」，來臨壇場向幽靈說法加持。接着的「稽首皈依無上佛。佛法無邊。大慈悲。施甘露。普濟無邊。大慈悲。施甘露。普濟眾陰魂。」這裏也是同樣請來「佛」來加持說法的。[49] 最後亦「無上聖」請來儒家孔聖人等來臨場說法。於出壇朝大士之經文「救苦天尊妙難求。身披霞衣累劫修。千朵蓮花生足下。九頭獅子度前遊。瓶中甘露時常灑。手內楊枝不計秋……」這裏是明顯將佛、道二教之神明之功能及救劫思想的結合使用。讚文的首句「救苦天尊」即道教之「太乙救苦天尊」，[50] 能引渡受苦亡魂往生，有「乘九獅之仙馭，散百寶之祥光。」

---

47 普宜壇沿用舊壇經本《啟壇科》之科本。先進行「開壇科」，儀式以「琳瑯振響…」開始，請「開壇闡教天尊」→香雲達信天尊→法雲流潤天尊→東方蒼衣秀水使者…→（是禮讚十方諸神）→進入「啟請科」（起用琳瑯讚）→天開黃道五雲祥…→關告上啟…→眾跪請聖→萬法樂雍熙。

48 參考：陳耀庭注釋《玄門啟師科》，（香港）青松出版社，2008年6月。將《啟壇科》節儀與《先天斛食濟煉幽科》之「啟師科」比較，則《啟壇科》是有不一樣的經文文字。《玄門啟師科》：開經→啟師尊→三上香，再啟請→入意→皈依道經師寶→讚太乙救苦天尊→讚慈航大士→朝禮→請師登座。（出版資料同上注）。

49 佛（Buddha，Buddho(巴利語)），又稱佛陀。意譯為「悟道者」，是福慧兩足尊，意即福德和智慧修行圓滿者。大乘佛教認為一切眾生皈依佛、法、僧三寶後，要經過三大阿僧祇劫修行佛菩薩道，皆會成佛，所以成佛是透過累生累劫不斷的精進修行菩薩五十二階位，親證了知三界一切法：四念處、四聖諦、八聖道、十二因緣、三十七道品、六道萬行等，於妙覺菩薩位下，生人間示現成佛。所以佛是究竟解脫三界輪迴的，及對宇宙生命的成因徹底明白、覺悟的聖者。另，此《普宜幽科》除「佛祖」加持外，主要還是「觀音大士」，亦有譯為「光世音」，即「觀世音菩薩」，於唐代由於避諱李世民，而為「觀音菩薩」。至於「大士」之稱，因宋徽宗的崇道，而把佛教的神佛改為道教神明，加上道教的名號，而成「觀音大士」。而一般於佛教的「放焰口」儀軌，會請來「醮燃大士」，尊稱為「鐵圍山內醮燃大士菩薩」。民間有說其為：觀音大士三十三化身的法像之一，故稱「大士爺」，又稱「焦面鬼王」或「焰口鬼王」。是觀音大士為了教化餓鬼界眾生的需要而上產生。亦有說是觀音要警惕人們應該積極行善，免墮入餓鬼道而為「醮燃」的眷屬。

50 據道經記載：太乙天尊居「東方長樂世界」之妙嚴宮，即釋家隔阿彌陀佛之西方極樂世界。道教有關「太乙救苦天尊」的造像：一為道君像，「天尊足躡蓮花，圓光照耀，手執柳枝淨水，九頭獅子左右從隨，口吐火焰，繞於身形。」（《太乙救苦護身妙經》）。又有：帝王像：身著冕服冕冠，持玉板，坐龍椅。稱「青華大帝」。另，道經《太上洞玄靈寶救苦妙經》稱太乙天尊有無量化身應化十方，化號「十方救苦天尊」。據《十王告簡全集》，天尊各有化身和職司，有濟度人鬼的「靈寶十方救苦天尊」，又有為治理九幽冥府神鬼之事，化身為「十殿冥王」。所以道教之超度科儀，必以「太乙救苦天尊」主神。

即接引功德圓滿之人登天成仙。這與觀音之化身為「醮燃大士」[51] 有相同之功能，道教亦有此化身之說法，所以讚文之尾為頌讚「南無觀自在菩薩摩訶薩」。經內之主科「掐訣施符」，這裏亦為佛道交攝之結果。高功法師由神明賜授道法，以體現神的權威與力量，先開天門，後關地戶。[52] 這裏高功法師要有道教內煉之修養，要書道家五雷符，口唸梵語密咒，又要以「天罡氣」[53] 吹之，最後畫方符，召請五方（東南西北中）諸神靈幽魂，赴會道場，進行超度、說法，解冤釋結，而超升得道。法師除了有釋家經咒等修煉外，以道教之科儀，儒家之道德修養等皆是高力法師所俱備的。此未有提及以己身之氣，濟煉鬼魂等說法，與道家「濟煉儀」一類科儀有別。

經師誦讚仙聖過後，正式進入「幽臺經讚」之內容：主科乞請「眾聖慈尊」臨壇演法，並誦讚「淨天地神咒」，以法水進行洒淨壇場儀式；繼而眾和禮請：諸天神佛、陰曹地府諸司等神明臨壇協助，先由「日宮」、「月府」、「金星」、「木星」[54]……另又主請：清微天天寶君……（三清）、四御四皇上帝、太乙救苦天尊青玄上帝、宏儒教主無量洞空天尊、大成至聖孔子先師、大慈大悲觀世音菩薩、開天無極鎮天皇皇大帝、黃祖師三代仙親、啟教祖師明心聖佛、普濟勸善赤松黃大仙師、三元三品三官大帝、南無無上燃燈聖佛、九天開化文昌帝君……這裏是很明顯地把「黃大仙」排列在非常重要之位。至於「三位高功」法師所奉請之三位尊神演法護壇，應為「太乙救苦天尊」、「無量洞空天尊」[55] 及「大慈大悲觀世音菩薩」。於禮請天尊臨壇後，眾經生即眾和誦讚：「法駕光臨……普度冤沉。災劫永無侵。」三主唸白，搖旛七度及做手印，後（眾和）晉盛今昌龍耀德。普慶（宜）澤施鳳呈祥。四方赴會瞻佛寶……」於誦讚後，經文後寫有：「接誦八節。大悲咒七首、金剛經一卷。心經一卷。」

這裏的「八節」，即接下之《玉書降簡》之八節部分：第一節「修身章」；第二節「持家章」；第三節「立論章」；第四節「行善章」；第五節「施濟章」；第六章「改過章」；第七節「革非章」；第八節「教育章」。科儀進入此部分為「玉書簡章」。此書於經前附有一篇由孚佑帝君降筆之「序言」[56]，序言內有「此書奉天使大神臨壇。降在己酉秋」，已道出於普慶壇創壇之 1909 年（己酉年，宣統元年）通過扶乩而得此書。除序言外，經文之開始更有〈玉書降簡序〉，說明玉書之內容重心是：「人受天地正氣以成形。切莫有壞乎金剛之身。倘一有壞。用何以修。曰修身以道。修身以仁。仁者理之至正。不偏不易。發而充於陰陽宇宙之內。隱而藏在心府中宮之中。心內有懸針。中宮有衡式。懸針一偏。衡式一變。誠中發外。

---

51 有關「醮燃（然）大士」與觀音大士化身之說，可參考前註 47 條。

52 齋醮中之「開天門符」為打開天門，使章奏上達天庭。至於「關地戶」，即破地獄。於超度、破獄、血湖等諸科儀時，高功法師要掐訣畫符施咒。據學者研究：各道派所傳之符及用法各有不同。例如：神霄破地獄符，書時唸救苦咒，稱「高上神霄玉清真王天尊神律令」，掐辰文取巽炁吹筆書，邊咒邊書。使用時則稱號令幽司「普釋亡魂出離地獄」（《高上神霄玉清真王紫書大法》卷一一）（劉仲宇）。見：胡孚琛主編《中華道教大辭典》，頁 644 至 645，（北京）中國社會科學出版社，1995 年 8 月第 1 版。

53 此處法師必需有內煉的功夫。天罡原指北斗的第七星。內丹家將之比喻為人之「心」。天罡氣即為以人罡而合天罡，內外一氣，以避百邪。至於書符咒，道教認為：咒語唸動起來，有不可抗拒的巨大威力，能夠改變被咒的事物或厭勍鬼神精魅。咒語中有些來自佛教的，稱做「掔咒」、密咒。道長施咒行法時，要與內煉結合使用，唸咒與布炁渾成一體，且要掐訣、步罡及運氣相結合。

54 全皆以：「南無日宮太保阿彌陀佛」……「南無超生太保阿彌陀佛」，全部乞請：天上日月星神，廿八星宿，自然界之風、雲、雷、雨……歲、月、日、時……司富、司貴、司福……司冥、超生等。

55 宏教教主無量洞空天尊，應為三教信仰內，為儒教之教主。查道教之神仙譜系，「洞空天尊」為「五老天君五炁天尊」內之「東方青帝青靈始老九炁天尊洞空天尊」。即道教的對應神靈：「東方安寶華林青靈始老九炁天君」。此神為古時之五帝之一，掌管天下的東方，亦為帝王及宗廟所祭祀的主要神明之一，亦尊稱為「木帝」（五行對應青為「木」）或「蒼帝」或「太昊」。又，儒家之《周禮》早有「五帝」之概念。《史記正義》引《國語》：「蒼帝靈威仰，赤帝赤熛怒，白帝白招矩，黑帝協光紀，黃帝含樞妞。」

56 此序言之尾寫有「民國七年歲在戊年年暮春己酉日」即為 1918 年才編印成經書。

昧昧失明。魔圍漸密。雖醒猶夢……」這裏道出玄門弟子，宜修道靜養，並以三教之思想訓示弟子，要「身體力行。克止於至善」。序中之「中宮」為道家靜坐之法門方法 [57]，以儒家之道德修養，兼具釋、道之修心之方法、指南，行善積德，才能得道成仙，不致死後輪迴，墮落地獄：「死後不為地獄餓鬼。轉輪亦變蟻蚊。日值洋洋左右。隨處皆有司過之神。」[58]

其實，此經除了運用三教之思想、經文及道教之超幽儀式外，道長請來仙佛、聖人對陰間亡靈的超拔、說法，亦對生者起一種「說教」的作用。[59] 由於晚清社會政治腐敗、民生艱苦，社會不安，據當時歷史學家之記載，民間「家族為社會基本組織，中國為禮教之國，家中之禮節，固吾人所當知者也。……家庭倫理觀念基於孝道，孝之意義，生則奉祀，死者祭祀。……人死顧用和尚、道士念經拜懺，擁有資產者每逢七日念經，至七七而止。凡此種種，足以增加鬼的勢力。……其信奉之神，有觀音、大士等大率每年二月、六月吃素各二十日，謂之觀音齋，十數家組織觀音會，輪流辦齋。其他相似之會甚多，……各地名目不一，都天會、東獄會盛行於江南一帶，出會之日，僱人持旗，或牌，或金瓜，或月斧，或香爐……」[60]。當時民間仍保存傳統的家庭、禮教、祭祀等制度，正是由於社會的混亂，乩壇文化的創壇辦道，也是想藉以重興傳統的道德價值觀念，勸戒幽魂，要解冤結，不在沉淪，聽法超升；而在生者，也要注重個人修身，重倫常道德，敬神重禮，行善積德，改過從善，於社會要興教育，重孝道等，把儒、釋、道三教思想融入科儀之中，而成為其教理、教義，要求眾教內弟子、善信要奉行堅守。科儀接下再給眾幽魂念誦《大悲咒經》[61]、《金剛經》及《心經》，釋家認為唸經除了是弟子本身之修行外，更是會獲「先靈」領受 [62]，明白人生的終極意義，最終高功法師代師「施食化衣」，眾幽魂領受、皈依（真常道、佛與聖、無上大乘覺世經寶、大乘經）、受十戒（戒忘本、戒不忠、戒邪淫、戒貪盜、戒嗔怒、戒奸詐、戒爭鬥、戒癡迷）釋結受寶籙，共沐慈恩，而飛步南宮。儀式最後才合誦「送聖讚」，才功德圓滿。

《三教幽科》之對比探究

前文已提及於普宜壇創壇後，乃承接了前壇之《普慶幽科》，而修改為《普宜幽科》。其實，此時期（二、三十年代）的香港，在道教黃籙科儀方面，除了前文提及於六十年代流行之《先天斛食濟煉幽科》外，還有當時西樵山之雲泉仙館之《三教幽科》[63]，而四十代中之「至寶台」（於 1949 年遷至香港，成

57　參考：南懷瑾著《我說參同契》（全三冊），頁 217 至 226，（台灣）東方出版社，2010 年 7 月。

58　見經內（《玉書降簡》）第一節修身章．第三章。

59　舉如當時於廣東一帶流行的很多民間善書，皆是充斥着「救劫」的思想，其中一本《玉皇上帝應驗救劫真經》，有：「玉帝降乩。救劫普普度世人之慈航。消災增福之真經。超凡入聖之靈梯。降魔逐鬼之法語。人能口誦力行日久不怠。則善多過少。以免冤冤相報，而成大劫。」此經於光緒廿四年（1898 年）再刻，板存省城十七甫，明經閣承刻印刷。本園藏經閣收藏。

60　參考：陳恭祿著《中國近代史》，頁 511 至 547〈第十五篇．政治社會情狀〉，（香港）香港中和出版，2019 年 9 月香港第 1 版第 3 次印刷。

61　過去本壇道長亦有修《大悲懺》經，其儀式中有「同誦大悲咒及心經」等。參考本園藏之《普宜壇文事》。

62　參考：鳩摩羅什法師原著，瓊那．諾布旺典編著，（台灣）華威國際事業出版，2019 年 12 月。

63　有關《三教幽科》除香港之各大宮觀藏經閣有收藏外，於網上也見古本售賣。

立「道教青松觀」），亦有以《純陽焰口經懺》[64] 於廣州時期已演法、拜懺超幽了。[65] 據筆者比對之下，筆者認為《普宜幽科》乃除了是前人感應扶鸞（乩）所得外，亦有參考《三教幽科》，通過仙聖之感悟才編輯成《普慶幽科》。前文已指出《普宜幽科》是由多種經本而編輯而成，當中更是以釋家經本為多。現在簡介《三教幽科》（簡稱《三教》）如下：

經本開首寫有「成書於光緒戊子年春月新鐫。樵山雲泉仙館珍藏」，即於民國前24年（1888年）。另外，後頁有「呂帝君降三教幽科序文」（光緒丁亥年七夕穀旦純陽道人拜首謹序），亦即於1887年（丁亥年）由扶乩降此《三教》。序文內已提及以「佛教明其性，道教以鍊其性，及聖教以復其性」為主旨。這裏同樣說明以三教思想來說教演法，超幽度亡，與前文提及的《先天斛食濟煉幽科》相似，此經於開壇時亦附有「啟師科」之專經（獨立經本），稱為《三教啟師科》，《普慶幽科》則另有《啟壇科》經本的。筆者認為此經（《三教》）除可用於法會超幽科儀外，亦可為個別之新亡弟子或善信等進行「打齋」儀式（即可用於殯儀館等地方），相反，《普宜幽科》或《普慶幽科》則只為「醮會」[66] 專用。於《三教啟師科》開始已有：「由二三手入堂。齊拜堂座。……向主祭者一揖。請其入位。主祭至。向堂座一揖。左右各一揖。然後行禮伊始。此古制也。」明顯這不是一般向神明行禮而進行的啟師。[67]

於《三教啟師科》後，即轉用《三教》經本，節儀為：

上香後啟師讚→稽首皈依（無上佛，無上聖，無上道）→先天五雷劍訣（五雷符，咒「嚩呼嚕嘘……」）→開天門→讚文→開地戶→闔地戶訣（偈云：地隔泉台感召難……讚文……）→通五方訣（向東方，讚文……南、西、北、中）→登幽台（眾和：琳瑯振響…）→八大神咒（太極分高厚[68]……太上台星……丹朱口神……）→下壇禮誦（鑪香乍爇……）→回壇拈香和讚（南無日宮大保阿彌陀佛……）→讚文→主請（神）（清微天天寶君…太乙救苦天尊青玄上帝　宏儒教主無量洞空天尊……）→振鈴召請→主白→眾誦（大學之道在明明德……）→聖經讚→接誦《大悲咒》（七首）→《三教大乘心印》誦（理有太極……六道輪迴。輪迴不已。業風飄塵……三教同歸。）→接誦《金剛經》一卷→《心經》一卷→讚文（志心朝禮。列聖光臨）→接誦《太上道德經》一卷（先有「太清寶誥」（包萬億重之

---

64 此《純陽焰口經懺》（線裝本）於封面以毛筆寫有「至寶台第貳肆號」，為青松觀所藏，感謝利盛青師兄借影印本予翻閱。

65 有關「廣州至寶台」之資料，可參考《寶松抱鶴記》（封面有：己亥（1959年）冬至蘇文擢）為於壇內流行之善書，未有出版。有關廣州至寶台的一段歷史，筆者早年曾聽聞一些老道所口述的，包括前青松觀觀長侯寶垣道長等。據說青松觀之「八封瑤壇」亦是四十代於廣州由何啟忠（醉道人）扶乩請仙聖所賜予的。

66 參考唐代張萬福釋「醮」義：「凡醮者，所以薦誠於天地，祈福於冥靈。若不精專，則不足以通感。盡誠而福，不應者未之有也。……修佩者，宜竭誠焉。凡設座，得名山洞穴是佳，不然，即幽閑虛寂亦可。施置其器物座具，時果芳饌，必在豐新。山洞間，無席，即藉草以木葉。若淨，為巾。預慎內外，不得犬鼠畜產，雜穢葷肥，登臨犯觸及呵叱。大小盛饌，一如齋法。世人心昧，不睹精微，即云酒脯，但生不信。且道法清虛，特忌殗穢，星辰嶽瀆，皆是真神。」（唐・張萬福《醮三洞真文五法正一盟威籙立成儀》序）可見「醮」之進行，非常嚴謹。即現在之大法會或大醮一類的儀範。此類法會皆是以「陽樂陰安」為醮法之主要目的。

67 《三教啟師科》之節儀，如一般之「啟師」，是：先啟師讚→主白→一人心呈請→二手白（先後上三次（初炷、再炷、三炷名香達上着）→眾和→宣意→二手再白→眾和→主白→三皈依→二手白→禮成讚→出壇

68 經本內並沒標題，此「太極分高厚……」應為「淨壇神咒」；接下之「太上台星……」為「淨心神咒」；「丹朱口神……」為「淨口神咒」；「靈寶天尊……」為「淨身神咒」；「元始安鎮」為「安土地神咒」；「天地自然」為「淨天地神咒」；「道由心學」為「祝香神咒」；「天地玄宗」為「金光神咒」。

梵炁……）→ 呂帝君寶 → 呂祖救劫咒[69] → 接誦「諸咒各七首」（往生咒、解冤咒、勸善咒（唵娑　娑噲　……）→ 宣疏 → 南無開覺路（主起用劍指書「四路宏通符」）→ 接和（請佛慈普度。水陸眾幽魂。或男或女。總召到壇場…佛慈廣大。普度眾幽魂。）→ 主撒食（普施幽魂……）→ 三皈依（皈依：無上佛、無量佛；再皈依：無上聖、孔聖人；第三皈依：無上道、真常道）→ 大戒宜受（第一戒忘本、二戒不忠、三戒殘忍、四戒邪淫、五戒偷盜、六戒嗔怒、七戒奸詐、八戒驕奢、九戒爭鬥、十戒癡迷）→ 送聖還宮。

　　《三教》經文與《普宜幽科》基本之濟幽儀式一致，只是《三教》內裏之誦讀經文多了《大學聖經》、《太上道德經》，儀式內之為眾幽魂：皈依、施食及受戒等皆是兩本經本一樣之儀範。高功法師同樣為有道術之修養，掐訣、施符及唸咒等。至於「施食儀式」，即民間之所謂「放焰口」，如道經所云：「祭者，設飲食以破其饑渴也；煉者以精神而開其幽暗也。」（鄭所南編：《道藏．太極濟煉內法》）正如前閔智停會長所說：「祭煉之要，在於靜心存神，以神度鬼。」[70] 近代的道長演法施食，大多以虔請諸神佛之加持，而進行此等儀範。[71] 根據道經所載，高功法師於科儀要有重要之「內煉」修養，尤其齋醮科儀，更要有「道法修煉」，尤於日常行住坐臥之間有道德、心性之培養，《正統道藏》內就有《太極祭煉內法》、《太極葛仙翁施食法》及《靈寶施食法》等法。[72] 本文所介紹之《普宜幽科》、《三教幽科》或《先天斛食濟煉幽科》等，高功法師除了要重視此「內煉」之修養外[73]，亦要藉着超度者的善業及誦經者而起的感應。

　　另一方面，《三教》經內有用之〈八大神咒〉，本園《普宜幽科》卻未將全部八首引入經內。但據筆者發現，當時於廣東羅浮山之「青蓮教」[74]，亦有出版《善門日用》一書，書內為其教提倡之「三教思想」經文，當中與同期之「幽科」等經本，《善門日用》[75] 一書悉皆載入，如《大學聖經》、《大悲咒》、《救苦咒》、《往生咒》、「八大神咒」（淨心神咒、淨口神咒、淨身神咒、安土地神咒、淨天地神咒、祝香咒、金光神咒、開經謁）及《金剛經》等。可見此「三教」經本之流行，於晚清之廣東一帶甚為很

69　此處之「呂祖救劫咒」，據本園「四大經師」之　的醮師：羅恩錫道長，於其《先天斛食濟煉幽科加持秘訣》的手註：認為《先天》內之「呂祖師救劫咒」「錫照三教幽科抄」。並又註寫「凡係呂祖門下弟子必須如此救劫咒」。感謝趙天一道兄，提供此條資料。過去筆者亦有聽聞《先天》一經於青松觀應用時，侯爺（寶垣觀長）亦有所修飾，如加「呂祖寶誥」等。可見廣東、香港之道壇於演法科儀時，時常會因地制宜，而有所增減經文，但基本節儀、內容不變。

70　見閔智亭著《道教全真科儀》，頁83至102，（台北）文津出版社，1998年2月1刷。

71　這裏感謝趙天一道長，接受訪談。

72　有關高功的內煉修養，近人任宗權道長有輯錄自《道藏》之多條資料。見：任宗權著《道教全真秘旨解析》，（北京）宗教文化出版社，2016年第1版。

73　近人，日本學者，有探究此方法之大概，如：橫手裕教授研究「鄭思肖的祭煉法與救度」，他提出鄭是試圖操縱自己本人的身心來救度亡魂，因此他的祭煉法在丹陽派之中最為簡便。參考：李豐楙／廖肇亨主編《沈淪、懺悔與救度：中國文化的懺悔書寫論集》，頁173〈「真祭煉」之路──鄭思肖的祭煉法與救度〉，（台北）中華民國102年5月出版。

74　於清道光中葉興起之「青蓮教」，為近代秘密結社史上一個重大事件，向為中外學界所矚目。研究學者認為：是一支於清代流行之「先天道」分支，後有傳至東南亞等地區。香港之「先天道堂」亦有不少的。原已是一「反清」之祕密組織，加上民國16年（1927）廣東又有剷除中國民間信仰及組織之運動，在香港、台灣等地仍有流傳。參考網上文章：周育民撰「青蓮教的源流及其與天地會的關係」。來源：清史所。更新時間：2012-10-21。

75　嗇色園藏有《玄門日用》之舊版本。此書內頁有：「癸酉仲春重刊」，「羅浮山朝元洞藏板 九曜坊守經堂印行。」書內之「善門日用序」：下款有：「光緒十六年三月望九日桃川琴菴道人序。」即1890年（光緒十六年）已編有此書，內裏皆是「三教」之經咒文字。

普遍。[76] 其中「呂祖」及「觀音」等信仰文化尤其盛行，亦流傳至香港及東南亞等華人社區。[77] 據近代學者對地方上之道教科儀進行研究及調查時，仍是保存及承傳着道教科儀於清代時「三教合一」的現象，很多的「醮儀」皆是「佛中有道，道中有佛」的。[78]

《普宜幽科》於香港道壇之應用

前文已提及《普宜幽科》有受《三教幽科》之影響。探究之下，《三教幽科》源於西樵之「雲泉仙館」，前身為一書院，後通過李宗簡道長及沖虛觀梁臥雲等建設，於道光而成為西樵之著名宮觀。[79] 往後的《三教幽科》應為其發展而流傳下來。當時之「三教思想」已非常普及。[80] 甚至民國時期至寶台所用之《純陽焰口經懺》（此經亦為感應扶乩之作），亦類似《普宜幽科》儀軌。《純陽焰口經懺》由於為呂祖乩壇，於經內啟壇即有「至寶真經奉道宣。羅酆地獄化金蓮」。本園之《普宜幽科》即以《玉書降簡》為本壇承傳之經典。另《純陽焰口》以儒之忠信孝道，至寶真經[81]、呂祖救劫思想及釋家之觀音信仰等[82]，為普度經讚；經內開壇即以「大悲咒」進行說法，如經內之開經偈：「三教源歸一善同，經中妙義盡週隆」；此經除呂祖仙師外，還有奉請黃大仙師及「黃大仙寶誥」[83]，可見黃大仙師信仰已廣為信眾所奉祀。

本園自建壇起，已有啟建醮會[84]，而弟子經生初期來自普慶舊壇。早年的會員更有來自社會上的有識之士或商人等，如新近出版之《華人精英與近代中國》也能找到這樣一條資料：「1923年，譚榮光往黃大仙祠學法。1927年，譚榮光從廣州仰忠街楞嚴佛學社沈允升學習修懺焰口等梵音喃唱。以上種種，可見譚榮光既接受西洋新知識，也對佛、道、神打等傳統事情，用力甚深。這反映了過渡期中國知識分子的思想面貌。」[85] 無獨有偶，本園之《普宜幽科》封面亦曾提及有關「西樵道腔」改以「禪腔」替

76　此《玄門日用》，本園之弟子後來編輯有簡單之「袖珍本」《玄門日用》。乃用於科儀入壇前先唸「八大神咒」，用以讓道長先清靜心、口、意等。而與舊本比對，其中大都引用自舊版之內容。如經首之「誦經法則」最後為「三教共仰」可見應是先天道（三教）之遺風。而八大神咒，則只把舊的七首神咒，另加上「五星神咒」，而成為「新本」之八大神咒。書內之「經懺之道」乃引用自舊本，「三教聖人。金剛大神。北斗九皇。三官大帝。觀音佛母。一切吉神擁護其身。遇水不溺、遇火不焚。遇冤家得解。遇刀山得脫。遇迷惑得醒悟。誦經之心上與 如來同慈力。…三教同修。佛 聖 仙真。倒庄東林。成全普度。願證 如來真實義。……三教共仰。」（誦經法則）

77　參考：王琛發撰〈觀音古佛在瑤池收圓信仰中的定位—從青蓮教常用經典探討其道學建構〉（網絡文章：https://www.rujiazg.com）另，王琛發撰〈重新發現青蓮教最早在南洋的流傳（下）〉（網絡文章，出版資料欠詳。）

78　參考：譚偉倫撰〈中國東南部醮儀之四種形態〉，載於：《歷史人類學學刊》第三期，第二卷（2005年10月）頁131-156。另，謝聰輝著《追尋道法——從臺灣到福建道壇與研究》（上、下冊），（台北）新文豐出版，2018（民107）年10月初版。

79　據記載：雲泉仙館始建於1848年（道光廿八年），其第一任住持李宗簡，由於工書畫及詩賦，並將人們向其索取書畫之酬金用於館的建設，有《三教法帖》存世。後又有來自羅浮山沖虛觀知客梁臥雲為主持，提出「道德、經懺與武術」等修養，而影響深遠。

80　參考：志賀市子著、宋軍譯、志賀市子譯校《香港道教與扶乩信仰》，（香港）香港中文大學出版社，2013。

81　此《至寶真經》與本壇之《玉書降簡》相似，皆是降乩經本。現流傳的應為1942年廣州至寶台原稿。

82　參考：鄭健宏著《西樵觀音信仰研究》，（廣西）廣西師範大學出版社出版，2016年11月第1版。

83　黃大仙寶誥：志心歸命禮 龍門得道，羊石開宗，施化兩於塵寰，闡玄風於洞府，心存濟世，大羅早列乎真仙，功績救民，金闕已登乎天榜，飛鸞傳道，醒凡俗之沉迷，奉 旨開壇，救急危之病患，佐祖師而布化，發三教之淵源，劍氣毫茫，妖邪莫近，壺天浩蕩，男女蒙麻，威靈赫赫，心默感而能通，德義巍巍，人有求而必應，玉封金闕，慈悲護道，玄憲闡教，黃大高真。

84　參考：《香港的歷史與社會研究》，頁246〈萬人緣——從香港到越南的華人宗教善業〉，「香港的歷史與社會研究」國際學術研討會籌委會編製。2017年8月編印。（非賣品）

85　參考：黃振威著《番書與黃龍：香港皇仁書院華人精英與近代中國》，頁125，（香港）中華書局，2019年6月初版。作者此「譚榮光」資料，引自：譚榮光（1887——1956）《花甲回憶錄》，1952年自刊。

代，封面題識為：林邊覺名仲甫，於 1928 年曾任副協理。內文謂：「林宜邊覺因鑒於西樵之道腔有所出入，因窮究之，始知寔無師承所致，常被參觀者譏為不倫不類。如昨年『萬善緣』，報紙載云，……請教於廣州楞嚴佛學社沈允州先生，以冀得抵於成，用正禪腔，使以後外界參觀者，不特詆無可詆，反生欽羨。……丙寅冬邊記。」另於書面亦有：「林宜邊覺將此本幽科內改編禪腔共四拾餘種，加載工尺丁板，特留此公開，以備幽台時二手之用。如道友欲學者，請就地抄錄，切勿移往別處，以保公有，若有不明者，可往詢邊覺，願當義務指導，務達完善為止也。」[86] 這裏可見當年此《普慶幽科》引進後，曾有進行經本唱腔之改革。並有派弟子前往廣州學習禪腔。文字內提及之「沈允升」曾出版有《梵音指南》[87]，據筆者訪談得知，現時之「道家腔口」，其實保存了大量「釋家腔口」[88]，相反廣東或香港佛教沒有傳承，原因是佛教舉辦的水陸法會等[89]，多請內地的大法師、大和尚來主持演法，他們一般帶來同們弟子一起誦經演法[90]，所以很少有本地法師參與，傳承也是學習大法師門下（所屬派系、寺廟）的腔口，不是「廣東的禪腔」[91]。據青松觀前觀長侯寶垣道長晚年的憶述，他亦曾跟釋家和尚（平師傅）學習禪腔經懺[92]，可見當年道經用釋家腔調是常見的現象。現在本園所用之經韻（腔口）皆傳承自早期在港受釋家及粵曲（有些科儀「醮師」亦為戲柵服務）影響的一班「老道」[93]。現代廣東道教之科儀，亦有由香港反傳回去的，亦有些屬於「廣州三元宮」[94] 的老道（吳信達）、惠州玄妙觀等[95]；亦有承接自北京白雲觀的「十方韻」，所以與香港等地之經韻唱腔有同有異，如「八大神咒」：粵韻為直誦，港韻為腔唱誦。[96]

　　至於本港之「三教」傳播，由早年因為政治、社會等的因素，而避居香港，引進「三教神明」[97]，當時僧、道侶等大多於大嶼山、荃灣和沙田等地隱居、修道。而香港民眾之信仰、風俗等，皆與鄰近之

86　見：游子安主編、危丁明、鍾潔雄撰文編輯《香江顯迹——嗇色園歷史與黃大仙信仰》，（香港）嗇色園出版，2006 年 2 月第一次印刷。（ISBN 988-98944-008）

87　沈允升編譯《梵音指南》，民國十八年（1929 年）三月出版。臺智書社印行。書首頁有「梵音指南自序」：「佛經言深旨奧。非梵音唱和。不能達其詞華。余自童年。好習音樂。壯仕江蘇。反止回粵。政潮屢變。觸目皆非。於是隱居謝世。潛心學佛。每聞僧家梵音一奏。其聲調之悠揚。詞句之清。爽實足怡情養性。非徒為喪家應酬之舉也。前大佛寺退院方丈存坤和尚。佛理頗深。余遂徒而學焉。研究之餘。覺當世人士。每多好和唱梵音。以助興趣。年前香港音樂家丘鶴儔君。曾編琴學新編　本。書末亦附入梵音調數段。惜乎未詳。而購者每有以梵音太少為憾。余有鑒於此。故不遺餘力。將梵音中之最通用者。用宮商譜編譯。先成初冊。公諸同好。未始非佛學流通之一助也。是為序。民國十三年夏歷甲子仲夏　沈允升自識」

88　香港出版有：羅渡盈編《梵音經讚》，（香港）國強印刷所承印。（出版資料欠詳）。書內有：焰口讚、散化讚、召亡讚、過橋讚、經懺讚等。

89　參考：洪錦淳著《水陸法會儀軌》，（台北）文津出版社，2006 年 3 月出版。

90　如有於報章上找到相關法會史料，皆是請來「鼎湖山」「羅浮山」及西樵山等佛寺、道觀來港啟建法會。如：「萬善緣追薦大會」（香港華字日報，1936 年 6 月 17 日，頁 3:2）；「萬人緣法會職員昨已選定（香港華字日報，1939 年 6 月 23 日頁 2:4）；「澳鏡湖醫院開追悼會（鼎湖、西樵、羅浮各高僧，均請定來澳作法……）（國華報，1933 年 11 月 19 日，頁 2:4）。參考：蔡志祥、韋錦新、潘淑華編，《「迷信話語」：報章與清末民初的移風變俗》，頁 221，報章彙編，三、香港、澳門，（香港）香港科技大學華南研究中心，2013 年 12 月香港第一版。

91　有關「釋家禪腔」問題，感謝東蓮覺苑的吳廣珍同學代問僧徹法師的意見。僧徹法師精於釋家儀軌，曾深入研究。

92　參考：《弘道闡教：侯寶垣紀念集》，（香港）香港青松觀，2004 年出版。（非賣品）

93　這裏的「老道」為侯寶垣、鄧九宜等人。而本園亦曾有所謂「四大經師（天王）」之說。所謂「四大天王」的說法，即當時四位極具代表性的經壇高功法師，他們分別為：梁本澤、潘可賢、羅恩錫和吳耀東等四位道長。亦可參考：黎志添、游子安等著《香港道堂科儀歷史與傳承》，頁 46，（香港）中華書局，2007 年 11 月初版。

94　參考：潘志賢、梁德華總策劃，黎志添編著《道貫嶺南——廣州三元宮志》，頁 113 嗣法承傳，（香港）香港中文大學出版社，2019。

95　參考：李滔祥撰〈廣州道教科儀源考〉，（天師科派散居道士）（出版資欠詳）。

96　參考：梁運恒撰〈漫談粵港全真道教科儀〉，載於《香港道訊》（147 期），2015 年 6 月．雙月刊，（香港）香港道教學院出版。文中有舉出：澄清韻、舉天尊、提綱、八大神咒、四大經、諸真寶誥、天尊聖號、十二大願、三皈依等同異之處。

97　參考：《大嶼山志》，書內首頁之「筏可序」有「近半世紀以來。滄桑變易。最高原之昂平。東至鳳凰山地塘仔。西至薑山鹿湖。已成為梵宇精舍叢聚之區。」據記載於光緒九年（1883）已有羅浮山道長羅元一建有「純陽仙院」，後才交予觀清法師住持，才改為「鹿湖精舍」。另，有觀音廟（薑山中部）有靜室五幢並立，即「蓬瀛古洞」，原為先天道堂，後轉為「佛教」。（出版資料欠詳）

廣東無異 [98]，港人也是「事鬼」，有聘請道長進行法事等風俗習慣。後來，晚清遺老的到來 [99]、先天道堂等的建立 [100]，一連串的因緣契合，使香港道教之「三教」尤其活躍。前文已提及本園於創壇起（1921年），即常有「大型醮會」進行，因而《普宜幽科》定時演法，以為區內進行「陽樂陰安」之功德 [101]。另，本園早期之會員黃筱煒，曾因為得黃大仙乩示，認為仙師有釋家佛號 [102]，更於黃大仙祠之附近「曾富別墅」[103] 另創辦「哆哆佛學社」，弘揚佛教文化 [104]。六十年代起之黃允畋主席偏於進行佛教科儀，當年竹園村附近之「大佛寺」[105] 的樂果長老、妙智方丈等，時常被邀請來園內啟建釋家科儀，以及講經弘揚

98　參考：劉智鵬、劉蜀永選編《方志中的古代香港——《新安縣志》香港史料選》，頁79〈風俗〉：「俗尚巫信鬼。凡有病，或使嫗持衣燎火而招於門，或延道家逐鬼，角聲鳴鳴然，至宵達旦。諺云：「禾黃鬼出，鬼猶求食。」其氣焰以取之也。（嘉慶《新安縣志》卷二〈輿地略・風俗〉）」，（香港）三聯書店，2020年6月第一版。

99　參考：許振興著《經學、教育與香港大學——二十世紀的足跡》，（香港）中華書局，2020年5月初版。書中提到多名遺老：陳伯陶、賴際熙、朱汝珍等人，對香港早期文化、經學的發展作出貢獻。另，這些遺老文人，他們皆信奉孔子，後更創建「香港孔教學院」，本園園內亦留有這些「太史公」之墨蹟。另見：危丁明著《香港孔教》（北京）宗教文化出版社，2016年1月第1版。

100　見：《賓霞叢錄》，民國38年（1949），（香港）香港九龍東山賓霞洞編。（內部刊物）（趙天一道長借閱）

101　以下幾則的本地報章新聞，皆有談及於五十多代尾，仍在進行「三教幽科」，而六十年起，即有以「大三清」（《先天食濟煉科》俗稱「大三清」）等科儀。如「抱道堂祝呂誕 嗇色園修懺 太白台抱道堂正」：「……九龍嗇色園常事人陳立……許貫修、麥幸等，由十三日起，在園修建三元寶懺，賀中元誕，至今晚完隆，三教幽科燄口，以誌慶祝。」（華僑日報，1955-09-01）另，「嗇色園同人大會報告 一年慈善工作 張玉麟代表東華三院致謝助學」：「……是日賀誕儀式隆重，並啟建法會三天，即晚開壇，祭煉幽科、誦經禮懺，並大放三清，壇式莊嚴，儀式隆重。……」（華僑日報，1959-09-26）又，「黃大仙建法會 功德圓滿盛況 東華三院總理親臨拈香」：「此次舉辦法會，純為冥陽兩和而設，並特設免費普荐，以成就一般艱辛之孝子賢孫，得以慎終追遠，陰安陽舒，兩相慰藉。法會分三大壇場：佛壇由大佛寺樂果長老、妙智方丈、及諸大德施妙法；道壇由青松仙觀、梁九如、侯寶垣、盧寶經、鄧九宜諸道長領導全體誦經懺生、同門道侶百眾，晝夜輪流作法；嗇色園普宜壇，由麥幸、張又覺、陳烔諸道長領導各觀洞同門道侶，諷誦諸經懺本。初八晚青松觀道侶大放三清，濟煉幽科。昨晚九，由大佛寺妙智方丈大放三寶燄口。（華僑日報，1960-05-06）。「嗇色園建醮 法會定期啟壇」：「由大佛寺樂果老法師、妙智法師，領導高僧大德主持大悲懺壇拜懺七天，及瑜迦焰口……誠禮列聖寶懺，大放三清。」（華僑日報，1963-04-22）。「黃大仙祠嗇色園建息災善緣法會 廿九日隆重啟壇七晝連宵 分釋道兩壇各方附荐者眾」：「……虔修千佛寶懺，列聖經懺，關燈散花，三教幽科，幽科焰口，分設釋道兩壇施法。……玄門超薦普宜，普慶，普濟，普化四壇各姓道侶歷代先親之靈位……（華僑日報，1968-04-26）。（以上多則有關本園醮會之新聞報導，感謝吳漪鈴小姐提供。）

102　黃筱煒自於本園扶乩得仙師佛號後，曾拜印光法師為師，據《增廣印光法師文鈔卷一，頁26，〈與陳錫周書〉「民國初年，香港有扶乩者，其言仙為黃赤松大仙，看病極靈。有極無生理之人，求彼指示一方，其藥，亦隨便說一種不關緊之東西，即全愈。黃筱偉羨之，去學，得其法而扶，其乩不動。別人問之，令念金剛經若干遍再扶。依之行，遂亦甚靈。因常開示念佛法門，偉等即欲建念佛道場，云，尚須三年后辦。三年後，彼等四五人來上海請經書，次年來皈依，遂立哆哆佛學社，以念佛章程寄來。念佛后，觀音勢至后，加一哆哆訶菩薩。光問，何得加此名號。彼遂敘其來歷，謂前所云黃赤松大仙，後教修淨土法門，至未後顯本，謂是哆哆訶菩薩，且誠其永不許扶乩。」另，近學者：危丁明兄，亦有介紹本園此一現象了。見：危丁明著《仙蹤佛跡：香港民間信仰百年》，頁216〈傳統宗教的分化和改組〉，（香港）三聯書店，2019年9月第一版。

103　曾富為本園於已巳年正總理。據本壇名錄記載：曾富，香山縣吉帶鄉人，民國十一年（1922年）壬戌歲九月初四日奉 黃大仙 乩示賜名宜省覺：弟子多不為多。多多奈如何。既為吾弟子。賜名宜省覺。另，「曾富別墅」位於九龍城蒲崗村的西式住宅洋房花園及學校，附有亭台、花榭。業主曾富（兆榮）先生及中環「三榮興」及「成昌雜貨鋪」之老闆。1928年成立「哆哆佛學社，藏有佛經」。「五龍院」更藏有「明朝永樂年間之骨董「玄天上帝銅像」。後於日治時期由於建機場而被移平。別墅相片，見於：鄭寶鴻著《香江冷月——日據及前後的香港》，頁116，（香港）商務印書館，2020年7月第1版。

104　見：蔡志祥、韋錦新、潘淑華編，《「迷信話語」：報章與清末民初的移風變俗》，頁221〈報章彙編：三、香港、澳門，有多則相關哆哆佛學社及廣州楞嚴社等「籌辦省港盂蘭大會紀聞」（HK060）（香港工商日報，1931年7月3日，頁3:3）之新聞；另，頁264「萬人緣法會籌委昨已選出」（HK079）有「黃筱偉、沈允升、譚榮光」（香港華字日報，1939年6月8日，頁2:4，港聞），（香港）香港科技大學華南研究中心，2013年12月香港第一版。

105　十方大佛寺位於九龍黃大仙竹園道72號（狗虱週望村木屋區附近）。於1986年附近山坡開始進行爆破、採礦及平整工程，佛寺被清拆；寺內之佛像移奉大嶼山鹿湖延慶寺。見：《佛聯滙訊》，頁4〈蒼海桑田，消失的十方大佛寺〉（218期，4/2020），香港佛教聯合會，《佛聯滙訊》編委員督印。（免費索取）

佛法等 [106]；此時期之醮會道場，除有道家壇，亦有「大悲懺壇」等之設。[107] 普宜壇弟子除修道家科儀，亦同修釋家儀軌，請大法師啟建「瑜迦燄口」，另亦有演法「大悲懺」及「三千萬懺」及「萬佛懺」等。再者，黃允畋又支持「香港孔教學院」之大小活動，及出任副院長等職位。這些事件皆是於黃大仙祠於「三教文化」發展上的一些歷史端倪，更促使香港道壇呈現百花齊放的現象。

總結

我國儒 [108]、釋、道之「三教文化」，正如學習研究而得出的結論：佛、道作為我國歷史上的兩大宗教，與儒家提倡的敬天祀祖、祭祀「天地君親師」匯為一流，更構成我國傳統的宗教文化，是我國傳統文化中的一個重要組成部分。[109] 正如筆者前文所述，三教淵源，有其地區上的不同，但在我國的流傳上，它已融和在中華文化之內，成為「一體化」之宗教。縱使佛法自漢代傳來，但「佛持中論，道秉中和」[110] 而民間演化，菩提心必具慈儉虛靜等論，加上理學引進禪學，佛門又演譯《易經》等。三教文化互攝交融，在民間已為一種常態，至清代尤甚，善堂組織之興起，書生、商人的加入，成為趨勢，後更轉移香港。此等清末民初之宗教現象，以普慶壇、普宜壇及《普慶幽科》（傳至香港後改為《普宜幽科》）皆為活生生的例子。

總觀香港道壇的歷史，於「三教文化」的發展多姿多采，非常繁盛，加上普宜壇的創立，把「普慶幽科」的引進及演法，亦是香港道教史上的一個現象。如上所說，清代的「三教文化」興盛，民間書生扶乩遣興，更為普及，呂祖、觀音等信仰文化廣播，加上民間秘密教派活躍，一連串的「因緣際會」促成了本園「三教科儀」興起，增長黃大仙信仰文化的內涵，承傳三教思想、功法 [111] 及修行等文化，而為百年黃大仙信俗文化之一大特色。

---

106 感謝吳漪鈴小姐，提供以下兩則相關報章新聞：「樂果長老與妙智方丈主持黃大仙醮會法壇」（華僑日報，1960-04-22）「……採釋道兩法力，分三十壇場。敦請九龍大佛寺樂果長老，妙智大方丈領導諸山長老作法；道場請九龍青松仙觀，及黃大仙普宜壇，同施法雨，普度眾生。另蓬瀛仙館、通善壇、雲泉仙館、萬德至善社、松蔭園佛（道）社等多處道侶義務參加。」。另，「黃大仙嗇色園建醮 樂果法師開示佛法 各方附薦先親者眾」（華僑日報：1963-04-28）：「……此次醮會，大悲懺壇，恭請到大佛寺樂果老法師、妙智大法師領導高僧高僧，拜禮七永日。定今（初五）日至初七下午六時半至八時，敬請樂果老法師開示佛法，初八晚大放瑜迦燄施食濟幽。」

107 參考上註，壇場之釋家壇「大悲懺壇」，普宜壇弟子亦是同修的。於《普宜壇文事》的記載，有「禮大悲懺禮式」、「禮萬佛懺文」和「禮三千佛懺文」等釋家儀範。

108 有關「孔」、「儒」及民國開始，民間凸顯了孔教的宗教性，香港之「清時遺老」等，更是積極籌組，倡導傳統思想、儒家思想文化。參考：林富士主編《中國史新論——宗教史分冊》，頁511「陳熙遠：孔・教・會——近代中國儒家傳統的宗教化與社團化」，（台北）中央研究院，2010年12月初版。

109 參考：李養正著《佛道交涉史論要》頁393〈結束語〉，（香港）青松觀香港道教學院，1996年6月出版。

110 中論：即龍樹著《中論》，認為以般若慧觀察一切法，了解一切法皆是因緣生，皆是假名，皆是空，了解一切法無自性。為大乘佛教之「中觀」（madhyamaka）主張，亦以此為理論核心，為中觀派的核心思想與修持方法。至於道教之「中和」思想，於《太平經》、《老子想爾注》已提出「中和」思想，主張：認識和講究關於天地人協調、和諧的意想。

111 據壇內的有進行內養功夫的道長及學者的研究，三教信徒的煉養，有以「內丹入禪，主張從修煉精氣（命）入手，以了徹禪宗所說究竟空寂之本源為歸宿。其名著《悟真篇》內篇述內丹，外篇為《禪宗詩偈》。北宗創始者王重陽，則首倡「識心見性」，其說頗近禪宗。明末全真道士伍守陽撰《仙佛合宗語錄》，和會佛、道二家功夫，以佛家四禪定來解釋內丹修煉的進程。佛教修禪常用的結跏趺坐式，及一些咒語、手印，也被道教所採用。如《道藏輯要・張三丰全書》中就有佛教準提咒修法，《性命圭旨》中以觀想誦「觀音六字真言」，為令五氣歸元之一途。」（《佛教氣功百問》）另，本園更有老道長以扶乩形式，而出版有《三教明宗》書籍，請仙聖佛來解釋「三教同參」之理論。以上兩書為：陳兵著《佛教氣功百問》，（北京）中國建設出版社1989年6月第1版。又，《三教明宗》（庚子年（1960）發起乩出），（香港）嗇色園藏，癸卯年（1963）八月廿三日初版。

第五部分

嗇色園黃大仙祠內之
建築、藝術文化篇

嗇色園黃大仙祠內之建築、藝術文化篇

第一章 嗇色園黃大仙祠內各殿堂簡介

引言

　　坐落於獅子山下、竹園村內的嗇色園黃大仙祠，這裏深獲神明眷顧，降乩以插竹為記，示意為「鳳翼吉地」。百年來既是道侶修道、祀神的地方，亦是香港道教宮觀文化的載體。這裏除了傳統的殿堂，更建設有極具特色的三教殿堂（孔教的「麟閣」、佛教的「盂香亭」、五行建築及其他道教神明的殿堂）；園內保存了各類的宗教文物、殿堂的碑記、匾額與楹聯等等。本章將把這間以古代宮殿模樣，用現代材料及技術等糅合之道教廟宇，扼要地把佈局、結構和藝術設置手法，介紹予讀者。

　　嗇色園被香港學界譽為「四大廟宇」之首，是本港一所為中外信眾、遊客所熟悉的道教廟宇。主殿供奉的黃大仙師，乃源自浙江金華，後來黃大仙信仰輾轉流傳至嶺南、粵澳一帶。黃大仙信仰在香港流傳至今的百年以來，已成為了本港普羅市民的重要信仰之一；上世紀八十年代起，更逆向傳回祖國大地並遠播東南亞、海外地區。廟址峙立於獅子山腳，在九龍竹園坡地上建立的黃大仙祠，計從 1921 年立壇至今，嗇色園黃大仙已廣為香港市民所熟知，黃大仙「有求必應」、「普濟勸善」的美譽，早已植根在市民心中。

　　嗇色園由早年的茅廬竹棚，一路籌措興建，加設重建，妥善修繕，到現在的輝煌殿堂，其建築的歷史過程，也可說是香港發展的縮影，可謂與香港社會同步成長。1969 年，政府更以「赤松黃大仙祠」所在的區域，命名「黃大仙區」，成為香港十八個行政區之一。

　　踏出地鐵黃大仙站口，首先展現眼前的是傳統三層式的牌樓建築。牌樓的橫眉正面書有「赤松黃大仙祠」，背面書有「天地鍾靈」四字。步過牌樓，人們以為這便是「嗇色園黃大仙祠」的範圍，其實這並未到達黃大仙祠的廟宇部分。還需經過「東華三院黃大仙籤品哲理中心」，一座仿古的兩層綠瓦建築，更要經過「廟宇廣場」，才可見到一座高聳的傳統石雕的山門牌樓，樓頂掛有牌匾「嗇色園」三字。白石的門楣上刻有「第一洞天」，背面刻有「瑞接雲衢」；說明這裏是道教神仙的廟宇，擁有人間的勝景。三柱樓頂部分分別刻有三頭石獅子，以坐鎮山門。樓的下面還有一對銅鑄的「銅麒麟」。這是香客們排隊撫摸、希望帶來好運的必經之門。沿着山勢，從山門起，依山坡地勢建設而上。

　　踏進山門，可見一座以傳統神殿形式興建的小型「靈官殿」，殿前拾級而上，座立有贔屭神獸之「共襄善舉碑」。以銅鑄的道教護法神「王靈官」像，神像披甲執鞭、勇猛威武地立於神采奕奕之龍頭魚身的鰲魚背上。靈官神像背後，刻有由國學大師饒宗頤教授所寫的「道」字，字體蒼勁有力，極盡樸實之神韻。沿殿的右面「雲衢中路」直上，兩旁的石雕欄杆上，共裝置有四十二頭神態各異的青石小獅子。左邊拾石級直上，首先是以乩筆所書的紅字「清靈寶洞」影壁建築，再沿石級而上，出現眼前的是極富

嶺南特色的石牌坊。坊的頂部兩端是兩條互相呼應的瓷製彩龍，中間也是瓷製的道教八仙故事。坊額上的「金華分蹟」四字，告訴善信們此為源自金華黃大仙的道教廟宇。石牌坊前的平台豎立兩柱以龍、鳳浮雕的華表，平台四周配有十二座約兩米多高的十二生肖銅鑄造像。至於石牌坊的兩旁則是傳統廟宇的鐘、鼓樓建築。坊下的正面中間是一雕刻細緻的龍堵建築，伴以兩石級旁的青石如意，份外吸引人們的注意。石級向上為大殿的平台，往下則是「太歲元辰殿」的出入口處。沿指示牌層層的進入，有引人入勝的殿堂。

進入元辰殿內，真是別有洞天，殿門上及其兩旁的對聯，皆是饒宗頤大師的墨寶。殿內的六十尊站立而形態各異的太歲脫胎漆神像及殿後兩幅珍貴半寶石砌成的壁畫元辰，更是全國少有的道教藝術精品，備受海內宗教、藝文界同道的讚許（下文有詳細介紹）。至於殿上的大殿平台，放眼遠望，是一建於中軸線上的黃瓦仿宮殿式的建築。殿外四周皆有迴廊圍繞，橫樑上採用「環保軟樹脂」材料，加以彩繪、貼金；大殿對着的是開揚、廣闊的平台，台上近牌坊處置有高度兩米多的大型五供銅鑄法器，器上全為我國西周時期紋飾，中間的香爐鼎座上更鑄有五十六條龍紋，以象徵五十六個民族的大團結。平台上的兩邊另建有長廊，長廊頂是彩畫，而下面則配有每邊二十支的浮雕龍柱。平台左邊設有三個小殿堂，分別是福德祠、藥王殿及財神殿。大殿前為善信們的上香求籤區；殿前的銅獅、龜鶴等銅鑄擺設，更顯出廟宇的莊嚴、神聖。

步入大殿內，首先看到的是神壇中間置有瓷製的黃大仙師畫像。殿內從上到四周的紋飾皆貼上真黃金鉑，顯得金光耀眼。殿內中間的藻井金龍雕刻以下為一古製之大燈籠，此古燈籠業經江南竹工藝大師何福禮先生的監製維修。殿的四周壁上盡是木刻壁畫，壁畫內容包含了道、釋、儒三家的經文及黃大仙寶誥。神壇背部鐫刻的黃大仙師成道貼金木雕，尤是珍貴文物。

圍繞大殿的四周，另有其他殿堂：殿的右面為新建之行政樓「悟道堂」的所在地。堂前有一小橋流水，魚池內有數量不少的「錦鯉魚」，池尾正是原「九龍壁」的正面，九龍壁上之「龍雕」已油上了道家之九色（青、赤、黃、白、黑、綠、紫、紅、紺），並加有「九龍吐水」：九個龍頭口中，不斷吐出清澈泉水。池邊更放有精緻的盆栽擺設。庭園式的佈局，份外美麗俊雅。三層式（九龍壁旁）行政樓，名為「悟道堂」，外牆鑲嵌有一大型的「鍾馗引福歸堂」之銅製畫像，悟道堂的上層外牆裝飾有儒、道、釋的三教石刻浮雕壁畫。

再轉移至大殿的左面為「三聖堂」，中間供奉着佛教的千手觀音，其左為孚佑帝君（呂祖），右面為關聖帝君。中間的觀音神像乃屬木雕，是國內技藝高超的雕刻大師黃文壽及設計師周日高的精心之作。從三聖堂再往下走，又是嗇色園的另組建築群，據園內碑刻的記載：「五行俱備，靈秀所鍾，背枕獅山，面對爐峰，峰下綠波平漾，分東西出海而祥凝瑞聚。……」原來，這系列的建築殿堂，當年曾獲黃大仙師的乩示，故建設時依乩文佈以「五行」架局。先建銅亭，亦即以往道長扶乩之「飛鸞臺」，殿內以「六合思想」構造，配以「六邊圖形」裝設；亭身外牆以銅片鋪蓋，象徵「金」形；沿地勢而下，又有以「木」為主要佈置材料的「經堂」；以「玉液池」為「水形」及紅色八角形四門的亭台建築：盂香亭，亭內供奉着釋家的燃燈聖佛及韋馱護法，是為「火」形。亭外掛有晚清遺老太史的對聯、橫額，亦是本港難得的文化遺產。當中如賴際熙、朱汝珍等名人的墨跡及亭外之「碑記」，亦是本地道教廟堂難得之瑰寶。在亭前，更有「影壁」建築，象徵「土」形。

在這群五行佈局的建築亭旁邊，嗇色園內仍有多座建築物，最大的是於入山門的另一邊已看到的「嗇

色園中醫藥局」；嗇色園由1921年起，已遵奉黃大仙「普濟勸善，贈醫施藥」的旨示，所以這座以中醫義診及中藥派發的大樓，每天都在服務着市民、善信。此外，園內有奉祀先道侶蓮座靈牌的「意密堂」，還有一座仿古建築——鳳鳴樓，樓內地下為一大型「禮堂」，除了是進行科儀的場所，亦是道長習經的場地，更可開設大型文化講座。二樓是古老家具、大量名家瓷器及「藏經閣」之所在地。此樓與大殿旁的後花園「從心苑」的「九龍壁」成左右呼應。在「從心苑」的入口處，還有一祀奉孔聖先師及其門徒的「麟閣」。閣前附設有一名「孔道門」門庭建設，門前有一對巨大的石獅坐鎮。步入「從心苑」，這裏亦有亭、台、走廊，伴以鳥語花香、流水潺潺，將道家那自然、和諧的氛圍表現無遺，使人進入一個「清涼、靜寂」的境界。是故，前佛教協會趙樸初會長於苑內九龍壁上題詩：「昔聞叫起山頭石，今日欣看石作龍；萬古海天添勝蹟，九龍翔舞九龍中。」

　　香港原為一細小漁村，幾經變遷，加上六十年代起，人口不斷膨脹，且看昔日的竹園村，已成為了今天的黃大仙區。這座位於鬧市中的道教廟宇，經過不斷累積、發展及建設，除保留傳統建築藝術與珍貴文化遺產之餘，亦借以現代科技，糅合了傳統的道教藝術文化和本土工匠技藝，讓這座傳統廟宇的建築藝術，不但具有人文思想的內涵，更進而提升了道教建築美學的境界。

（一）大殿

　　黃大仙祠大殿（主殿）內敬奉「黃大仙師」主神、「齊天大聖」護法神及地主福神。1921年，黃大仙師降乩，示意當時的道侶由九龍城碼頭起，往北走三千步，可闢地建祠。梁仁菴道長與馮萼聯道長二人，按指示走到蒲崗竹園村，插竹為記。然後，兩人再回壇（灣仔海傍東街「金華別洞」）向黃大仙師請示，知道該處就是「鳳翼」吉地。黃大仙師指示二人將插竹處右移三尺，再後移三尺，定為新祠大殿的中心位置。於是，道侶便於現址建祠，安奉仙師寶像，並獲文昌帝君賜園名「嗇色」，又獲玉帝乩賜壇號「普宜」；而仙師亦批示，賜殿名為「赤松仙館」，又曰：「此乃集合群眾修道之靜室」。

　　大殿創建工程於1921年農曆六月廿四日興工，七月二十日進伙陞座；並建醮開光及奠土超幽五天，其後多次重修。1971年開始，嗇色園進行歷時三年的大殿重建。殿內牆壁更書寫及畫有道、釋、儒三教的經文和壁畫，以展示本園兼融三教之宗旨。1984年再維修大殿，一年後竣工。2010年又重新翻修及貼金鉑等工程，於2011年「九十周年紀慶」落成啟用。此外，黃大仙祠大殿於2010年5月獲政府古物古蹟辦事處評定為「香港一級歷史建築」。

▌2011年擴建後的大殿

（1）大殿佈局

大殿之主壇從早年已定於殿堂中央位置建設「主祭壇」，安奉黃大仙師寶像。此黃大仙寶像是以硃砂拓印而成的，現在已依據原寶像而更改為「瓷片」寶像了。舊寶像之樣式應是梁仁菴道長於1915年由廣東西樵普慶壇黃仙祠攜帶來港的，具有獨特的歷史意義。及後，嗇色園黃大仙祠成立，大殿一直沿用「寶像」，而沒有為黃大仙師塑像，此乃大殿之一大特色。

建築在高台上之「主祭壇」形狀猶如帝座，蓮花台上的左右兩旁及背部欄杆上皆佈以小型蓮燈，於科儀進行時全部小燈點燃，顯得金碧輝煌，異常莊嚴。於壇前兩邊附有金龍盤柱，柱頂有木雕金獅，座壇頂部又有雙鳳和鳴。壇前高處亦懸掛了鎮壇寶劍，法劍指向南面之鯉魚門海口，是用以鎮壇蕩邪的。主殿中央並懸掛了十盞精美而大型的「眾勝彩燈」，為每年正月初七日給各界善長競投，在殿內懸掛一年，以求黃大仙之守佑、降福。另亦於殿外走廊頂上，掛滿了每年善信所捐資種福之「勝意燈」，以祈求家宅平安，心想事成。

大仙壇右側是吉壇，安放葫蘆及聖水

黃大仙主祭壇的左面供奉着普宜壇的護法神「齊天大聖」及「本祠地主福神」；右面的神台上，則置放葫蘆及聖水，以為襯托。另外，殿內前部兩旁亦放置了道教「四大護法」行將，分別為：趙公明元帥、馬靈元帥、岳飛元帥及溫瓊元帥。這四尊聖像行將曾於大獻供、禮斗大法會及廟會等大型科儀（一般為神明出巡時），用以遠場護法。聖像（行將）有八尺高，像首及身軀分別於內地及台灣等地製造，出巡時可套上行走，為神明開道護法。

　　黃大仙師寶殿大門之門楣頂之上掛有「赤松黃仙祠」匾額，於本園五十周年金禧之時，由呂純陽仙師降筆乩書；「赤松」二字，皆因黃大仙師又號「赤松仙子」。另，殿簷前上掛有道教三寶：「道」、「經」、「師」及以「暗八仙紋飾」雕刻而成之圓型木牌。

大殿內一旁放置了道教「四大護法」之趙公明元帥（右）、馬靈元帥聖像（左）

大殿內另一旁放置了道教「四大護法」之岳飛元帥（右）、溫瓊元帥聖像（左）

殿門外懸掛「赤松黃仙祠」橫匾及「道」、「經」、「師」道教三寶的圓牌

（2）宗教藝術的設置

大殿於 2010 年重新粉飾、修繕，於神殿內之頂部，皆改以紅木雕刻龍紋天花，再貼上真金金箔。而黃大仙師寶座之上更裝有「蟠龍藻井」；四壁的彩繪、紋飾及門窗等皆重新粉刷，並貼上金箔。於殿之後部壁上，更掛有三幅雕刻精美之儒、釋、道木雕壁畫：居中為道教之「三清天尊圖」；左邊為佛教之「釋迦牟尼佛說法圖」；右邊為儒家「孔聖先師六藝圖」。又，壁的兩旁頂上鑲嵌了五幅金雕木刻壁畫，分別為：群仙祝壽、老子出關、杏壇講學、王喬跨鶴及琴高乘鯉等。另，亦附掛有「三教」木雕經文，分別為：《老子道德經》（摘錄）、《太上感應篇》（摘錄）、《孚佑帝君治心妙經》（摘錄）、《黃大仙寶誥》、《黃大仙真經》、《般若波羅蜜多心經》、《禮記·禮運大同篇》及《孟子·天降章》等。

「主祭壇」背後之「黃大仙師成道圖」，則為一早年製作之木雕製品。以細緻之雕工，配以高超之技藝，乃為鎮壇之瑰寶，彌足珍貴。圖下附有創壇時之《赤松先師自序》乩文，為一木刻金字之藝術精品。

大殿之穹頂採用「加蓬紅花梨木」，再貼金箔而成

大殿中央上方雕有「蟠龍藻井」。藻井一般由多層斗拱組成，由下而上不斷收縮，形成下大頂小的倒置斗形，四壁飾有藻飾花紋

三清天尊圖

釋迦牟尼佛說法圖

孔聖先師及六藝圖

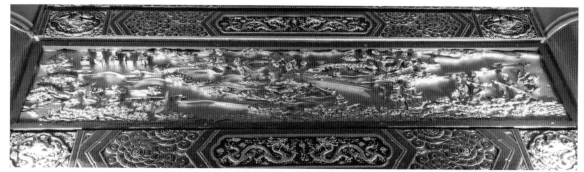

群仙祝壽

老子出關

杏壇講學

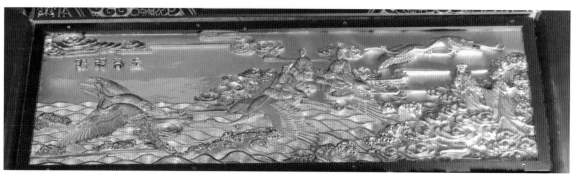

王喬跨鶴

琴高乘鯉

《禮記．禮運大同篇》

《孟子．告子下．天降章》

「仙師成道」圖

「仙師成道」圖

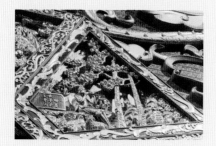

一、「幼貧牧羊於金華山」

解：仙師年少時候，家庭貧困，經常沒米糠煮食。八歲便開始於金華山牧羊，幫補家計。

二、「覓一洞曰金華，乃福地三十六洞天之一也」

解：仙師在金華山中覓得一洞，乃道教三十六小洞天之一。

三、「仙翁指引石室煉丹」

解：仙師於十五歲時因緣際遇到一位仙翁指示，帶引到赤松山上的一間石室之中，煉丹藥以回復生機，最後丹成九轉而證道。

四、「潛修四十餘年，乃兄遍尋不獲」

解：仙師在山中潛心修煉，拋開世俗塵寰之事。四十餘年後，其兄長黃初起仍在到處尋找仙師的下落，但都沒有消息。

五、「遇道士善卜者指示迷津」

解：後來，仙師兄長黃初起遇到了一位善於占卜的道人，指引仙師的位置，終於他們兩兄弟得以相見！

六、「兄尋見於石室時，正藥煉回生，丹成九轉」

解：仙師兄長尋覓至石室時，仙師已經煉成丹藥，回復生機，而且丹成九轉，證道成真。

七、「但見磊石不見羊踪」

解：仙師兄弟二人一同往山的東面，但見眾多白石，卻不見羊的踪影。

八、「問羊何在？叱石竟能成羊」

解：仙師兄長問道，當日的羊在哪裏呢？大仙遂向白石叱喝一聲，全部竟然變成羊群！

九、「兄亦修真，同列仙班，共成正果」

解：仙師兄長從此跟隨大仙一起修真煉仙，最終亦位列仙班，修成正果。

在主殿建築之門前平台，中間除了放置了一個可移動之供枱，供善信膜拜插香外，近殿的兩邊更配置有銅鑄獅子、鶴龜及龍龜。銅獅仿照北京故宮的銅獅製作，乃鑄造專家萬緒德之精心傑作，工藝一絲不苟，銅獅頭髮紋理精緻，極具莊嚴威武。至於鶴龜則表現出仙鶴舒展雙翅、徐徐下降之神態；而龍龜亦顯現昂首舉爪、恭迎仙鶴降臨凡世的神態。此等造型皆為本園監院之構想，把「神態」和「靈氣」巧妙地融合與表彰，寓意長壽吉祥。

▌殿前兩邊的鶴龜及龍龜

▌殿前兩邊的銅鑄獅子

（二）太歲元辰殿

　　殿內供奉斗姥元君、六十元辰以及六十太歲神。殿堂於 2011 年落成啟用，殿內面積約一萬平方呎，分為前廳和主殿兩部分。為本港一所極具現代化科技以及環保概念結合的殿堂。

　　太歲元辰殿為本園監院以「道教環保概念」，並融入現代科技及信仰構建而成的。殿內不用燃點香枝，而是通過殿內提供以老山檀香粉製成之香枝，進行敬拜神明。善信插上之香枝，將由職員收集到殿外之香爐進行焚化，以免造成殿內空氣之污染。善信入殿只會獲派三枝香枝，分別向斗姥元君、值年太歲及本命太歲神明進行參拜。另，殿內亦有為善信進行禮拜星斗之「祈福上表服務」，善信可請道長代為上表祈福：道長會先為善信填上出生年月份等個人資料於表文紙上後，道長更會代為上稟祈福，並點上「牡丹星燈」及填上小燈籠掛飾，由善信向自己所屬「本命太歲」投上表文祈福、許願；當善信投入表文時，神像背後即會噴出輕煙及有紅燈照面，以象徵把善信之心意傳達上天，而紅燈照面則有鴻運當頭、神光護佑及星運亨通等寓意。

▋ 太歲元辰殿內之佈局莊嚴

▌殿內之香爐鼎

▌善信上表祈福時，紅燈會亮照，並有祥煙繚繞

（1）殿堂佈局

　　殿內正中央的穹頂有一個現代化的大型「星象天幕」，以 LED 環保燈營造一個依據香港天空之星空圖。這個設計契合了我國古代「天圓地方」的世界觀。天幕是半圓形狀，而地下是四柱（柱上刻有廿八星宿神像）呈正方形圖案及先天八卦太極圖。此外，星空的燈光（LED）會因應香港的「冬春」、「夏秋」兩組季節而轉換，把道教星斗文化，以現代之科技展現出來。

▌現代化的大型「星象天幕」

　　星象天幕的四周環繞着手持八種不同樂器的敦煌飛仙，猶如彈奏出天籟之音。地上是太極圖及先天八卦圖，以乾南坤北方向顯示，而斗姥元君聖像正是坐北向南。前殿天花之四邊有四靈獸圖案：左青龍（東方）、右白虎（西方）、前朱雀（南方）、後玄武（北方）。殿內兩邊木門亦刻有北斗七星君及南斗六星君聖像。正殿的古銅色大門亦刻有「暗八仙」圖案，背面則是半立體的道教四大護法聖像（「馬、趙、溫、岳」四大元帥）。正門之上方門楣有國學大師饒宗頤教授題寫的「太歲元辰殿」匾額，內殿則掛有饒宗頤教授特為太歲元辰殿而撰寫的楹聯。

▌太極圖及先天八卦圖

▌柱上刻有廿八星宿星官圖

▌前殿天花之四邊有四靈獸圖案，包括：

▌左青龍（東方）　　　　▌右白虎（西方）　　　　▌前朱雀（南方）　　　　▌後玄武（北方）

▌左：北斗七星君
▌右：南斗六星君

大門刻有「暗八仙」圖案　　　　　　　　　　　大門背面刻有道教四大護法聖像

至於前殿又闢建了一「壇場」，為當值的義務道長演法科儀及為信眾「上表祈福」之地方。壇內擺放了多張几案，案上有文房四寶，兩側分別擺放了座地（兩公尺高）金色「北斗七星燈」，經年亮燈閃耀。

此外，殿堂正中央擺放了一座寓意「五行運轉道祖守護香江」的鍛銅擺設。此擺設為紫荊五瓣之上，是五位代表五方五行之道長造像，齊向佇立在中間之太上道祖金身法像抱拳作揖，有「太上降祥增福壽，五行運轉護香江」之寓意。造型特別用以香港市花「紫荊花」之設計，為李耀輝監院之精心構思，其靈感源於參觀大英博物館時，看到類似之古物，後轉變意念把信仰與祝禱融化擺設物件之中，祈盼道祖護守香江，五行運轉，繁榮昌盛。

殿堂之前廳掛有大型牡丹吊燈，地上於正中央為「後天太極」圍繞着「十二生肖石刻地磚」，及外環伴以「牡丹供燈」。於金架之上放置了288盞牡丹供燈，為善信於拜太歲元辰之餘，亦可供燈祈福。道長於農曆之初一、十五日，將進行「牡丹供燈點燈科儀」，為善信祈福、拜斗、禳災。

內壇是當值的義務道長為信眾上表祈福的地方

「道祖守護香江」的「五行紫荊」鍛銅工藝

▌牡丹星燈金架及十二生肖石刻　　　　　　　　　▌牡丹供燈科儀

（2）藝術文化設置

神像

　　殿堂之正中供奉了眾星之母「斗姥元君」之聖像。據道經記載：「斗姥元君」聖像呈現為：三目、四首、八臂形象，雙手各捧日月二輪，並掐手訣法印；其餘四臂，分別手執寶印、鈴、弓及箭等四大法器。從「斗姥元君」神像的側方，可以看到神像前方的寶駕，是以寓意「北斗七星君」的七隻小豬牽引着的。「斗姥元君」左右兩方，環繞六十太歲神，所有太歲神像皆以傳統的「脫胎法」製成。此漆器造像脫胎方法早已絕跡，殿內神像特地請來內地之技藝師傅工匠專心研究，親手打造的。而每尊太歲神像前，亦擺放了由監院精心設計之「龍牌」，牌上雕刻有：太陽、蝙蝠、梅花鹿、白鶴及底部有魚及水等，把天、地、水（海、陸、空）之自然氣象融入信仰之中，亦有福、祿、壽三星吉祥之意義。

▌斗姥元君聖像及代表北斗七星君之七隻小豬　　　　▌有福、祿、壽三星吉祥之意的太歲神牌

採用傳統脫胎法製成的六十太歲神像

壁畫及楹聯

殿堂門之兩旁製成了「六十元辰畫像壁畫」，壁畫乃據清宮廷如意館畫師所畫之「道教六十元辰圖」而以不同種類的天然寶石及半寶石等，精工鑲嵌而成，乃全國獨有，彌足珍貴。門旁亦有一副楹聯，由國學大師饒宗頤教授撰寫及親書：「斗極幹璇璣爍顯巨光潛日月，姥恩覆宇宙宏施法力度天人」。楹聯用了「鶴頂格」手法，凸顯斗姥元君的神威及法力，度人無量。正門上之「太歲元辰殿」牌匾，亦為饒教授親書。此太歲元辰殿，把道教之「星斗信仰文化」融入其中，使這裏成為一個富有道教文化特色的殿堂。

六十元辰壁畫

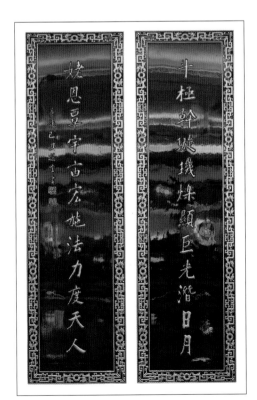

饒宗頤教授撰寫的楹聯

饒宗頤教授撰寫的「太歲元辰殿」匾額

道教藝術品

　　除了神像等神聖之設置與奉祀外，太歲元辰殿陳列着很多道教類別的藝術品。在前廳，一邊擺放了珍品瓷器：青花瓷、釉裏紅等；另一邊則掛有景德鎮「十二生肖全彩瓷畫」，由中國陶瓷工藝大師黃雲鵬教授監督及燒製。近主殿的柱雕上一幅楹聯，由時任嗇色園主席李耀輝監院撰文、時任中國道教協會會長任法融道長手書：「玄穹朗耀，道馭元辰本命祈國泰；玉宇生輝，天降太歲神靈佑民安」。牆身則有「百福」及「百壽」圖、取自《道德經》的「上善若水」及「道法自然」圖，背後配以流水牆，寓意求壽連綿，生生不息。

仿古珍品瓷器

景德鎮十二生肖全彩瓷畫之一部分

李耀輝監院拜撰，時任中國道教協會會長任法融道長手書的楹聯

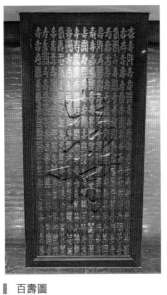

百福圖　　　　　　百壽圖　　　　　「上善若水」圖　　　　「道法自然」圖

（三）三聖堂

　　此殿堂供奉儒、釋、道三教尊神，分別為：佛教的「觀世音菩薩」、道教的「呂純陽帝君」及儒教的「關聖帝君」。另亦奉祀「本堂護壇福神古龍鑛寶座」、「五方五土地脈龍神」及「旺壇土地接引財神」，三位神明同奉祀於一個龍牌內。這裏因為是供奉三教聖人，故名「三聖堂」。此殿位於主大殿東側，原名「雨化堂」，為前先輩道長私人修建，初用作潛修之用，後亦捐獻予園。此堂早建於 1935 年，另於 1946 年、1996 年、2009 年皆有進行修繕。

三聖堂舊貌

三聖堂於 1996 年重修後的外貌

三聖堂現貌

（1）殿堂佈局

　　殿堂內原來供奉的三教聖人，本是一座神壇及三幅聖像畫。2009 年重修時，改為三位尊神各自獨立的神壇。中央供奉的是「觀世音菩薩」聖像，座前有善財童子及善女龍王，為菩薩之脅侍；菩薩左側奉祀「呂純陽帝君」聖像；右側是「關聖帝君」聖像。而關帝像前亦有關帝、太子關平及副將周倉等三個小瓷像。重修時，本園特地將舊有的門窗拓闊及加裝落地玻璃，使神殿更開闊、光亮。除讓善信能夠清楚瞻望聖像外，亦可提供更加寬廣的空間讓道長經生於殿內進行科儀。

殿內供奉三教聖人，包括觀世音菩薩（中）、純陽帝君（右）及關聖帝君（左）。

▌觀世音菩薩座前之善女龍王聖像　▌觀世音菩薩座前之善財童子聖像　▌關聖帝君聖座前的關帝（中）、太子關平（右）、副將周倉（左）等三個小瓷像

▌以現代玻璃鋼製作的觀世音菩薩聖像

（2）藝術文化

「三聖」神像

　　三位尊神的聖像用了不同物料塑造，分別為：「觀世音菩薩」是傳統木雕聖像；「呂純陽帝君」是現代玻璃鋼造像；「關聖帝君」為陶瓷聖像。觀世音菩薩聖像展現了千手千眼法相，左右兩邊各十六隻手握有不同的法器，頭頂又有諸佛湧現，法相慈悲、莊嚴，雕工仔細，堪稱是一尊藝術珍寶。左側為呂純陽帝君坐像，手執拂塵，龍眉鳳眼，此法相為香港呂祖壇承傳下來，現時本港很多道壇亦有供祀同樣之法相神像。右側是關聖帝君立像，亦為一尊氣宇軒昂，神態威武之神像。

左：純陽帝君的現代玻璃
　　鋼聖像
右：關聖帝君的陶瓷聖像

楹聯

　　早年三聖堂內懸掛的楹聯是「大哉仙乎與聖賢之道同道，尊矣神也以天地之心為心」。聯的內容為稱揚道、儒之道的相通。此聯又曾懸於大殿外，後改移置三聖堂內。於 2009 年重修後，殿堂楹聯改為「嗇節有餘三教同源承一脈，色空雖幻眾生樂善自千秋」，對聯更明確地顯示：道、釋、儒三教同源及行善為樂的意思。查證撰聯者是莫儉溥先生，曾任灣仔敦梅學校校長，精通傳統國學及書法，曾任孔教學院「宣道委員會」之司理，所以撰此「三教文化」之楹聯。

由莫儉溥先生撰寫的三
聖堂楹聯

（四）飛鸞臺

　　此殿內供奉黃大仙師、黃大仙三代仙親及朝陽得道啟善菩薩等三位尊神。壇內附有其他神明龍牌，分別為：「南無無上上燃燈聖佛」、「大慈悲觀世音菩薩」、「九天開化文昌帝君」、「開天闡化正陽帝君」、「忠孝仁勇關聖帝君」、「燮元贊運孚佑帝君」及「啟教祖師明心聖佛」。由於飛鸞臺原為乩壇，所以把本壇之三教仙佛同時奉祀。

　　此殿於早年為黃大仙師降乩的鸞臺。本園之扶乩自乩生衛仲虞（1889年至1974年）道長羽化後，扶乩停頓，遂成為仙師之「靜室」，只准園內會員內進參拜、誦經與仙聖感應之靜室。飛鸞臺內外四周皆鑲嵌了銅片，在嗇色園的五行佈局中屬「金」，亦簡稱此殿為「銅亭」。於1924年初建，1936年重建，1989年重修；為本港宮觀廟宇建築中，較少見之一座「銅殿」建築。

　　飛鸞臺的殿前建有「四大金剛護法」神壇，護法神座牌內，附有四幅乩筆書寫的神諱靈符。神壇兩旁有一副木製楹聯：「問心無愧，鍊性化空」，上方牌區以金漆書一「心」字。楹聯及牌區乃1924年仲春立。

　　早年「飛鸞臺」懸掛之木刻橫額是由道侶張殿臣（明覺）敬獻。1942年日軍入園欲取此橫額，並強行登上取之，卻失足跌下，最後向黃大仙師鞠躬罷手而去。現在之銅鑄直身牌區為1984年懸掛。正門兩旁的楹聯甚有意思：「存險心勿到此地，修善果可登斯門」，實在發人深省。

▌五行屬「金」的飛鸞臺外貌

▌殿內神座

▌「朝陽得道啟善菩薩」神位

飛鸞臺前的「四大金剛護法」神壇

（1）殿堂佈局

飛鸞臺內供奉的是「黃大仙師聖像」早年承傳下來的一幅畫像。聖像左旁供奉「黃大仙三代仙親」神牌，前方供奉七位神明（見本章節介紹）的神牌；正門左側則另設有神龕供奉「朝陽得道啟善菩薩」牌位。殿內六面牆身四周皆以銅片包圍，壇內神案、神座及窗框等，皆以金漆粉色，配合五行中「金」的象徵。神壇佈局簡緻莊嚴，與殿外之「四大金剛護法」神壇相對。

飛鸞臺內供奉的列聖神牌

「黃大仙三代仙親」神牌

飛鸞臺的楹聯內容發人深省

（2）藝術文化

飛鸞臺內天花藻井位置是以凸出之六角框浮現出一條栩栩如生的銅製龍雕，框的周邊配以鳳紋圖案。殿內天花除突出藻井之龍外，全伴以之凹入之小型六角圖案，來拼合成一大型之六角圖。每個六角形凹面皆有一個佛教法輪圖案，周邊配以蓮花圖。此外，殿內頂部四周牆壁掛有《黃大仙寶經》的經文書法，殿內牆身更全配以暗八仙圖案。另外，殿堂外圍的銅片呈現各式各樣不同的幾何圖案，有梯形、六角形、正方形、直紋、祥雲等。六角形內又刻有鳳凰圖紋，雕工精細。台階四邊及樓梯之石欄處，都刻有三個石羊頭置於欄柱頂部，配合嗇色園徽號之「三頭羊」之象徵。

■ 殿內頂部的銅製龍雕

■ 頂部佛教法輪圖案

■ 牆身是暗八仙的圖案

《黃大仙寶經》之「孝」：
懷胎十月，吞幼勞睡，濕眠乾苦，自徙長大，成人如忤，迷問心真，箇中不如無真悴。

《黃大仙寶經》之「悌」：
棠棣開，三兩枝，椿萱堂上，斑衣隨行舞，後長方為弟，弟不弟，猶如不孝兒。

■ 《黃大仙寶經》之「孝」、「悌」

《黃大仙寶經》之「忠」：
受君之祿，代君分憂，是為臣體，自擠亂則，辭官平則，士問他忠，宇意何由。

《黃大仙寶經》之「仁」：
心中本德，便憐仁又，寡貧孤人，贈貧念汪，慈祥恭且，敬不私自，己大公人。

■ 《黃大仙寶經》之「忠」、「仁」

《黃大仙寶經》之「義」：
義交先英雄，豪氣慨志，怡然莫將，惡為真，義須顧奸，雄手段寧。

《黃大仙寶經》之「廉」：
治家萬事，廉為本，富厚都由此，積來不可，常存今貝，念一身清，淨樂何我。

■ 《黃大仙寶經》之「義」、「廉」

《黃大仙寶經》之「恥」：
宇古臭詬不知為，紀奚名頭邪人，千如留若淫善家，秋芳萬得起奸怕。

《黃大仙寶經》之「禮」：
人世無非，衆五倫禮，當行苦貴，自偕兼常，犯到庶何，功疏與親。

■ 《黃大仙寶經》之「恥」、「禮」

《黃大仙寶經》之「節」：
操持取志，志立堅貞，忠自守對，皇天切莫，心如風擺，柳事無兩，可理當然。

《黃大仙寶經》之「信」：
非莫妄施，媳是心非，自問反何，相反何別，人信勿施，大車無軏，軻難為離。

■ 《黃大仙寶經》之「節」、「信」

修善果

■ 殿堂外圍的銅片呈現各式各樣的不同紋，外邊石欄亦刻有石羊頭

（五）盂香亭

　　此殿堂內供奉有釋家的「燃燈聖佛」和「韋馱菩薩」。盂香亭乃遵行黃大仙師之「五行建築佈局」占示，以奉祀燃燈聖佛，五行屬「火」，加以亭外牆身亦為「紅色」，以展現「火」之格局。盂香亭外，建有四邊走廊通路圍繞，戶分四門，呈八角狀，如建築上「亭」之外形，為園內佛教壇場建築之典範。1933年初建，經1961年、1974年、1993年及2007年重修。據甲戌年（1934）冬立的〈盂香亭紀念碑〉載：

　　　　盂香亭之建設也，迺秉　仙師訓示，用以供奉聖佛，闡揚佛法，以成三教同源之本旨。同門七老奉承仙師意旨，踴躍為倡。先以葉證覺首為之倡，七老及同人等繼續相助，而亭遂得告成焉。動土於癸酉之秋節，竣工於同年臘月，而七老與同人等之願獲償矣。亭位仙師殿前之左側，取渾樸不尚雕飾，戶分四門，亭形八角，中奉聖佛，朝夕炷香禮　佛，其門乃闢用，昭其潔也。亭後鑿地建池，顏其名曰玉液池，內植蓮花，四週繞以花木，亭前照壁，忠字留題，用以喚醒世人，點綴五行之景。

▌殿內供奉的燃燈聖佛聖像

▌殿內供奉的韋馱菩薩聖像

▌盂香亭在五行中屬火

從以上之碑記所載，可知創建盂香亭是獲黃大仙師的聖示，並得到葉證覺道長的倡議，再得到七老（林威覺、何伸覺、何香覺、吳力覺、潘澤覺、潘增覺和潘念覺）等道長的捐獻協助，才建立此壇場。

又，據園內文獻所載，於1944年5月某夜，日軍突然進入嗇色園搜查，並命令全園各人齊集，出示身份證件。當時有一名員工因受驚逃遁，另一名又未帶備證件；眾等惶恐之際，盂香亭側突然有紅光閃出，日軍驚異，立即放棄了追查及離開了本園，化險為夷，時人都相信是神跡顯現。

（1）殿堂佈局

亭內地板「大蓮花」地磚為主，壇前近中央位嘗更立有「蓮花石檯」，上面安放了一塊「黃大仙師石符」。此石符乃發現於西樵稔崗普慶壇遺址，後承製安奉於盂香亭之蓮花石檯上。壇內佈置簡潔，亭頂藻井處刻上了佛教「卍」字圖案。在燃燈聖佛的座壇上面，懸掛了1933年由黃大仙師降乩題句的「佛慈廣大」牌匾，並由前清末賴際熙太史公所書。

殿內地板刻上一朵大蓮花

（2）藝術文化設置

「盂香亭」四邊皆掛有四幅牌匾及楹聯，分別由四位著名的晚清太史賴際熙、朱汝珍、吳道鎔及岑光樾所撰寫。能稱為「太史」者，必為進士出身，乃滿清時代任翰林院修撰、編修等職位之官員，地位尊崇。其中，正門牌匾「盂香亭」三字，乃由清代最後一位榜眼朱汝珍所題；另一門「皆大歡喜」則出自進士吳道鎔的手筆；「三教同源」乃進士岑光樾的墨寶；「萬流共仰」乃進士賴際熙書寫的。

此外，2010年維修時，更在亭外的四周走廊石欄上加放了佛教「四大天王護法」的瓷器聖像，使盂香亭顯得格外莊嚴、壯觀。在佛教信仰中，「四大天王」屬於護持佛法，護國安民之天神，掌有「風調雨順」之權能。本園特從景德鎮訂製四尊橫眉厲目、勇猛威武的四天王瓷像，以鎮壇護法。

盂香亭外掛上的四幅太史楹聯

▌ 東方持國天王聖像

▌ 南方增長天王聖像

▌ 西方廣目天王聖像

▌ 北方多聞天王聖像

（六）麟閣

　　「麟閣」殿內主要供奉了萬世師表「孔聖先師」（道教尊稱為「孔聖帝君」）及歷代儒家聖賢等神明。這殿為園內「孔廟」之建築。「麟閣」之名，乃取自孔子出生前有「麒麟」瑞獸在其家宅的院子裏「口吐玉書」之典故（詳見下文介紹）。麟閣始建於1921年，又分別於1922年及1935年重建。至於麟閣前之「孔道門」則擴建於1941年，並於1981年拆卸重建。「麟閣」之規劃乃按黃大仙師乩示而建設，由「孔道門」、「雲衢中路」直下，面向嗇色園「第一洞天」牌坊正門；而於建築物「閣」前築起了「道」及「門」，以顯示「孔聖」地位之尊崇。

▌ 麟閣外貌

麟閣前之孔道門

（1）殿堂佈局

此殿乃根據傳統「孔廟」之規格與佈局設計。殿內中央供奉了「大成至聖先師孔子」的聖像及畫像，兩旁有「東配」（配，配享之意）及「西配」之配祀。「四配」分別為：復聖顏子、述聖子思子、宗聖曾子及亞聖孟子等，他們與孔子合稱為「儒家五聖」。

殿內除了正位、「東配」及「西配」外，亦附有「東哲」、「西哲」及「東廡」、「西廡」等從祀。東、西哲（各6人）供奉的先哲有：閔子損、冉子耕、冉子雍、宰子予、端木子賜、冉子求、仲子由、言子偃、卜子商、顓孫子師、有子若、朱子熹，合稱「孔門十二哲」。至於「東廡」及「西廡」則分別供奉了「先賢」、「先儒」兩部分；「先賢」是從祀的第三級，其中東廡39人，在殿東旁，西向；西廡38人，在殿之西旁，東向。「先賢」皆為孔門弟子、先秦哲人及宋代理學家。而「先儒」則為歷代著名儒家學者，乃從祀的第四等級，其中東廡23人，西廡23人。東、西廡「先儒牌位」，分別與東、西廡「先賢牌位」同放一邊。

孔子聖壇座下則按道教規格，設地主神位，神牌刻上「開山地主馬大龍王」，以護守聖壇。

殿內根據傳統孔廟規格佈局

▌殿內中央供奉「大成至聖先師孔子」　▌東配　▌西配

▌東哲及東廡

▌西哲及西廡

（2）藝術文化

殿內後牆中央牌匾「立人之極」，出自宋代周濂溪《太極圖說》，其義在於建立人的道德實踐。原文云：「聖人定之以中正仁義，而主靜立人極焉，故聖人與天地合其德。」周氏意為，聖人為使人不陷於偏邪而失其中正，不蔽於私欲而喪其仁義，故定中正仁義之道而主靜，使人自作主宰，循理而無欲，這就是人道之終極準則，亦即道德實踐的最高標準。

「立人之極」牌匾

殿門兩側之楹聯是由本園老道長李元炳於八十年代初重建時所撰：「麟是四靈之祥惟聖人出類拔萃，閣乃莊嚴之地願來者啟後承先。」除了表明孔子是天降聖人，更願後人可以承先啟後，秉承聖人之學，傳揚傳統道德文化。李元炳道長曾任嗇色園主席（1964年），亦曾任教於香港中文大學新亞書院及私立珠海書院等學府，他精於傳統國學及詩書文詞，本園內有不少楹聯出自他的手筆。

李元炳道長撰
寫的對聯

此外，麟閣殿內兩邊牆身下方裝置有「六藝彩圖瓷磚」。「六藝」是我國古時儒家要求學生所能掌握的六種基本才能，也泛指古代高等教育的學科總稱。《周禮》有所謂「古六藝」：禮、樂、射、御、書、數。此六藝為當時貴族階層日常事務中所必需歷練的基本才能；故貴族學子及民間俊秀，必先習此六藝，方能為國家所用也。

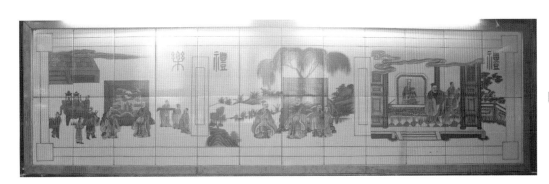

六藝瓷畫：禮、樂

六藝瓷畫：樂、射

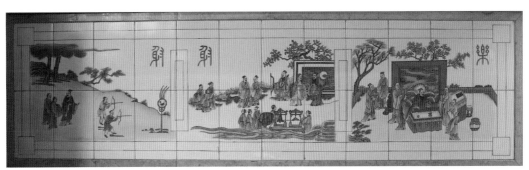

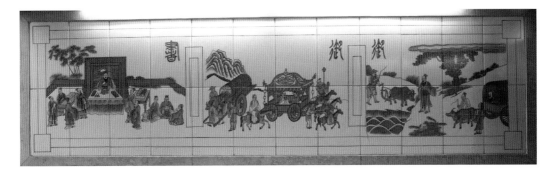

六藝瓷畫：御、書

六藝瓷畫：書、數

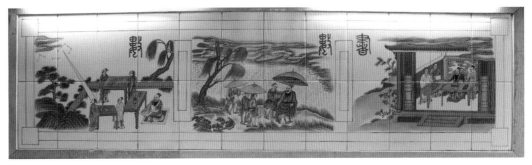

「麟吐玉書」石雕

另，殿內正門之門楣上方亦掛有「麟吐玉書」石刻碑文。碑的四邊刻有琴、棋、書、畫等圖案。麟，即「麒麟」，是吉祥神獸之一，公獸為麒，母獸為麟。其首似龍，形如馬，狀比鹿，尾若牛尾，只在太平盛世或世有聖人時才會出現。又，《說文解字》（漢．許慎）：「麒，仁獸也，麋身牛尾一角；麐（麟），牝麒也。」據記載，孔子出生前，有麒麟在他家的院子裏「口吐玉書」，書上寫道「水精之子，繼衰周而素王」（晉．王嘉《拾遺記》），意思是出孔子為非凡人，乃自然造化之子，雖未居帝王之位，卻有帝王之德，堪稱「素王」。往後儒門之弟子，皆喜用「麒麟」來形容孔聖人，所以拜祭孔子之廟堂，也稱「麟閣」。至於閣外走廊台階四周及樓梯之石欄處，全以「石麒麟」置於柱頂，造型栩栩如生，刻工精緻，足以寓合「麟閣」瑞獸之象徵。

石麒麟

（七）財神殿、藥王殿、福德殿

三座神殿位於大殿平台右側，乃九十周年擴建時所建設的。各殿連成一線，為首是「財神殿」，中間為「藥王殿」，最後為「福德祠」。

財神殿內供奉了道教武財神「趙公明元帥」，趙元帥為道教四大護法神之一。財神殿內之右側牆上，掛有一幅「五路財神」寶石壁畫。

藥王殿供奉藥王孫思邈（約 541-682 年）真人。孫真人乃唐代著名醫師、道人，其《千金要方》等著作影響深遠，於民間醫人無數，提倡道家養生術等，被尊稱為「藥王」。宋代獲追封為「妙應真人」。

福德殿供奉「土地公公」及「土地婆婆」兩位守護土地的神仙。黃大仙祠於創壇時，已建有「福德祠」，後於興建「太歲元辰殿」時，拆毀大殿平台，才改建福德祠，並且同時奉祀「土地婆婆」。

（1）殿堂佈局

三座神殿連成一線，最近大殿是為「財神殿」，然後是「藥王殿」及「福德殿」。每座神殿皆設置有紅木神座及供桌，以劃分內壇。殿前有一木欄，刻有「神壇莊嚴，非請勿進」等警句。每個殿門兩邊都有石雕龍柱，由本壇會員所捐建的。

■ 財神殿

■ 藥王殿

■ 福德殿

■ 財神殿配以「五路財神」寶石圖

「財神殿」除配有「五路財神」寶石圖，殿宇頂部天花更有由多幅刻上「金麒麟」、「元寶」及「銅錢」的圖畫拼合而成。而「藥王殿」之供桌上，則放了「玉葫蘆」及「大靈芝」等擺設，有懸壺濟世、健康、長壽之祈求。殿堂頂部天花，則是多幅仙鶴及壽桃的木刻圖。另外，「福德殿」亦以金色「壽」字紋及蝙蝠圖為天化裝飾，有寓意福壽雙全的祈願。

▍財神殿宇頂部由多幅刻上金麒麟、元寶及銅錢的圖畫拼成

▍藥王殿供桌上擺放了玉葫蘆及大靈芝

▍藥王殿宇頂部則是多幅仙鶴及壽桃的金雕圖

▍福德殿以金色「壽」字紋及蝙蝠圖為天頂

（2）藝術文化

　　三座聖殿的神像皆以傳統的「脫胎法」塑成。趙公明元帥的形象乃是據道經《道法會元》「正一玄壇趙元帥祕法・趙元帥錄」（卷 232）之形象而塑造的。聖像頭戴鐵冠，手執鐵鞭，黑面虯髯，並跨騎黑虎。[1] 蓋黑面屬「北炁」，虎屬金，乃水中藏金之象。[2]「五路財神圖」則是以天然半寶石鑲嵌組合而成的浮雕製品，雕工精緻，威武莊嚴。

1　《道法會元》原文：「元帥姓趙名朗，一名昶，字公明，終南山人。秦時遁世山中，精修至道，功行圓滿，被玉帝旨，召為神霄副帥。按元帥乃皓庭霄度天慧覺昏梵炁化生，其位在乾，金合水炁之象也。其服色，頭戴鐵冠，手執鐵鞭者，金遘水炁也。面色黑而鬍鬚者，北炁也。跨虎者，金象也。故比水中金之義。」
2　如《本草綱目・獸之二》「虎・發明」引宗奭曰：「風從虎者，風，木也；虎，金也。」

「藥王殿」之孫真人，其左手執青龍，右手執銀針，並安坐在黑虎上等，乃持之有故的。依道書所載有三：

一為，據南唐沈汾《續仙傳》載，孫真人曾救活涇陽水府龍王的兒子，龍王贈與三十條龍宮藥方，助真人撰著《千金方》三十卷。[3] 又，真人又曾治癒遭金簪卡喉的老虎，老虎感恩為真人守護杏林，並充當真人坐騎。其三，真人亦曾以銀針救活棺內難產而「死」去的少婦，並順利誕下男嬰。

此外，福德祠內堂之「土地公公」及「土地婆婆」聖相慈祥，兩眼微睜，笑容可鞠。公公手持法杖，法衣中刻有「壽」字；婆婆雙手捧有金丹，同樣有保佑眾生，福壽雙全，豐衣足食之美意也。

▍ 趙公明元帥聖像

▍ 藥王孫思邈真人聖像

▍ 本祠土地公公及土地婆婆聖像

3　唐代段成式在《酉陽雜俎・前集》卷二、《太平廣記》卷二十一所載的典故有另一版本，昆明池裏的龍王遭西域僧人吸乾池水，請求孫思邈真人施法保護，並借出龍宮的仙方三十條給孫真人看，故真人終成功修訂《千金要方》三十卷。此外，唐代李冗《獨異志》又有另一版本，指依洛二水龍請求「有修道人以章疏聞天」，孫真人於天宮寺「內殿飛章」，天雨大降，解救旱災，後於川蜀青城山撰《千金方》三十卷。既成，白日沖天。今世以南唐沈汾《續仙傳》之說普及，故取此說。

（八）王靈官殿

靈官殿是 2010 年拓建的一座護法殿堂，殿內供奉道教護法神「王靈官」。善信進入山門後，所見到的第一座殿堂為「靈官殿」，在參拜王靈官後，善信才拾級而上前往大殿等殿堂上香敬拜。

（1）殿堂佈局

靈官殿之臺基、背牆及四條龍柱等皆以磚、石為主要建築材料。殿內背牆刻有由國學大師饒宗頤教授所題寫之「道」字。殿的左、右兩則以玻璃幕牆，清晰可見，使細小殿堂有空間擴大之感覺。本園依據道教建築規格，在宮觀之山門後，營建王靈官殿，用以護法及鎮守壇庭。

（2）藝術文化

此殿採用傳統神殿的紅牆綠瓦建築特色，殿前除了有以青石雕製的龍柱外，殿內還有饒宗頤教授題的「道」字刻製於牆身，下款為「庚寅選堂」，即饒公於 2010 年所題字的。

至於王靈官聖像，是以精銅鍊製而成的。神像身高 2.6 米，額上有火眼金睛，能辨識真偽，護鎮山門。右手執金鞭，左手掐靈官訣，腳踏鰲魚，形態威武。

▍王靈官殿

▍王靈官聖像

（九）月老殿

月老殿於 2011 年建成，原設於三聖堂前之第三平台上。後於 2019 年隨着一百周年的全園翻新及建設工程的開展，現已遷移及安奉至鳳鳴樓廣場。這裏是善信祈求「締結良伴，廣結善緣」的殿堂。

（1）殿堂佈局

月老殿中間之月老銅像右手握《姻緣簿》，左手牽握紅線；紅線一邊牽引左方的金童銅像，另一端牽引右方的玉女銅像。銅像前擺設了一型供枱，以供善信放置供品、水果的地方。殿堂之「紅線」，更可讓年青善信祈求「好姻緣」，以把小紅線結於大紅線上，寓意祈禱締結好姻緣。

（2）藝術文化

月老神像之面容慈祥，眼看手上之《姻緣簿》，一臉滿意之狀。月老左方之「金童」身穿長馬褂，儀表端莊；右方之「玉女」則頭戴鳳冠，冠上珠簾遮掩芳容，隱約看到在低頭微笑，面露含羞，貌似待嫁的心情。「金童」銅像底座刻上「荷花鴛鴦」圖，上書「只羨鴛鴦不羨仙」；「玉女」銅像底座則刻上「五福歸堂」圖，上書「和氣乃眾合，合則萬事和」，把和諧之精神表現無遺。

月老殿

月老聖像

金童聖像

玉女聖像

第二章 嗇色園黃大仙祠內保存之各類文物

本園於 2014 年，以「香港黃大仙信俗」榮登國家級非物質文化遺產名錄。而為展開有關信俗的保育及承傳工作，於 2019 年底更推出「文物徵集計劃」，徵求海內外善信捐贈或借出與嗇色園或附屬機構有關的珍藏。推出計劃以來，反應熱烈，本園收到不少舊相片及文獻資料。現時本園新建之「黃大仙信俗文化館」，一方面可以將多年來珍藏的本壇經書、文獻、宗教法物等妥善保存；一方面亦會將多年來蒐集及整理的文物展出。以下介紹部分珍藏之文物：

《九龍嗇色園赤松黃大僊印》

本印曾經是早年嗇色園弟子度牒蓋章用印，配有專用木函收藏。木函分上下兩格，上格存放印，其門可自行翻扭鎖柄上鎖；下格是一個抽屜，內有一個木柄銅印及一枝木質印泥骨籤。

印面陽刻「九龍嗇色園赤松黃大僊印」，印背銘刻三項題款：「上」、「民國十一年歲次壬戌孟秋吉旦」、「沐恩弟子林紹銘、（林紹）鐘、（林紹）錄敬送」。「上」是指示蓋章時執印的方向；「民國十一年歲次壬戌孟秋吉旦」即壬戌年（1922）七月良辰。本印是由本園弟子林紹銘（咸覺）、林紹鐘（厚覺）、林紹錄（究覺）三兄弟送贈。林氏三人皆是普宜壇早期道侶。

《黃大仙寶懺》

此《黃大仙寶懺》之經文，原出自廣州花埭普濟壇之扶乩經文。現收藏此「西樵普慶壇版本」，乃為最早年的《黃大仙寶懺》版本。而依據這本手抄本，經內科儀內容編排如下：〈琳瑯讚〉、〈開懺偈〉、〈大仙讚〉、〈五字真經〉、〈香讚〉、〈上啟〉、〈志心朝禮——運元威顯普濟勸善大天尊〉、〈啟教蓮花嶺〉、〈天生於人善之本〉、〈四字真經〉、〈志心朝禮——無無無上上勸善闡化大天尊〉、〈志心皈命禮——渺渺浮生〉、〈尾讚〉等。此亦為早年壇內道長進行「黃大仙師拜懺科儀」之經本。

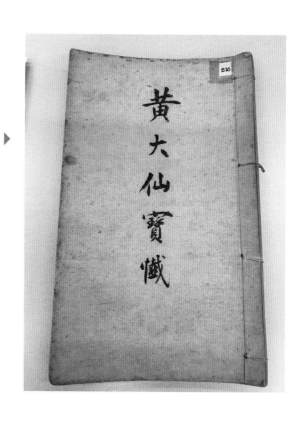

《普濟壇同門錄》

此《普濟壇同門錄》封面內頁題有「光緒庚子閏八月刊」，即1900年刊印。書內載有普濟壇早期入道者的名冊，編號至「入壇第115名」。為探究清末時期的廣東黃大仙信俗文化的第一手史料。

《普宜壇同門錄》

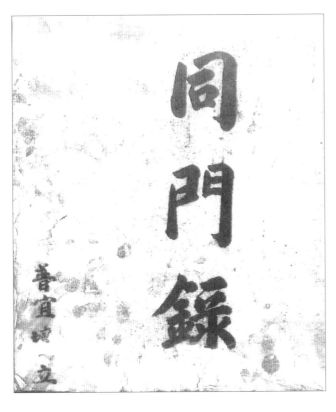

此本《普宜壇同門錄》為詳細記錄了普宜壇前期入道弟子的：名字、道名、籍貫、職業及於嗇色園的職責等。並附有入道時由黃大仙師所乩示之乩文及介紹人等資料，為本壇內部之重要歷史文獻。

《驚迷夢》（線裝本）

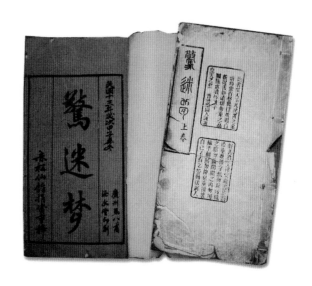

　　此線裝本之《驚迷夢》乃收錄了普濟壇自1897年黃大仙師初次降乩臨壇（深柳堂），至1899年花埭黃仙祠落成啟壇時期的仙佛訓語、指示等乩文。書內頁印有「民國十三年歲次甲子年冬」、「廣州第八甫汝文堂印刻」及下款「赤松仙館捐資重梓」。即於1924年，已委託廣州第八甫汝文堂印刻《驚迷夢》一書。至於「赤松仙館」（於1915年梁仁菴道長來港時，先由仙聖賜用此名。1921年後，仙聖再賜以「嗇色園」名號），應為嗇色園創立前之名稱。另，其版本內亦印有「板存九龍嗇色園內」。本園於1991年嗇色園七十周年紀慶時，普宜壇再重新排版印刷《驚迷夢》（上、下集）及普慶壇之乩書《醒世要言》（分一卷及二、三卷）。

《黃大仙靈籤及良方》（線裝本）

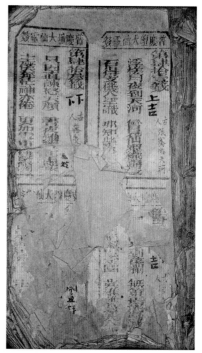

　　此黃大仙師之籤書，共收錄一百支「普慶壇大仙靈籤」及黃大仙之籤（藥）方，是現時所見最早的籤書版本。

「黃大仙良方」雕版

　　「黃大仙良方」，又稱為「藥籤」，前壇承傳下來的「良方」共分為：男科、婦科、幼科、外科及眼科等各一百條，即合共五百條。嗇色園現收藏一套舊有銅製雕版。這是早年印製良方（仙方）的倒模。

◀ 盂香亭石符

此「石符」乃承傳至前壇（普慶壇），為神明賜予「破穢辟邪」之壇用符籙，前人更將其刻製於石上，成為「石符」。現存之「石符」為早年普宜壇所複製的，存放於本園的盂香亭內。

◀ 大殿銅鐘

此「銅鐘」現懸吊於大殿的右旁鐘架上，鑄工精緻、考究，鐘表面紋理清晰可見。鐘上刻有「赤松黃仙祠」及「中華民國十五年吉日立」（即1926年）及「香港鼎新公司造」等文字。說明應為上世紀二十年代中期，本園初建壇堂時所鑄造的。

▼ 鎮壇法劍

此「鎮壇法劍」現懸掛於本園大殿內黃大仙師壇前。此銅鑄法劍，應為創壇時所設的鎮壇法器。劍鞘正面刻有：「斬驅魑魅，滌蕩邪魔」、「民國甲子年正月吉日」（即1924年所鑄成）及「弟子陳宜枝覺敬成」等文字。背面刻有一道靈符。陳宜（道號「枝覺」），是本園道侶陳璧鄰道長，南海縣西樵大仙岡鄉人，1923年入道，曾任甲子年萬善緣協理。「宜」是黃大仙師乩示賜名。

「為善最樂」匾額

此「為善最樂」匾額，上款寫有「民國十三年歲次甲子仲春吉旦」（即 1924 年）。為本壇（普宜壇）弟子陳鎮邦（投覺）所捐獻的，現懸掛於本園經堂。

「善與人同」匾額

此「善與人同」匾額之上款寫有「嗇色園赤松仙館贈醫施藥所開幕誌慶」。下款有「甲子仲夏 西樵普慶壇 敬贈」。說明了於 1924 年為了慶賀本園之「贈醫施藥所」，由當年之舊壇（普慶壇，當年於香港創新壇，西樵舊壇依然運作）所送贈的。現仍懸掛在園內普濟樓之中藥局大廳門楣頂上。

古石香爐

此「石香爐」已有過百年歷史，爐面刻有「光緒十四年（1888 年）仲冬」製造。據說發現於本園的後花園，彌足珍貴，為本園最久遠的文物之一。

太史公之匾額、楹聯

本園於 1933 年盂香亭建造時，由前滿清遺老：朱汝珍、賴際熙、吳道鎔、岑光樾等四位太史公，為盂香亭四邊匾額題字及撰寫楹聯。初為木刻製作，後改為石刻。亭內並懸掛有「佛慈廣大」匾額，乃 1933 年奉黃大仙師降乩題句，並請賴際熙太史親書。

盂香亭題字之太史公生平簡介

吳道鎔（1852-1936），祖籍浙江會稽，廣東番禺人。1880年進士，同年五月任翰林院庶起士。1886年，授翰林院編修。其後回廣州以教書為業，曾在三水肆江學院、惠州豐湖書院、潮州金山書院、韓山書院、廣州應元書院等書院主講。1894年兩廣大學堂改為廣東高等學堂後，他曾出任監督（校長）。後又任學部諮議、廣東學務公所議長。清室覆亡之後，吳道鎔以遺老自居，並避居香港閉門著書。晚年埋首彙集前朝廣東名家文章，編成《廣東文徵》。

賴際熙（1865-1937），廣東增城人，1903年進士，授翰林院編修，後晉升至國史館總纂。清亡，來港協助創立香港大學中文學院及學海書樓，宣揚舊學。民國四年（1915年）曾修《廣東通志》，後與陳念典、湛桂芬總纂《增城縣誌》，此外，還編有《清史大臣傳》、《崇正同人系譜》等。後人集其著作，編有《荔垞文存》。

朱汝珍（1870-1942），廣東清遠人，1904年殿試以一甲第二名進士及第。1905年清廷廢科舉，朱成為中國最後一位科舉榜眼。此外，朱又獲翰林院編修，後到日本修讀法律，回國任刑部主事及京師法律學堂教授。1929年來香港，於香港大學中文系任教，也在學海書樓講學。1933年又獲任為香港孔教學院院長，積極推廣傳統國學。撰有《陽山縣誌》、《詞林輯略》等。

岑光樾（1876-1960），廣東順德人，1904年進士，後欽點為翰林院庶起士。1906年赴日本留學，1908年畢業於日本法政大學。回國授翰林院編修，賞侍讀銜。1909年進授通議大夫，之後歷任國史館編修、實錄館協修等職。1920年代前往香港成達書堂等幾處學校講學，直至香港淪陷。1945年，回家鄉桂洲芥舟祠教書。1947年重返香港，在灣仔軒尼詩道創辦成達中學。1960年，成達中學停辦，岑光樾也於同年病逝。著有《鶴禪集》，分散文、詩稿、銘贊、聯語及墨蹟五部分。

嗇色園黃大仙祠舊照片（1923 年）

　　此四張舊照片乃由英國人 Alistair Gow 借出。這是嗇色園黃大仙祠於 1923 年，以草棚搭建的舊照。相片仍清晰見到：正門前、園內、山上遠景等；是現存最早年的嗇色園舊照片。據 Alistair Gow 表示，這些照片是英國少校 H. L. Wright（King's Regiment 第二營，1922-23 年駐紮香港的軍隊）於 1923 年所拍攝的。他在 1946 年贈與同營的朋友 Evan Cross（Alistair Gow 祖父）。他們兩人都是攝影俱樂部的成員，在駐港期間於空閒時間，常在本港各處取景拍照留念。

Buddhist Festival 1923
Kowloon

第三章 嗇色園黃大仙祠內碑記

（一）嗇色園黃大仙祠內碑誌

大殿

嗇色園金禧紀念重建碑[1]

---

1 「嗇色園創立於一九二一年辛酉八月茲逢金禧紀念重建赤松黃大仙祠蒙　民政司陸鼎堂先生蒞臨主持奠基典禮爰泐貞珉以誌弗諼。」（嗇色園
主席：黃允畋、陳立。董事：馬成德、方蔭庭、衛仲虞、陳進傍、盧炯年、黃水、何子猷、黃桑華、李元炳、陳欽、陳煥庭、湯仰、潘性醒謹
識。）（下款：一九七一年十月七日，辛亥年八月十九日。）
(WONG TAI SIN NEW TEMPLE, THE FOUNDATION STONE OF THIS TEMPLE WAS LAID BY THE HON D. C. C. LUDDINGTON, J. P.,
SECRETARY FOR HOME AFFAIRS ON 7TH OCTOBER 1971 ON THE GOLDEN JUBILEE OF THE FOUNDING OF SIK SIK YUEN)

一九八五年維修大殿紀念碑

赤松黃大仙師火殿童建至
令已逾十載惟以香火鼎盛
原有裝置亦多殘舊於是再
事維修歷時一年始告完成
堂殿莊嚴燈飾輝煌氣象一
新用特恭請
黃大仙署理政務專員
黃保華先生主持揭幕典禮
謹泐碑誌以留紀念
一九八五年歲次乙丑季秋吉旦
嗇色園董事會謹識

一九九三年大殿重鋪金箔工程圓滿碑

赤松黃大仙師大殿重鋪金箔
工程圓滿
恭請
黃大仙政務專員
郭富佳太平紳士主持揭幕
謹鑴金銘以留紀念
一九九三年六月吉日
嗇色園董事會謹識

嗇色園九十周年紀慶擴建赤松黃大仙祠大殿告竣及太歲元辰殿落成紀念碑

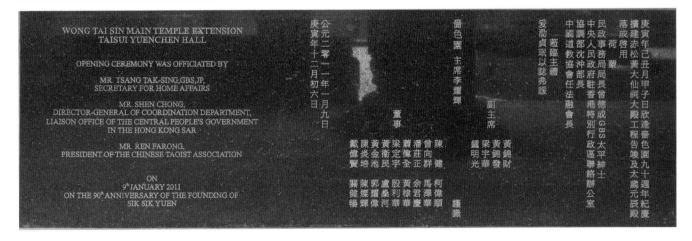

WONG TAI SIN MAIN TEMPLE EXTENSION
TAISUI YUENCHEN HALL

OPENING CEREMONY WAS OFFICIATED BY

MR. TSANG TAK-SING, GBS, JP,
SECRETARY FOR HOME AFFAIRS

MR. SHEN CHONG,
DIRECTOR-GENERAL OF COORDINATION DEPARTMENT,
LIAISON OFFICE OF THE CENTRAL PEOPLE'S GOVERNMENT
IN THE HONG KONG SAR

MR. REN FARONG,
PRESIDENT OF THE CHINESE TAOIST ASSOCIATION

ON
9th JANUARY 2011
ON THE 90th ANNIVERSARY OF THE FOUNDING OF
SIK SIK YUEN

庚寅年己丑月甲子日欣逢嗇色園九十週年紀慶
擴建赤松黃大仙祠大殿工程告竣及太歲元辰殿
落成啟用
荷蒙
民政事務局局長曾德成 GBS 太平紳士
中央人民政府駐香港特別行政區聯絡辦公室
協調部沈沖部長
中國道教協會任法融會長
蒞臨主禮
爰泐貞珉以誌弗諼

嗇色園　主席李耀輝

副主席

董事

公元二零一一年一月九日
庚寅年十二月初六日

謹識

第三參神平台

癸丑年嗇色園重建赤松黃大仙祠落成及揭幕紀念碑

麟閣

嗇色園重建麟閣碑

飛鸞臺

飛鸞臺重修碑記

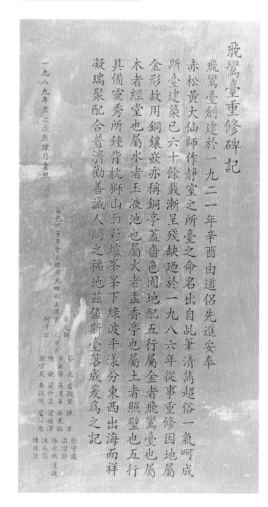

經堂

重建赤松黃大仙祠碑記 [2]

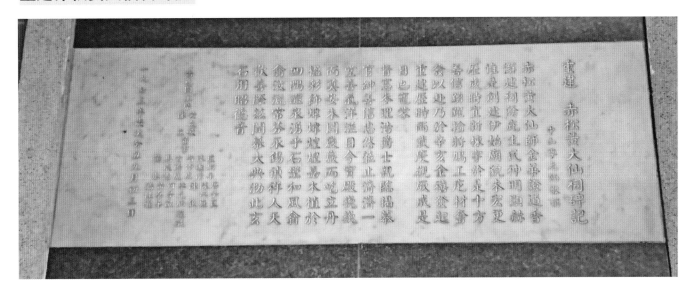

嗇色園重建經堂落成碑 [3]

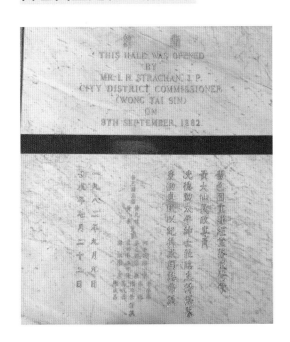

---

2 「重建　赤松黃大仙祠碑記　中山李元炳敬撰」：「赤松黃大仙師金華證道香澥建祠蔭庇生民神明顯赫惟是創建伊始廟貌未宏更歷歲時宜新棟宇於是十方善信踴躍輸將鳩工庀材奮發以赴乃於辛亥金禧發起重建歷時兩載慶觀厥成是日也寵蒙　督憲麥理浩爵士親臨揭幕官紳善信惠然蒞止濟濟一堂喜氣洋溢目今寶殿巍巍而奠安朱闕巖巖而屹立丹楹彩飾煒煒煌煌嘉木植於四隅醴泉湧乎石壁和風翕翕激灑常芬永錫禎祥人天歡喜際茲開幕大典泐此玄石用昭德音。」（嗇色園主席：黃允畋、陳立。董事：盧炳年、陳進傍、衞仲虞、方蔭庭、馬成德、黃水、唐子良、陳煥庭、陳欽、李元炳、何子猷、黃桑華、潘性醒謹識。）（下款：一九七三年歲次癸丑九月初三日。）

3 「經堂」：「THIS HALL WAS OPENED BY MR. I. R. STRACHAN, J. P., CITY DISTIRCT COMMISSIONER (WONG TAI SIN) ON 9TH SEPTEMBER, 1982.」

「嗇色園重建經堂落成荷蒙　黃大仙民政專員　洗德勤太平紳士蒞臨主持揭幕爰泐貞珉以紀其盛用誌弗諼。」（嗇色園主席：黃允畋、黃水。董事：何子猷、李元炳、盧炳年、陳欽、陳章、盧東、潘可賢、陳立、黃桑華、蔡兆、陳頌榮、馬成德、陳成昌謹識。）（下款：一九八二年九月九日，壬戌年七月二十二日。）

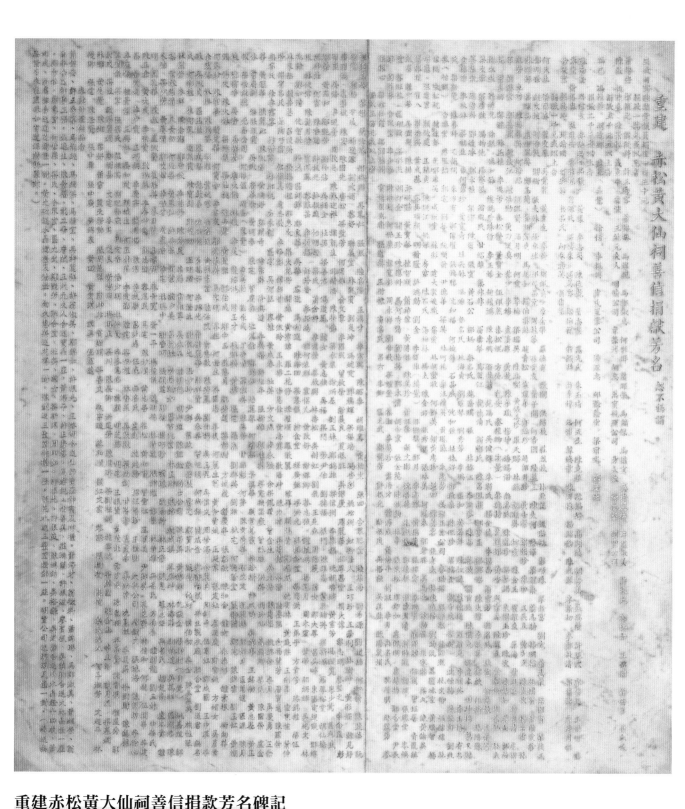

重建赤松黃大仙祠善信捐款芳名碑記

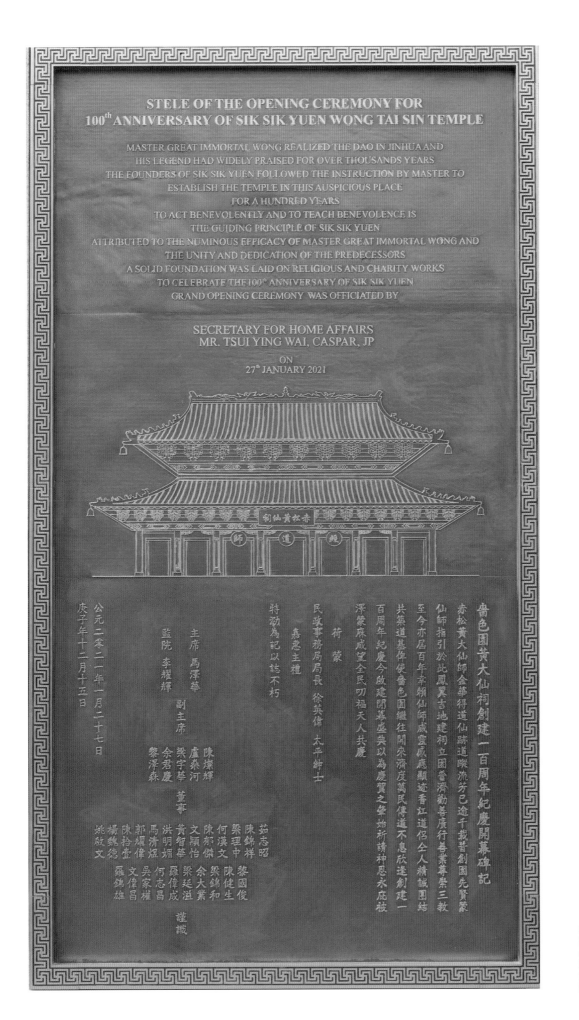

STELE OF THE OPENING CEREMONY FOR
100th ANNIVERSARY OF SIK SIK YUEN WONG TAI SIN TEMPLE

MASTER GREAT IMMORTAL WONG REALIZED THE DAO IN JINHUA AND
HIS LEGEND HAD WIDELY PRAISED FOR OVER THOUSANDS YEARS
THE FOUNDERS OF SIK SIK YUEN FOLLOWED THE INSTRUCTION BY MASTER TO
ESTABLISH THE TEMPLE IN THIS AUSPICIOUS PLACE
FOR A HUNDRED YEARS
TO ACT BENEVOLENTLY AND TO TEACH BENEVOLENCE IS
THE GUIDING PRINCIPLE OF SIK SIK YUEN
ATTRIBUTED TO THE NUMINOUS EFFICACY OF MASTER GREAT IMMORTAL WONG AND
THE UNITY AND DEDICATION OF THE PREDECESSORS
A SOLID FOUNDATION WAS LAID ON RELIGIOUS AND CHARITY WORKS
TO CELEBRATE THE 100th ANNIVERSARY OF SIK SIK YUEN
GRAND OPENING CEREMONY WAS OFFICIATED BY

SECRETARY FOR HOME AFFAIRS
MR. TSUI YING WAI, CASPAR, JP

ON
27th JANUARY 2021

嗇色園黃大仙祠創建一百周年紀慶開幕碑記

赤松黃大仙師金華得道仙跡道晞流芳已逾千載普創園先賢蒙
仙師指引於此鳳翼吉地建祠立園普濟勸善廣行善業纍繫三教
至今亦屆百年幸賴仙師咸靈感應關迹香江道侶全人精誠團結
共築道基俾使嗇色園繼往開來濟度萬民偉道不息欣逢創建一
百周年紀慶今啟建開幕盛典以為慶賀之舉始祈禱神恩永庇被
澤蒙庥咸望全民叨福天人共慶

荷蒙

民政事務局局長 徐英偉 太平紳士

嘉惠主禮

特泐為記以誌不朽

主席 馬澤華

監院 李耀輝

副主席
陳燦輝
盧桑河
梁宇華 董事
余君慶
黎澤森

茹志昭
陳錦祥
梁理中
何漢怡
陳郁傑文
文穎怡
黃智媚華
洪明煜
馬清偉
郭耀壹
陳拾德文
楊魏
姚啟文

黎國俊
陳健生
梁錦和
余大業
梁偉滋成
羅延昌
何志權
吳家昌
羅文錦雄

謹識

主席 馬澤華

公元二零二一年一月二十七日

庚子年十二月十五日

嗇色園黃大仙祠
創建一百周年紀
慶開幕碑記

盂香亭

盂香亭紀念碑

太歲元辰殿

太歲元辰殿功德碑

王靈官殿

王靈官殿揭幕紀念碑

東華三院「勸善亭」
移交嗇色園記

意密堂

壬戌年嗇色園重建意密堂落成及
揭幕紀念碑

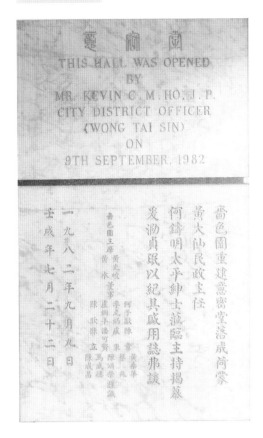

丁亥年意密堂重修紀慶碑

鳳鳴樓

嗇色園鳳鳴樓開幕典禮紀念碑

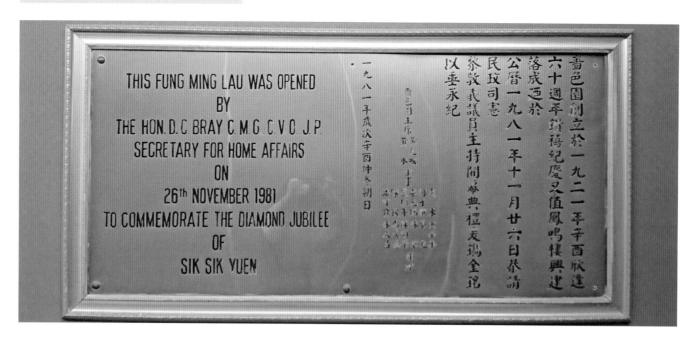

THIS FUNG MING LAU WAS OPENED
BY
THE HON. D.C. BRAY C.M.G. C.V.O. J.P.
SECRETARY FOR HOME AFFAIRS
ON
26th NOVEMBER 1981
TO COMMEMORATE THE DIAMOND JUBILEE
OF
SIK SIK YUEN

嗇色園創立於一九二一年辛酉欣逢
六十週年銷禧紀慶又值鳳鳴樓興建
落成迺於
公曆一九八一年十一月廿六日恭請
民政司鄧蓮爾
榮敎議員主持開幕典禮爰瑑金石
以垂永紀

一九八一年歲次辛酉仲冬朔日

嗇色園鳳鳴樓奠基典禮紀念碑 [4]

NEW ASSEMBLY HALL
SIK SIK YUEN

THIS FOUNDATION STONE WAS LAID BY
MR J.C.C. WALDEN, J.P.
DIRECTOR OF HOME AFFAIRS
ON 12TH JANUARY 1977

---

4 「公曆一九七七年壹月十二日夏曆丙辰年十一月廿三日為本園興建鳳鳴樓舉行奠基典禮荷蒙　民政署長華樂庭太平紳士蒞臨主禮樓基始奠善業
萬年爰泐貞珉以誌弗諼。」（嗇色園主席：黃允畋、黃水。董事：陳欽、何子猷、李元炳、盧炳年、馬成德、黃桑華、陳煥庭、陳進傍、方藎庭、
陳章、唐子良、潘可賢、盧東謹識。）
「NEW ASSEMBLY HALL, SIK SIK YUEN. THIS FOUNDATION STONE WAS LAID BY
MR J. C. C. WALDEN, J. P., DIRECTOR OF HOME AFFAIRS ON 12TH JANUARY 1977.」

鳳鳴樓廣場

趙樸初敬賀嗇色園七十五周年誌慶紀念碑

從心苑

從心苑長廊花園落成紀念碑

GOOD WISH GARDEN
THIS GARDEN WAS OPENED
IN
COMMEMORATION OF 70th ANNIVERSARY
OF
SIK SIK YUEN
BY
MR. MICHAEL SUEN MING YEUNG JP
SECRETARY FOR HOME AFFAIRS
ON
10th DECEMBER 1991

一九九一年十二月十日

嗇色園創立於一九二一年辛酉
今逢七十週年紀慶欣值
從心苑長廊花園落成恭請
政務司
孫明揚太平紳士主持開幕典禮
爰泐貞珉以誌弗諼

香港回歸祖國紀念銘

一九九七年七月一日香港主權
回歸祖國全民歡騰際此盛事特舉辦
植樹活動以茲慶賀 荷蒙
新華通訊社香港分社協調部副部長
范端方先生薩臨主禮
爰泐貞銘以垂永紀

嗇色園董事會全人 謹識

一九九七年六月二十八日

從心苑內「從心所欲」橫匾

從心所欲

嗇色園成立七十周年紀慶
舉行園遊晚會紀念碑

嗇色園九十周年誌慶碑

嗇色園九十五周年
植樹紀念碑

嗇色園九十五周年紀慶碑

九龍壁

九龍壁記並序[5]

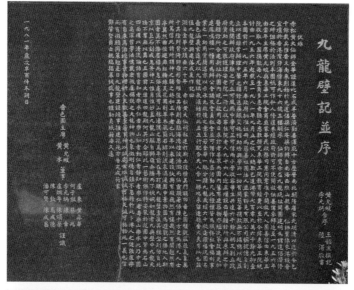

九龍壁[6]

5　「九龍壁記並序」：「黃允畋、李元炳合序、王韶生撰記，陸湛敬書。」（伏維　赤松黃大仙師金華證道叱石成羊普濟勸善澤庇十方歷晉南北朝隋唐宋元明清以迄於今已千餘載矣惟香火南來則始於先道侶梁仁菴梁鈞轉自南海西樵山親奉　仙師寶像來港設普宜壇於香港灣仔海傍東九十六號三樓嗣承　仙師鸞示在九龍現址闢園建祠為諸道侶潛修之所但格於法例本園衹可作私人修道未經政府許可不便開放供善信參拜迄至一九五六年由當年主席黃允畋與東華三院會商並蒙華民政務司憲同意准予開放凡入園善信由東華三院收入仍入園捐款每人壹角多惠者聽之悉數撥充東華三院教育經費以至於今據東華三院統計由一九五六年起截至一九八一年九月止之收入總數已達港幣七百零九萬六千餘元抑查本園前於一九六五年六月奉政府批准註冊為慈善社團法人並蒙豁免有限公司稱號憶自創立以還經常辦理中醫之贈診送藥賑災施棺助殮興學與一切有關慈善捐款無不竭棉以赴立先後開辦政府津貼之可立可風兩中學可正可信兩小學收容學生共達三千餘人嗣又創立政府資助之可敬護理安老院一所已收容住院老人九十六人近且增設西醫贈診所與原辦之中醫贈診所合建新址於園內現已啟用每日求診者甚眾而園內舊有建築物亦經次第改建更加建鳳鳴樓一幢用為辦公會議及會員敘會並可借作社區活動凡此種種皆為服務社會福利事業之一助用資簡述亦以示承先啟後之意至若金華一脈分蹟九龍歲經六十欣逢鑽禧況園名嗇色涵義玄遠尤以九龍瑞氣匯結於此且五行配合天人合一勝地永留連綿香火良有以也茲值九龍壁興建落成爰作記曰溯自金華分蹟垂六十年　赤松黃大仙祠刱建於斯土復榜其門額曰嗇色園樓觀莊嚴氣象萬千其陰則背倚獅嶺形勢雄俊其陽則面臨海灣煙波浩瀚而仙靈顯著保障十方更為港九人士所篤信此詩所謂神之聽之終和且平者也比年以來建設伏興有殿巍然有樓峩然有閣翹然有亭翼然曲徑迴廊紅牆綠瓦花圃則草木葳蕤石磚則流泉潆渶園中景物固為遊覽之勝地入斯園者莫不滌塵襟而息俗慮儼有山林濠濮之思焉年前在粵訂購九龍壁壹座其模型則仿自北京以巨石刻成鬼斧神工惟肖妙蓋九龍山脈自獅嶺奔騰而下婉婉如龍者九與壁中九龍夭矯不群無以異也且園前大道道曰龍翔何其巧合耶此一藝術傑作特安裝於花圃中背為石山四面環以清流論語有言知者樂水仁者樂山知者動仁者靜知者樂仁者壽樂山樂水此乃中國之高深哲學法儒戴密微屢稱說之夫龍神物也象徵剛德自強不息將於此卜港人之健強康樂有自來焉泊竣事景物增妍人天歡喜至若事神以誠處世以誠誠可格天誠可格物此一義也信而有徵願同策勉是日九龍壁建設竣事擴建花苑亦告完成荷蒙鄧肇堅爵士親臨揭幕誠盛事也謹勒貞珉藉垂久遠）（下款：嗇色園主席：黃允畋、黃水。董事：盧東、何子猷、李元炳、盧炯年、陳欽、潘可賢、黃桑華、蔡兆、陳章、陳頌榮、馬成德、陳成昌謹識。一九八一年歲次辛酉仲冬朔日。）

6　「九龍壁」：「THE NINE DRAGON WALL WAS UNVEILED BY SIR SHIU-KIN TANG, C.B.E., LL. D., J.P. ON 26TH NOVEMBER 1981. TO COMMEMORATE THE DIAMOND JUBILEE OF SIK SIK YUEN.」

九龍壁[7]

悟道堂

悟道堂紀念碑

---

7 「九龍壁」：「昔聞叱起山頭石，今日欣看石作龍；萬古海天添勝蹟，九龍翔舞九龍中。嗇色園諸善友築九龍壁於此為題。」（下款：庚申夏仲，趙樸初。）

普濟樓二樓

阮躍池公德像

普濟樓中藥局紀念碑 [8]

SIK SIK YUEN CLINIC

THIS CLINIC WAS OPENED BY
THE HON. G. BARNES, J. P.
DIRECTOR OF HOME AFFAIRS
ON 23RD APRIL 1981
ON THE DIAMOND JUBILEE OF

嗇色園創立於一九二一年辛酉今逢
六十週年鑽禧紀慶迺於
公曆一九八一年四月廿三日為醫藥局
擴建落成舉行開幕典禮敦請
民政署長
班禮士議員主持揭幕爰浼貞珉以垂
永紀

嗇色園主席　黃允畋　黃水　董事

盧東　黃桑華
何子猷　蔡兆
李元炳　陳煥庭
盧炯年　陳頌榮
陳炳欽　陳成德
潘可賢　馬成德　陳成昌　謹識

8　「公曆一九七八年六月廿三日夏曆戊午年五月十八日為本園擴建醫藥局舉行奠基典禮荷蒙 民政署長　徐淦太平紳士蒞臨主禮磐基永固普濟萬年
爰浼貞珉以誌弗諼。」（嗇色園主席：黃允畋、黃水。董事：黃滔、何子猷、李元炳、盧炯年、馬成德、陳立、黃桑華、陳欽、方蔭庭、陳章、
潘可賢、唐子良、陳煥庭謹識。）

(SIK SIK YUEN CLINIC THIS FOUNDATION STONE WAS LAID BY THE HON AUGUSTINE K CHUI J.P. DIRECTOR OF HOME
AFFAIRS ON 23RD JUNE 1978)

舊有碑誌

重建金華分蹟牌坊

重建金華分蹟牌坊及增建贈醫施藥局碑記[9]

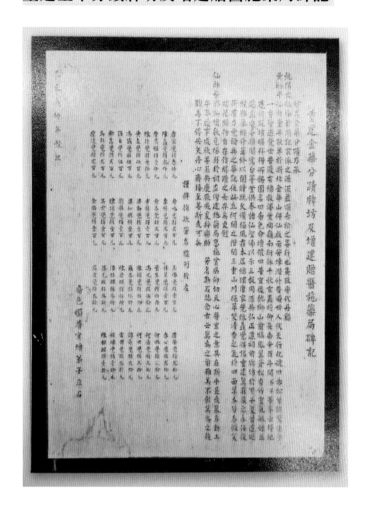

---

9 「重建金華分蹟牌坊及增建贈醫施藥局碑記」：「坊名金華分蹟乃承　純陽大仙降筆用証宗派之源流並頌赤松之善行也夷攷晉代丹谿　黃初平仙師童年牧羊於浙北金華山得仙啟示苦煉潛修普濟世人代天行化號曰赤松曾撰驚迷夢一書警迷覺世普渡有緣教澤薰陶嶺南衍派千秋玄義瞻仰長垂辛酉年間弟子等奉示擇地建祠設壇瞻拜得所錫園名曰嗇色命壇號曰普宜後枕獅山前臨鳳翼蒼松秀竹靈氣毓鍾並建盂香亭麟閣鸞台等堂供奉諸仙聖佛以示三教同源共弘正道祠前牌坊於甲子夏曾遭颶毀雖屢經修葺終以閱時既久備極風霜本屆總理唐家覺陳矗覺倡議重建巽莊嚴之永保復荷群力竟輪奐之華觀從此立阿閣之階閡三重山川挹翠焚清香之氣於四面草木皆春微笑拈花閑行自在信勝蹟之長存矣更體　仙師普濟為懷扶危拯弱於祠左增建施藥局惠施貧病仰切天心普宜之意具在斯乎是皆暮春動工半年竣事咸欣善果共慶厥成爰將樂助　芳名勒石誌念古為莫為之前雖美不彰莫為之後雖善不傳共矢丹心齊臻至善斯或可矣」（謹將捐欵芳名臚列於左：唐家覺捐叁千元、陳矗覺捐叁千元、唐思醒捐壹千元、陳持覺捐壹千元、黃友覺捐伍百元、馮盛覺捐伍百元、張自覺捐伍百元、鄺高覺捐弍百元、馬朗覺捐弍百元、盧渡覺捐弍百元、老鳴覺捐弍百元、李暢覺捐弍百元、黃泰覺捐弍百元、方藹覺捐壹百元、梁勤覺捐壹百元、梁知醒捐壹百元、劉犖覺捐壹百元、陳磋覺捐壹百元、吳玄覺捐壹百元、余樂覺捐壹百元、吳儔覺捐壹百元、楊笙覺捐壹百元、葉生覺捐伍拾元、馮尤覺捐伍拾元、陳經覺捐伍拾元、蘇基覺捐伍拾元、陳發醒捐伍拾元、潘性醒捐叁拾元、梁見醒捐叁拾元、羅康覺捐弍拾元、唐榮覺捐弍拾元、李公覺捐弍拾元、何桃覺捐弍拾元、何通覺捐弍拾元、何世覺捐弍拾元、譚奇覺捐弍拾元、雷因覺捐弍拾元、程練覺捐壹拾元、陳雅醒捐壹拾元。）（下款：嗇色園普宜壇弟子立石，乙未歲仲冬穀旦。）

一九七四年嗇色園園林揭幕紀念碑（一）

一九七四年嗇色園園林揭幕紀念碑（二）

孔道門

修建孔道門誌　黃大仙嗇色園 [10]

　　金華分蹟，清靈寶洞，　黃先師之福地，亦三教同源之道場也。溯自頭門創建，未着各識。而歷年久革，故鼎新代有其人。唯洞居山埜，嵐氣雲蒸；校之內地，愈為速朽。若不卑圖，立見傾頹。是以我本洞同人，隨分隨力，利己利人；此時覿面一笑，以結締珠之緣。道場遺蹟，拾日功成。今承祖師命名曰孔道門。俾一切來耆（疑作「者」），共登三教之門，滿覷金客為禱。天人之福如一月當空，萬川普映矣。因為之記。

　　茲將本洞同人捐款芳名臚列：

何香覺捐銀陸佰員正　錢差覺捐銀肆佰員正　雷因覺捐銀壹佰員正

陳芳覺捐銀壹佰員正　潘澤覺捐銀壹佰員正　唐家覺捐銀壹佰員正

馮尤覺捐銀壹佰員正　游己覺捐銀壹佰員正　黃志覺捐銀伍拾員正

林究覺捐銀伍拾員正　梁守覺捐銀壹拾員正

民國辛巳年季冬之月吉日　嗇色園謹識

10　引錄科大衛、陸鴻基、吳倫霓霞合編：《香港碑銘彙編》。香港：香港博物館，1986年，第2卷，頁547。

赤松黃大仙祠入口

「赤松黃大仙祠」牌樓正面[1]

1　「赤松黃大仙祠」（葉榮昌題）：「叱石成羊仙靈卓異傳千古，環山聳翠祠宇巍峨鎮一方」

右外側：（東華三院：癸卯年董事局：主席：曾正。首總理：何世柱、林繼振、孫秉樞。總理：劉紹源、錢湘壽、沈炳樞、江可伯、廖烈科、冼祖昭、鄭亮鈞、車家騏、胡惠、劉光、顧乾麟、李厚富、龔雪因、饒博基、凌達鏜、周汸桅。甲辰年董事局：主席：何世柱。首總理：林繼振、孫秉樞、顧乾麟。總理：關卓然、方肇周、梁海雲、梁焯鏗、廖烈正、李世明、池大衛、何景常、毛雲龍、周環、榮智鑫、陳祥興、陳紹洪、葉榮昌、陳百強。乙巳年董事局：主席：林繼振首總理：孫秉樞、廖烈武、葉榮昌。總理：李俊亭、陳有慶、胡寶星、區百齡、汪徵祥、高福球、王幸利、鄒振猷、陳錦臺、李作權、梁知行、田家炳、施庚瑜、梁錦輝、余祿祐、關超然。丙午年董事局：主席：孫秉樞。首總理：廖烈武、葉榮昌、梁錦輝。總理：羅其銘、區炳英、黎時煖、蔡植良、何榮高、周滿、趙世曾、馬有潛、姚剛、林炳寬、陳洪志、馮惠霖、陳其良、周才欣、張楠昌、梁振邦。丁未年董事局：主席：廖烈武。首總理：葉榮昌、梁錦、黎時煖。總理：翁家灼、方德寶、林少德、蔡紹華、陳維錦、黃定遠、陸達權、李子賢、黃天富、錢豐盛、何景開、白光、黃長銘、朱祖涵、楊漢騫、李東海全敬立。）

左外側：（戊申年董事局：主席：葉榮昌。首總理：黎時煖、趙世曾、黃長銘。總理：邊耀祖、呂榮、曾振基、嚴洪泰、周炳榮、鄧鏡澄、李達三、翁祐、陳永源、黃肇焯、黃達鏗、應鼎成、趙樹源、趙遠鵬、黃乾亨。癸丑年董事局：主席：雷治強。副主席：區廣惠、高國元、江永安。總理：韓德威、葉慶忠、陳堅、潘演強、許爵榮、龐家鈞、翁紹輝、王達倫、周演森、莊譽侖、顧家振、趙光國、劉海慶、陳國材、嚴振芳、黃宜弘。甲寅年董事局：主席：高國元。副主席：江永安、許爵榮、王達倫。總理：胡文棨、郭志豪、李輔平、鄭潤才、黃錦湘、楊耀松、許劍光、陳鵬飛、湛海生、劉國楨、陳祖表、張仲增、吳知濟、張威臣、馬清偉、馬清輝。乙卯年董事局：主席：江永安。副主席：湛海生、張威臣、郭志豪、馬清偉。總理：蔡詩霖、張啟文、歐國樑、何新權、林世鏗、周克榮、李輔勳、曾洪光、張永勤、楊棣偉、龐廷、何世堯、王根元、吳彥男。丙辰年董事局：主席：湛海生。副主席：張威臣、馬清偉、周克榮。總理：周國銓、左德明、孫世俊、姚中立、譚國始、鄧爾邦、馬介璋、陳權、郭志安、邱木城、何世鏗、陳章岳、周殿銘、蕭明、譚榮芬全敬立。）（下款：一九六八年歲次戊申年仲夏興建，一九七六年歲次丙辰冬月重建。）

「赤松黃大仙祠」牌樓背面：「天地鍾靈」[2]

2 「天地鍾靈」：

內側：「四時華木自成春正如倒啖蔗甘佳境當頭從此入，三教淵源同一系可羍大開草昧光芒前路各先登」（上款：公曆一九七六年歲次丙辰孟冬重建落成紀慶，戊申孟夏盧湘父原撰。下款：嗇色園董事：黃水、黃允畋、陳立、盧炯年、李元炳、馬成德、陳欽、方蔭庭、陳進修、唐子良、何子猷、潘可賢、黃桑華、盧東、陳章、陳煥庭、湯仰魁敬立。）

外側：「三教共畈依託地爐峰興德崇仁七五載，九州同景仰成蔭獅嶺普濟勸善萬千年」（上款：嗇色園成立七十五周年紀慶，一九九六年歲次丙子孟春吉誕。下款：嗇色園主席：黃允畋。副主席：蔡兆、黃水、盧偉強。董事：陳成昌、黃桑華、陳章、陸仿真、呂禮章、盧觀榮、何潤昌、李思泌、黎志棠、盧炯年、潘可賢、陳頌榮、盧濟康、伍永根、徐守滬、梁福澤、陳炎培謹識。）

山門

「第一洞天」正面：嗇色園[3]

山門「第一洞天」背面：「瑞接雲衢」[4]

3　「第一洞天」（嗇色園）：「邐自金華分蹟嗇色構園開來第一洞天卜得鍾靈福地，仰茲真宇更新莊嚴在望遙接九霄正氣萃於眾妙玄門」（上款：公曆一九七五年歲次乙卯孟冬重建，陳欣甫拜撰。下款：嗇色園董事：陳立、黃允畋、李元炳、黃水、盧炳年、古蔭庭、陳進傍、馬成德、陳欽、何子猷、陳煥庭、潘可賢、盧東、黃桑華、陳章謹立。順德黃維琚敬書。）

4　「瑞接雲衢」：「迎九龍秀氣滿園草木欣榮鍾靈福地，承獅嶺清幽面對碧波輕漾別有洞天」（上款：嗇色園七十周年紀慶，一九九一年歲次辛未仲秋吉旦。下款：李元炳敬撰。）（嗇色園主席：黃允畋。副主席：李元炳、黃水、蔡兆。董事：陳欽、黃桑華、伍永根、劉健甜、徐展堂、盧觀榮、李思泌、黎志棠、陳成昌、潘可賢、陳章、盧濟康、梁福澤、徐守滬、盧偉強、溫增游謹識。）

第二參神平台

「金華分蹟」牌樓[5]

大殿

大殿匾額（1）

大殿匾額（2）

大殿匾額（3）

大殿匾額（4）

---

5 「金華分蹟」：「兩徑松蔭三徑菊，數聲鳥語一聲鐘」（上款：乙丑年冬重刊，辛亥仲秋金禧重建，呂大仙降筆乙丑年冬重刊，辛亥仲秋金禧重建，呂大仙降筆。）

大殿楹聯（1）

大殿楹聯（2）

大殿楹聯（3）

大殿楹聯（4）

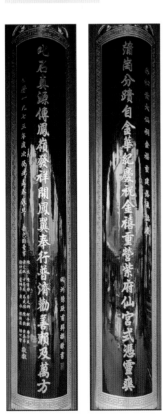

大殿楹聯（5）

大殿楹聯（6）

大殿楹聯（7）

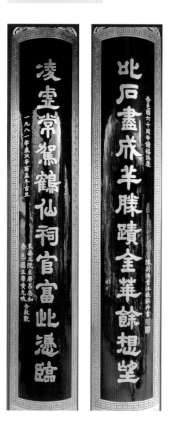

凌虛常駕鶴仙祠官富此憑臨

比石盡成羊膆蹟全華餘想望

大殿楹聯（8）

仙機在有形外潛移默化金華香海本同源

大道恍現眼前古往今來黃老赤松皆悟境

大殿楹聯（9）

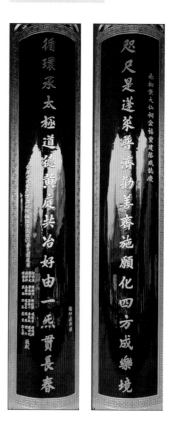

循環承太極道德黃庭共冶好由一炁貫長春

咫尺是蓬萊普濟勸善齊施願化四方成樂境

大殿楹聯（10）

善業推行玄門開放彙集遊園捐款為三院助學培才

金禧紀慶祠宇重光仰承叱石仙靈通四方安民化悟

大殿楹聯（11）

為人湏渾厚常存慈善即仙機

慶世貴和平與立偏私如我意

大殿楹聯（12）

心田廣種如如羅斗萬千

指地營謀念念畢參一六

大殿楹聯（13）

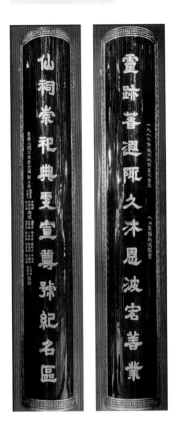

大殿楹聯（14）

大殿楹聯（15）

三聖堂

大殿楹聯（16）

三聖堂楹聯（1）

三聖堂楹聯（2）

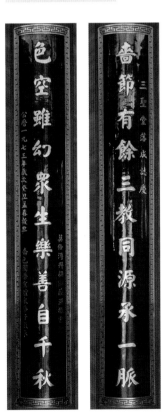

三聖堂楹聯 (3)
觀世音菩薩神座

三聖堂楹聯 (4)
呂純陽仙師神座

三聖堂楹聯 (5)
關聖帝君神座

孔道門

孔道門匾額

孔道門楹聯

麟閣

麟閣匾額（1）

麟閣匾額（2）

麟閣楹聯（1）　　　　　麟閣楹聯（2）　　　　　麟閣楹聯（3）

飛鸞臺

飛鸞臺匾額 [6]

飛鸞臺楹聯 (1)

飛鸞臺楹聯 (2)

飛鸞臺楹聯 (3)

---

6 「飛鸞臺」（上款：甲子首夏李青蓮大仙降筆。下款：嗇色園同寅敬獻。）

經堂

經堂匾額（1）

經堂匾額（2）

經堂楹聯（1）

經堂楹聯（2）

盂香亭

盂香亭匾額（1）

盂香亭匾額（2）

盂香亭匾額（3）

盂香亭匾額（4）

盂香亭匾額（5）

盂香亭匾額（6）

盂香亭楹聯（1）

壺裡乾坤自一亭　　　眼前瀛海成三島

盂香亭楹聯（2）

如來座近接慈雲　　　方便門開施法雨

盂香亭楹聯（3）

低山還是戴慈雲　　　入座有如沾化雨

盂香亭楹聯（4）

藥尋橋井活人多　　　石訪嶔城知我在

照壁

照壁正面：清靈寶洞

照壁背面：朝佛[7]

太歲元辰殿

太歲元辰殿匾額

---

7 「啟明星照東方接，長庚金耀西邊來」（上款：丁丑首夏。下款：如來乩筆。）

太歲元辰殿之《道德經》名句

太歲元辰殿楹聯（1）

太歲元辰殿楹聯（2）

財神殿

財神殿匾額

藥王殿

藥王殿匾額

財神殿楹聯 [8]

藥王殿楹聯 [9]

8　「通財源永錫豐盈手執金鞭常進寶，掌福澤普沾吉慶身乘黑虎廣招財」

9　「醫繼軒皇演仙偓丹濟世，道遵炎帝行聖方惠民」

福德殿

福德殿匾額

王靈官殿

王靈官殿匾額

---

10 「里社平安攸賴護持之力,方隅吉慶叨承申奏之功」

意密堂

意密堂匾額

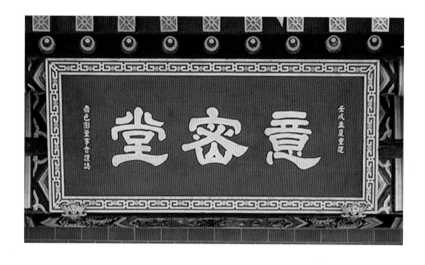

鳳鳴樓

鳳鳴樓匾額

意密堂楹聯[11]

鳳鳴樓楹聯

11　「虎伏龍降觀生身自在，鳶飛魚躍意悏何如」（上款：嗇色園意密堂重建落成誌慶，中山李元炳拜 南海陳觀海敬書。下款：一九八二年歲次壬戌孟夏吉旦，嗇色園同人敬獻。）

從心苑

從心苑匾額

悟道堂

悟道堂匾額

從心苑楹聯 [12]

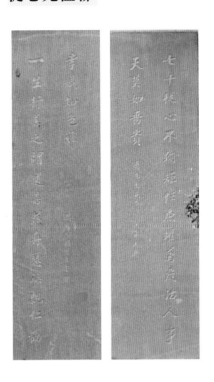

悟道堂楹聯 [13]

---

12 「七十從心不踰矩任魚躍鳶飛治人事天莫如嗇貴，一生行善之謂道喜慈舟慧海親仁勸孝咸知色難」（上款：嗇色園成立七十周年志慶。下款：趙樸初撰賀立書。）

13 「悟覺玄機修大德，道弘聖典濟蒼生」（上款：公元二零一八年丁酉季冬。下款：嗇色園黃大仙祠監院李耀輝（義覺）敬立。）

舊日嗇色園之匾額與楹聯（現在已除下）

第一洞天 正門楹聯[14]

金華分蹟[15]

大殿匾額（1）

大殿匾額（2）

大殿楹聯[16]

---

14 「放目長空可證婆娑原是幻，回頭覺岸方知宇宙亦非真」（上款：民國三十歲次辛巳孟秋日，第七十八甲午仲冬嗇色園重脩。下款：弟子陳程覺燕庭建立，道末厚亞羅叔重敬書。）

15 「香火萬家心一瓣，松風兩岸水三义」

16 「大哉仙乎與聖賢之道同道，尊矣神也以天地之心為心」（上款：乙亥冬月吉旦。下款：沐恩弟子梁吉海恭呈。）（印章：香港 富元號造，番禺 吉海）

孔道門楹聯 (1) 及 (2)[17]

麟閣匾額 (1)[18]

麟閣匾額 (2)

麟閣楹聯

---

17 「欲參透後果前因總要善門方便，想跳出愁城苦海願憑寶筏覺書」

「一貫為宗順悟玄微參妙諦，五竹齊數謹拳太極守清靈」（上款：赤松仙師乩降聯語。下款：辛已冬月本壇弟子錢差覺敬書。）

18 「麟閣」（上款：乙亥七月。下款：赤松乩。）

意密堂匾額 (1)[19]

意密堂匾額 (2)

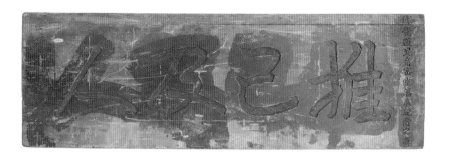

意密堂匾額 (3)

意密堂匾額 (4)[20]

意密堂匾額 (2)[21]

19　「意密堂」（上款：乙亥六月，慈悲題。下款：赤松乩。）

20　「無人我分」（上款：傅覺道兄意密堂落成紀念之喜。下款：愚弟錢差覺、鍾增覺、潘澤覺、蘇基覺合十。）

21　「世有因果證，天無左右偏」（上款：傅覺道兄意密堂落成紀念之喜。下款：愚弟葉果證、李盧覺、錢差覺、衛清覺、馮良覺合十。）

經堂匾額

大門東華亭楹聯 [22]

從心苑楹聯

經堂楹聯

煉丹爐楹聯 [23]

---

22 「勸善普施利人濟物，興仁助學積福種因」（上款：一九八四歲次甲子孟春吉旦，下款：嗇色園董事會同人謹識，李元炳拜撰）

23 「紫氣騰霄」：「乙巳長生起，丙壬壽世藏」

悟道堂匾額 [24]

雨化堂匾額 [25]

其他

匾額（1）

---

24 「悟道堂」（上款：丙寅季春吉日。下款：悟謀子題。）

25 「雨化堂 鍾仙乩」（上款：民國二十四年歲次乙亥季春吉日。下款：本壇弟子宜傅覺阮榮祖敬獻。）

匾額（2）

匾額（3）[26]

匾額（4）

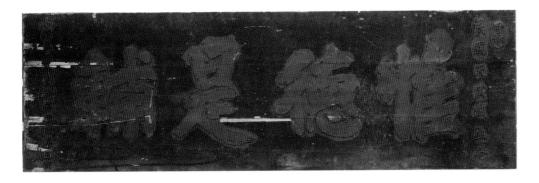

匾額（5）

---

26 「天道昭彰」（上款：乙丑冬月望日，呂大仙降筆。下款：普宜壇弟子同敬奉。）

匾額 (6)[27]

匾額 (7)[28]

匾額 (8)[29]

---

27 「感化蒼生」（上款：丁卯仲春吉旦。下款：本壇弟子康覺羅輝南敬奉。）（印章：利濟為懷。香港 錦元造）

28 「為善惟寶」（上款：丁卯元月穀旦。下款：本壇弟子力覺吳伯墉敬奉。）（印章：名傳中外，香港 錦元造）

29 「五常三寶」（上款：民國廿四年乙亥季春吉旦。下款：如來乩，弟子錢差覺敬獻。）

匾額 (9)[30]

楹聯 (1)[31]　　　楹聯 (2)[32]

---

30 「真無着」（上款：民國廿四年乙亥季春吉日。下款：鍾仙乩筆，弟子莫詳覺敬獻。

31 「靈爽式憑霆鳥翔空俯視一切，玄微宜覺鳳麟聚藪普救群生」（上款：中華民國十五年歲次乙丑季冬吉旦南邑梁愷生書。下款：弟子何明達、
　　馮其焯、麥伯沅、梁環昭、歐陽炳初、馮耀南、林竹卿、何壽卿、唐梅初等敬獻。）（印章：香港 鳳鳴造）

32 「善及人之益善，齊乎其所不齊」（上款：民國十三年歲次甲子仲春吉旦。下款：本壇弟子宜湖覺陳兆階敬奉。）

楹聯 (3)[33]　　楹聯 (4)[34]　　楹聯 (5)

木雕畫 (1)[35]

---

33 「羊化贖仙縱望宋臺樹色香島波光此地獨饒風月勝，軟還伏神力幸合浦珠回秦庭壁返殊恩深感海山同」（上款：民國二十年季春吉旦。下款：弟子宜抵覺林續臣叩謝。）（印章：利民造，福恩　永佑）

34 「靜心靜性仙神感，禮肅禮誠聖佛臨」（上款：丙子冬月念一日。下款：鍾大仙降文 靜誠敬書。）

35 「五時說法」

木雕畫 (2)[36]

木雕畫 (3)[37]

36　「蓮池海會」

37　（上款：乙未年仲秋月 立。下款：信士弟子 熊其霖敬獻。）

附録

附錄

附錄一　嗇色園昔日道侶合影照片

1946 年

1947 年

1949 年

1953 年

1955 年

1956 年

1957 年

1957 年

1958 年

1959 年

1960 年

1961 年

1962 年

1963 年

1964 年

年份未明

附錄二 嗇色園歷屆董事及會員芳名

（一）嗇色園歷屆值理會 / 董事會芳名

一九二一年

總理　：郭述庭先生
副總理：馮其焯先生
司理　：馮萼聯先生
副司理：高浩文先生
協理　：陳柱石先生
副協理：歐陽炳初先生
司庫　：張殿臣先生
值理　：梁環昭先生
　　　　唐梅初先生
監察　：林惠文先生
顧問　：韋仁舟先生
　　　　潘蘭甫先生

一九二二年

總理　：陳柱石先生
副總理：馮其焯先生
司理　：馮萼聯先生
副司理：高浩文先生
協理　：歐陽炳初先生
司庫　：張殿臣先生
值理　：梁環昭先生
　　　　唐梅初先生
監察　：林惠文先生
顧問　：潘蘭甫先生
　　　　韋仁舟先生

一九二三年

總理　：陳柱石先生
副總理：馮其焯先生
司理　：馮萼聯先生
副司理：高浩文先生

協理　：歐陽炳初先生
　　　　林紹銘先生
司庫　：張殿臣先生
值理　：梁環昭先生
　　　　唐梅初先生
監察　：林惠文先生
顧問　：韋仁舟先生
　　　　潘蘭甫先生

一九二四年

總理　：林紹銘先生
副總理：吳伯鏞先生
司理　：馮萼聯先生
副司理：何槐卿先生
司庫　：張殿臣先生
協理　：陳慈若先生
副協理：程聘之先生
知客　：潘蘭甫先生
　　　　謝公翼先生
顧問　：韋仁舟先生
施藥　：張景庭先生
　　　　何星甫先生
　　　　梁仲朝先生

一九二五年

總理　：林紹銘先生
副總理：吳伯鏞先生
司理　：馮萼聯先生
副司理：何槐卿先生
協理　：黃筱煒先生
副協理：程聘之先生
司庫　：張殿臣先生

知客　：潘蘭甫先生
　　　　謝公翼先生
顧問　：韋仁舟先生
施藥　：張景庭先生
　　　　梁仲朝先生

一九二六年

總理　：林紹銘先生
副總理：吳伯鏞先生
司理　：馮萼聯先生
副司理：何槐卿先生
協理　：陳慈若先生
副協理：程聘之先生
司庫　：張殿臣先生
知客　：潘蘭甫先生
　　　　謝公翼先生
顧問　：韋仁舟先生
施藥　：張景庭先生
　　　　梁仲朝先生

一九二七年

總理　：潘仲源先生
副總理：陳百祥先生
司理　：陳培生先生
副司理：辛伯衡先生
協理　：林紹鐘先生
副協理：宋沛祥先生
司庫　：郭煒南先生
副司庫：李順帆先生
值理　：鄧廣南先生
　　　　鄧樹南先生

一九二八年
總理　　：關鶴舫先生
副總理　：何小相先生
司理　　：何藻雲先生
副司理　：劉漸逵先生
協理　　：劉漁訪先生
副協理　：林仲甫先生
司庫　　：梁子彬先生
副司庫　：左懽若先生
值理　　：梁日齋先生
　　　　　陳瑞初先生

一九二九年
總理　　：曾富先生
副總理　：徐禮珍先生
司理　　：何藻雲先生
副司理　：黃禹侯先生
協理　　：羅仁階先生
副協理　：葉竹軒先生
司庫　　：韋介眉先生
副司庫　：郭介卿先生
值理　　：梁邦賢先生
　　　　　陳兆階先生

一九三零年
總理　　：程聘之先生
司理　　：何藻雲先生
副司理　：曹朗輝先生
協理　　：葉華袞先生
副協理　：黃芹馨先生
協庫　　：林紹銘先生
副司庫　：吳伯鏞先生
值理　　：潘蘭甫先生
　　　　　陳慈若先生
　　　　　錢遂初先生
　　　　　何槐卿先生
　　　　　張景庭先生
　　　　　何華生先生
　　　　　何星甫先生
施藥　　：陳慈若先生
　　　　　何槐卿先生

何星甫先生
黃芹馨先生
林紹銘先生
吳伯鏞先生
潘蘭甫先生
李少夔先生
葉華袞先生
曹朗輝先生
張景庭先生
程聘之先生

一九三一年
總理　　：馮繩武先生
副總理　：潘蘭甫先生
司理　　：陳慈若先生
副司理　：錢遂初先生
司庫　　：林紹銘先生
副司庫　：吳伯鏞先生
交際　　：陳超輝先生

一九三二年
總理　　：馮繩武先生
司理　　：莫詠虞先生
副司理　：尤瑞芝先生
協理　　：葉冀階先生
副協理　：梁湘衡先生
司庫　　：鄭錦文先生
副司庫　：何壽卿先生

一九三三年
總理　　：何華生先生
副總理　：鍾曜臣先生
司理　　：陳超輝先生
副司理　：蘇桂軒先生
協理　　：李少夔先生
副協理　：陳慈若先生
司庫　　：吳伯鏞先生
司庫　　：馮繩武先生
值理　　：馮其焯先生
　　　　　潘蘭甫先生
　　　　　林紹銘先生

葉華袞先生
黃芹馨先生
曹朗輝先生

一九三四年

總理　　：林紹銘先生
副總理　：何華生先生
司理　　：錢遂初先生
副司理　：陳慈若先生
協理　　：馮其焯先生
副協理　：李亦梅先生
司庫　　：蘇桂軒先生
副司庫　：羅輝南先生
值理　　：林續臣先生
　　　　　陳煥元先生
　　　　　周堃卓先生
　　　　　岑董若先生

一九三五年
總理　　：葉華袞先生
司理　　：錢遂初先生
副司理　：馮廣先生
協理　　：李少夔先生
副協理　：唐福騈先生
司庫　　：阮榮祖先生
值理　　：楊日南先生
施藥　　：潘蘭甫先生
　　　　　陳超輝先生
　　　　　陳慈若先生
　　　　　黎典初先生
　　　　　吳伯鏞先生
　　　　　馮繩武先生

一九三六年
總理　　：葉華袞先生
協理　　：李少夔先生
司庫　　：阮榮祖先生
勸善組　：黃啟森先生
　　　　　陳士元先生
　　　　　唐福騈先生

陳麗生先生

普濟組　：馮講菴先生

　　　　　陳麗泉先生

　　　　　阮躍池先生

施藥　　：潘蘭甫先生

　　　　　梁鈞轉先生

　　　　　馮廣先生

一九三七年

總理　　：阮躍池先生

副總理　：錢遂初先生

協理　　：陳燕庭先生

　　　　　馮廣先生

　　　　　葉華衷先生

　　　　　梁鈞轉先生

　　　　　陳超輝先生

司庫　　：阮榮祖先生

施藥　　：潘蘭甫先生

　　　　　何華生先生

　　　　　勞早佳先生

一九三八年

總理　　：阮躍池先生

副總理　：錢遂初先生

監察　　：劉宇文先生

副監察　：黃啟森先生

施藥　　：潘蘭甫先生

　　　　　阮榮祖先生

　　　　　林惠文先生

　　　　　梁鈞轉先生

一九三九年

總理　　：何華生先生

副總理　：陳超輝先生

司理　　：錢遂初先生

副司理　：陳燕庭先生

協理　　：游德榮先生

值理　　：阮榮祖先生

　　　　　梁鈞轉先生

　　　　　林惠文先生

監察　　：劉宇文先生

副監察　：黃啟森先生

一九四零年

總理　　：何華生先生

副總理　：陳超輝先生

司理　　：錢遂初先生

副司理　：勞早佳先生

協理　　：游德榮先生

副協理　：雷棟材先生

司庫　　：陳燕庭先生

值理　　：梁鈞轉先生

　　　　　林惠文先生

　　　　　阮榮祖先生

監察　　：劉宇文先生

副監察　：黃啟森先生

一九四一年

總理　　：陳超輝先生

司理　　：錢遂初先生

協理　　：雷棟材先生

副協理　：游德榮先生

司庫　　：陳燕庭先生

值理　　：阮榮祖先生

　　　　　梁鈞轉先生

監察　　：劉宇文先生

副監察　：黃啟森先生

一九四二年

總理　　：陳超輝先生

司理　　：錢遂初先生

協理　　：雷棟材先生

副協理　：游德榮先生

司庫　　：陳燕庭先生

值理　　：梁鈞轉先生

監察　　：劉宇文先生

一九四三年

總理　　：陳超輝先生

司理　　：錢遂初先生

協理　　：衞仲虞先生

　　　　　林惠文先生

　　　　　唐福騈先生

　　　　　游德榮先生

　　　　　雷棟材先生

　　　　　阮榮祖先生

司庫　　：陳燕庭先生

一九四四年

總理　　：陳超輝先生

司理　　：錢遂初先生

協理　　：衞仲虞先生

　　　　　游德榮先生

　　　　　林惠文先生

　　　　　雷棟材先生

　　　　　唐福騈先生

　　　　　阮榮祖先生

司庫　　：陳燕庭先生

一九四五年

總理　　：陳超輝先生

司理　　：錢遂初先生

協理　　：阮榮祖先生

副協理　：林惠文先生

司庫　　：陳燕庭先生

值理　　：衞仲虞先生

一九四六年

總理　　：陳超輝先生

司理　　：錢遂初先生

司庫　　：唐福騈先生

總務　　：梁鈞轉先生

值理　　：阮榮祖先生

　　　　　林惠文先生

　　　　　衞仲虞先生

　　　　　雷棟材先生

總懺　　：馮講菴先生

一九四七年

總理　　：陳超輝先生

司理　　：錢遂初先生

司庫　　：梁鈞轉先生

總務　　：梁鈞轉先生

值理　　：唐福駢先生
　　　　　阮榮祖先生
　　　　　陳燕庭先生
　　　　　唐澄浦先生
　　　　　衞仲虞先生
　　　　　趙子雲先生
　　　　　劉礦生先生
　　　　　李希燊先生
　　　　　林惠文先生
　　　　　馮繩武先生
　　　　　勞早佳先生
　　　　　雷棟材先生
總懺　　：馮講菴先生

一九四八年

總理　　：陳超輝先生
副總理　：李希燊先生
司理　　：錢遂初先生
司庫　　：阮榮祖先生
　　　　　趙子雲先生
普濟　　：唐福駢先生
　　　　　陳燕庭先生
經懺　　：馮講菴先生
　　　　　程一強先生
禮生　　：唐澄浦先生
施藥　　：梁鈞轉先生
協理　　：陳麗生先生
　　　　　陳士元先生
　　　　　湯仰魁先生
　　　　　葉華袞先生
　　　　　黎典初先生
　　　　　李少松先生
　　　　　馮其焯先生
　　　　　雷棟材先生
　　　　　何潤生先生
　　　　　衞仲虞先生
　　　　　陳榮鎮先生
　　　　　劉礦生先生
　　　　　譚榮光先生
　　　　　麥幸先生
　　　　　黃筱煒先生

陳寶燊先生
鄺銘基先生
陳康民先生
陳立先生
李福林先生
羅輝南先生
何澧生先生
陳頌榮先生
何洪生先生
葉徹凡先生
潘仲吉先生
馮繩武先生
勞早佳先生
譚傑生先生
潘金鏞先生
老少夔先生
李亦梅先生
游德榮先生

一九四九年

總理　　：陳超輝先生
副總理　：李希燊先生
司理　　：錢遂初先生
司庫　　：阮榮祖先生
副司庫　：趙子雲先生
普濟　　：唐福駢先生
　　　　　陳燕庭先生
經懺　　：馮講菴先生
　　　　　程一強先生
禮生　　：唐澄浦先生
施藥　　：梁鈞轉先生

一九五零至五四年

總理　　：陳超輝先生
副總理　：李希燊先生
司理　　：錢遂初先生
司庫　　：阮榮祖先生
副司庫　：趙子雲先生
普濟　　：唐福駢先生
　　　　　陳燕庭先生
經懺　　：馮講菴先生

　　　　　程一強先生
禮生　　：唐澄浦先生
施藥　　：梁鈞轉先生

一九五五年

總理　　：唐福駢先生
副總理　：陳立先生
　　　　　蘇桂軒先生
　　　　　衞仲虞先生
　　　　　鄺銘基先生
　　　　　李少松先生
　　　　　陳榮鎮先生
　　　　　馮講菴先生
　　　　　何子猷先生
　　　　　盧佐榮先生
　　　　　吳廣智先生
　　　　　黃水先生
　　　　　梁根澤先生
　　　　　梁鈞轉先生
　　　　　吳根卿先生
　　　　　老鳴覺先生
　　　　　馮繩武先生

一九五六年

總理　　：黃允畋先生
副總理　：陳立先生
司理　　：陳榮鎮先生
副司理　：蘇桂軒先生
司庫　　：李少松先生
　　　　　湯仰魁先生
普濟　　：何子猷先生
　　　　　吳根卿先生
經懺　　：馮講菴先生
　　　　　梁根澤先生
理事　　：梁鈞轉先生
　　　　　老少夔先生
　　　　　李希燊先生
　　　　　盧佐榮先生
　　　　　馬成德先生
監事　　：唐福駢先生
　　　　　黃水先生

鄺銘基先生

吳廣智先生

馮繩武先生

一九五七年

總理　：鄺銘基先生

副總理：陳立先生

司理　：李少松先生

　　　　湯仰魁先生

司庫　：阮榮祖先生

　　　　陳榮鎮先生

普濟　：盧佐榮先生

　　　　吳廣智先生

經懺　：馮講菴先生

　　　　梁根澤先生

理事　：梁鈞轉先生

　　　　吳根卿先生

　　　　老少夔先生

　　　　衞仲虞先生

　　　　馬成德先生

監事　：黃允畋先生

　　　　唐福駢先生

　　　　蘇桂軒先生

　　　　黃水先生

　　　　何子猷先生

一九五八年

總理　：黃允畋先生

副總理：黃水先生

司理　：老少夔先生

副司理：吳廣智先生

司庫　：陳汝錡先生

　　　　陳立先生

普濟　：馮繩武先生

　　　　馮講菴先生

經懺　：梁根澤先生

　　　　程一強先生

理事　：湯仰魁先生

　　　　鄺銘基先生

　　　　何子猷先生

馬成德先生

梁鈞轉先生

衞仲虞先生

監事　：唐福駢先生

　　　　蘇桂軒先生

　　　　陳榮鎮先生

　　　　吳根卿先生

　　　　盧佐榮先生

一九五九年

總理　：陳汝錡先生

副總理：陳立先生

司理　：盧佐榮先生

副司理：吳廣智先生

司庫　：黃允畋先生

　　　　黃水先生

普濟　：唐福駢先生

　　　　老少夔先生

經懺　：馮講菴先生

　　　　梁根澤先生

理事　：蘇桂軒先生

　　　　何子猷先生

　　　　馬成德先生

　　　　吳根卿先生

　　　　衞仲虞先生

　　　　程一強先生

　　　　馮繩武先生

　　　　陳榮鎮先生

監事　：鄺銘基先生

　　　　湯仰魁先生

　　　　梁鈞轉先生

一九六零年

總理　：老少夔先生

副總理：陳立先生

理事　：黃允畋先生

　　　　程一強先生

　　　　麥幸先生

　　　　何澧生先生

　　　　唐子良先生

　　　　衞仲虞先生

吳廣智先生

鄺銘基先生

陳欽先生

馬成德先生

麥晴海先生

陳汝錡先生

陳冠生先生

湯仰魁先生

馮講菴先生

何潤生先生

盧佐榮先生

一九六一年

總理　：方蔭庭先生

副總理：黃水先生

秘書　：衞仲虞先生

司理　：唐子良先生

　　　　馬成德先生

司庫　：老少夔先生

　　　　陳汝錡先生

普濟　：陳立先生

　　　　鄺銘基先生

勸善　：吳廣智先生

　　　　湯仰魁先生

經懺　：黃允畋先生

　　　　馮講菴先生

一九六二年

總理　：黃水先生

副總理：陳欽先生

秘書　：方蔭庭先生

司理　：馮講菴先生

　　　　老少夔先生

司庫　：盧佐榮先生

　　　　馬成德先生

普濟　：黃允畋先生

　　　　陳立先生

勸善　：陳汝錡先生

　　　　鄺銘基先生

經懺　：衞仲虞先生

　　　　唐子良先生

一九六三年

總理　　：唐子良先生
副總理　：黃允畋先生
秘書　　：衞仲虞先生
司理　　：陳立先生
　　　　　鄺銘基先生
司庫　　：陳汝錡先生
　　　　　吳廣智先生
普濟　　：老少羲先生
　　　　　湯仰魁先生
勸善　　：黃水先生
　　　　　盧佐榮先生
經懺　　：馮講菴先生
　　　　　馬成德先生
稽核　　：方蔭庭先生
　　　　　李元炳先生

一九六四年

主席　　：李元炳先生
副主席　：陳立先生
秘書　　：衞仲虞先生
司理　　：馮講菴先生
　　　　　黃允畋先生
司庫　　：唐子良先生
　　　　　馬成德先生
普濟　　：盧佐榮先生
　　　　　鄺銘基先生
勸善　　：黃水先生
　　　　　方蔭庭先生
經懺　　：湯仰魁先生
　　　　　吳廣智先生
稽核　　：陳汝錡先生
　　　　　黃燊華先生

一九六五年

主席　　：方蔭庭先生
副主席　：馬成德先生
秘書　　：衞仲虞先生
司理　　：黃水先生
　　　　　陳汝錡先生
司庫　　：陳進傍先生

　　　　　吳廣智先生
普濟　　：陳立先生
　　　　　唐子良先生
勸善　　：李元炳先生
　　　　　黃燊華先生
經懺　　：馮講菴先生
　　　　　黃允畋先生
稽核　　：湯仰魁先生
　　　　　盧佐榮先生

一九六六年

主席　　：黃水先生
副主席　：黃允畋先生
秘書　　：衞仲虞先生
司理　　：陳汝錡先生
　　　　　盧佐榮先生
司庫　　：陳進傍先生
　　　　　唐子良先生
普濟　　：陳立先生
　　　　　陳欽先生
勸善　　：方蔭庭先生
　　　　　馬成德先生
經懺　　：馮講菴先生
　　　　　黃燊華先生
稽核　　：湯仰魁先生
　　　　　李元炳先生
名譽法律顧問：陳杰律師

一九六七年

主席　　：黃允畋先生
副主席　：黃水先生
秘書　　：衞仲虞先生
司理　　：湯仰魁先生
　　　　　方蔭庭先生
司庫　　：唐子良先生
　　　　　陳進傍先生
董事　　：陳汝錡先生
　　　　　盧佐榮先生
普濟　　：陳立先生
　　　　　黃燊華先生
經懺　　：馮講菴先生

　　　　　陳煥庭先生
稽核　　：李元炳先生
　　　　　馬成德先生
名譽法律顧問：陳杰律師

一九六八年

主席　　：黃允畋先生
副主席　：陳立先生
秘書　　：衞仲虞先生
司理　　：陳進傍先生
　　　　　黃水先生
司庫　　：湯仰魁先生
　　　　　馬成德先生
普濟　　：唐子良先生
　　　　　黃燊華先生
經懺　　：陳煥庭先生
　　　　　陳欽先生
稽核　　：方蔭庭先生
　　　　　馮講菴先生
公共關係：陳汝錡先生
　　　　　李元炳先生
名譽法律顧問：陳杰律師

一九六九年

主席　　：黃允畋先生
副主席　：陳立先生
秘書　　：衞仲虞先生
司理　　：陳進傍先生
　　　　　黃水先生
司庫　　：馬成德先生
盧　　　　烱年先生
普濟　　：陳煥庭先生
　　　　　方蔭庭先生
經懺　　：陳欽先生
　　　　　何子猷先生
稽核　　：李元炳先生
　　　　　湯仰魁先生
公共關係：馮講菴先生
　　　　　唐子良先生
名譽法律顧問：陳杰律師

一九七零年

主席　　：黃允畋先生
副主席　：陳立先生
義務秘書：衞仲虞先生
司理　　：陳進傍先生
　　　　　方蔭庭先生
司庫　　：盧烱年先生
　　　　　馬成德先生
普濟　　：陳欽先生
　　　　　李元炳先生
經懺　　：潘可賢先生
　　　　　陳煥庭先生
稽核　　：黃燊華先生
　　　　　湯仰魁先生
公共關係：黃水先生
　　　　　何子猷先生
名譽法律顧問：陳杰律師

一九七一年

主席　　：黃允畋先生
副主席　：陳立先生
義務秘書：衞仲虞先生
司理　　：陳進傍先生
　　　　　方蔭庭先生
司庫　　：盧烱年先生
　　　　　馬成德先生
普濟　　：黃水先生
　　　　　陳欽先生
經懺　　：李元炳先生
　　　　　陳煥庭先生
稽核　　：黃燊華先生
　　　　　湯仰魁先生
公共關係：潘可賢先生
　　　　　何子猷先生
名譽法律顧問：陳杰律師

一九七二年

主席　　：黃允畋先生
副主席　：陳立先生
義務秘書：衞仲虞先生
司理　　：陳進傍先生

　　　　　方蔭庭先生
司庫　　：盧烱年先生
　　　　　馬成德先生
普濟　　：唐子良先生
　　　　　黃燊華先生
經懺　　：何子猷先生
　　　　　陳欽先生
稽核　　：陳煥庭先生
　　　　　李元炳先生
公共關係：黃水先生
　　　　　潘可賢先生
名譽顧問：龍炳棠先生
　　　　　曾正先生
　　　　　姚連生先生
名譽法律顧問：陳杰律師
　　　　　　　鍾世傑律師

一九七三年

主席　　：黃允畋先生
副主席　：陳立先生
義務秘書：衞仲虞先生
司理　　：方蔭庭先生
　　　　　陳進傍先生
司庫　　：馬成德先生
　　　　　盧烱年先生
普濟　　：黃燊華先生
　　　　　何子猷先生
經懺　　：陳欽先生
　　　　　潘可賢先生
稽核　　：李元炳先生
　　　　　陳煥庭先生
公共關係：唐子良先生
　　　　　黃水先生
名譽顧問：龍炳棠先生
　　　　　曾正先生
　　　　　姚連生先生
名譽法律顧問：陳杰律師
　　　　　　　鍾世傑律師

一九七四年

主席　　：黃允畋先生

副主席　：陳立先生
義務秘書：衞仲虞先生
　　　　　李元炳先生
司理　　：方蔭庭先生
　　　　　盧烱年先生
司庫　　：馬成德先生
　　　　　陳進傍先生
普濟　　：黃燊華先生
　　　　　盧東先生
經懺　　：潘可賢先生
　　　　　陳煥庭先生
稽核　　：李元炳先生
　　　　　何子猷先生
　　　　　唐子良先生
公共關係：黃水先生
　　　　　陳欽先生
名譽顧問：龍炳棠先生
　　　　　曾正先生
　　　　　姚連生先生
名譽法律顧問：陳杰律師
　　　　　　　鍾世傑律師

一九七五年

主席　　：黃允畋先生
副主席　：陳立先生
義務秘書：李元炳先生
司理　　：盧烱年先生
　　　　　方蔭庭先生
司庫　　：馬成德先生
　　　　　陳進傍先生
普濟　　：黃水先生
　　　　　陳欽先生
經懺　　：陳煥庭先生
　　　　　潘可賢先生
稽核　　：盧東先生
　　　　　何子猷先生
公共關係：黃燊華先生
　　　　　陳章先生
名譽顧問：龍炳棠先生
　　　　　曾正先生
　　　　　姚連生先生

名譽法律顧問：陳杰律師
　　　　　　鍾世傑律師

一九七六年

主席　　　：黃允畋先生
副主席　　：黃水先生
義務秘書：李元炳先生
司理　　　：盧炯年先生
　　　　　　何子猷先生
司庫　　　：馬成德先生
　　　　　　陳欽先生
稽核　　　：黃燊華先生
　　　　　　陳章先生
董事　　　：方蔭庭先生
　　　　　　盧東先生
　　　　　　潘可賢先生
　　　　　　陳煥庭先生
　　　　　　陳進傍先生
　　　　　　唐子良先生
名譽顧問：龍炳棠先生
　　　　　　曾正先生
　　　　　　姚連生先生
名譽法律顧問：陳杰律師

一九七七年

主席　　　：黃允畋先生
副主席　　：黃水先生
義務秘書：李元炳先生
司理　　　：盧炯年先生
　　　　　　何子猷先生
司庫　　　：馬成德先生
　　　　　　陳欽先生
普濟　　　：陳立先生
　　　　　　陳進傍先生
　　　　　　潘可賢先生
　　　　　　方蔭庭先生
　　　　　　唐子良先生
　　　　　　黃滔先生
稽核　　　：黃燊華先生
　　　　　　陳章先生
名譽顧問：龍炳棠先生

曾正先生
姚連生先生
名譽法律顧問：陳杰律師

一九七八年

主席　　　：黃允畋先生
副主席　　：黃水先生
義務秘書：李元炳先生
司理　　　：盧炯年先生
　　　　　　何子猷先生
司庫　　　：馬成德先生
　　　　　　黃滔先生
普濟　　　：陳立先生
　　　　　　陳章先生
　　　　　　方蔭庭先生
　　　　　　潘可賢先生
　　　　　　陳欽先生
　　　　　　唐子良先生
稽核　　　：黃燊華先生
　　　　　　陳煥庭先生
名譽顧問：龍炳棠先生
　　　　　　姚連生先生
　　　　　　陳景福先生
　　　　　　黎時煖先生
　　　　　　戴立平先生
　　　　　　鍾世傑先生
名譽法律顧問：陳杰律師
　　　　　　　梁烈安律師

一九七九年

主席　　　：黃允畋先生
副主席　　：黃水先生
義務秘書：陳煥庭先生
司理　　　：盧炯年先生
　　　　　　何子猷先生
司庫　　　：馬成德先生
　　　　　　陳欽先生
普濟　　　：潘可賢先生
　　　　　　陳章先生
　　　　　　李元炳先生
　　　　　　黃滔先生

陳立先生
稽核　　　：盧東先生
　　　　　　黃燊華先生
名譽顧問：龍炳棠先生
　　　　　　曾正先生
　　　　　　姚連生先生
　　　　　　黎時煖先生
　　　　　　陳景福先生
　　　　　　戴立平先生
　　　　　　鍾世傑先生
名譽法律顧問：陳杰律師
　　　　　　　梁烈安律師

一九八零年

主席　　　：黃允畋先生
副主席　　：黃水先生
義務秘書：李元炳先生
司理　　　：盧炯年先生
　　　　　　何子猷先生
司庫　　　：馬成德先生
　　　　　　陳欽先生
普濟　　　：潘可賢先生
　　　　　　陳章先生
稽核　　　：黃燊華先生
　　　　　　盧東先生
董事　　　：陳煥庭先生
　　　　　　陳成昌先生
　　　　　　蔡兆先生
　　　　　　陳頌榮先生
名譽顧問：龍炳棠先生
　　　　　　曾正先生
　　　　　　黎時煖先生
　　　　　　江永安先生
　　　　　　鍾世傑先生
　　　　　　陳景福先生
　　　　　　姚連生先生
名譽法律顧問：陳杰律師
　　　　　　　梁烈安律師

一九八一年

主席　　　：黃允畋先生

副主席　　：黃水先生

義務秘書：李元炳先生

司理　　：盧烱年先生

　　　　　何子猷先生

司庫　　：陳欽先生

　　　　　盧東先生

普濟　　：潘可賢先生

　　　　　陳章先生

稽核　　：陳頌榮先生

董事　　：蔡兆先生

　　　　　馬成德先生

　　　　　黃燊華先生

　　　　　陳成昌先生

名譽顧問：龍炳棠先生

　　　　　曾正先生

　　　　　黎時煖先生

　　　　　江永安先生

　　　　　鍾世傑先生

　　　　　陳景福先生

　　　　　姚連生先生

一九八二年

主席　　：黃允畋先生

副主席　　：黃水先生

義務秘書：李元炳先生

司理　　：盧烱年先生

　　　　　何子猷先生

司庫　　：陳欽先生

　　　　　盧東先生

普濟　　：潘可賢先生

　　　　　陳章先生

稽核　　：陳頌榮先生

董事　　：蔡兆先生

　　　　　馬成德先生

　　　　　黃燊華先生

　　　　　陳成昌先生

　　　　　陳立先生

名譽顧問：龍炳棠先生

　　　　　曾正先生

　　　　　黎時煖先生

　　　　　江永安先生

鍾世傑先生

陳景福先生

姚連生先生

一九八三年

主席　　：黃允畋先生

副主席　　：黃水先生

義務秘書：李元炳先生

司理　　：盧烱年先生

　　　　　何子猷先生

司庫　　：陳欽先生

　　　　　盧東先生

普濟　　：潘可賢先生

　　　　　陳章先生

董事　　：陳立先生

　　　　　陳頌榮先生

　　　　　蔡兆先生

　　　　　馬成德先生

　　　　　黃燊華先生

　　　　　陳成昌先生

名譽顧問：龍炳棠先生

　　　　　曾正先生

　　　　　黎時煖先生

　　　　　江永安先生

　　　　　鍾世傑先生

　　　　　陳景福先生

　　　　　姚連生先生

一九八四年

主席　　：黃允畋先生

副主席　　：黃水先生

義務秘書：李元炳先生

司理　　：盧烱年先生

　　　　　何子猷先生

司庫　　：陳欽先生

　　　　　盧東先生

董事　　：潘可賢先生

　　　　　陳章先生

　　　　　陳立先生

　　　　　陳頌榮先生

　　　　　蔡兆先生

馬成德先生

黃燊華先生

陳成昌先生

名譽顧問：龍炳棠先生

　　　　　曾正先生

　　　　　黎時煖先生

　　　　　江永安先生

　　　　　鍾世傑先生

　　　　　陳景福先生

　　　　　姚連生先生

一九八五年

主席　　：黃允畋先生

副主席　　：盧烱年先生

　　　　　李元炳先生

　　　　　黃水先生

義務秘書：黃燊華先生

義務正司庫：陳欽先生

義務副司庫：盧東先生

委任董事：東華三院主席

　　　　　朱飛龍先生

　　　　　（1985-1986）

　　　　　黃大仙政務主任

　　　　　黃保華先生

　　　　　華人廟宇委員會行

　　　　　政秘書

　　　　　黃鎮照先生

　　　　　梁仲清先生

　　　　　何俊仁先生

　　　　　孫秉樞先生

董事　　：陳進傍先生

　　　　　陳章先生

　　　　　何子猷先生

　　　　　陳成昌先生

　　　　　潘可賢先生

　　　　　陳頌榮先生

　　　　　陳立先生

　　　　　蔡兆先生

顧問　　：龍炳棠先生

　　　　　曾正先生

　　　　　黎時煖先生

江永安先生

鍾世傑先生

陳景福先生

姚連生先生

林友棠先生

一九八五至八六年

主席　　：黃允畋先生

副主席　：盧焵年先生

　　　　　李元炳先生

　　　　　黃水先生

義務秘書：潘可賢先生

義務正司庫：陳欽先生

義務副司庫：盧東先生

委任董事：東華三院主席

　　　　　　朱飛龍先生　（1985-1986）

　　　　　黃大仙政務專員

　　　　　　葉澤民先生

　　　　　華人廟宇委員會行政秘書

　　　　　　黃鎮照先生

　　　　　梁仲清先生

　　　　　盧觀榮先生

　　　　　孫秉樞先生

董事　　：黃燊華先生

　　　　　何子猷先生

　　　　　陳章先生

　　　　　蔡兆先生

　　　　　陳成昌先生

　　　　　盧濟康先生

　　　　　盧元義先生

　　　　　陳進傍先生

一九八六至八七年

主席　　：黃允畋先生

副主席　：盧焵年先生

　　　　　李元炳先生

　　　　　黃水先生

義務秘書：潘可賢先生

義務正司庫：陳欽先生

義務副司庫：盧東先生

委任董事：東華三院主席

詹金源先生（1986-1987）

　　　　　黃大仙政務專員

　　　　　　葉澤民先生

　　　　　華人廟宇委員會行政秘書

　　　　　　黃鎮照先生

　　　　　梁仲清先生

　　　　　盧觀榮先生

　　　　　孫秉樞先生

董事　　：黃燊華先生

　　　　　何子猷先生

　　　　　陳章先生

　　　　　蔡兆先生

　　　　　陳成昌先生

　　　　　盧濟康先生

　　　　　盧元義先生

　　　　　陳進傍先生

一九八七至八九年

主席　　：黃允畋先生

副主席　：盧焵年先生

　　　　　李元炳先生

　　　　　黃水先生

義務秘書：潘可賢先生

義務正司庫：陳欽先生

義務副司庫：盧東先生

委任董事：東華三院主席

　　　　　　劉寶詠琴女士（1987-1988）

　　　　　　余嘯天先生（1988-1989）

　　　　　黃大仙政務專員

　　　　　　吳漢華先生

　　　　　華人廟宇委員會行政秘書

　　　　　　黃鎮照先生

　　　　　梁仲清先生

　　　　　盧觀榮先生

　　　　　孫秉樞先生

董事　　：盧元義先生

　　　　　盧濟康先生

　　　　　何子猷先生

　　　　　陳成昌先生

　　　　　蔡兆先生

　　　　　溫增游先生

黃燊華先生

陳進傍先生

一九八九至九一年

主席 ：黃允畋先生

副主席 ：黃水先生

李元炳先生

何子猷先生

義務秘書 ：黃燊華先生

義務正司庫：陳欽先生

義務副司庫：蔡兆先生

委任董事：東華三院主席

黎國榮先生（1989-1990）

李振強先生（1990-1991）

黃大仙政務專員

吳漢華先生／劉健甜先生

梁仲清先生

黎志棠先生

盧觀榮先生

孫秉樞先生

李思泌先生

華人廟宇委員會行政秘書

黃鎮照先生

董事 ：梁福澤先生

陳章先生

盧濟康先生

伍永根先生

溫增游先生

陳成昌先生

徐守滬先生

陳進傍先生

劉榮照先生

一九九一至九三年

主席 ：黃允畋先生

副主席 ：黃水先生

李元炳先生

蔡兆先生

義務秘書 ：黃燊華先生

義務正司庫：陳欽先生

義務副司庫：伍永根先生

委任董事：東華三院主席

徐展堂先生（1991-1992）

陳聖澤先生（1992-1993）

黃大仙政務專員

劉健甜先生／郭富佳先生

華人廟宇委員會行政秘書

蔡明暉先生

李思泌先生

黎志棠先生

盧觀榮先生

董事 ：潘可賢先生

陳章先生

陳成昌先生

盧濟康先生

徐守滬先生

盧偉強先生

梁福澤先生

溫增游先生

一九九三至九五年

主席 ：黃允畋先生

副主席 ：黃水先生

李元炳先生

盧偉強先生

義務秘書 ：黃燊華先生

義務正司庫：蔡兆先生

義務副司庫：伍永根先生

委任董事：東華三院主席

黃士心先生（1993-1994）

關蕭麗君女士（1994-1995）

黃大仙政務專員

郭富佳先生／陸仿真先生

盧觀榮先生

李思泌先生

華人廟宇委員會行政秘書

何潤昌先生

黎志棠先生

董事 ：潘可賢先生

盧炯年先生

陳成昌先生

盧濟康先生

黃錦發先生

徐守滬先生

梁福澤先生

溫增游先生

一九九五至九七年

主席　　：黃允畋太平紳士，OBE

副主席　：黃水先生

　　　　　蔡兆先生

　　　　　盧偉強先生

義務秘書：黃燊華先生

義務正司庫：陳成昌先生

義務副司庫：陳章先生

委任董事：東華三院主席

　　　　　呂博碩先生（1995-1996）

　　　　　呂禮章先生（1996-1997）

　　　　　黃大仙政務專員

　　　　　陸仿真太平紳士／黃淑嫻太平紳士

　　　　　盧觀榮先生

　　　　　李思泌博士，MBE, JP

　　　　　華人廟宇委員會秘書

　　　　　何潤昌先生

　　　　　黎志棠先生

董事　　：潘可賢先生

　　　　　陳頌榮先生

　　　　　盧炯年先生

　　　　　盧濟康先生

　　　　　徐守滬先生，MBE

　　　　　梁福澤先生

　　　　　伍永根先生

　　　　　陳炎培先生

一九九七至九九年

主席　　：黃允畋太平紳士，OBE

　　　　　（至 1997 年 8 月 22 日止）

　　　　　黃水先生

　　　　　（由 1997 年 11 月 11 日起）

副主席　：黃水先生

　　　　　（至 1997 年 11 月 10 日止）

　　　　　蔡兆先生

　　　　　徐守滬先生，MBE

盧偉強先生

　　　　　（由 1997 年 11 月 11 日起）

義務秘書：盧偉強先生

　　　　　（至 1997 年 11 月 10 日止）

秘書長　：黃燊華先生

　　　　　（由 1997 年 11 月 11 日起）

義務正司庫：陳章先生

義務副司庫：陳炎培先生

委任董事：東華三院主席

　　　　　吳彭年先生（1997-1998）

　　　　　張中弼先生（1998-1999）

　　　　　黃大仙政務專員

　　　　　黃淑嫻太平紳士

　　　　　盧觀榮先生／黃龍德太平紳士

　　　　　李思泌博士，MBE，JP

　　　　　黎志棠先生

　　　　　華人廟宇委員會秘書

　　　　　何潤昌先生

董事　　：陳頌榮先生

　　　　　盧炯年先生

　　　　　劉兆根先生

　　　　　黃燊華先生

　　　　　（至 1997 年 11 月 10 日止）

　　　　　盧濟康先生

　　　　　黃錦發先生

　　　　　梁福澤先生

　　　　　伍永根先生

　　　　　李耀輝先生

　　　　　（由 1997 年 11 月 11 日起）

一九九九至二零零一年

主席　　：黃水先生，MH

　　　　　（至 2000 年 3 月 5 日止）

　　　　　徐守滬先生，MBE

　　　　　（由 2000 年 3 月 13 日起）

副主席　：蔡兆先生

　　　　　徐守滬先生，MBE

　　　　　（至 2000 年 3 月 12 日止）

　　　　　盧偉強先生

　　　　　李耀輝先生

　　　　　（由 2000 年 3 月 13 日起）

秘書長　：溫增游先生
正司庫　：陳章先生
副司庫　：陳炎培先生
委任董事：東華三院主席
　　　　　　馮咏聰先生（1999-2000）
　　　　　　王忠桐先生（2000-2001）
　　　　　黃大仙民政事務專員
　　　　　　黃淑嫻太平紳士／鄧仲敏太平紳士
　　　　　李思泌博士, MBE, JP
　　　　　黎志棠先生
　　　　　黃龍德太平紳士
　　　　　華人廟宇委員會秘書
　　　　　　何潤昌先生
董事　　：盧烱年先生
　　　　　黃燊華先生
　　　　　陳成昌先生
　　　　　盧濟康先生
　　　　　黃錦發完生
　　　　　陳理先生
　　　　　李耀輝先生
　　　　　（至 2000 年 3 月 12 日止）
　　　　　劉榮照先生
　　　　　梁宇華先生
　　　　　（由 2000 年 3 月 13 日起）

二零零一至二零零三年
主席　　：徐守滬先生, MBE
副主席　：蔡兆先生
　　　　　盧偉強先生
　　　　　李耀輝先生
秘書長　：溫增游先生
正司庫　：陳章先生
副司庫　：陳炎培先生
委任董事：東華三院主席
　　　　　　周振基先生（2001-2002）
　　　　　　馬鴻銘先生（2002-2003）
　　　　　黃大仙民政事務專員
　　　　　　鄧仲敏太平紳士
　　　　　華人廟宇委員會秘書
　　　　　　譚乃炎先生
　　　　　李思泌博士, MBE, JP

　　　　　黎志棠先生
　　　　　黃龍德博士, JP
董事　　：潘可賢先生
　　　　　盧烱年先生
　　　　　陳成昌先生
　　　　　盧濟康先生
　　　　　黃錦發先生
　　　　　蔡錦波先生
　　　　　劉榮照先生
　　　　　王順先生

二零零三至二零零五年
主席　　：徐守滬先生, MBE
副主席　：盧烱年先生
　　　　　陳章先生
　　　　　李耀輝先生
　　　　　王順先生
　　　　　（由 2003 年 11 月 27 日起）
秘書長　：溫增游先生
正司庫　：陳炎培先生
副司庫　：鍾明光先生
委任董事：東華三院主席
　　　　　　楊超成先生（2003-2004）
　　　　　　陳耀莊先生（2004-2005）
　　　　　黃大仙民政事務專員
　　　　　　鄧仲敏太平紳士
　　　　　華人廟宇委員會秘書
　　　　　　鄒崇德先生
　　　　　李思泌博士, MBE, JP
　　　　　黃龍德博士, JP
　　　　　黃碧嬌女士
董事　　：蔡兆先生
　　　　　陳成昌先生
　　　　　盧濟康先生
　　　　　梁福澤先生
　　　　　盧偉強先生
　　　　　胡珠先生, BBS
　　　　　黃仲輝先生
　　　　　（由 2003 年 11 月 27 日起）
　　　　　王毓齡先生
　　　　　（由 2003 年 12 月 13 日起）

潘可賢先生
（至 2003 年 12 月 5 日）

二零零五至二零零七年

主席　　：徐守滬先生，MBE
副主席　：陳章先生
　　　　　黃錦發先生
　　　　　伍國強先生
　　　　　盧烔年先生
　　　　　（至 2006 年 6 月 11 日止）
秘書長　：李耀輝先生
正司庫　：陳炎培先生
副司庫　：鍾明光先生
委任董事：東華三院主席
　　　　　　王定一先生（2005-2006）
　　　　　　劉金國先生（2006-2007）
　　　　　黃大仙民政事務專員
　　　　　　黃珍妮太平紳士
　　　　　　鄧仲敏太平紳士
　　　　　　（至 2006 年 2 月 20 日止）
　　　　　華人廟宇委員會秘書
　　　　　　羅永甜先生
　　　　　　唐芷茵女士
　　　　　　（至 2005 年 7 月 1 日止）
　　　　　黃碧嬌女士
　　　　　洪祖星先生，BBS
　　　　　盧維璋先生
董事　　：梁福澤先生
　　　　　戴偉賢先生
　　　　　黃錦財先生
　　　　　陳東博士，SBS, JP
　　　　　黃棣華先生
　　　　　胡珠先生，BBS
　　　　　梁宇華先生
　　　　　黃仲輝先生
　　　　　陳成昌先生
　　　　　（至 2006 年 4 月 29 日止）
名譽顧問：李思泌博士，BBS, JP
　　　　　黎志棠先生，MH
　　　　　何潤昌先生
　　　　　黃龍德博士，JP

劉榮照先生
黃旌先生
陳健生先生

二零零七至二零零九年

主席　　：李耀輝先生
副主席　：陳章先生（至 2008 年 9 月 8 日止）
　　　　　黃錦發先生
　　　　　伍國強先生
秘書長　：陳炎培先生
正司庫　：鍾明光先生
副司庫　：黃仲輝先生
委任董事：東華三院主席
　　　　　　王家龍先生（2007-2008）
　　　　　　馬清鏗先生（2008-2009）
　　　　　黃大仙民政事務專員
　　　　　　黃珍妮太平紳士
　　　　　華人廟宇委員會秘書
　　　　　　黃衞民先生
　　　　　黃碧嬌女士，MH
　　　　　盧維璋先生
　　　　　陳明耀先生
董事　　：梁宇華先生
　　　　　陳健先生
　　　　　戴偉賢先生
　　　　　黃錦財先生
　　　　　陳東博士，SBS, JP
　　　　　黃棣華先生
　　　　　郭耀偉先生
　　　　　古澤銘先生
　　　　　盧燊河先生
　　　　　（由 2008 年 9 月 8 日起）
名譽顧問：徐守滬先生，MBE
　　　　　李思泌博士，BBS, JP
　　　　　黎志棠先生，MH
　　　　　何潤昌先生
　　　　　黃龍德博士，JP
　　　　　劉榮照先生
　　　　　黃旌先生
　　　　　陳健生先生

二零零九至二零一一年

主席　　　：李耀輝先生
副主席　　：黃錦發先生
　　　　　　梁宇華先生
　　　　　　黃錦財先生
　　　　　　鍾明光先生
委任董事　：東華三院主席
　　　　　　　李三元先生（2009-2010）
　　　　　　　梁定宇先生（2010-2011）
　　　　　　　張佐華先生（2011-2012）
　　　　　　黃大仙民政事務專員
　　　　　　　蕭偉全太平紳士
　　　　　　華人廟宇委員會秘書
　　　　　　　黃衛民先生
　　　　　　潘莊正博士
　　　　　　黃金池先生, MH, JP
　　　　　　曾向群先生, MH
董事　　　：陳炎培先生
　　　　　　陳健先生
　　　　　　戴偉賢先生
　　　　　　殷利華先生
　　　　　　黃棣華先生
　　　　　　盧燊河先生
　　　　　　余君慶先生
　　　　　　郭耀偉先生
　　　　　　馬澤華先生, O.St.J., CPM
　　　　　　陳燦輝先生
　　　　　　柯偉順先生
　　　　　　關健暢先生, MBE
名譽顧問　：徐守滬先生, MBE
　　　　　　黎志棠先生, BBS
　　　　　　劉榮照先生
　　　　　　陳健生先生
　　　　　　古澤銘先生
　　　　　　黃龍德博士, BBS, JP

二零一二至二零一四年

主席　　　：黃錦財先生
黃大仙祠監院：李耀輝（義覺）道長
副主席　　：黃錦發先生
　　　　　　梁宇華先生

　　　　　　鍾明光先生
　　　　　　郭耀偉先生
　　　　　　馬澤華先生, O.St.J., CPM
委任董事　：東華三院主席
　　　　　　　陳文綺慧女士（2012-2013）
　　　　　　　陳婉珍博士（2013-2014）
　　　　　　　施榮恆先生（2014-2015）
　　　　　　黃大仙民政事務專員
　　　　　　　蔡馬安琪太平紳士
　　　　　　華人廟宇委員會秘書
　　　　　　　黃衛民先生
　　　　　　潘莊正博士
　　　　　　黃金池太平紳士, MH
　　　　　　曾向群先生, MH
董事　　　：李耀輝先生
　　　　　　陳炎培先生
　　　　　　陳健先生
　　　　　　戴偉賢先生
　　　　　　殷利華先生
　　　　　　陳東博士, GBS, JP
　　　　　　黃棣華先生
　　　　　　盧燊河先生
　　　　　　余君慶先生
　　　　　　陳燦輝先生
　　　　　　柯偉順先生
　　　　　　黃植煒先生
　　　　　　沈墨揚博士
　　　　　　關健暢先生, MBE
名譽顧問　：徐守滬先生, MBE
　　　　　　黎志棠先生, BBS
　　　　　　劉榮照大律師
　　　　　　陳健生律師
　　　　　　古澤銘大律師
　　　　　　黃龍德博士, BBS, JP
　　　　　　陳衍里醫生

二零一五至二零一七年

主席　　　：陳東博士, GBS, SBS, BBS, JP
黃大仙祠監院：李耀輝（義覺）道長
副主席　　：黃錦發先生
　　　　　　梁宇華先生

二零二一至二零二三年

主席　　：馬澤華先生，MH, CStJ

黃大仙祠監院：李耀輝（義覺）道長，MH

副主席　：梁宇華先生

　　　　　盧燊河先生

　　　　　余君慶先生

　　　　　陳燦輝先生

　　　　　黎澤森先生

委任董事：東華三院主席

　　　　　　譚鎮國先生（2021-2022）

　　　　　黃大仙民政事務專員

　　　　　　黃智華先生，JP

　　　　　華人廟宇委員會秘書

　　　　　　洪明媚女士

　　　　　陳郁傑教授，MH, JP

　　　　　馬清煜太平紳士，SBS

　　　　　柯創盛議員，MH

董事　　：郭耀偉先生

　　　　　梁理中先生

　　　　　陳拾壹先生

　　　　　陳錦祥先生

　　　　　楊魏德先生

　　　　　茹志昭先生

　　　　　姚啟文先生

　　　　　梁延溢先生

　　　　　羅偉成先生

　　　　　余大業先生

　　　　　何志昌先生

　　　　　梁錦和先生

　　　　　吳家權先生

　　　　　陳健生先生

　　　　　文偉昌先生

　　　　　黎國俊先生

　　　　　羅錦雄先生

　　　　　梁文傑先生

顧問：

宗教　　：鄧立光博士

　　　　　李焯芬校長，GBS, JP

　　　　　周景勳神父

醫療　　：鍾展鴻醫生，KStJ

　　　　　劉楚釗醫生，GMSM, MH, JP

　　　　　盧展民教授

教育　　：徐守滬先生，MBE

　　　　　李子建教授，JP

　　　　　姚文禮教授

社服　　：區炳麟先生，CStJ

　　　　　黎志棠先生，BBS

　　　　　李永偉先生

法律　　：古澤銘大律師

　　　　　黎錦華大律師

　　　　　馬豪輝律師，GBS, JP

財務　　：陳志球博士，SBS, JP

　　　　　張偉球先生，MH, JP

　　　　　羅海鴻先生

（二）嗇色園歷屆會員芳名

姓名（道號）

梁仁菴（元覺）	黃兆棠（徒覺）	陳慈若（營覺）	顏少初（鄲覺）
高浩文（常覺）	陳培生（前覺）	楊公堤（童覺）	黃若彭（波覺）
莫頌廷（真覺）	辛伯衡（指覺）	陳琼雲（祇覺）	梁柏滔（鱸覺）
何星甫（富覺）	潘仲源（符覺）	陳瑞初（潛覺）	梁慕松（疆醒）
劉宇文（舉覺）	葉竹軒（光覺）	陳璧鄰（枝覺）	潘金鏞（四醒）
馮萼聯（悟覺）	梁湘衡（昭覺）	麥伯元（皈覺）	林次明（力醒）
招大發（勇覺）	梁獻述（滴覺）	何槐卿（息覺）	何藻雲（伸覺）
梁鈞轉（勤覺）	尤瑞芝（逢覺）	潘祖鑑（開醒）	勞早佳（刑覺）
張殿臣（明覺）	陳百祥（靈覺）	黃步階（級覺）	劉漸逵（傾覺）
郭述庭（端覺）	謝錫璜（裁覺）	甘昌庭（家覺）	何華生（香覺）
黎孔昭（深覺）	莫詠虞（痕覺）	梁日齋（守覺）	關鶴舫（首覺）
馮其焯（活覺）	梁邦賢（壬覺）	梁仲朝（鋤覺）	葉正榮（證覺）
何明達（通覺）	韋介眉（同覺）	郭煒南（慎覺）	梁子彬（諦覺）
伍逢春（顯覺）	梁衍奕（厄覺）	李順帆（吉覺）	黎典初（屠覺）
陳柱石（投覺）	郭介卿（城醒）	黃筱煒（揮覺）	胡江宙（高覺）
黃蘭生（聞覺）	曾 富（省覺）	吳珍譜（路覺）	羅輝南（康覺）
盧芳甫（全覺）	徐禮珍（祥覺）	譚榮光（蠡覺）	梅藻庭（參覺）
林績臣（抵覺）	林 富（潤覺）	曹朗輝（念覺）	羅冠卿（餘覺）
唐麗泉（速覺）	陳榮計（經醒）	林仲甫（邊覺）	譚傑生（奇覺）
楊日南（遵覺）	吳伯鏞（力覺）	黃芹馨（法覺）	何小相（勳覺）
歐陽炳初（根覺）	陳兆階（湖醒）	黃樹聲（識覺）	左懽若（妙覺）
唐梅初（威覺）	程聘之（梅覺）	陳香伯（琴覺）	關裕泰（躬覺）
韋仁舟（達道）	羅仁階（聲覺）	梁公海（慕覺）	劉器甫（立覺）
梁環昭（行覺）	盧振威（尋覺）	劉漁訪（談覺）	李福林（祿覺）
宋沛祥（廣覺）	黃禹侯（松覺）	葉挺芳（高覺）	謝樹勳（定覺）
陳百朋（佩覺）	黃遜伯（竹覺）	錢遂初（差覺）	劉蠡庭（濱覺）
林紹銘（咸覺）	鄭錦文（之覺）	張祖鉅（啟醒）	馮繩武（尤覺）
林紹鐘（厚覺）	陳品賢（菊覺）	黃自強（立醒）	李少夔（盧覺）
林紹錄（究覺）	張景庭（心覺）	黃式明（少醒）	吳紫霙（羿覺）
鄧廣南（詠覺）	潘祖鑫（合醒）	黃典驥（善醒）	黃伯臣（乘覺）
鄧樹南（追覺）	潘祖漢（秋醒）	黃冠墀（期醒）	葉儆凡（佑覺）
葉蓂階（雅覺）	何壽卿（壽覺）	黃式莊（元醒）	胡 光（合覺）
袁耀初（清覺）	陳宏計（徘醒）	黃耀蓀（儉醒）	梁幼仲（蘭覺）
潘蘭甫（澤覺）	陳周計（徊醒）	李亦梅（紅覺）	陳煥元（芬覺）

陳超輝（芳覺）　梁根澤（知醒）　張柳村（自覺）　陳成就（惠醒）
梁植峯（善覺）　何洪生（通覺）　馮惠民（盛覺）　李國雄（鑄覺）
蘇桂軒（基覺）　梁本澤（見醒）　戴　儉（論覺）　郭天榮（銘覺）
蘇紹明（時覺）　湯仰魁（直覺）　潘詩憲（理覺）　盧元義（義知）
區業田（鎮覺）　譚業輝（臨覺）　楊達勳（笙覺）　盧元孝（孝知）
潘博之（籌覺）　唐子良（恩醒）　梁銘川（慎覺）　馬文星（星醒）
岑董若（度覺）　陳寶桑（昌覺）　戴　生（求覺）　馬文南（南醒）
鍾慶良（鸞醒）　陳康民（闡覺）　吳海澄（式儀）　盧濟康（康醒）
鍾曜臣（增覺）　劉礪生（前覺）　陳　欽（照覺）　秦松焜（重醒）
周堃卓（新覺）　梁　高（霖覺）　麥晴海（煦覺）　黃錦鴻（鴻醒）
李少松（公覺）　馮鑑釗（靈覺）　盧炳年（連醒）　黃錦輝（輝醒）
關晴波（萊覺）　葉向榮（生覺）　陳冠生（慧覺）　黃錦發（發醒）
潘耀洲（兆覺）　麥　幸（繼覺）　劉兆根（怡醒）　黃錦成（錦醒）
馮　廣（良覺）　唐澄浦（榮覺）　方蔭庭（藹覺）　盧炳明（明醒）
譚　海（慶覺）　趙子雲（景覺）　余榮基（常覺）　方鍵成（鍵醒）
何勤生（植覺）　陳樂善（稚醒）　陳進傍（皆覺）　蔡錦波（波醒）
唐福駢（家覺）　馮若頤（修覺）　黃　滔（琛覺）　蔡錦桑（桑醒）
衛仲虞（清覺）　李希桑（暢覺）　黃志遠（健覺）　劉兆果（果醒）
莫振嚴（詳覺）　程一強（練覺）　潘蔭鏞（路醒）　陳八根（根知）
阮榮祖（傅覺）　潘可賢（性醒）　黃天送（深覺）　陳拾壹（壹知）
黃啟森（志覺）　何子猷（世覺）　梁慕沛（隨醒）　陳永祥（祥醒）
楊國安（達覺）　老少夔（鳴覺）　陳煥庭（展覺）　陳業祥（業醒）
陳麗生（勵覺）　何大牛（妙醒）　潘日榕（視醒）　楊鏡波（恒覺）
陳麗泉（靜覺）　陳頌榮（礎覺）　趙士壯（瑞覺）　英敏佐（濟覺）
陳士元（悟虛）　鄺銘基（高覺）　郭乃樸（緒覺）　廖錦滄（啟覺）
林　卓（礎覺）　陳　立（蠱覺）　李伯興（品覺）　邱漢添（大覺）
馮講菴（新覺）　馬成德（朗覺）　勞啟貽（策醒）　何　富（津覺）
阮躍池（靜誠）　吳廣智（玄覺）　陳啟明（發醒）　劉榮照（煥覺）
陳燕庭（程覺）　吳根卿（儔覺）　李元炳（晶覺）　葉　倫（倫覺）
游德榮（已覺）　陳子亨（耕覺）　黃桑華（考覺）　趙　政（政覺）
雷棟材（因覺）　秦禮卿（宏覺）　李乾欽（積覺）　陳　理（裕覺）
張仕驥（時覺）　黃　水（泰覺）　陳　章（賴覺）　李耀輝（義覺）
鍾慕元（專覺）　梁耀庭（蔭覺）　戚逢昌（慕覺）　吳玉成（成覺）
潘仲吉（勞覺）　莫德明（雲覺）　劉灼桑（仰覺）　徐守滬（泰醒）
羅裕宏（開覺）　楊仲明（安覺）　蔡　兆（可覺）　盧偉強（智醒）
陳榮鎮（仁醒）　郭勉仁（常覺）　盧　東（懷覺）　尹立強（強覺）
陳寬德（聞醒）　余　成（樂覺）　陳洪波（緬覺）　鄭偉權（偉覺）
沈杏春（揚覺）　陳汝錡（持覺）　聞　六（敬覺）　陳景福（仙覺）
何潤生（桃覺）　盧　榮（渡覺）　陳成昌（信醒）　王　順（銳覺）
何澧生（李覺）　黃允敗（友覺）　陳成興（敏醒）　鍾少泉（泉醒）

崔志堅（堅覺）	黎達能（能知）	郝芳譜（恒知）	茹志昭（宏知）
鄧偉賢（賢醒）	司徒基（基知）	徐鍵光（友知）	林福泰（福知）
蔡明昌（道覺）	譚民鋒（世知）	左金明（金知）	陳振東（博知）
容惠民（民覺）	楊明林（明知）	李達倫（現知）	周兆志（尚知）
陸耀生（耀覺）	張國佳（覺知）	佘偉倫（銘知）	伍兆康（康知）
溫簡游（簡覺）	陳秀民（求知）	陳健生（了知）	郭炳燊（靜知）
黃自立（柱覺）	陳健（行知）	潘邦隆（邦知）	陳鉅輝（慈知）
伍永根（永覺）	彭永強（維知）	高爵權（良知）	陳鉅森（茹知）
蔡錦輝（暉醒）	梁孔德（孔知）	馬松深（深知）	黃文士（文知）
溫增游（燊覺）	廖烈球（樂知）	陳為典（典知）	黃偉謀（偉知）
陳學明（煒知）	李鉅能（鉅知）	陳元邦（學知）	李國雄（雄知）
黃道津（誠覺）	黃錦財（財知）	陳錦祥（祥知）	胡珠（適知）
李願聞（菁覺）	區建昌（見知）	黃偉（玄知）	萬家聲（得知）
陳炎培（穎覺）	戴偉賢（賢知）	黃耀鏗（不知）	黃耀恒（信知）
區校（匯覺）	李榮（滿知）	崔甜（敬知）	葉健輝（輝知）
梁福澤（福醒）	甄炳湛（順知）	劉廣坤（餘知）	葉健強（理知）
姚連生（滬覺）	李關康（慎知）	陳仲南（正知）	葉健鴻（鴻知）
鍾傑興（興知）	魏振文（致知）	陳維哲（省知）	葉健民（民知）
歐陽海（慧知）	鍾明光（晃知）	黃澤涼（澤知）	王少明（君知）
黎澤森（榮知）	馬國英（英知）	鄒尚武（旭知）	勞家強（參知）
洪祥佩（善知）	張漢（常知）	梁冠鏗（瑞知）	鄭偉達（通知）
伍國強（二知）	陳鑑（鑑知）	鄭鎮文（灝知）	胡啟初（啟知）
藍義方（天知）	黃仲輝（竣知）	黃少群（湧知）	施展望（淨知）
高仲奇（德知）	關盛昌（盛知）	周修磐（磐知）	湯偉掄（本知）
張國光（國知）	高榮輝（高知）	張耀和（耀知）	梁國駒（梁知）
梁裕榮（道知）	蔡其汪（其知）	張耀榮（建知）	黃兆恒（勤知）
伍恒健（悟知）	黃寶華（慶知）	廖志鴻（誠知）	劉繼業（繼知）
葉子開（開知）	區大鈞（貫知）	郭智光（智知）	潘權輝（安知）
梁宇華（群知）	陳炳光（先知）	王忠桐（余知）	陳衍里（衍知）
任林（隆知）	何錦焯（禮知）	陸焯堅（圓知）	伍鎮駢（言知）
黃廣志（廣知）	殷利華（佑知）	盧燊河（河知）	范中強（普知）
黃旋（昀知）	胡廣銓（易知）	辛德俊（濟知）	趙錦盛（曉知）
林嘉威（亮知）	黎錫鑑（錫知）	陳東（東知）	劉錦華（淦知）
王毓齡（煜知）	唐銘曦（格知）	譚兆陵（利知）	劉振華（重知）
何百衡（衡知）	梁華安（達知）	黃棣華（元知）	何錦昌（錦知）
陳民富（心知）	張祖昌（無知）	柯邦傑（演知）	郭耀偉（泓知）
黃廣（浩知）	李泉（鈺知）	方聖樑（樑知）	古澤銘（真知）
關卓立（卓知）	馬永壯（永知）	楊魏德（珩知）	梁煒泰（之知）
譚渠（值知）	周駿堯（堯知）	余君慶（謙知）	胡永祥（愚知）
黃偉光（叙知）	鄧釗榮（觀知）	陳沛耀（潤知）	林康泰（應知）

廖贊銓（仁知）	梁國光（識知）	鄧滿強（桓修）	蕭國光（覺修）
廖贊傑（自知）	洪偉成（穗知）	蔡深泰（恩修）	李兆文（知修）
胡家琛（運知）	梁士豪（允知）	陳浩澤（弘修）	鄺敏恆（丞修）
黎錦華（曦知）	張富祥（罡知）	林保強（強修）	曾志遠（道修）
徐潤鳴（勸知）	關健暢（弘知）	黃逸文（禪修）	林斯初（普修）
蕭德華（熙知）	林國榮（佛知）	王明德（心修）	方炳森（驛修）
王永光（居知）	張炳泉（貴知）	譚永康（謙修）	張錦慶（晴修）
盧元龍（龍知）	羅偉成（勻知）	胡瑞麟（瑞修）	陳鍵豪（豪修）
陳振彬（寶知）	柯偉民（俊知）	吳家權（德修）	林錦和（和修）
姚啟文（亦知）	黃文俊（富知）	朱兆怡（念修）	盧景德（明修）
曾健華（健知）	梁延溢（濬知）	鄧鈺琳（玉修）	劉國基（積修）
王漢元（漢知）	鄭家興（人知）	陳廣洪（廣修）	王漢業（民修）
葉方強（方知）	劉東有（兆知）	梁燦光（汝修）	溫佩文（宏修）
梁永堂（堂知）	陳磊明（石知）	黎國俊（真修）	陳俊義（緣修）
吳創木（創知）	林承宗（渡知）	彭成鈺（淨修）	許文晉（翰修）
馬澤華（華知）	梁理中（修知）	梁華樂（睿修）	周永貽（本修）
馬志強（醒知）	區子安（日知）	彭成鈞（恒修）	聶仲光（清修）
李鎏麟（嘉知）	余大業（毅知）	田 崗（奕修）	黃國昌（巖修）
陳百祥（吾知）	江沛偉（武知）	陳錦麟（樂修）	曾向群（常修）
高蘇仔（昌知）	蔣忠想（忠知）	何顯煒（顯修）	吳錦樑（靖修）
林啟滔（平知）	馮志強（志知）	連壁希（連修）	杜永祖（永修）
黃傑龍（知知）	林 強（妙知）	陳鍵德（鍵修）	姚嘉棟（慧修）
程樹洪（洪知）	鄧元臻（臻知）	張永強（行修）	李展文（定修）
陳燦輝（燦知）	彭慶堯（可知）	黃唯銘（參修）	趙欣倫（倫修）
柯偉順（相知）	王志文（惜知）	胡永成（成修）	白漢彬（榮修）
李家星（晤知）	黃龍德（碩知）	何志昌（智修）	黃冬佑（承修）
陳漢明（逸知）	盧漢平（易修）	彭成霖（正修）	白永光（圓修）
李世榮（炎知）	蕭浩正（元修）	謝逸安（善修）	鄺健培（信修）
黃植煒（植知）	鍾英明（昊修）	周湛權（誠修）	駱永成（澄修）
李純平（秋知）	陳志榮（日修）	黎志強（志修）	李松泰（衍修）
李 德（實知）	王良為（敬修）	呂啟鴻（啟修）	蔡長練（長修）
胡裕初（裕知）	梁永康（二修）	葉俊聲（俊修）	許知明（尚修）
譚錦釗（靈知）	曾志揚（義修）	梁學明（事修）	陳永華（瀛修）
李君祖（緣知）	蔣序禮（灌修）	羅錦雄（了修）	俞忠才（嗇修）
吳少庭（少知）	梁錦和（冰修）	鄭偉浩（雙修）	郭鎮發（全修）
梁國輝（幸知）	巫達華（豐修）	張汝森（白修）	趙欣健（武修）
沈墨揚（默知）	蔡國文（憫修）	曹偉雄（靜修）	陳啟德（莊修）
文偉昌（法知）	程瑞強（一修）	潘建生（健修）	朱國安（文修）
麥銘駒（子知）	梁文傑（玄修）	區允斌（青修）	麥國忠（法修）
林先開（一知）	鄭觀祥（嗣修）	郭予祥（祥修）	黃少泉（遵修）

岑偉標（初修）	許立基（甄修）	林裕添（添修）
劉偉熙（穆修）	鄧鴻樟（鴻修）	洪景陽（隨修）
鍾志成（聿修）	酈仲豪（慎修）	唐國權（煬修）
白漢燊（禮修）	張志泉（貽修）	馬振輝（晧修）
施達輝（衡修）	冼良港（萬修）	馬維亮（損修）
王文輝（惜修）	葉志乘（學修）	區煒賢（研修）
盧鈞熾（仁修）	馮耀中（立修）	張家興（牧修）
梁樹榮（上修）	張漢威（齊修）	張創森（陽修）
江佳成（杰修）	陳桂瑩（儉修）	梁金帶（增修）
譚偉強（同修）	司徒國宏（功修）	莫偉倫（愛修）
蘇啟雄（源修）	陳國良（良修）	郭明遠（遠修）
吳錦鴻（悟修）	陳錦明（治修）	陳佩謙（浩修）
羅景鴻（炫修）	李振森（潛修）	陳瑞祿（果修）
溫炎鑑（炎修）	蘇煥安（博修）	陳萬財（鈞修）
賴卓彬（壹修）	白漢樺（樺修）	陳萬勝（鳴修）
莫慶強（子修）	陳鑑銘（兼修）	陳學華（泰修）
錢國安（仲修）	吳錦勝（雲修）	陳澤燊（廉修）
黃應榮（慈修）	林東霆（東修）	陳衞明（理修）
余維新（泓修）	湯國雄（佺修）	彭啟強（言修）
李鋆發（三修）	梁啟耀（丹修）	劉智煒（兆修）
彭建璋（璋修）	陳仕光（仕修）	鄭偉賢（樸修）
葉家銘（銘修）	陸志江（塵修）	鄭端霖（峰修）
趙伯龍（敦修）	李振邦（持修）	鄭寶成（止修）
司徒永強（至修）	黃康淇（傳修）	蕭日輝（消修）
張達培（菁修）	王俊宏（意修）	謝嘉樂（冲修）
陳靖源（澤修）	吳捷鐘（錫修）	酈允暢（諄修）
歐國強（國修）	馬肇麟（肇修）	顏少彪（喆修）
黃偉祺（亘修）	楊德明（勤修）	
藍偉雄（合修）	袁耀邦（沐修）	
鄭子為（三修）	郭坡　　（沁修）	
黃國雄（逸修）	林炳基（木修）	
陳思遠（寧修）	葉偉明（在修）	
張錦泉（福修）	張宏俊（涵修）	
江漢強（恆修）	鄭圳星（振修）	
李耀強（省修）	羅國智（荿修）	
陳志洪（彥修）	張峻然（深修）	
黃定文（賢修）	司徒卓豐（楚修）	
陳偉雄（可修）	白志華（旻修）	
吳崑濤（遇修）	何達華（濟修）	
張惠達（溢修）	李峻泓（傲修）	

附錄三 昔日嗇色園普宜壇之皈依入道照片

2001 年皈依入道儀式

2001 年皈依入道儀式

2002 年皈依入道儀式

2002 年皈依入道儀式

2003 年皈依入道儀式

2003 年皈依入道儀式

2004 年皈依排練

2004 年皈依入道儀式

2006 年皈依入道儀式

2006 年皈依入道儀式

2006 年第一屆經懺文化班謝師宴

2007 年皈依入道儀式後合照

2010 年皈依入道儀式後合照

2012 年皈依入道儀式後合照

2014 年皈依入道儀式後合照

2016 年皈依入道儀式後合照

2019 年皈依入道儀式後合照

2021 年皈依入道儀式後合照

附錄四 嗇色園董事會就職照片

1968-1969 年度嗇色園董事會就職合照

1968-1969 年度嗇色園董事會就職暨同人合照

2003-2005 年度嗇色園董事會合照

2005-2007 年度嗇色園董事會合照

▎2007-2009 年度嗇色園董事會合照

▎2009-2011 年度嗇色園董事會合照

2012-2014 年度嗇色園董事會合照

2015-2017 年度嗇色園董事會合照

■ 2018-2020 年度嗇色園董事會合照

■ 2021-2023 董事合照

附錄五 嗇色園百年大事紀略（1921—2021）

　　嗇色園黃大仙祠植根香港一百年，與香港市民同步成長，見證了香港由一小漁港，而成為今天的國際大都會。

　　嗇色園，由早年的道侶清修的道場，百年間，已發展為本港著名之宗教慈善機構，是本港道教「四大宮觀」之一。「香港黃大仙信俗」更榮登國家級非物質文化遺產名錄，蜚聲國際。溯其源起於 1915 年由梁仁菴（道號「傳道」）把黃大仙信仰引進香港始，及後嗇色園黃大仙祠建壇獅子山下的竹園村，百年來不但見證了香港道教的發展，更見證了社會的進步與繁榮。以下為一百年間之大事紀略。

1915 年（乙卯）— 1920 年（庚申）

- 梁仁菴（傳道）與梁鈞轉父子等，從廣東西樵山普慶壇，攜同黃大仙師畫像到香港。
- 先後於香港乍畏街之萬業大藥行及大笪地某號三樓，以前舖後壇之形式，繼續開壇闡教，奉祀黃大仙師。
- 改租香港大道東日月星街附近地下及二樓，開設福慶堂藥店並供奉黃大仙師。後因火災停辦，梁仁菴道長返回西樵普慶壇。
- 由在港經商之道侶：何星甫、葉竹軒、葉蓂階、梁邦賢、梁湘衡、高浩文、梁獻述等聯名敦請梁仁菴返港，重開道壇。
- 改租於灣仔海旁道九十六號，建立道壇，名「金華別洞」，由梁仁菴、馮萼聯、張殿臣、郭述庭、陳柱石、唐麗泉、馮其焯、林績臣、楊日南、何星甫、黃蘭生、高浩文、劉宇文、梁鈞轉、梁孔昭、莫頌庭、招大發等諸位道長，聯合籌組。

1921 年（辛酉）

- 四月，梁仁菴、馮萼聯二人獲黃大仙乩示，於九龍城相地建廟。
- 擇定九龍城新蒲崗竹園村一地，並插竹為記，得乩示為「鳳翼吉地」，並安奉黃大仙師寶像，初名「赤松仙館」。
- 得文昌帝君乩示，於六月廿四日動土建設，先建仙師大殿、麟閣、辦事處、宿舍、大閘、水井等工程。
- 七月二十日，進行進伙陞座儀式。同時進行五天之建醮開光及奠土超幽科儀。

- 黃大仙師寶誕，蒙玉帝乩賜「普宜壇」三字。並得文昌帝君乩書「嗇色園」三字，正式開壇啟教。

1922 年（壬戌）

- 七月，風災後重修大殿、麟閣、辦事處、宿舍。建造拱橋，由大殿至麟閣；又於大殿四周圍以竹籬。
- 風災後啟建超幽法會。林紹鍾、林紹銘、林紹錄等兄弟捐助法會。

1923 年（癸亥）

- 於農曆四月之佛祖誕，啟建為期廿一天的「首屆萬善緣法會」及「附薦先靈」。以張殿臣為主任、陳柱石為督理、陳百朋為主壇。

1924 年（甲子）

- 於農曆四月之佛祖誕，啟建廿一天的「第二屆萬善緣法會」及「附薦先靈」。
- 六月十九日，首創「贈醫施藥局」於九龍西貢道。
- 在園內增建有「客堂」及「飛鸞臺」。

1925 年（乙丑）

- 農曆四月，啟建廿一天之「第三屆萬善緣法會」及「附薦先靈」。
- 重修嗇色園「大殿」及「大閘」，並興建「金華分蹟」牌坊、「第一洞天」大閘及「悟道堂」前座等。

- 林紹銘道長出資建設「丹爐」一座，唐麗泉女兒（唐棣卿）出資建設「土地廟」一座。
- 蒙呂祖仙師乩書「赤松黃仙祠」五字，自始不用「赤松仙館」之名。

1926 年（丙寅）

- 農曆四月佛誕，啟建七晝連宵之「醮會」，並搭一高棚供奉「佛祖」及日夜唸誦《大悲神咒》。
- 是年正值「海員大罷工」事件，園內財政拮据。

1927 年（丁卯）

- 於園內重建悟道堂後座及加建工人宿舍。

1928 年（戊辰）

- 農曆七月，首次啟建「盂蘭勝會」，共十七天法會，並有附薦先靈。

1929 年（己巳）

- 農曆七月，啟建第二次「盂蘭勝會」及「附薦先靈」法會。

1930 年（庚午）

- 農曆七月，啟建第三次之「盂蘭勝會」及「附薦先靈」法會。

1931 年（辛未）

- 重修客堂、工人房及廚房。
- 九月重九前，仙師乩示何小相道長（前清進士）回鄉省墓，數日後又乩示其子快回鄉見其父最後一面，果然其父於見子後之該晚急症而終。仙師靈驗，而何小相亦不至於客死異地。

1932 年（壬申）

- 農曆四月佛誕，奉乩示誦「大悲神咒」萬餘籌，並以紅豆作籌數。後又蒙仙師乩示帶往東莞太平，到虎門海面散佈，並舉行「水幽」一堂，以超拔歷年華洋輪船遇難之幽魂。

1933 年（癸酉）

- 興建「盂香亭」以供奉燃燈古佛。

1934 年（甲戌）

- 由於受政府廟宇法例所限，本園原屬私家修道院，平時只容許會員及家屬入大殿參拜；因此委派何華生道長拜託周埈年先生向本港華民政務司申請：每年正月開放大殿予公眾人士入內參神上香。

1935 年（乙亥）

- 正月，開放大殿予普羅善信入內參拜，人流如鯽，香火鼎盛。
- 園內增建「雨化堂」。並由阮躍池道長出資重修「麟閣」。

1936 年（丙子）

- 重修大殿、飛鸞臺、客堂並興建「玉液池」及「石屎橋」等建築。
- 是年將贈醫施藥之中藥服務，由西貢道遷往長安街。

1937 年（丁丑）

- 四月，仙師乩示，在園內進行「五行建築」以配合「五形」，分別為：「飛鸞臺」金形，「經堂」木形，「玉液池」水形，「盂香亭」火形及「照壁」土形。
- 是年本園為防觸犯廟宇條例，於四月起進行封園，善信只可於「第一洞天」山門外之竹樹邊進行叩拜、求籤；部分參拜於籤檔內供奉之黃大仙師。

1938 年（戊寅）

- 本園道長阮躍池及陳燕佳合資興建「照壁」，以配合「五行」佈局。

1939 年（己卯）

- 正式開放本園大殿予善信參拜。

1940 年（庚辰）

- 繼續於長安街承辦贈醫施藥，施出的中藥劑量日漸增多了。

1941 年（辛巳）

- 是年四月興建「孔道門」，由本園道長捐建。另，陳燕庭道長則獨資修建山門大閘。
- 農曆十一月，日軍駐兵九龍城，見本園附近之竹樹有汽車停泊，入園索取汽油，梁鈞轉道長解釋非本園汽車，謂其違命當斬，幸得「維持會」會長幹旋，只取汽車汽

油即走。另，日軍又想駐軍園內，唯其前往大殿見到黃大仙師仙像之威靈後，只取去蚊帳棉被便罷休而去，當走到「曾富花園」時，更歸還取去物品。

· 因為戰爭，本園於長安街之施藥業務暫停。

1942 年（壬午）

· 正月，唐福駢道人以私人名譽進行贈施仙方藥劑服務。善信於大仙祠求得仙方後，可到九龍城「仁生堂」或「澤民藥局」憑仙方（每天）免費領藥一劑，以十五劑為限。後來，陳精博、馮講菴、梁鈞轉等道長亦相繼加入，增至每天五十劑為限。

· 日軍曾多次入園，於四、五月間，先欲取去飛鸞臺之橫額（寫有「飛鸞臺」三字），但仙聖顯靈，失足跌下後，鞠躬而還；又，於九、十月間，再入園伐砍青竹，最後也付款而去。

1943 年（癸未）

· 陳燕庭道長於大殿東面之青雲路復開「施藥局」，每日施仙方藥五十劑。

· 日軍查問黃大仙師得道成仙的歷史，梁鈞轉道長以「仙師自序」乩文與之。

· 十二月底，牛池灣被炸，死人無數，日軍地區事務所命令本園道長協助「維持會」，辦理殮屍事。

1944 年（甲申）

· 五月某夜，日軍突來搜園，有員工受驚逃離及有欠身份證明者，正在盤問梁鈞轉之際，神明顯靈，盂香亭側突閃紅光，日軍甚覺奇異，不再追查便離去。六月間，又令本園梁鈞轉道長與區內「維持會」職員等，每晚當看更至天明，連續一個月。

1945 年（乙酉）

· 正月，獲日軍通知將徵用本園及附近十餘條鄉村，以改建機場之用。並要求限於年初遷出，違者當抗令論罪。眾鄉民代表皆向仙師請願及來園求籤，請求仙師指示，得賜上籤。鄉長及本園梁鈞轉道長等，獲山下所長及區所所長等接見傾談。唯獲仙師庇佑，於候見時，山下於下車時跌倒，另一區長想下車攙扶，同亦仆地，渾身泥濘，最後延期再定。七月，日軍投降，香港重光，本園於三年零八個月，只是飽受虛驚，終平安無事。

1946 年（丙戌）

· 戰後，全園進行修葺，並重修雨化堂。

1947 年（丁亥）

· 於山門大閘外設置「普濟箱」，以供善信簽名捐助。

· 是年正月，廟宇委員會委員鄧肇堅來廟參拜。二月，獲華民政務司約見，陳超輝總理、錢遂初司理等委派梁鈞轉道長往見，商談本園註冊事宜。

1948 年（戊子）

· 本園於戰後香火更是興旺，但礙於法例，未能讓善信進園參拜，只能於新春正月期間短暫開放，其餘日子，均須關閉園門。

1949 年（己丑）

· 本園仍舊進行「施藥」善業。

1950 年（庚寅）

· 仍舊進行「仙方藥劑」服務，全年無間。

1951 年（辛卯）

· 本園仍未全面開放，香客於山門外上香，大殿門禁依舊。但「施藥」卻異常鼎盛。

1952 年（壬辰）

· 是年之佛誕、三元佳節（上元天官、中元地官、下元水官寶誕）、黃大仙師寶誕及歲晚酬神等，均如常建醮。

1953 年（癸巳）

· 是年夏天，天氣酷熱，向大眾贈飲解暑清茶。

1954 年（甲午）

· 是年園內開始制定「杯卜制度」及道服樣式。

· 十月下元旦日，進行「杯卜」下年正、副總理及各義務職員等，唐福駢道長獲委任為正總理。

1955 年（乙未）

· 二月，恢復「贈醫施藥」善業服務，聘請義務中醫師二人，常駐園內贈診及施贈藥劑等工作。

· 花墟及老虎岩兩地先後發生火災，本園給予災民派送棉衣及集款賑濟。

- 三月，唐福駢總理及陳立道長等發起重建「金華分蹟」牌坊及增建「贈醫施藥局」。

- 十月下元誕，依例以「杯卜」方式選舉總理及義務職員。由於第一位至廿一位皆未能卜得「三勝杯」，最終由第廿二位之黃允畋道長連得三勝杯而當選總理。黃允畋道長，道號友覺，一九五二年由衞仲虞、吳廣智道長介紹入道普宜壇。

1956 年（丙申）

- 四月，獲工務當局通知，由於竹園村附近正在發展廉租屋，所以政府租予本園之園地有意收回公用。時正黃允畋道長新任總理，於是四出奔波、斡旋，最終與東華三院之龍炳棠先生及張鎮漢先生親臨本園大殿與吳儔覺、黃允畋道長等簽訂合約：凡入園善信，繳費一角，全數撥充東華三院作學校經費，並請求政府准予本園開放。東華三院並聲明對本園之一切主權及法益，絕對尊重。眾人皆認為此次乃黃大仙之靈驗，選任黃允畋總理，才得以解決「收地」之疑雲。

1957 年（丁酉）

- 四月，啟建「釋尊佛誕法會」，為期九天，超薦先靈。

1958 年（戊戌）

- 黃允畋奉其父親之命，捐資重修「意密堂」神龕，於四月落成，並把劉醴平（1891—1975）畫師所繪之「觀音菩薩」、「關聖帝君」及「呂祖仙師」等寶相，同時開光陞座。

- 七月，成立「經生訓練班」。以陳立道長為監督，梁知醒道長為主任，程練覺、馮新覺及吳玄覺為導師。訓練班之經費由黃允畋、陳立及陳汝錡等捐助。

- 會議決定，往後於每年之清明及重陽日，為本園羽化道侶舉行春、秋二祭，以表追思。

1959 年（己亥）

- 正月，成立「建設基金保管委員會」，公推黃允畋為主任；陳汝錡、陳立、黃水、盧佐榮、吳廣智及方蔭庭等道長為委員。

- 是年，由陳立副總理，擬具修路圖則，杯卜未獲仙師允許。後悉此年為「五黃在中」（即指五黃土星分別居於八方之年，其所在方，大凶），不利動土。

1960 年（庚子）

- 四月，於釋尊誕啟建「萬緣法會」九天。並請樂果老法師主持「釋壇」，而本園經生於「道壇」進行科儀。

1961 年（辛丑）

- 獲名譽顧問姚連生先生捐獻，為園內之青雲路、孟香亭及玉液池等進行維修工程。

- 成立「籌建學校委員會」，以：黃允畋道長為主任，方蔭庭道長為副主席。委員會將向政府申請撥地助款，興建中學一所。

- 成立「社團法人註冊小組」，公選黃允畋道長為主任。委員會更委派律師代向當局申請註冊。

1962 年（壬寅）

- 九月，由黃允畋、黃國芳及黃天送等三位道長，與教育司署官員等會面商談本園建校事宜。

- 本園推行「施棺」善舉，並交由大福長生店承辦。

1963 年（癸卯）

- 四月，在「釋尊佛誕」期間啟建七晝連宵法會，以陳立道長為主任。恭請樂果法師主持釋壇，而本園經生則主持道壇。

- 印製仙師乩撰、衞仲虞道長主鸞之《三教明宗》二千本。

1964 年（甲辰）

- 九月，颱風「露比」襲港，園內籌集善款，賑濟港九災民。

1965 年（乙巳）

- 六月十五日，正式成為「慈善社團法人」。並獲豁免「有限公司」稱號。

- 獲教育司覆函，同意改撥新蒲崗地區予本園建校，以替代山谷山地區。另，加入：陳進傍、湯仰魁及馮講菴等道長為「建校委員會」委員，陳進傍道長為「建設基金保管委員會」委員。

1966 年（丙午）

- 八月廿三日，仙師寶誕暨本園創壇四十五周年紀慶，恭請華民政務司麥道軻先生主持本園主辦的第一間中學——可立中學奠基禮。

1967 年（丁未）

- 東華三院於本園南邊園地興建解籤棚兩列，落成啟用；農曆十二月廿七日，東華三院廖烈武主席邀請本園黃允畋主席等，剪綵開幕。

1968 年（戊申）

- 十二月，由副主席陳立道長擔任「建設小組」主任，全體董事為委員；籌辦重建大殿。
- 加入：馬成德、湯仰魁及盧烱年道長為「基金保管小組委員會」委員。

1969 年（己酉）

- 九月一日，可立中學正式開課。本園選任黃允畋主席為校監，黃國芳、陳立、黃水、李元炳等道長為校董；由黃卓然先生任署理校長，蔡國炳校長於一九七〇年到任。
- 本園為響應政府擴充中、小學額，向教育司署申請興辦中、小學各一間，定名為「可風中學」及「可正小學」。
- 龍翔道大牌坊落成，由鄧肇堅爵士主持剪綵儀式。

1970 年（庚戌）

- 十月十五日，仙師副殿落成，接奉仙師寶像陞座，供善信臨時參拜。

1971 年（辛亥）

- 於正月重建大殿地基工程完成。
- 十月，本園隆重慶祝金禧慶典，為重建大殿進行奠基典禮。
- 十二月十四日，本園位於新界葵涌梨木樹邨之第二間中學——可風中學，進行奠基典禮，教育司何雅明先生主禮。

1972 年（壬子）

- 九月，董事會通過籌辦安老院，購置清水灣道上洋吉地五萬餘方呎以備興建安老院之用。
- 農曆十二月初十日，新殿落成啟用，恭迎仙師陞座，並請樂果法師及多位高僧主持「淨壇科儀」。同時，三聖堂之神龕亦裝飾完成，觀音菩薩、孚佑帝君及關聖帝君等亦陞座。

1973 年（癸丑）

- 四月，董事會通過於本園入口處，興建「白石牌樓」一座。
- 五月，於大殿西邊餘地興建花園，裝置花鐘一個；附建「福德丹爐」。

- 八月，姚連生、陳景福、戴立平、詹誠及王統元夫人等善長，合資鑄成一高九呎、重七千磅之「寶鼎」，放置仙師殿前，以供善信焚香禮拜。
- 九月廿八日（農曆九月初三日），香港總督麥理浩爵士蒞臨本園主持新殿開幕典禮。

1974 年（甲寅）

- 十二月十七日，本園第三間學校，位於葵涌和宜合道之「可風中學」舉行開幕典禮，教育司陶建先生主禮。

1975 年（乙卯）

- 十二月三十日，本園第四間學校，位於葵涌梨木樹新邨之「可信學校」舉行開幕典禮，助理教育司林達鎏先生主禮。

1976 年（丙辰）

- 一月，在清水道上洋地段內，將原有屋地由四千五百呎，增至一萬零一百呎，將自置菜地一萬八千三百九十呎交換，以作本園分壇之用，委託阮達祖建築師處理。
- 十月，籌建「鳳鳴樓」。由海寧建築有限公司承建。鳳鳴樓高二層，上層作為行政會議室及員工宿舍，地下大堂用作宣道講堂及善信休憩之所，兼作會員聚會及員工食堂或文娛活動等。

1977 年（丁巳）

- 一月，石門牌樓落成、鳳鳴樓奠基典禮，民政署長華樂廷議員主禮。
- 計劃於東邊門口入口處建「醫藥局」。該局分為二層，中國傳統式設計，每層面積二千二百五十平方呎，上層作為中醫贈診所，下層則用作西醫診所。

1978 年（戊午）

- 六月廿三日，本園擴建之「醫藥局」舉行奠基典禮，民政署長徐淦太平紳士主禮。
- 董事會通過訂造「九龍壁」一座，用連州青石雕刻，全長四十二呎，仿北京北海公園模型，壁刻九條龍及花草雕刻。
- 七月十日，本園於清水灣道大澳門興辦「可敬護理安老院」，並舉行奠基典禮。

1979 年（己未）

· 本園西翼擴建新平台，以方便日益增加的進香善信。

· 贊助可立中學成立十周年校刊暨舊生會成立聯歡晚宴。

· 贊助香港教育署舉辦的香港教育輔導協會「學生暑期工作實驗計劃」。

1980 年（庚申）

· 二月十二日，可敬護理安老院舉行開幕典禮，社會事務司何鴻鑾議員主禮。

· 五月，敦請王韶生教授撰寫「九龍壁記」，並由黃允畋主席及李元炳董事合寫序文。

1981 年（辛酉）

· 四月廿三日，本園六十周年紀慶及醫藥局擴建落成開幕典禮，由民政署長班禮士議員主禮。

· 成立「嗇色園醫藥基金」，由阮達祖太平紳士捐款一百萬元發起促成。

· 九月，九龍壁安裝竣工，擴建花苑亦告落成。九龍壁得趙樸初居士署題「九龍壁」三字並賦詩一首。

· 鄧肇堅爵士、鄭植之先生、王聲遠先生、伍少梅居士等捐款予「醫藥基金」。

· 十一月廿六日，新建鳳鳴樓及九龍壁開幕，由民政司憲黎敦義議員及鄧肇堅爵士主禮。

1982 年（壬戌）

· 籌辦第一間幼稚園，位於鴨脷洲邨，命名為「可仁幼稚園」。

· 籌辦老人中心，位於大埔大元邨，命名為「可康老人康樂中心」。

1983 年（癸亥）

· 十二月十三日，「可康老人康樂中心」開幕典禮，新界區社會福利專員徐永文先生主禮。

· 十二月十九日，港督尤德夫人到訪。

1984 年（甲子）

· 籌建葵涌石籬邨老人中心，命名「可寧老人康樂中心」；另有老人宿舍命名「可安老人宿舍」。

· 本園修改章程，加入六位委任董事；董事會成員增加至二十一人。

1985 年（乙丑）

· 籌辦秀茂坪老人中心，命名「可平老人康樂中心」。

· 「畢馬域箋曹顧問公司」建議本園在行政組織上設立五個小組：1、財務及發展小組；2、人事及行政小組；3、教育小組；4、醫藥及社會服務小組；5、宗教事務小組。

· 七月廿六日，港督尤德爵士到訪。

· 十一月，將位於屯門之職業先修中學命名為「嗇色園主辦可藝職業先修中學」。

· 籌建中之沙田廣源邨安老院，命名為「可誠老人康樂中心」；於沙田廣源邨老人中心，命名為「可泰老人康樂中心」；於竹園邨之幼兒中心，命名為「可慈幼兒園」；於大埔富善邨老人宿舍，命名為「可善老人宿舍」；於深水埗澤安邨老人會，命名為「可澤老人康樂會」；於慈雲山慈樂邨老人康樂中心，命名為「可慶老人康樂中心」。

· 十一月，赤松黃大仙祠重修完成，黃大仙區政務主任黃保華先生主持揭幕典禮。

1986 年（丙寅）

· 本園修改章程，會員分為遴選會員及普通會員。又，董事會成員改為每兩年一任。

1987 年（丁卯）

· 七月廿二日，屯門山景邨可欣幼稚園舉行開幕禮暨首屆畢業禮。

· 十月，順利清拆本園園外「籤檔」，並酌量給予拆卸津貼金。

· 十一月，於沙田馬鞍山小學命名為「可暉學校」。

· 十二月十七日，港督衛奕信爵士到訪黃大仙區，並參觀本園。

1988 年（戊辰）

· 三月間舉行祈福吉祥法會為公益金籌款，籌得善款共一百六十八萬港元。並邀請公益金執行董事黎敦義太平紳士主持揭榜儀式，港督衛奕信夫人特別致送感謝狀給本園。

1989 年（己巳）

· 一月，飛鸞臺「銅亭」重修完成，三十日恭迎仙師寶像陞座。銅亭之電鍍銅片由「廣州市中國園林局」製造，運港嵌砌營建，歷時五年。

· 園內正式成立「經懺班」。

1990 年（庚午）

· 三月，中國國務院宗教事局局長到訪。

· 十一月二日，可德幼稚園開幕，教育署首席教育主任關樹津先生主禮。

· 十一月間，組織「嗇色園金華訪問團」，由盧偉強、梁福澤道長等帶領，前往杭州、金華等地探訪。其後，部分道侶再度探訪「西樵山」，藉以找尋舊蹟。

· 十一月廿七日，沙田「可暉學校」開幕典禮。

· 十二月六日，深水埗「可健老人社區服務中心」舉行開幕典禮。

1991 年（辛未）

· 一月八日，東華三院管理「黃大仙簽品哲理中心」開幕。園外之僭建檔位自始不復存在。

· 八月廿六日，中國佛教協會趙樸初會長訪園，並即席書聯祝賀本園七十周年紀慶。

· 十二月十日，本園後山長廊花園落成，並正式命名「從心苑」。政務司孫明揚太平紳士主持開幕。

· 十二月十二日，本園主辦「可道中學」開幕典禮，教育及人力統籌司陳祖澤太平紳士主禮。

· 十二月十七日，中國港澳辦公室副主任陳滋英先生參訪本園並即席揮毫。夜間，舉行七十周年紀慶晚會，於「從心苑」賞燈慶賀。

1992 年（壬申）

· 於天水圍天柏路開辦「可銘學校」。

· 「可頤老人康樂中心」成立。

· 「可真幼兒園」投入服務。

1993 年（癸酉）

· 「赤松黃仙祠」大殿，重鋪金箔工程，圓滿竣工，進行揭幕。

· 於天水圍天瑞邨開辦「可瑞幼稚園」。

· 本園主辦「萬家親老遍香江」活動。

· 園內重修「盂香亭」及重建「玉液池」。

1994 年（甲戌）

· 富山邨「可富老人康樂中心」正式投入服務。

1995 年（乙亥）

· 本園組團拜訪黃大仙之出生地——浙江金華蘭溪，隨後參訪上海及杭州等地宮觀名勝。

· 荃灣曹公潭「可觀自然教育中心暨天文館」正式啟用。

1996 年（丙子）

· 慶祝本園七十五周年紀慶之「綵燈園遊晚會」揭幕。

· 本園主辦「可旺耆英康樂中心」投入服務。

· 舉辦「祈福吉祥法會」。

· 由浙江市蘭溪市政府送贈之「仙鄉吉羊」（羊群景點）裝置落成。

· 本園成立「嗇色園慶祝香港回歸祖國活動委員會」。

· 開辦「可立小學」。

1997 年（丁丑）

· 本園舉辦慶祝回歸祖國活動，包括：祈福法會、植樹紀念、大殿鳴鐘一百零八響，以及出席首屆中國蘭溪彩船節暨迎回歸大團圓活動等。

· 開辦「可譽中學暨小學」。

· 「可榮耆英康樂中心」投入服務。

· 「可愛幼兒園」開幕。

· 「可立幼稚園」投入服務。

· 黃大仙祠獲政府特許為舉行「道教婚禮」場所。

1998 年（戊寅）

· 本園於黃大仙區之「嗇色園社會服務大樓」竣工。大樓之「可蔭護理安老院」投入服務。

· 開辦「可正幼稚園」。

· 成立「黃允畋醫療基金」。

1999 年（己卯）

· 新大樓之「牙科診所」及「物理治療中心」正式投入服務。

· 本園為響應政府「同齡同心慶金禧」活動，捐建位於中國河北省易縣荊關「紫荊關嗇色園學校」。

· 園內醫藥局大樓裝修完成，中藥局由原上層遷往下層，繼續應診服務。

· 大殿鳴鐘一百零八響以慶祝新紀元之來臨。

2000 年（庚辰）

- 將園內之醫藥樓重新訂名為「普濟樓」。
- 「可聚耆英綜合服務中心」正式投入服務。
- 可立小學之「黃允畋紀念堂」及本園社會服務大樓「黃允畋太平紳士紀念銅像」進行揭幕。

2001 年（辛巳）

- 園內之「鳳鳴樓」裝修工程竣工。
- 本園舉辦「八十周年紀慶活動」，包括：「吉慶燈」供各界人士請領、植樹紀念，舉辦「息災保安善緣法會」、八十小時學習之旅、全港學界攝影比賽、服務社群巡迴展覽。
- 十一月三十日，舉辦「活力秋菊展繽紛」展覽，社會福利署署長林鄭月娥太平紳士主禮。同日「黃大仙祠文物展覽」，展出文物四十多件及照片一百幅等，展期為三星期。
- 本園主辦「可譽幼稚園」開幕。

2002 年（壬午）

- 四月一日起，董事會決定參加社會福利署提出的「整筆撥款資助制度」，並成立「整筆撥款研究小組」，詳細研究各項方案及撥款的進度。
- 八月九日，舉行「會員入道儀式」，是年共有十一位道長入道成為會員。
- 本園與上海市虹口區教師進修學院簽訂了為期四年的合作協議，同意每年舉行互訪式交流活動。

2003 年（癸未）

- 四月，本園兩間耆英綜合服務中心改名為「耆英地區中心」；另外八間耆英康樂中心則改名為「耆英鄰舍中心」。
- 七月二十九日，進行入道儀式，十三位新會員入道成為本園道長。
- 九月，主辦第一所「一條龍」學校「嗇色園主辦可譽中學暨可譽小學」正式開學。
- 十二月五日，可榮耆英鄰舍中心舉行落成揭幕典禮，社會福利署（安老服務）總社會工作主任郭麗心女士主禮。

2004 年（甲申）

- 四月三十日，社會福利署署長鄧國威太平紳士到訪，並參觀社會服務大樓。

- 七月十四日，六所幼稚園（可仁、可德、可瑞、可立、可正及可譽）在屯門大會堂演奏廳舉行聯合畢業典禮。
- 成立於二零零一年的嗇色園社會服務單位員工會，正式轉名為「嗇色園員工會」。規定每年九月舉行會員周年大會及新一屆理事會選舉。

2005 年（乙酉）

- 四月初，「嗇色園經懺科儀文化班」成立。
- 七月二十三日，可慈幼稚園、可真幼兒園及可愛幼兒園於園內鳳鳴樓禮堂舉行聯合畢業典禮，教育統籌局協調學前服務組高級社會工作主任謝月雅女士主禮。
- 九月十一日，本園主辦手牽手支援年長護老者計劃之「護老日」，社會福利署署長鄧國威太平紳士主禮。

2006 年（丙戌）

- 一月八日，本園舉行「人獻供」道教祈福法會。
- 二月四日，舉辦嗇色園八十五周年紀慶開幕典禮暨《香江顯迹——嗇色園歷史與黃大仙信仰》發佈儀式，政務司司長許仕仁太平紳士主禮。
- 四月二十五日，「可觀自然教育中心暨天文館」舉行十周年紀慶，並慶祝新翼校舍開幕暨荃灣自動氣象站啟用禮，教育統籌局常任秘書長羅范椒芬太平紳士及香港天文台台長林超英太平紳士等主禮。
- 八月十九日，本園黃大仙區五所長者中心合辦「耆英學院聯合畢業禮」，於園內鳳鳴樓禮堂舉行。
- 九月七日，董事會通過委任宗教事務委員會主席李耀輝道長為本園監院（終身制）。
- 十月四日，舉行「皈依冠巾證盟科儀」，27 位新會員入道成為嗇色園普宜壇的弟子。
- 十月十日，本園與社會福利署黃大仙及西貢區福利辦事處合辦的「嗇色暖意獻耆年」舉行開展禮，邀得社會福利署署長鄧國威太平紳士、黃大仙區議會主席黃金池太平紳士、黃大仙區議會社區建設及社會服務委員會主席李思泌太平紳士等主禮。
- 十一月八日，舉行「嗇色園禮斗科儀延生心經法會」。
- 十一月十九日，舉辦八十五周年紀慶活動「園證桑榆情」，為六對結婚逾半世紀的長者夫婦補辦正式註冊手續，民政局常任秘書長林鄭月娥太平紳士蒞臨主禮，影視紅星胡楓先生與眾嘉賓分享夫婦相處之道。
- 十二月八日，「可平耆英鄰舍中心」舉行開幕典禮，社會福利署黃大仙及西貢區福利專員李永偉先生及黃大仙區議會主席黃金池太平紳士主持揭幕。
- 宗教事務委員會成立「朝賀拜懺組」、「外事交誼組」及「經科文化組」。

2007 年（丁亥）

- 三月十七日，舉行「皈依冠巾證盟科儀」，李耀輝（義覺）擔任主科。

- 四月二十一日，參與由香港道教聯合會在香港大球場舉行的「萬人齊誦道德經」活動，當日共有13,000多人參與，成功創下「健力士」新記錄。

- 四月二十四日至二十六日，於香港文化中心展覽館舉辦嗇色園與甲子學會合辦的「《道德經》書法作品展」。國家宗教事務局副局長蔣堅永先生、中國道教協會副會長黃信陽道長、民政事務總署署長陳甘美華太平紳士、中央駐港聯絡辦協調部部長王永樂先生、嗇色園監院李耀輝道長及甲子書學會會長蘇樹輝博士等一起主持剪綵揭幕儀式。

- 十月十九日，本園與青松觀合辦「慶十載回歸、迎08奧運，為全港市民祈福禮斗大典」。

- 十月二十八日，於中文大學邵逸夫禮堂舉行「嗇色園耆英學院畢業禮」，同日成立了全港首個為長者而設的「長者天文學會」，署理香港天文台台長李本瀅太平紳士及香港太空館館長陳己雄先生主禮。

- 十二月八日，舉辦「老老故鄉情」，讓六位年屆73至88歲的長者，重遊他們闊別多年的故鄉——大澳。

2008 年（戊子）

- 二月三日，宗教事務委員會成立「宣道小組」，與「經科文化小組」負責籌備及協調工作。

- 三月二十日及二十一日晚上，於香港大會堂音樂廳舉行「善‧道‧人生」話劇匯演。三月二十一日公演日，全國人大常委立法會主席范徐麗泰議員擔任開幕主禮嘉賓並主持圖文集《爐峰弘善——嗇色園與香港社會》首發儀式。

- 四月六日，嗇色園舉行「黃大仙師聖駕移鸞安位科儀」，恭請黃大仙師移鸞到鳳鳴樓大殿內，為歷時兩年的嗇色園黃大仙祠大殿擴建及太歲元辰殿建設工程揭開序幕。

- 五月十四日，園內總辦事處設置賑濟專用善款箱，為「五‧一二」四川汶川大地震災民籌款；五月十七日，本園參與「眾志成城抗震救災」賑災活動，撥善款港幣十萬元予「民政事務局局長法團—捐款」專戶，以賑助內地同胞；五月十八日，啟建「黃大仙師寶懺科儀」，本園的道長、經生共同為四川同胞祈福；五月十九日，本園安排祠內人士全體肅立默哀三分鐘，以對遇難者表示深切哀悼；五月三十日至六月一日，本園應邀前往成都，參與於四川鶴鳴山舉行之「兩岸四地道教界為5‧12地震災區祈福消災追薦超渡大法會」，並捐出人民幣七十萬元善款；六月二十日，透過中聯辦九龍工作

部，將本園收集的善款合共港幣八十六萬多元及人民幣一千多元，交到災區居民手中。

- 十月十二日，本園李耀輝（義覺）道長帶領本園經師進行安放佛教文物儀式。

- 十月十四日，本園於九龍灣國際展貿中心演講廳舉行「嗇色園耆英學院畢業典禮暨長者展才華匯演」，社會福利署黃大仙及西貢區福利專員李婉華女士任主禮嘉賓。

- 十月二十九日，本園李耀輝道長應邀出席於北京故宮博物院神武門展覽廳舉行的「陶鑄古今——饒宗頤學術‧藝術展」的開幕式及作品捐贈儀式。

- 十二月五日，舉行可澤耆英鄰舍中心增設新址開幕典禮，社會福利署深水埗區福利專員余廖美儀女士主禮。

2009 年（己丑）

- 一月十一日，本園組織隊伍參加「2009港島、九龍百萬行」。

- 一月十八日本園聯同黃大仙及西貢區福利辦事處舉辦「08—09年度『嗇色暖意獻耆年』」。

- 本園於一月改選，並擴大了董事會的規模，由從前二十一人增加至二十六人。是年邀得潘莊正博士、黃金池太平紳士、曾向群先生等擔任本園委任董事。

- 五月四日，本園黃大仙區的社會服務單位，包括可聚耆英地區中心、可富耆英鄰舍中心、可平耆英鄰舍中心、可頤耆英鄰舍中心、可慶健康服務中心及可蔭護理安老院，合辦「長者生命教育活動——四川地震災後分享」活動。

- 九月二十六日及二十七日，一連兩日舉辦中國傳統大型廟會「廟會 賀祖國甲子紀慶 迎建太歲元辰殿」，開幕典禮。主禮嘉賓包括：國家宗教事務局、中國道教協會、香港特別行政區民政事務區及中央駐港聯絡辦公室代表。

- 十一月十八日，李耀輝（義覺）道長率眾經師啟壇，進行「三聖堂請聖移鑾科儀」，虔請三位神祇移鑾，以便重塑新龕。

2010 年（庚寅）

- 四月六日，本園教育委員會委派委員到河北省「紫荊關嗇色園學校」視察及交流。

- 七月十四日本園於荃灣大會堂為屬轄七個學前教育機構及三所小學分別舉行聯合畢業禮，上午為可仁、可德、可瑞、可立、可愛、可正及可譽幼稚園/幼兒中心的聯合畢業禮，家庭與學校合作事宜委員會主席黃寶財教授主禮；下午為可信、可銘及可立小學的聯合畢業

禮，教育局首席助理秘書長（基礎建設及研究支援）施金獎先生主禮。

- 九月十日至二十一日期間，為慶祝嗇色園90周年紀慶，於黃大仙祠及黃大仙廟宇廣場舉辦大型中秋彩燈會，共吸引逾二萬人次參與。民政事務局常任秘書長楊立門先生、中聯辦九龍工作部容福華副部長、黃大仙民政事務處蕭偉全專員、黃大仙警區指揮官靳敖賢先生、黃大仙區社會福利專員伍莉莉女士及黃大仙區議會主席李德康先生擔任主禮嘉賓。

- 九月十三日，本園屬下的可健耆英地區中心舉行2010—2011年度「嗇色園耆英學院」開學禮。

- 十月二十一日，本園資訊科技小組赴上海世博會出席「香港智能城市大獎頒獎禮」，本園設計的數碼靈籤管理系統榮獲「香港智能城市大獎」。

- 十一月五日，由香港貨品編碼協會（GS1 Hong Kong）舉辦的「2010香港無線射頻識別大獎」舉行頒獎禮，嗇色園自行研發的「數碼靈籤管理系統」，在「最具創意EPC/ RFID應用組別」中獲得銀獎殊榮。此外，系統亦同時在香港貨品編碼協會、香港公匙基建論壇及香港特區政府聯合舉辦的「香港智能城市大獎」中獲獎。

- 十一月，醫療服務屬下各單位包括：中藥局、西醫診所、牙醫診所、物理治療中心、中醫服務中心及醫療服務統籌處進行品質認證，經過公正嚴密的考核，上述醫療服務單位均成功通過驗證，取得ISO9001:2008資格。

2011年（辛卯）

- 一月九日，本園太歲元辰殿隆重揭幕，並於一月十二日正式開放予公眾人士參拜。

- 二月二十六日，嗇色園中藥局、可蔭護理安老院及可聚耆英地區中心合辦「長者四時養生計劃成效分享暨新書發佈會」。

- 三月十三日，李耀輝（義覺）道長帶領本園董事、會員及宗教事務委員會的一眾學員等出席於深水埗楓樹街球場舉行的「第十一屆香港道教節開幕典禮暨花車巡遊」。大會邀請了民政事務局長曾德成先生、中聯辦協調部副部長廖勛先生等主持揭幕禮及花車巡遊起步儀式。

- 四月二日，於本園對出的廟宇廣場與香港道教聯合會共同啟建道場，為日本及世界各地的所有災民，進行「祈福消災、解厄超度大法會」。

- 八月六日，李耀輝主席帶領五常法督導工作小組一同出席由香港五常法協會主辦的證書頒發典禮暨研討會。證書頒發典禮上「嗇色園黃大仙祠」及「嗇色園太

歲元辰殿」均獲頒五常法認證合格證書，其中「太歲元辰殿」更取得「Zero Non-Compliance 零項不符合點」的獎項。

- 十月一日及二日，本園藉著90周年紀慶舉行黃大仙祠開放日，開放多個殿堂包括大殿外壇、三聖堂、飛鸞臺外圍、麟閣及太歲元辰殿讓市民參觀，共吸引逾10萬人次。

- 除了擴建大殿及新建太歲元辰殿，同時亦新建多座新殿堂，分別為財神殿、藥王殿、福德殿及王靈官殿。因此，本園新增了兩個賀誕——「財神誕」及「王靈官誕」。

- 本園響應政府「環境及自然保育基金與綠色機構合作計劃」，向基金申請資助，致力將本園發展成為一所「綠色機構」。

- 2010年及2011年底，國際天文聯會 International Astronomical Union 宣佈，將編號64296及編號110077的兩顆小行星，分別命名為「HoKoon」（可觀）及「Pujiquanshan」（普濟勸善）。該兩顆小行星的命名乃由國際知名業餘天文學家楊光宇先生送贈。

- 為慶祝90周年，本園社會服務單位舉行「90大爆發愛生命嘉年華」，勞工及福利局局長張建宗先生主禮，當日活動包括有「90後，2011時裝繽紛秀」。

2012年（壬辰）

- 三月四日，本園為響應香港道教聯合會主辦之「壬辰年香港道教節開幕慶典暨花車巡遊活動」，特安排主花車一部，以「赤松黃大仙師」及「斗姥元君」為主題，參與跨區巡遊。

- 四月，嗇色園中醫到診服務擴展到本園之社會服務單位，包括：可頤、可平及可富耆英鄰舍中心、可健耆英地區中心及可慶健康服務中心。

- 九月十六日，本園公開舉行了第三次「皈依冠巾證盟科儀」。是年招募廿三名新會員，包括：醫療、法律及工程界等專業人士。

- 九月十七日，本園於沙田鄉議局大劇院及演奏廳舉行「智醒健力士瑜伽鏈暨懷傲運動天地成效發佈會」，社會福利署助理署長李婉華女士主禮。活動為向大眾推廣運動可延緩腦退化的信息，更以228位長者，合共超過一萬歲，一起接力完成三個瑜伽動作，成功打破健力士「世界最長瑜伽鏈紀錄」。

- 九月二十二日至十一月四日於園內鳳鳴樓禮堂舉行「尊道重禮——道教經壇文物展」。九月二十二日揭幕典禮，中聯辦林武副主任、國家宗教事務局外事司（港澳台辦公室）郭偉司長，民政事務局副局長許曉暉女士以及中國道教協會王哲一秘書長等主禮。展出七十

件由北京白雲觀收藏之珍品，有國家一級文物「太和山瑞圖」、「金液還丹圖」及「銅鑄神特」等。

- 十一月廿四日，本園轄屬五間院舍參加了「香港老年學會安老院舍評審計劃」，全部通過認證，並獲頒授「安老院舍優質服務全面參與獎」。

- 本年推出嗇色園黃大仙祠智能手機應用程式（app）及電子籤文系統。

2013 年（癸巳）

- 一月，透過新城財經台節目《一個人好生活》播出以「道在生活」（八集）的節目，藉以推廣道教文化，闡揚仙師「普濟勸善」的精神。

- 三月十日，是日為第十三屆香港道教節，適逢香港道教日正式列為法定日子，本園參與「道教節巡遊大典」，並由李耀輝監院編定科儀，虔請仙師移鑾出巡。

- 七月六日舉行「嗇色園‧打造環保廟宇‧共建綠色機構」環保計劃啟動禮。環境局局長黃錦星先生、環境保護運動委員會副主席黃煥忠教授及黃大仙民政事務助理專員馬韻然女士等主禮。

- 十二月八日，可健耆英地區中心舉辦「告別原址暨邁向新天地典禮」，翌年遷往新址「深水埗榮昌邨」，新址佔地約有 570 多平方呎。

- 十二月十三日，勞工及福利局局長張建宗先生到訪本園可聚耆英地區中心。

2014 年（甲午）

- 二月十四日，本園首次舉辦「情人一線牽祝願儀式」，為年青男女、善信進行祈福科儀。科儀於祠內月老神像前進行，有近百位情侶出席祝願儀式。

- 三月九日，本園派出三十多位道長參與香港道教日之巡遊大典，並有四座神仙地飄巡遊（黃大仙師、斗姥元君、月老及麒麟）及屬校銀樂隊等出席助慶。

- 三月至六月間，在園內鳳鳴樓召開了四場「非物質文化遺產」公開講座，內容皆環繞「黃大仙俗文化」為主題。

- 七月一日，本園主席黃錦財先生，榮獲特區政府頒授榮譽勳章（MH）。

- 九月六日，舉辦大型「皈依證盟科儀」入道儀式，是日共有十四名新會員成為「普宜壇」弟子。

- 九至十月，舉辦「道藝相融‧微妙玄通——當代道教書畫展」以慶賀六十五周年國慶。展出國學大師饒宗頤教授、上海神像畫大師戴敦邦及國內道教高道等的書畫作品。

- 十月十九至廿二日，李耀輝監院率眾董事、經生等出席「金華山國際黃大仙文化旅遊周」活動，並於「黃大仙文化論壇」發言，強調要保育黃大仙信俗文化，推廣黃大仙師「普濟勸善」之精神，造福社會。

- 十二月，醫療服務委員會出版《嗇色園醫療服務九十周年發回顧》紀念特刊，內容詳述了本園醫療服務的發展歷史與服務記錄。

- 十二月，獲國務院通過，「香港黃大仙信俗」正式列入「國家級非物質文化遺產」名錄。

2015 年（乙未）

- 三月八日，為慶賀道祖誕辰及一年一度的「香港道教日」，本園與香港道教聯合會於紅磡體育館合辦了一場大型的慶典——「香港道教日開幕典禮暨萬人祈福讚星禮斗大法會」。

- 三月九日，舉辦由嗇色園、新文豐出版公司（台灣）及香港中文大學之中山大學歷史人類研究中心聯合出版之《道教儀式叢書》（第一輯）新書發佈會暨「中國現存民間道教儀式論壇」。

- 三月，本園宗教事務委員會之文化發展組及宗教資訊組聯合出版《奉道參神——祈福迎祥‧讚星禮斗》。是一本介紹道教之祈福及禮斗科儀文化的書籍。

- 五月十二日，可健耆英地區中心舉行新址落成揭幕典禮，社會福利署署長葉文娟太平紳士主禮。

- 六月七日，本園宗教事務委員會首辦「廣結善緣祈福習經班」。讓普羅大眾認識普宜壇的經懺科本及學習道教基本奉神之儀軌知識。

- 六月十一日，嗇色園代表接受「香港黃大仙信俗」非物質文化遺產授牌儀式，典禮上，由中華人民共和國文化部副部長王鐵先生頒發紀念牌匾，本園主席陳東博士及宗教事務委員會主席余君慶董事代表接受。

- 七月二十二日至二十八日，本園主辦「香港道教宮觀管理與慈善事業」課程，李耀輝監院主講。課程特為上海道教學院的應屆學員而開設，該院之師生專程來港一周進行香港道教宮觀管理與考察及交流。

- 八月十五日，本園五間院舍聯合舉辦「認知無障礙體驗嘉年華」活動。

- 十月一日，本園派經生等代表出席蓬瀛仙館主辦的「港澳道教文化非物質文化遺產展演」。本園經師等示範由李耀輝監院編排之禮十方、上三寶香及步罡踏斗等儀軌。

- 十月七日至十一日，本園宗教事務委員會組織了近150人前往浙江蘭溪、金華市進行拜謁活動。並為蘭溪黃大仙宮重修，啟建開光科儀。

- 十二月十一日舉行「嗇色園社區學院成立暨長者才藝證書頒授典禮」，是次活動將原名「嗇色園耆英學院」正式命名為「嗇色園社區學院」(Sik Sik Yuen Community Academy)。

- 十二月十九至廿一日，本園之宗教事務委員會邀請中國道教協會副會長孟至嶺道長來港主持為期三天兩夜之「道修營」活動，場地租借荔枝角「饒宗頤文化館」。

2016 年（丙申）

- 一月至六月期間，舉行「社區服務 盛在仙祠——黃大仙祠 95 周年相片」巡迴展覽。一月五日至一月二十二日期間，率先在本園鳳鳴樓禮堂舉行；由一月二十九日至四月四日更移師到港九新界 8 個領展商場作巡迴展出。

- 一月二日至三月二十六日，於新城財經台之《人生馬拉松》共十三集節目內以「道教文化金句」為題，講解金句及介紹本園科儀文化與善業，節目中訪問了本園主席陳東博士及監院李耀輝（義覺）道長。

- 一月五日舉行「嗇色園 95 周年紀慶開幕禮暨「社區服務 盛在仙祠」相片巡迴展覽揭幕式」，中聯辦協調部副部長廖勛女士、中聯辦九龍工作部副部長盧寧女士、黃大仙民政事務專員蔡馬安琪太平紳士及黃大仙區議會主席李德康先生等主禮。

- 三月六日，舉行「丙申年（2016）香港道教日十八區萬人敬老盆菜宴暨嗇色園 95 周年紀慶盛典」，於黃大仙祠內鳳鳴樓及鳳鳴樓廣場筵開 88 席敬老盆菜宴。中聯辦九龍工作部副部長劉國強先生、香港道教聯合會副主席兼十八區萬人盆菜宴統籌主席葉文均道長、黃大仙區議會主席李德康先生、黃大仙民政事務助理專員凌伯祺先生及歌影視紅星朱咪咪小姐等主禮。

- 三月十九日及二十日，本園社會服務單位可聚耆英地區中心、可泰耆英鄰舍中心、可榮耆英鄰舍中心、可頤耆英鄰舍中心及可慶健康服務中心合力創作長者音樂劇「自拍人生」於元朗劇院公演。

- 三月三十一日，本園監院李耀輝（義覺）道長應香港中文大學國學中心主任鄧立光博士邀請，為該中心主辦的「馮燊均國學講座」主講「道教關心世道人生的一面——以示道教在傳統文化中的作用」。

- 四月九日，本園於沙田鄉議局大樓舉行「人道社區關愛計劃」暨義工誓師大會，勞工及福利局常任秘書長譚贛蘭小姐、嗇色園主席陳東博士、黃大仙祠監院李耀輝博士、副主席馬澤華先生主禮。

- 五月，本園贊助出版兩書：《饒宗頤道學文集》及《1894—1920 年代歷史鉅變中的香港》。

- 六月十九日，本園社會服務單位於黃大仙廟宇廣場舉辦「黃大仙區掌故嘉年華」。

- 七月四日，特區政府日前公佈 2016 年授勳名單，本園監院李耀輝（義覺）道長獲授榮譽勳章（MH）。

- 九月，可寧中心翻新工程完成，中心正式命名為「嗇色園主辦可寧健康服務中心」，十月正式投入服務。

- 九月十一日，本園舉辦「道家全真派皈依冠巾證盟科儀」，此屆有 25 名新會員參與皈依入道儀式。同日下午，本園首辦舉辦「黃大仙上契結緣儀式」，為近四百名三至十六歲的小朋友上契予黃大仙師。

- 九月二十一日，本園藉 95 周年園慶，首次對外開放讓善信參與「黃大仙師寶誕科儀」，共同參與祝賀仙師科儀。

- 九月二十一日至二十三日，本園與「國際亞細亞民俗學會」合辦大型國際學術研討會，主題為「黃大仙信俗與非物質文化遺產國際學術研討會」，此次活動共有五十多位來自亞洲各地區及本港學者等出席參與。

- 九月二十八日，行政長官梁振英先生到訪。

- 十月九日，舉辦「迎祥賜福禮斗延生大法會」，由李耀輝監院擔任主科，並帶領眾嘉賓繞行燈陣及踏蹮五星拱照祈福橋。

- 十月十六日，應邀出席由浙江省蘭溪市與當地黃大仙宮合辦的「遊仙鄉故里，享文化盛宴——2016 蘭溪黃大仙故里文化節」活動，由本園李耀輝（義覺）監院率領董事、經生、屬校校長等，共 130 多人一同前往。

- 十二月三日，本園舉辦「人道社區關愛計劃義工周年大會暨嘉許禮 2016」，社會福利署黃大仙及西貢區福利專員伍莉莉女士主禮。

2017 年（丁酉）

- 五月六日，本園應康文署非物質文化遺產辦事處邀請，協助舉辦「非遺任務——我要做傳承人」活動。

- 六月十日至十二日，本園應澳門大三巴哪吒廟值理會的邀請，藉澳門哪吒寶誕，首次虔請黃大仙師分身化炁，登「鸞輿」寶座，出巡演教，以黃大仙聖明，啟建「澳門祈福迎祥獻供大法會」及「飄色大巡遊」，為澳門居民祈福。

- 六月十三日至十四日，本園機構傳訊組舉辦「嗇色園黃大仙祠導遊證書課程」，為本港幾百位旅遊從業員提供本園的簡介、神明的介紹及參拜的規矩等。

- 六月二十五日，本園舉行「第一期廣結善緣祈福班畢業禮」。

- 七月十日，本園獲邀出席黃大仙廣場開幕嘉年華活動，行政長官林鄭月娥女士為擴建後的黃大仙廣場揭幕。

- 八月五日，宗教事務委員會首辦「普道文化同樂日」，以「躍動文化——舞師」為主題，從「觀賞」、「體驗」、「文化講座」、「經驗分享」等多角度，讓公眾了解舞師的傳統文化。

- 八月二十六日至九月二十五日，於祠內舉辦為期一個月的「道教星斗信仰文化展」，展覽內容設在黃大仙廣場。

- 十月二日，舉行「黃大仙師上契結緣儀式」，共有近500名成人與黃大仙師結緣，參與上契儀式。

- 十月十日，本園得香港孔子學院邀請協辦「孔子學院日」，並特別舉辦「儒道文化展覽——『義』與『儀』的展示」。

- 十月三十一日至十一月五日，本園組成「四川道教文化交流考察團」，前往四川及參訪佛道名山古蹟。

- 十一月十八日，本園為轄下五所中學舉行聯校頒獎典禮，浸會大學校長錢大康教授主禮。

- 十一月二十四日及二十五日，本園獲邀參與香港道教聯合會舉辦的羅天大醮及承壇「斗姥殿」，並進行普宜壇禮懺科儀；十一月二十九日進行大型禮斗大法會——「丁酉年太上金籙羅天大醮‧為全港市民祈福禮斗大法會」。

- 十二月二十日及二十一日，本園屬下5間耆英中心於荃灣大會堂公演「五味人生」長者互動音樂劇。

2018 年（戊戌）

- 一月十三日，馬來西亞沙巴州政府舉行「黃大仙廟奠基科儀」，監院李耀輝（義覺）道長率領8位道長遠赴當地設壇演法，祈求仙師福佑沙巴州。

- 一月二十六日，李耀輝監院提議成立「文化委員會」，並召開第一次會議。

- 二月九日，舉行九龍壁綜合大樓——「悟道堂」落成啟用揭幕典禮，民政事務局局長劉江華太平紳士、黃大仙區議會主席李德康先生、香港道教聯合會主席梁德華先生及香港教育大學副校長李子健教授主禮。

- 二月二十日，監院李耀輝（義覺）道長接受香港電台第一台邀請，出席由張鳳萍、劉銳紹共同主持之「中國點點點——對談中國」清談節目訪問。

- 三月一日，香港教育大學心靈教育中心舉辦「香港宗教建築所展現的中華文化、人文素養與靈性追尋」講座，邀得本園監院李耀輝（義覺）道長主講「嗇色園黃大仙祠的建築藝術與文化」。

- 三月九日至十日，由本園與珠海學院及香港歷史文化研究中心合辦，香港中文大學明清研究中心協辦的「華南地區歷史、民俗與非遺國際學術研討會」，分別在珠海學院（屯門新校舍）及嗇色園鳳鳴樓內舉行。

- 三月二十八日，監院李耀輝（義覺）道長應香港道教聯合會邀請，在香港中央圖書館主講「認識道教義理——生活逍遙自在」。

- 六月十日至十九日，本園組成「絲綢之路文化與藝術交流團」，前往古時中西兩地的交匯要線——絲綢之路。

- 六月二十日，監院李耀輝（義覺）道長應香港道教聯合會邀請，於香港中央圖書館主講「寬恕感恩與解脫生死」。

- 七月一日，特區政府公佈授勳及嘉獎名單，本園行政總幹事冼碧珊小姐，獲頒「行政長官社區服務獎狀」。

- 八月二十六日，本園與香港理工大學人文學院合辦「道教勸善書的孝順教導」講座，由香港理工大學人文學院朱鴻林教授主講。

- 九月一日至六日，本園文化委員會舉辦「敦煌乍現‧光影千年——敦煌之行相片展覽」，香港大學饒宗頤學術館藝術顧問駱慧瑛博士、天籟敦煌樂團作曲家甘聖希先生、本園馬澤華主席、李耀輝監院及一眾董事等，共同為相片展進行剪綵儀式。

- 九月二十二日，舉行「黃大仙師上契結緣儀式」，共有232位小朋友上契予黃大仙師。

- 九月二十九日，首度舉辦「萬世師表孔聖先師戊戌年（2018）啟蒙開筆禮」。

- 十月二十八日，可蔭護理安老院成立的「復康護理專業培訓中心」正式啟用。

- 十一月十八日，本園邀得香港中文大學文化及宗教研究系講師唐秀連博士蒞臨本園主講「梵音論道：通過印度語言探尋印度宗教和道教的關係」。

- 十二月十六日，本園文化委員會舉行「第一期古琴班修業典禮」。

- 十二月十八日及十九日，本園邀請敦煌學著名學者馬德教授主講「從敦煌文獻看道教對佛教中國化的影響」及「敦煌古代工匠與敦煌文化遺產」共兩場講座。

- 十二月二十日，西貢上洋「可名別苑」修繕竣工，為苑內之神壇及黃大仙像進行開光科儀。李耀輝監院、黃植煒董事等負責。

2019 年（己亥）

- 一月十日，本園之人道社區關愛計劃舉行「2018義工周年大會暨義工嘉許禮」。202名義工獲頒「積極參與獎」。

- 一月二十八日，本園文化委員會「文化設施管理組」統籌的「圖書室」正式投入服務，圖書室位於悟道堂二樓。

- 三月二日，本園首度舉辦以「有機」為主題的市集：「趁墟＠黃大仙 勿失『良』『機』」。當日除了以有機環保市集活動外，更有多項表演活動、環保工作坊及多種攤檔售賣有機種植疏菓等。漁農自然護理署署長梁肇輝博士、黃大仙區議會主席李德康先生、黃大仙民政事務處助理專員陳卓熙先生、香港有機資源中心總監黃煥忠教授、東九龍居民委員會主席何漢民先生、本園主席馬澤華先生及黃大仙祠監院李耀輝博士等主禮。

- 三月三日，宗教事務委員會舉辦「普道文化同樂日」，主題是「舞動的靈獸——承傳麒麟文化」。

- 三月二十四日，本園文化委員會邀請「珠海學院香港歷史文化研究中心副主任」游子安教授主講「禮失求諸野——華人『天地君親師』信仰在南洋」講座。同日，進行第一季中央義工團義工訓練及分享會。本園「中央義工團」已累積 300 名義工。過去曾協助本園 70 項大、小規模的活動。

- 五月初，本園三十多人參與「台灣道教文化交流團」。五月底，又舉辦「湖南衡山道教宮觀拜訪團」。

- 八月，園內成立專責小組，負責籌建「黃大仙信俗文化館」，並以「屹立於傳統，融合現代創新科技」為主題，於園內第三平台地下，建立一所既有傳統道教文化色彩，又富現代科技感之黃大仙信俗文化展覽館。小組由余大業董事擔任主席、梁理中董事擔任副主席、黎國俊道長擔任委員。

- 八月二至五日，李耀輝監院組成「廣州乞巧文化考察團」，帶領多位董事前往廣州珠村考察當地的乞巧文化。

- 八月三十一日上午舉行「黃大仙師上契結緣儀式」，近四百名成人與黃大仙師結緣，參與上契儀式。同日下午，舉行「全真派皈依冠巾證盟科儀」，此屆有 53 名新會員參與皈依入道儀式。

- 九月，本園之「文化委員會」提出「文物徵集計劃」，正式向本港及海內、外信眾呼籲捐或借出與嗇色園黃大仙祠及屬下機構相關之文物、資料文獻等。

- 九月七日，舉辦「萬世師表弘聖先師己亥年（2019）啟蒙開筆禮」。

- 十月十四至十九日，宗教事務委員會組織經生前往浙江、蘭溪、上海等地交流及進行禮懺科儀。

- 十月廿七日，文化委員會舉辦「錦田鄧族歷史文化考察團」，邀請了珠海學院「香港歷史文化研究中心」主任，蕭國健教授，沿途講解，實地考察了吉慶圍、友鄰堂、周王二公書院、便母橋、樹屋、鄧公祠堂、長春園及二帝書院等古蹟。

- 十二月廿四日至廿六日，李耀輝監院帶領近百名之經生、弟子等參與台灣高雄佛光山、高雄市政府、文化部文化資產局及中華傳統宗教總會聯合主辦的「2019 世界神明聯誼會」活動。李監院與經生、弟子等於佛光山之菩提廣場演法「禮十方科儀」，並有廿八道長手持廿八星宿旗，同時與各方神明進行崇拜。

2020 年（庚子）

- 園內為弘揚道教科儀文化，是年起特別為眾會員弟子增設「禳星祈福禮斗科儀」，按會員個人之出生日、月份（農曆），擇吉日為弟子進行禮斗科儀。

- 因應本地「新冠狀病毒」疫情，由二月五日至三月二十九日，提早於下午二時關門，進行清潔及消毒。由三月三十日至四月三十日，及七月二十九日至十月三日期間暫停開放，對外宗教活動亦暫停至另行通知。

- 二月九日，進行庚子年首次拜懺「赤松黃大仙師寶懺」科儀。李耀輝監院為主科，並藉以為疫情染病之市民祈福及向參與之道長、善信派發防疫口罩。

- 二月十二日，「嗇色園緊急援助基金」撥款港幣一百萬元成立「新型冠狀病毒確診個案緊急生活援助金」，以協助低收入之基層家庭渡過難關。

- 三月二日，本園馬澤華主席及李耀輝監院等到訪中國政府駐香港辦事處（中聯辦）捐贈港幣三百萬元，以支援湖北省及武漢等地之疫情防控及救治工作。

- 三月廿五日，本園中央義工團包裝了 5000 個防疫包，送贈黃大仙區內九個復康及病人服務團體（兒童癌病基金、香港乳癌基金會、香港唐氏綜合症協會、香港柏金遜症會、心晴行動慈善基金會、長者安居協會、香港復康聯盟、再生會及香港特殊學習障礙協會），另亦送黃大仙區慈雲山慈正邨及慈樂邨之雙老及獨居長者。

- 由六月一日起，本園黃大仙祠開放時間更改如下：
  黃大仙祠：每日早上七時半至下午四時半
  太歲元辰殿：每日早上八時至下午四時半

- 十月一日，本園馬澤華主席榮獲 2020 年度香港特別行政區政府頒授榮譽勳章（MH）。

- 十月一日，本園前主席陳東博士，榮獲特區政府頒授最高級別之大紫荊勳章。

- 「嗇色園緊急援助基金」撥款 100 萬港元援助於十一月十五日晚油麻地唐樓受火災影響之災民。

- 文化委員會組成「編輯委員會」，籌劃出版一本記載嗇色園黃大仙祠百年歷史與文化之書籍。書內並特邀十多位道教及黃大仙信俗研究之專家、學者撰文，並附以大量本園舊照片、碑記、匾額及楹聯等資料。

2021 年（辛丑）

- 本園為與大眾分享百年來之黃大仙信俗文化與歷史，特別製作「嗇色園百周年會客室」節目，每週於香港「新城電台」及「商業電台」播放，每集邀約過去曾與本園合作之嘉賓，或不同宗教文化、慈善團體的代表進行合談。節目直到二零二二年一月十五日為止，共製作五十集訪問節目。

- 一月十二日（除夕夜），由於疫情的原因，除夕夜之「頭炷香」，改由網上（Facebook 專頁）、嗇色園黃大仙祠 YouTube 頻道、香港電台一、二及五台「講東講西」及香港電台「講東講西」（c 專頁）及港台電視 32 台做現場直播。「頭炷香」由李耀輝監院，帶領主席及五位副主席及會員、道長等進行「五行七星護香江祈福科儀」為全港市民祈福禳災。沒有開放予公眾人士上頭炷香，該天黃大仙祠於下午四時半關門。

- 一月三十日，本園之醫療委員會舉辦了首場「防疾保健講座」，往後逢每月第三個星期六上午舉行系列式「防疾保健養生」公開講座。首場主講者為註冊中醫師：劉昭勁博士，主講「心血管疾病的中醫防治」。

- 二月一日至三月廿六日，本園透過無綫電視台之財經・資訊台製作《園繫香江百載情》一連 40 集，以介紹黃大仙信俗從浙江金華到廣東的歷史源流、發展，及於香港「普濟勸善」的承傳內容等。

- 四月二十六日，財神宮開幕。

- 八月二十九日，舉行「黃大仙師上契結緣儀式」，過百名小童與黃大仙師結緣，參與上契儀式。

- 九月十二日，舉辦「萬世師表弘聖先師辛丑年 (2021) 啟蒙開筆禮」。

- 九月十七日晚，嗇色園舉行「黃大仙祠百周年紀慶花燈廟會」開幕禮，廟會於 9 月 18 日至 24 日進行，因反應踴躍，9 月 25 日至 30 日延長其中的「賞燈遊仙祠」。

- 十月，本園出版《漫說歷史故事──黃大仙一百靈籤》，以漫畫形式闡述一百支黃大仙籤詩背後的典故和歷史故事。

- 十一月十一日，嗇色園「黃大仙信俗文化館」進行開館典禮。

- 十二月，嗇色園與香港中文大學及敦煌研究院合作編輯的《敦煌道教遺跡選萃》出版，書內很多材料是首次以彩圖版公佈。

- 十二月十九日，「道教全真道皈依冠巾證盟科儀」，共有三十一名新晉弟子通過考試，正式成為普宜壇弟子。

- 十二月底，《善道同行──嗇色園黃大仙祠百載道情》付梓印刷。

編後語

梁理中（修知）

　　恩蒙　黃大仙師庇祐，仙祠屹立香江百載，際此紀慶之秋，幸賴恩師義覺監院的指引，責成出版《善道同行——嗇色園黃大仙祠百載道情》這本極具意義的歷史回顧書籍。此書除了回顧本園百年的發展足跡，更重要是迎來百周年的來臨，展望將來的願景。

　　文化委員會自 2018 年成立後，有賴各委員及組員盡力協助，兩年間搜集及整理本園的舊有文獻、文物及相片，為今次書籍提供了豐富的資料。適逢百周年紀慶的「文物徵集計劃」展開，委員會收到眾多珍貴文物；而本園新籌建之「黃大仙信俗文化館」的配合及支援，更使我們的文物保育及記錄工作能順利推展，也為本書有關黃大仙信俗文化的內容，提供了豐實的本土史料，實在難得。

　　記得十多年前，本園委託了游子安教授、危丁明博士及鍾潔雄女士等編撰之《香江顯迹——嗇色園歷史與黃大仙信仰》，這是本園首次較完整地輯錄及探究黃大仙祠的歷史與文化發展。後來本園於九十周年時，亦再出版了《蛻變中的嗇色園黃大仙祠》，於九十五周年時曾以「社區發展、盛在仙祠」為題，輯錄大量舊相片與資料。但此兩書僅純粹記錄黃大仙祠九十多來的蛻變及發展狀況。來年，本園將踏入一百周年紀慶，而祠內於這十多年間的發展又有更大的轉變；加上 2014 年本園的「香港黃大仙信俗」被列入國家級非物質文化遺產名錄，更促使我們有責任把這已走向世界之黃大仙信俗文化，以較系統而完整地去展現百年來黃大仙信俗的歷史與文化，希望讓香港市民見證着黃大仙祠與大家的百載道情。

　　此次出版，我們除了把多元的史料，以較系統及全面去整理外，書中亦把從前本園出版的部分研究及調查資料等輯入書內，書中亦幸得教內、外及學界朋友等撰寫文章，使本書的內容更豐富，更補充了不少黃大仙信俗領域的研究文章。為了讓各方專家及一眾讀者了解更多本園歷史與「香港黃大仙信俗」的文化，本書亦詳盡介紹本園各殿堂的歷史與藝術文化特色，同時附加了本園的文物介紹、匾額及楹聯、祠內碑記和大量古舊照片等資料，相信這些內容皆是同道們及廣大信眾的集體回憶了。

　　本人向來熱愛「茶道文化」，認為於「茶道」文化裏有其藝術境界、哲學觀、自然觀及養生文化等內涵。茶放在儒、釋、道三教文化裏，可以有儒家之茶禮、釋家之茶禪及道教老莊之自然、無為等思想。以此法去品味此書，書中蘊含了黃大仙信仰、科儀文化及普濟勸善的精神。本人品嚐過後，為的是把此黃大仙的信仰、文化及精神等，弘揚全球、承傳下去，直到永遠。再次感謝編輯委員會的每位參與道兄、職員，大家為了本書成功付梓，已日以繼夜地進行校對及整理。匆促成書，拋磚引玉，有不對處，期盼各方大德賜教。

　　最後，希望各位讀者喜歡這本書，用心去品味一下這本記載了香港黃大仙祠百年的歷史與文化書冊。這一百年來，我們秉承「普濟勸善」的精神從沒改變，與香港市民一直同心同行。無量感恩。

嗇色園董事兼文化委員會主席　梁理中（修知）

二零二一年十二月

謹此祝賀嗇色園黃大仙祠一百周年紀慶

尊道貴德　善道同行

李家誠、李徐子淇 敬題

特別鳴謝：李家誠先生、李徐子淇女士捐助本書出版。

鳴 謝

本書編寫過程中，承蒙下列機構及人士鼎力協助，提供資料。謹此致謝。

（以下名單，排名以筆劃排序）

個人

勞格文教授 Prof. John Lagerwey
危丁明博士
朱鴻林教授
李光富道長
梁耀好女士
陳　晨博士
陳華文教授
陳耀庭教授

游子安教授
劉漢舉先生
鄭寶鴻先生
黎耀強先生
蕭國健教授
蕭登福教授
繆九英小姐
鍾潔雄小姐
譚偉倫教授

機構

中國道教協會
中華書局（香港）有限公司
東華三院檔案及歷史文化辦公室
香港道教聯合會

編輯委員會

主編

李耀輝（義覺）

副主編

梁理中

執行編輯

羅錦雄   **陳拾壹**   **溫佩文**   **冼碧珊**   **樊智偉**

編委

吳家權   **梁文傑**   **劉國基**   **趙伯龍**   **劉偉熙**

李志誠   **陳焜**   **鄭子君**

攝影

周瑞偉

封面題字　李光富

編　　著　《善道同行——嗇色園黃大仙祠百載道情》編輯委員會

責任編輯　黃杰華　黎耀強
製　　作　Sands Design Workshop
印　　務　劉漢舉

出版
中華書局（香港）有限公司
香港北角英皇道四九九號北角工業大廈一樓 B
電話：（852）2137 2338　傳真：（852）2713 8202
電子郵件：info@chunghwabook.com.hk
網址：http://www.chunghwabook.com.hk

嗇色園黃大仙祠
香港黃大仙竹園村二號
電話：（852）2327 8141　傳真：（852）2351 5640
電子郵件：info@siksikyuen.org.hk
網址：www.siksikyuen.org.hk

發行
香港聯合書刊物流有限公司
香港新界荃灣德士古道 220-248 號荃灣工業中心 16 樓
電話：（852）2150 2100　傳真：（852）2407 3062
電子郵件：info@suplogistics.com.hk

印刷
美雅印刷製本有限公司
香港觀塘榮業街六號海濱工業大廈四樓 A 室

版次
2021 年 12 月初版
©2021 中華書局（香港）有限公司

規格
8 開（300mm×230mm）

ISBN
精裝：978-988-8758-60-9
平裝：978-988-8758-61-6